도를 찾아서

지은이_ 이규상
펴낸이_ 방광석
펴낸곳_ 범양사

개정2판 1쇄 발행_ 2007년 1월 5일
초본1판 1쇄 발행_ 1996년 1월 10일

등록번호_ 제2-25호
등록일자_ 1978년 11월 10일

주소_ 경기도 고양시 일산서구 구산동 142-4
전화_ (031)921-7711~2
팩스_ (031)923-0054

ISBN 89-7167-168-8   03400
정가 15,000원

저작권자 ⓒ 2007, 이규상
이 책의 저작권은 저자에게 있으며, 저작권법에 의하여 보호 받는 저작물이므로
무단으로 전재하거나 복제하여 사용할 수 없습니다.

허중 이규상 선생님의 자작화 "무공적목동 비우통천지"

차례

책 머리에   13
책을 편집하면서   15
송(頌)   19
새로운 삶의 출발을 위하여   21

제 1장 심조작(心造作)의 이해(理解)를 위하여   43
1. 연비어약(鳶飛魚躍)에 대하여 1   44
2. 연비어약(鳶飛魚躍)에 대하여 2   52
3. 연비어약(鳶飛魚躍)에 대하여 3   61
4. 신비(神秘)한 체험(體驗)   68
5. 백지서신(白紙書信)   80
6. 곰(熊)이 주인(主人) 사랑하는 법   86
7. 일체 유심조 (一切唯心造)에 대하여   93

제 2장 의식개혁(意識改革)을 위하여　　　　　　　　103

1. "죽은 쥐 살아있는 고양이를 잡아먹는 도리(道理)"란 무엇인가?　104
2. 체(體)와 용(用)에 대하여　　　　　　　　　　　　111
3. 보시(布施)에 대하여　　　　　　　　　　　　　　121
4. 긍정(肯定)과 부정(否定)에 대하여　　　　　　　　125
5. "백초시불모(百草是佛母)"란 무엇인가?　　　　　　136
6. 사형수(死刑囚)도 양심(良心)은 있는 것인가?　　　153
7. 생사도전(生死挑戰)을 마치고　　　　　　　　　　169
8. 혼란(混亂)이란 무엇인가?　　　　　　　　　　　173
9. 자리타리(自利他利)에 대하여　　　　　　　　　　190
10. 말세(末世)와 미륵시대(彌勒時代)는 어느 때 오는가?　195
11. 대 참회(大懺悔)란 무엇을 말하는 것인가?　　　　205
12. 상(相)이란 무엇인가? 1　　　　　　　　　　　　213
13. 상(相)이란 무엇인가? 2　　　　　　　　　　　　219
14. 상(相)이란 무엇인가? 3　　　　　　　　　　　　228
15. 무소유(無所有)에 대하여　　　　　　　　　　　241
16. 중생심(衆生心)이란 무엇인가?　　　　　　　　　251
17. 고(苦)란 무엇인가?　　　　　　　　　　　　　　261
18. 나란 무엇인가?　　　　　　　　　　　　　　　　265

제 3장 서 신(書信) 293

1. 서신 1 : 첫 만남 294
2. 서신 2 : 선(禪) 공부 1 296
3. 서신 3 : 선(禪) 공부 2 298
4. 서신 4 : 질문(質問) 305
5. 서신 5 : 부처에 대하여 308
6. 서신 6 : 헛소리 312
7. 서신 7 : 타(他)의 종(奴)이란 무엇인가? 315
8. 서신 8 : 견해(見解) 318
9. 서신 9 : 순리(順理)에 대하여 322

제 4장 도(道)를 찾아서 그 이후   325

1. 도덕성(道德性) 회복에 대하여   326
2. 열린교육이란 무엇인가?   333
3. 믿음(信)이란 무엇인가   342
4. 아이엠에프(IMF) 한파에 대하여   347
5. 진인사대천명(盡人事待天命)에 대하여   352
6. 수필(隨筆)   357
7. 선(禪) 공부에 대하여 1   370
8. 선(禪) 공부에 대하여 2   375
9. 의식(意識)과 사고(思考)에 대하여   379
10. 회향(廻向)에 대하여   382
11. 유식대승론(唯識大乘論)에 대하여   386
12. 반야(般若)와 유식론(唯識論)에 대하여   390
13. 자연(自然)이란 무엇인가   395
14. 일본의 역사교과서 왜곡 문제에 대하여   399
15. 반야심경(般若心經) 해설   403
16. 천견불여무심(千見不如無心)   407
17. 안보살鴈菩薩과의 대화   411
18. 공자가 죽어야 나라가 산다는 말의 뜻은?   416

19. 양면성이란 무엇인가? 421

20. 서신(書信) 427

21. 관심(觀心)과 무심(無心) / 반야심경해설 430

22. 사성제(四聖諦)란 무엇인가? 441

23. 고독(孤獨)에 대하여 446

24. 베트남 틱낫한 스님의 법문(法文) 452

25. 참된 믿음(信)을 위하여 456

책머리에

이 책의 재출간은 정말 뜻 있는 일입니다. 처음 발간된 것이 1996년 1월 이었는데, 안타깝게도 초간 발간 이후 출판사가 문을 닫는 바람에 더 이상 증판 보급되지 못하였습니다. 그런데 몇 부 발간 되지도 못했던 이 책이 인연이 되어 "마음공부" 쪽에 관심을 가지셨던 분들이 허중虛中 선생님을 모시고 지난 2년 동안 꾸준히 수련修鍊해 왔습니다. 그 정성이 다시 모여 2003년 9월 27일 수리산修理山 자락에 도반道伴들이 언제나 함께 정진精進할 수 있는 "수리원修理院"을 개관할 수 있었습니다.

이번에 개편 재발간 된 「나」를 찾는 마음공부에 큰 도움이 될 허중虛中 선생님의 강론집에는 초간 발간 이후에 나온 세미나 자료들도 함께 모아 4장으로 만들었으며, 아울러 초간이었기에 있을 수 밖에 없었던 오류와 미흡하였던 부분들을 재검토 수정 보완하여 이제는 그 나름 완벽한 책이 되어 재 탄생 된 것을 편집자로서 매우 기쁘게 생각합니다.

이 책 출간에 감사를 드리고 싶은 분은 이 책의 출간을 흔쾌히 맡아주신 "다손"의 최 경숙 박사님입니다. 사실 도서道書의 경우 인기서적이 되지 못하기에 특별한 경우를 제외하고는 큰 손실을 입을 수 있는 위험부담이 있음에도 불구하고, 이 책이 보급되지 못한다는 사실을 안타깝게 생각하시어 흔쾌히 출간出刊을 맡아 주셨기 때문입니다.

끝으로, 새로운 삶을 살고 싶어 "마음공부"에 관심을 갖으신 모든 독자분들과 그 동안 어려운 여건 속에서도 변함없이 계속 정진하고 계시는 수리원 도반님들에게 이 책을 바칩니다. 그리고 고령高齡에도 불구하고 후학後學들 지도指導를 위해 희생犧牲하시는 이 책의 진정한 저자著者이신 금년 82세의 허중虛中 이규상李奎相 선생님께도 감사感謝의 뜻으로 바칩니다.

2004년 5월 26일
편집자

책을 편집하면서

자살自殺하고 싶을 정도로 마음이 괴롭고 삶이 고통스러워서 절망絶望속에 계신 분들께, 그런 무책임無責任한 행위行爲는 생각하지도 말고 오히려 「나 자신」이라는 관념觀念을 숙명宿命이라는 스승에게 던져버리고 조용히 기다리는 마음으로 쉬도록 하시라고 권하고 싶습니다. 왜냐하면 제 자신 그러한 경험을 함으로써 "사람이 살아가는 삶 속에는 인생人生의 전환기轉換期가 있다 그리고 기적奇蹟 또한 있다"라는 말을 진정으로 실감하게 되었으며, 그 결과 과거過去에는 몰랐던 「새로운 세계世界」에 대하여 눈을 뜨는 계기가 되었기 때문입니다.

그리고 그 과정에서 진정으로 감사를 드리고 싶은 분이 두분 있습니다.

그 중 한 분은 1992년 11월 경 해인사 금선암에서 우연한 인연으로 만나 기氣의 체험體驗을 주신 이후 만날 수 없었던 50대의 김 보살님이시며, 그리고 다른 한 분은 1993년 3월 경 첫 만남을 가진 이후 꾸준히 유대관계를 맺어온 이 책의 진정한 저자著者이시며 천안에 살고 계시는 올해 74세(2004년 현재 82세)이신 이규상 선생님이십니다. 김 보살 님은 저에게 "현재의 삶이 전부全部가 아니며 죽는다고 해서 모든 것이 끝나는 것이 아니다"라는 자각自覺을 제 자신이 체험할 수 있도록 함으로써 일깨워 주셨으며, 이규상 선생님은 이러한 자각自覺속에 있던 저에게 "그러면 앞으로 어떻게 살아야할 것인가?"를 올바른 수행修行을 통하여 제 자신이 삶에서 체험할 수 있도록 일깨워주셨기 때문입니다.

이러한 만남 이후 지난 2년 동안, 저의 마음은 보다 안정되고 편안해 졌으며, 세상世上과 종교宗敎에 대한 저의 비판적批判的 시각視覺이 점진적으로 수용 적受容的이고 긍정적肯定的인 시각視覺으로 변했으며, 그리고 주위와의 대립對 立에서 벗어나 서서히 화합化合으로 변화되어가고 있는 제 자신을 느꼈던 것입 니다.

두 분께서 베풀어주신 크나 큰 은혜에 조금이나마 보답하고 싶고 그리고 저 처럼 한 생각 바꾸어 새롭게 살아가고 싶은 분들을 위해서, 그 동안 이규상 선 생님께서 공부를 시키기 위해 저에게 보내주셨던 자료들과 편지들을 한데 모아 서 책으로 엮어야 되겠다고 생각하게 된 것입니다.

이규상 선생님에 대한 소개는 책의 서론으로 실은 "새로운 삶의 출발을 위 하여"라는 부분에 자세히 나와 있습니다만, 책을 읽기 전에 여기에서 간단히 언급한다면 아래와 같은 몇 가지의 사상思想적 특징들이 있음을 말씀드릴 수 있습니다.

첫째, 그는 마음을 대상으로 하여 공부하시는 분입니다. 불교 쪽과 인연因緣 이 깊어서 말씀 속에 불교적 용어가 많이 들어 있습니다. 그러나 종파적 견해를 초월한 심법心法의 관점觀點에서 설명하고 있습니다.

둘째, 고통이라는 것은 마음衆生心이 발현發顯될 때 작용하는 마음의 양면성 兩面性으로 인한 분별지分別智와 이에 대한 과거심過去心의 판단(固定觀念)에 따른 취사선택(單編性)의 과정에서 일어나는 현상現狀이라는 것을 강조하고 있습니다. 다시 말해 사람들이 고통苦痛과 불안不安에서 벗어나기 위해서는 마음의 이러한 상대적相對的 양면성兩面性에서 벗어나 절대성絶對性에서 살아야 하므로, 이러한 사실을 깨닫고 자기 자신이 대립對立보다는 수용受容 쪽으로 변화變化함으로서 의식개혁意識改革이 되어 거듭날 것을 주장합니다. 결국 사람들에게 이에 대한 근원적根源的 치유治癒를 위하여 "자기 바깥의 세계(對相)" 보다는 "자기 내면의 세계(眞我)"로 우리의 관심을 돌릴 것을 촉구하고 있습니다.

셋째, 종교인들이 신神, 부처, 하나님, 그 밖의 무엇이라 할지라도 자기 자신을 묶는 마음의 대상對相을 만들거나 경외심敬畏心을 내지 말 것을 촉구합니다. 즉 상相에 사로잡히거나 상相을 내거나 하지 말고, 심지어 깨달음을 얻겠다는 생각조차 버리라고 요구합니다. 그리고 수행자修行者들에게 깨달음을 위하여 가정家庭을 버려서는 안된다는 것을 강조强調하며, 짧은 기간의 용맹정진勇猛精進을 제외하고서는 세속世俗의 삶 안에서 깨달음을 얻을 것을 주장합니다.

이 책의 구성에 대하여 언급한다면, 먼저 독자들에게 도道에 대한 이해를 돕기위해 박상천 씨가 지은 「천지개도天地開圖」속에 "생명의 젖줄"이라는 제목으로 실렸던 글을 가장 평범한 언어들로 구성된 "새로운 삶의 출발을 위하여"라는 제목으로 서론을 대신하였습니다. 그리고 제 1장은 수행중 심 조작心造作으로 경험하였던 일화逸話들이며, 제 2장은 세미나의 참석자들로부터 받은 질문質問에 대한 논제강론論題講論들이며, 제 3장은 서한문書翰文 입니다. 이 책의 가장 중요한 부분은 「서론」과 제 2장의 「논제강론論題講論」들이라고 저는 생각하며, 우리가 살아오는 동안 쌓은 고정관념固定觀念을 타파打破하고 의식개혁意識改革을 하기 위하여 이 부분들을 머리(知識)로 이해함이 아니라 가슴(智慧)에 와 닿을수 있도록 여러번 정독精讀할 것을 권합니다. 그리고 끝으로 이 규 상 선생님과 자주 만나는 천안 역 근처의 다방에서 보았던 "액자 속의 글귀"를 생각해 봅니다.

"한 생각이 바뀌면 행동이 바뀌고, 행동이 바뀌면 운명이 바뀐다."

저는 이 글을 제 나름대로 주제넘게 다음과 같이 해석解釋해 봅니다. "한 생각이 변하지 않으면 행동行動이 바뀌지 않고, 행동이 바뀌지 않으면 운명運命이 바뀌지 않는다. 따라서 운명은 있으며, 이 운명을 바꾸고 싶으면 한 생각의 변화變化에 그치지 말고 이 변한 생각을 생활生活속에서 행행行하라."라고 말입니다. (변화란 새로와짐을 말하며, 그래서 과거에 집착執着하지 않고 현실現實에 충실充實합니다.)

1996년 1월 10일
편 집 자

송(頌)

虛中 李奎相

천지연 맑은 물에 술 빚어
단숨에 들이키고
백두산 베개 삼아 잠이 들면
별들이 선녀 되어 풍악을 울리며
오작교 타고 내려와 춤추고 노래할 때
나는 흥겨워 동해바다, 서해바다에
다리 한짝씩을 담그고 물장구를 치며
영원한 태평가(太平歌)를 부르리라.

아아, 거룩하여라! 감사하여라!
님의 사랑이여……
허공(虛空)은 내 마음을 감싸며
바람은 내 생명의 탯줄이고
파도는 내 육신(肉身)의 맥박이로다.
아아, 순간순간이 새롭고 아름다워라
수미산 붓 삼아 동해바다의 맑은 물 찍어
푸른 창공에 시(詩) 한 수를 쓰면
그 빛과 뜻이 영원하여
천추만대(千秋萬代)에 이르리

나는 영상(影像) 너에 묻노라.
한 찰라 삼백성운(三百星雲)을
은골 골짜기에 머물렀다 하니
얻은 것이 무엇이뇨?
아아, 안타깝도다.
나그네 없는 빈집이여
답할 길이 없구나.
있다면 갓 태어난 산등성이에
흰 구름만 떠 있고
임의 영상(影像)에 부딪치는
바람소리 물소리가 한없이
거룩하구나.

새로운 삶의 출발을 위하여

　도道는 모순矛盾과 혼돈混沌 속에서 이루어지는 것입니다. 공부한다는 생각 자체가 일어나서는 아니 됩니다. 그러나 우리는 입에서 나왔다 하면 전부 거짓 말뿐이지요? 하하하! 한 순간에 천년 만년 살수도 있습니다. 나는 세살 먹은 어린아이에게 "장수長壽 했습니다"라고 말할 때가 있습니다. 왜냐하면 어린아이는 전체全體에 속해 있기 때문입니다.(我相이 없으면 전체속의 나?)

　우리는 코, 귀, 눈, 입, 생식기가 마음을 꽉 막아 오관五官이 자기를 보지 못하고 살고 있습니다. 한 생각이 일어나는 원인原因 중에서도 아랫도리(생식기)의 영향이 제일 큽니다

　그리고 이 「나」라는 것은 없으면서도 있는 것입니다.

　우리는 오관이 순전히 자기를 보아야 우주宇宙를 운전하고 다스리는 책임을 다할 수 있는 「내」가 그동안 안을 보지 않고 바깥만 보고 살아왔습니다. 그러나 관심을 안으로 돌리면, 생명生命이 바깥에 있는 공기를 마시면 공기가 혈관, 피부 속으로 안 들어가는 곳이 없음을 알게 됩니다. 그 공기 속에는 세균, 미생물, 유산균 등 많은 생명체가 있으며 그 속에는 또 복합적으로 수많은 생명체生命體

가 살고 있습니다. 그리고 몸 전체에도 수많은 각종 생명체가 살고 있습니다. 유산균도 그 세포 하나만 하더라도 하나의 소우주小宇宙를 형성하고 있습니다. 그 각종 생명체들은 하나로 연결된 질서秩序 속에서 새로 태어나고, 새로 나온 놈은 변형되어 크고 늙어가며, 또 늙은 놈들은 순서대로 소멸되어 갑니다. 이렇게 하여 그 숫자가 늘고 주는 것이 없이 알맞은 숫자의 생명체들이 하나의 인체를 구성하고, 그 인체 내에서 질서를 유지하며 평화공존平和共存으로 살고 있습니다. 그리고 공조체제가 무너지면 이것을 죽음(死)이라고 말합니다.

인체내의 중생계衆生界의 형성은 어머니의 뱃속에서 창조되거나 바깥으로부터 들어오기도 합니다. 그리고 인체가 성장함에 따라 바깥에 있는 생명체가 인체 내로 들어와 살려고 달려들기도 합니다. 예를 들면, 우리가 감기를 앓을 때 나는 열은 무엇입니까? 바이러스가 인체 내로 들어오면 체내體內의 기존 생명체들은 못 들어오도록 총 공격을 합니다. 기존 생명체들은 "들어오지 마. 여기에는 네가 살수 있는 영역이 없다."라며 외부의 생명체들을 못 들어오게 막는 것입니다. 인체가 바이러스 세균에 감염되었을 때 거부반응이 일어나는 것은 바로 이것 때문입니다. 그리고 그 거부현상으로 인하여 몸에 열이 나는 것입니다. 그리하여 인체는 바이러스 세균과의 투쟁에서 혁명기를 거쳐 면역기로 접어들게 됩니다. 그리고 어느 단계에 이르러 열이 식어 면역기에 접어들면 인체 내의 생명들은 외부에서 온 생명체들에게 더 이상 저항하지 않고 어느 일정한 지역을 인정하여 체내에 살도록 허용합니다.

바깥의 생명체가 인체 내로 들어오면 기존의 생명체 중에서 얼마가 죽어야만 합니다. 왜냐하면 바깥의 생명체가 들어 왔으나 체내의 전체 생명체의 수는 일정하여야 하기 때문입니다. 그리하여 하나가 늘면 하나가 줄고 전체가 완전무결하게 균형을 유지하며 자유공존自由共存을 하고 있는 것입니다.

이와같이 모든 생명체가 체내에서 세포분열 등을 통해 새롭게 진화進化하는지라 알고보면 내생명이란 나이를 먹는 것이 아니라 갓 태어난 나(我)입니다. 이처럼 새로운 나인데도 우리의 마음만은 현재심現在心이 아닌 과거심過去心에 묶여 살아 간다는데 문제가 있습니다. (하하하!)

그러면 그것들의 모양은 어떻게 생겼는가? 그것들의 모양은 길고, 짧고, 노랗고, 빨갛고, 형형색색形形色色의 우주宇宙, 말하자면 숲에 크고 작은 나무가 있듯이 생명체들의 모습도 각각 다른 형상을 하고 있는 것입니다.

그리고 그 생명체들이 성장기에 접어들면 순식간에 변화가 일어납니다. 그 변화가 바로 자연과의 화합입니다. 그리하여 땀구멍으로, 대변으로, 소변으로 엄청난 생명체가 죽어 바깥으로 나갑니다. 즉, 생명체들이 송장이 되어 흘러 나가는 것입니다. 우리 몸의 피부에 붙어있는 때가 바로 송장인 것입니다. 이것이 과학자들이 말하는 노폐물老廢物이라고 부르는 것입니다.

위胃에서 소화가 이루어지는 것도 위가 스스로 행하는 운동이 있기는 하지만, 소화라는 것은 체내에서의 생명체끼리 하나의 조화인 것입니다. 우리가 이것저것 음식을 먹으면 우리 자신이 먹는다기보다는 위 속에 있는 수많은 중생衆生들이 그것을 먹어 치우는 것입니다. 이렇게 하여 세포들은 서로 유기적有機的으로 존재하는 것입니다.

인체내의 생명체는 우주의 별들의 숫자와 같습니다. 그러므로 인체를 하나의 소우주小宇宙로 비교하기도 합니다. 그러나 지금 이야기대로 이 엄청난 체내의 생명체를 살리는 것은 바로 요놈, 「나」인 것입니다. 요것이 전체를 이 지경으로 다스립니다. (자기 자신의 몸을 가리키며……) 그런데 이 「나」는 그 관심의 대부분을 바깥으로 향하여 있습니다. 이 「나」가 이처럼 바깥을 보면서 어디 안의 중생계를 제대로 다스릴 수 있겠습니까? (핫핫핫!)

우리가 보통 위장이 나빠 밥이 잘 안 먹힐 때는 인체내의 중생계에서는 때죽음 현상이 일어납니다. 그리하여 중생계에서의 중용이 깨어지게 됩니다. 예를 들어 밥맛이 없을 때 이 고장故障의 원인은 어디 있겠습니까? 바로 그것은 마음입니다. 마음이 한번 썩기 시작하면, 거기에는 약이 없습니다. 마음은 스스로가 자기 자신을 치료하기 전에는 거기에 어떤 치료방법도 없습니다.

사업관계, 애인관계, 형제간의 불화, 직장관계 등등의 사물에 부딪쳐 사는 것은 마음이 상대성 원리相對性原理 속에 살고 있기 때문입니다. 그리고 상대성 원리 속에서 마음에 불화不和가 일어나면 거기에서 빚어지는 긴장 때문에 인간 내부의 여러 기관들이 서로 부딪혀 질병이라는 현상이 생겨나는 것입니다. 예를 들어 밥을 제때에 안 먹는다 하면 인체내의 여러 균들에게 공급이 차단되어 균들이 떼죽음을 당할 수도 있습니다. 그것은 마치 하나의 우주가, 하나의 은하銀河가 소멸되는 현상과 같습니다. 그리하여 하나의 우주가 인간 안에서 사라지면 이에 상응하는 새로운 우주가 체내로 들어옵니다. 죽어서 밖으로 나간 균에 대응하여 새로운 균이 체내로 들어오기 시작하는 것입니다. 즉, 나쁜 균이 들어와 자리를 잡는 것입니다. 이처럼 몸의 고장故障은 내가 내는 것이지 누가 시켜서 나는 것이 아닙니다.

지금 이야기대로 수백 조에 달하는 생명체를 다스리는 것은 바로 나입니다. 그런데 나로 말할 것 같으면 물질도 아니고 모양 형태도 없는 것입니다. 그러면서도 이「나」라는 것이 엉뚱하게 바깥만 보고 운전을 한다는 것입니다.(하하하!)

이 세상에서 가장 무서운 것은 음양陰陽의 관계입니다. 이 음양을 잘못 건드리면 마음이 움직이기 시작합니다. 왜냐하면 모든 진리는 음양의 원리 전前에서 나왔기 때문입니다. 그렇다면 내 생명이란 무엇을 말하는가? 무엇이 나인가? 생명은 전체 속에 존재합니다. 이 엄청난 생명체가 우주, 인체 속의 우주 속에서 공존하는데 이것을 다스리는 것이 바로 「나」입니다. 그렇다면 우주, 즉, 자기 내면을 보고 살아야지 왜 바깥만 보고 사는 것입니까? 바깥을 보고 중생衆生, 즉 이 우주를 다스린다는 것은 말도 안됩니다.

지금의 모든 세상 사람들은 지구의 땅에서 살고 있지만, 사실을 말하자면 모두 달에 가서 땅을 일구고 씨앗을 지구에다 뿌리고 있는 현상 속에 살고 있습니다. 그러므로 지구에 뿌린 모든 씨앗이 떼죽음을 당할 수밖에 없습니다. 내가 몸이 아파 병이 났다고 하는 것은 바로 이런 식으로 몸 안의 중생들이 떼죽음을 당하는 것입니다.

이 떼죽음에는 세 가지 원인이 있습니다. 하나는 교통사고나 기타 등등의 자연현상입니다. 두 번째는 마음의 운전 잘못으로 죽는 현상입니다. 그리고 세 번째는 인체 내에서의 평화공존, 즉 중용中庸이 깨어질 때 일어나는 현상입니다. 땀구멍에서 송장들이 쏟아져 나오는 데에도 사람들은 이것을 모르고 살고 있습니다.

그렇다면 공부라는 것은 무엇입니까? 공부란 바깥을 보지말고 나를 보며 운전하는 것을 말합니다. 인간이란 뜻은 바로 이 무한한 생명체를 운전하는 운전면허를 가지고 있다는 의미입니다. 말하자면 우주를 운행하는 운전면허의 뜻이 인간인 것입니다. 무슨 도道를 구하고, 작가나 예술가가 되는 것이 아니고 이 엄청난 생명체를 운전하는 것이 바로 인간의 참뜻입니다. 그리고 이것을 다스리는 것이 자비慈悲고, 사랑이며, 진리眞理를 따르는 것입니다.

상대성원리는 「나」와 바깥 세계의 관계입니다. 그러나 공부는 「나」대 「나」입니다. 그 외에는 아무 뜻도 없습니다. 진리라는 것은 바로 내 마음 그 자체에서 나오는 것입니다.

　동력動力의 원리原理는 살았다 죽었다 하는 것입니다. 자동차의 엔진이 점화點火될 때 그것은 삶입니다. 그러나 피스톤이 튕겨 한바퀴 위로 올라가 아래로 내려오면 그것은 죽음입니다. 이와 마찬가지로 인간의 생명도 숨을 들이마시면 살아있는 것이지만 숨을 내 쉬면 죽어 있는 것입니다. 그러므로 인간은 죽었다 살았다 하는 것입니다. 그리고 인간이 이를 모르고 있는 것은 무의식적으로 살아가기 때문입니다.

　보통 한 생각이 1분 동안에 20~30번 드나듭니다. 천재란 이 한 생각이 10~15번쯤 드나드는 사람들을 말합니다. 그렇다면 사람들의 생각은 어떻게 움직일까요? 사람들의 생각이란 옳은 것 아니면 그른 것, 그리고 선善 아니면 악惡으로 180도로 움직이고 있습니다. 생각은 90도의 수직으로 움직이지 않습니다. 그토록 인간의 생각은 극단極端으로만 치닫고 있습니다. 인간의 생각은 상대성 원리를 따라 움직이게 되어 있습니다.

　그렇다면 상대성 원리란 무엇입니까? 상대성 원리는 음양陰陽의 시발점始發點에서 양쪽 극점極點에서 마주치는 것입니다. 음양은 완전한 극極에서 만날 수 있습니다. 그리고 불교의 팔만대장경八萬大藏經은 바로 이 음양의 이치理致로부터 나온 것입니다.

　그러나 음양의 완전한 합습은 바로 음양이 생기기 이전以前에 있습니다. 음양은 서로 붙었다 떨어졌다 하며 조화를 이루고 있습니다. 그러나 노력이 없는 미지근한 상태에서는 음양의 조화가 이루어지지 않습니다. 다시 말하자면 극極도 지극至極이 돼야 화합하고 조화를 이루는 것입니다.

공부란 음양에도 저촉되지 않고 한 가운데의 직선, 즉 90도의 직각에서 초연하게 마음이 빠져나가는 것을 말합니다. 바로 이것이 중용中庸입니다. 직각直角 한 가운데 음양이 합치기 전의 음양의 어머니가 존재합니다. 바로 이 길道이 전체와 합일合一하는 길입니다. 음양이 붙은 상태는 음양이 없는 것이나 똑 같습니다. 다시 말하자면 음양이 생기기 전에 해당하기 때문에 이것이 전체입니다. 죽느냐 사느냐의 이 시점에서 초연超然하게 빠져나가는 것이 공부입니다. 여기에서는 극선極善이 존재하면서 상대적으로 극악極惡이 존재해 줘야 살아남습니다. (雙璧이 필요)

인간의 마음은 팽이의 축과 같습니다. 마음은 표면에서는 움직이는 것 같이 보이나 중심에서는 요지부동搖之不動입니다. 이처럼 음양의 이치가 나오기 직전直前이 전체이고 진리인 것입니다.

공부를 하려면 오관五官을 모두 안쪽으로 돌려야만 합니다. 그때 모든 경계가 사라집니다. 그때 나는 전체에, 우주에 존재하는 것입니다. 왜냐하면 우리의 육체가 바로 우주이기 때문입니다. 그리고 진리란 바로 이 육체와 중생을 다스리는 힘인 것입니다. 전체가 바로 무無입니다. 그러나 우리가 가는 길은 바깥만 보고 운전을 하니까 엉망진창입니다. 여기 저기 부딪히고…… (하하하!)

한 생각이 들락날락하는 것은 나를 소멸시키는 녹입니다. 강철의 녹은 수십년 동안 천천히 진행될 수 있지만, 마음에서 일어나는 녹은 순식간에 전체를, 순식간에 우주를 녹슬게 할 수 있습니다. 선과 악은 달리 있는 것이 아니면서 양대성兩對性으로 갈리기 때문에 선과 악이 있는 것 같지만 실상은 하나의 마음의 작용일 뿐입니다.

이처럼 인간이란 원래 상대성 원리를 근본에서부터 타고 나왔기 때문에 깨끗한 상태에서 나온 것이라 볼 수는 없습니다. 게다가 사람들은 자기 육신에 똥을 한 자루 집어넣고, 가죽부대에 고름을 한 자루 집어넣고 질질 끌고 다니면서 안은 안보고 밖만 보고 있습니다. 다시 말해 자기 똥 냄새는 안 맡고 남의 똥 냄새만 맡는 것입니다. 그러나 인체내의 중생들에게는 똥은 향이고, 밥입니다.

 동물들은 대부분 상대성 원리에서 벗어나 절대성絶對性 속에 살고 있기에 더럽고 깨끗한 구별이 없습니다. 반면에 인간은 상대성相對性 속에서 살고 있기에 이와 같은 분별지가 생깁니다. 그래서 마음이 깨끗하면 성현聖賢등과 천지만물天地萬物을 낳고, 마음이 더러우면 중생들을 죽이고 천지만물을 썩히는 것입니다. 자, 이제 뭐 물어볼 것 있으면 물어보십시오. (핫핫핫!)

질문 : 오늘 선생님을 뵙게 되어 반갑습니다. 공부에 대한 체험담을 말씀해 주시기 바랍니다.

 이렇게 여러분들이 오셔서 하찮은 제 말을 들으신다 하니 참으로 감사하고 부끄럽습니다. 나는 공부를 하려고 한 것도 아니고, 단지 건강이 나빠 자살 직전에 입산入山하게 된 것이 공부의 동기가 된 것입니다.

 지금부터 3년 전, 그러니까 1973년도이군요. 그때 나는 사업에 실패했는데 그로 인해 건강이 아주 나빠졌습니다. 그래서 종합병원에 가서 진단을 해 보았는데 심장, 폐, 간, 위, 신장, 고혈압, 당뇨 등 거의 치료불능이라고 하더군요. 사형선고를 받은 것이나 마찬가지였습니다. 그래서 저는 자살하기로 결심을 하였던 것입니다. 내가 이러한 역경逆境에서 집을 나간 것을 안 내 친구 홍이라는 사람이 저에게 찾아와 말했습니다. "설사 자결을 한다 하여도 자네가 죄를 많이 지었으니 단 한달 동안만이라도 닦고 가야 마음이 편치 않겠오? 계룡산의 심우정사의 목초스님에게 소개장을 써줄 터이니 한번 가보시오!"

나는 별로 달갑지 않았지만 기왕 죽을 바에야 친구의 말대로 때나 좀 벗기고 죽자는 생각이 들어 계룡산으로 발길을 옮기게 되었던 것입니다. 그 절에 도착한 것은 오후 2시였는데, 등산 배낭을 내려놓고 마루에 앉아 닭고기와 술을 먹고 있던 목초스님과 어느 젊은 스님에게 인사를 하였습니다. 그런데 돌연 술을 마시고 있던 젊은 스님이 "죽기는 왜 죽어? 자살이 그렇게 쉬운 것인가? 나는 전생前生에 당신하고 도반道伴이었지! 아무 걱정 말고 여기에서 술이나 드시구려!"라고 말하며 술잔을 내주는 것이 아니겠습니까? 참 이상한 일이었습니다. 술에 취한 그 스님이 남의 속을 알 리가 없었는데…… 그래서 나는 원래 술을 좋아하였기에 아픔을 달래기 위해서라도 취하도록 술을 마시고 의식을 잃은 채 쓰러졌습니다.

이튿날 아침이었습니다. 예의禮誼를 갖추어야 하겠기에 나는 주머니 속에 들어있던 26만원 중에서 20만원을 절에 써 달라고 내 놓았습니다. 그래서 그 두 분은 그 돈을 가지고 제주도 관광여행을 떠났습니다. 그 때 내 호주머니 속에는 내가 죽으면 수장收藏이나 화장火葬을 해 달라는 유서 한 통과 화장비용 6만원이 들어 있었을 뿐이었습니다. 나는 이미 죽어 가는 것만 같았고, 생사生死의 기로岐路에 서서 암담하기만 하였습니다.

그 스님들이 떠나면서 하는 말이 "우리가 떠나는 것은 당신의 공부를 돕기 위해서 입니다. 저희가 다시 돌아와 뵙게 될 때에는 병이 완전히 나아 있을 것입니다." 처음에 나는 그 말이 허망한 이야기 같아 믿어지지가 않았는데. 그 후 정말 나의 몸과 마음이 변화하는 기적이 일어났습니다.

질문 : 그러면 어떻게 기적이 일어났는지를 말씀해 주십시오. (홍 양)

그 분들이 떠나신 다음 날부터 나는 벽을 바라보며 관觀을 하게 된 것입니다. 그러나 마음이 산란하고 몸이 쑤시는데 관이 되겠습니까? 망상妄想이 들끓기 시작했습니다. 그때마다 나는 야속하다는 생각이 들어 문지방에 이마를 부딪쳤습니다. 그리하여 이마가 터져 문지방이 피투성이가 되고 피가 흘러 코 밑을 스쳤으나 나는 아픔을 느끼지 못했습니다. 오직 못난 놈이 집안식구까지 못살게 만들고, 이 험한 산중에서까지 이런 짓을 하느냐고?

그렇게 앉아 있는 사이에 나도 모르게 잠깐 잠이 들었나 봅니다. 그때 산신山神이 나타나 위로의 말을 하고, 다음에는 우리 어머니가 나타나 공작 꼬리털 모양의 새파란 잎을 세 개 주시고 양손바닥에 원을 그려 보이시며 "잘 있거라!" 이 말 한마디 남기시며 하늘로 사라지는 것이었습니다. 먼 산에는 숲이 우거지고, 황소 한 마리가 들판에서 풀을 뜯고 있었으며, 목동이 황소의 등을 타고 피리를 불고 있었으니 모든 색깔이 휘황찬란하여 참으로 아름다웠습니다.

그러나 꿈에서 깨어나 다시 생각해 보니, 우리 어머니는 이미 87세에 돌아가셨고 게다가 꿈속의 얼굴은 곱고 몸매가 수려하며 눈에서 광채가 났었는데, 그 당시에는 이는 돌아가신 우리 어머니가 아니고 관세음보살(?)이 아니었나 라는 생각이 들었었습니다. (대화 내용은 생략)

한편으로 생각할 때 죽지 말라는 계시로 받아들여지나 아픔에 못 이겨서 죽을 생각밖에는 내 마음에는 아무 것도 없었습니다. 밤이 되면 누군가가 딸의 목소리로 문고리를 흔들며 문 열라고 울부짖었습니다. 그리고 방문에다 흙을 뿌렸습니다. 천장에서 살아 있는 개구리가 떨어질 때는 참으로 무서웠습니다. 그때 마침 내 친구가 찾아와, 딴 생각을 하지 말라고 위로했습니다. 그리고 관觀을 하지 말고 화두話頭를 하라고 권하고 갔습니다. 저는 이 어려운 역경 속에서도 화두를 안 놓치려고 죽을힘을 다했습니다.

그럭저럭 7일이 되어 가는 어느날 나는 뜰에서 의자에 앉아 정신없이 정진에 몰두하던 중 이상한 소리를 들었습니다. 점점 가까이…… 참으로 들어보지 못했던 아름다운 음악이었습니다. 마치 여러 천사들이 연주하는 음악 소리와도 같이…… 음악소리가 끝나자마자 나는 손등에는 빗방울이 떨어지는 촉감을 느꼈습니다. 눈을 떠보니 남쪽 하늘에는 먹구름이 떠 있고 금방이라도 소낙비가 쳐들어올 듯하였습니다.

허겁지겁 불쏘시개 나무를 걷어들이기 위해 부엌으로 들어가다가 나는 그만 멈춰서고 말았습니다. 거친 회오리 바람이 불어와 부엌문, 방문 할 것 없이 부쉬 떨어뜨리더니 엄청난 천둥소리와 함께 불덩어리가 내 몸을 치고 부엌 뒷문으로 빠져나갔기 때문입니다. 그때 당시 솥뚜껑이 날아가 천장을 쳐 박살이 났으며 나의 온몸은 불덩어리가 되었고 여전히 벼락을 맞은 느낌이었습니다. 그 순간 나는 죽은 줄만 알았는데 그것은 생각일 뿐이었고 한 5분이 지나고서야 이제 살았구나 하는 의식이 들었습니다.

몸이 뜨거웠던 것도 식어버리자 참으로 이상한 일이 일어나기 시작했습니다. 쑤시고 아프던 몸의 통증이 멈추고 지금까지 죽을 각오를 하고 단식斷食을 해왔는데 반대로 힘이 솟아나니 웬말입니까? 내 몸에 기적이 일기 시작했던 것입니다. 악질적인 불치不治의 고질병이 거의 다 나은 느낌이었습니다. 나는 감격과 희열의 눈물이 폭포수와 같이 한도 끝도 없이 쏟아지기 시작했고 어린애와 같이 통곡하며 울었습니다. 그렇게 밤새 울었지요.

그 다음날 아침에 또 다시 기적이 생겼습니다. 사실 나는 단식을 하려고 생각해서 단식을 한 것이 아니고 설사가 심해 에라 어차피 죽을 몸 단식을 하면 죽든지 공부가 되든지 할 것이 아닌가 해서 죽기를 각오하고 한 것이었습니다. 그런데 죽어지지는 않고 이런 기적이 일어나게 된 것입니다. 어제 일이 하도 이상해서 아침에 군불을 때면서도 나는 그 생각에 몰두하게 되었는데 또 불덩이가 나를 스쳐 가는 것이 아닙니까. 이번에는 내 마음이 새로워져서 혁명을 일으킨 것 같았습니다. 나는 속이 하도 답답해서 계속 복식 호흡을 해왔는데 갑자기 막혀있던 가슴이 확 뚫려 가슴과 머리가 시원해지는 것만 같았습니다. 참 이상도 하였습니다. 이번에는 위대한 음식 하나를 발견하게 된 것입니다.

나는 이 나이 먹도록 음식과 물만 먹으면 사람이 살아가는 줄 알았는데 이것은 만분지 일에 해당하는 부식副食일 뿐이었으며, 새로 발견하게 된 음식 이것이 바로 주식主食이였고, 이 주식을 한시라도 먹지 않고는 천지만물이 살아갈 수가 없다는 것을 알게 되었습니다. 이 음식이 무엇이겠습니까? 천지기운天地氣運 즉 기氣, 공기空氣입니다. 바로 그것입니다. 나는 마음속에서 이것을 발견하고 또 통곡을 하며 소리쳐 울었습니다.

이와 동시에 지금의 나는 「나」이면서 또한 「내」가 아니면서 또한 「나」임을 알게 되었습니다. 세상에 이럴 수가 있을까요? 이 기쁨, 이 감사感謝, 이 희열喜悅을 참으로 그 누가 알리요? 나는 바로 그 순간에 그 동안 내가 나한테 속고 살아왔다는 그 사실을 알게 된 것입니다.

질문 : 그러면 선생님의 병은 누가 고쳐준 것으로 생각이 듭니까? (신 아주머니)

처음에는 부처님의 피력披瀝으로 나았다 라는 생각이 들었는데 물론 이겠지요. 그러나 나는 이때부터 「새로운 나」를 다듬기 시작했고, 그래서 나는 내가 속고 산 원인을 오관五官으로 단정하고, 그 동안 바깥쪽만 보고 살아왔던 이 오관을 내 안쪽으로 돌려 수행하며 관찰을 해보니, 내 몸에 병을 만든 것도 「나」요, 또한 이렇게 완전히 고친 것도 「나」이기 때문에 결국 내가 「나」를 고친 것입니다. 그러니 이것 또한 참 이상하지요. 그리고 이렇게 변하게 된 주主원인은 한달 동안이나 감격의 눈물을 하도 많이 흘려서 이 눈물로 「내」가 녹아 없어지고

「내」가 없는 때문은 아닐까요?

질문 : 선생님의 체험을 통해서 느끼신 생사生死에 관해 말씀해 주시기 바랍니다. (최 양)

　나는 이 시점時點에서 공부를 했다고도 또는 공부가 다 됐다고도 생각해 본 일이 없습니다. 다만 이것을 계기로 해서 공부는 이제부터 시작이라고 생각합니다. 그렇기 때문에 감히 내가 생사문제生死問題를 논論하는 것은 양심상 말이 안 된다고 생각합니다. 그러나 굳이 생각을 더듬어 말을 해보라면 생사는 없는 것으로 압니다. 왜냐하면 생과 사는 오로지 하나이기 때문에 따로 분리해 볼 수가 없기 때문입니다. 손등과 손바닥이 둘이 아니고 손 하나이듯이 생사는 하나입니다. 다시 말하자면 삶은 곧 죽음이요 죽음은 곧 삶이라는 이야기입니다. 생사문제를 놓고 말할 때는 이처럼 인간의 생명만을 의식하지 말고 전체 속에서 풀어야 해답이 나올 것으로 생각합니다.

　인간의 생명은 다음에 다루기로 하고, 생사를 절대성絶對性으로 보면 나타남과 사라짐의 계속적 반복입니다. 반면에 상대성相對性으로 보면 음양의 원리에 따라 이루어지고 소멸하는 것입니다. 다시 말해 절대성에서 보면 나타나 있는 것도 없는 것이요 없는 것도 있는 것입니다. 그러나 상대성에서 실상實相을 바로 보면, 생生하고 소멸消滅한다는 것은 음양이 한 벽壁을 이루고 쫓고 쫓기어 돌아가는 힘으로 생하고 소멸하는 것입니다. 그 작용作用을 하나로 보면 생사는 둘이 아니고 하나인 것입니다. 다시 말해서 무심無心을 증득證得하면 생사는 없는 것입니다.

　절대성에서 생사를 논論한다고 하면 내 육신肉身 속에서 엄청난 생명체가 죽었다 살았다 하는 것을 내 스스로가 모르는 까닭에 내가 있으면서도 내 생명체를 모르는 것과 똑 같습니다. 이것은 전체를 하나로 보기 때문입니다.

질문 : 사람의 생명生命은 무엇입니까? (홍 보살)

사람의 생명은 내 것 같으면서 내 것이 아니고 또 내 것 아니면서 내 것으로 생각되는 것이 곧 생명입니다. 그리고 육신 내에 존재한다고 할 수도 있고 밖에 있다고 할 수도 있는 것이 사람의 생명이라고 말할 수 있습니다.

질문 : 그러면 그 생명체들은 어떠한 방식으로 살아갑니까? (강 선생)

그 모양을 보면 그 생명체들은 짧고, 길고, 두텁고, 둥글고, 모나고 그 색깔도 천태만별千態萬別로 똑 같은 것이 없습니다. 이것은 마치 외부의 현상계와 같으며 생명체의 내부에는 그 속에서도 이중삼중二重三重으로 우주를 형성하고 있습니다. 여기에서도 생하면 살아나고, 자라나면 변하고, 변하면 소멸하듯이, 늙은 놈만 순차적으로 죽어서 송장이 되어 땀구멍이나 대변 소변으로 그 죽은 시체가 나가는데, 이것을 몸의 때라고도 하며 노폐물이라고도 합니다.

그리고 생명체들이 먹고사는 주식主食이 에너지이며, 음식물이 들어가면 위장이 소화를 시키는 것이 아니고, 효소酵素가 메주를 먹어치워 메주가 되듯이 많은 생명체들이 소화작용을 촉진하는데 바로 그 생명체들이 잘 살아야 세포가 잘 살고 세포가 잘 살아야 육신이 살아가기 때문에 내 전체가 사는 것입니다.

질문 : 그렇다면 어떤 것이 나를 잘 다스리는 것이고 또 못 다스리는 것입니까? (이 교수)

내 생명은 우주 속에 있는 것이고 우주가 없이는 내 생명이 있을 수 없는 것이지요. 내가 나를 다스리는 것은 곧 이 중생을 다스리는 것이요, 중생을 잘 다스리는 것은 곧 「참 나」를 아는 것입니다. 그렇기 때문에 마음이 걸려서 밥을 못 먹을 경우 또는 술을 많이 먹어서 배탈이 났을 경우 이 모두는 육신 운전을 잘못해서 고장이나 밥을 먹지 못하는 것입니다. 그리할 때 체내에서는 굶어 죽고 병들어 죽고 술에 취해 죽고 하다가는 마침내 음陰은 양陽을, 양은 음을 잃게 되어 젊은 놈, 어린아이 할 것 없이 몰사沒死를 당하는 것입니다. 이때 「진眞 나」가 있다면 「가짜 나」를 그냥 두고 보고만 있겠습니까?

「진眞 나」는 바깥하고 연결되어 있습니다. 그래서 죽은 숫자는 바깥에서 불러들여 숫자를 채워 균형을 잡게 마련입니다. 새로 들어온 생명체는 환경이 달라져 별안간에 음양이 맞을 리가 없으며, 이 때를 틈 타 악질 생명체가 들어와 기존 생명체와 싸움이 벌어지게 됩니다. 기존 세력은 숫자가 적어지고 약해졌기 때문에 필연코 지게 마련입니다. 이것이 바로 내 육신이 죽어 가는 모습입니다. 결국 내가 나를 몰라서 내가 나를 죽인 것인데 이것이 바로 우주를 소멸하는 것이요, 또한 부처를 죽이는 일이 아니고 무엇이겠습니까?

남을 죽이는 것만이 살인이 아닙니다. 이처럼 내가 나를 몰라 나를 죽이는 그 자체가 살인입니다. 이것은 바로 운전사가 눈을 가린 채 바깥만 바라보고 남이 하니까 나도 한다는 식으로 운전을 잘못한 결과입니다. 반대로 나를 잘 다스리는 사람은 남의 말을 믿지 않으며 단지 오관을 나 쪽으로 돌려서 「나」를 관찰하는데, 이처럼 나를 관찰하게 되면 「참 나」를 알게 되고 「전체」를 알게 됩니다. 이와 같이 내 생명을 올바로 알아야 「나」를 알 것이 아니겠습니까?

질문 : 그러면 나의 책임은 무엇입니까? (홍 보살)

참 좋은 질문質問입니다. 나의 책임은 나에게 직접 속해 있는 중생衆生들을 다스리는 일입니다. 내가 지금 중생이라 함은 좁은 의미에서 내 체내에 있는 모든 생명체에만 한한 것인데, 그 이유는 내가 나를 다스리는 것 같이 어려운 것이 없으며 또한 내 몸 속에 엄청난 숫자의 생명체가 살고 있기 때문입니다. 그리고 나를 다스리는 것은 곧 우주를 다스리는 것이 되기 때문입니다. 내가 나를 사랑하고 중생들을 아끼다 보면 「참 나」를 알게 되고 「참 나」를 알게 되면 전체를 알게 되니 이것이 참된 자비慈悲가 아니고 무엇이겠습니까?

질문 : 인과(因果)에 대해서 말씀해 주시기 바랍니다. (강 선생)

인과도 절대성에서 보면 없는 것이고 상대성에서 보면 있다고 보겠는데, 한 생각이 일어나면 인因이 시작되고 그 일어난 한 생각에 머무르면 과果가 되는 것입니다. 인과는 선善과 악惡에 대해서도 두 가지로 나누어집니다. 인因에 머무르면 업業이 생기게 마련입니다.

질문 : 사랑과 미움에 대해 말해 주시기 바랍니다. (강 선생)

사랑과 미움을 말하자면 두 가지 측면에서 말해야 될 것 같습니다. 사랑이란 증오憎惡 없이는 성립되지 않습니다. 상대성 원리에서 말한다면 피차가 사랑하는 마음은 자기도 모르는 사이에 마음이 상대에게 끌려 모든 것을 맡기고 싶고 베풀고 싶은 마음으로 변하는 것입니다. 좀 더 달아오르면 상대방의 미운 점이 없어지고 전체가 이쁘게만 보이다가 그 열熱이 극도極度로 달아오르면 이번에는 반대로 증오로 변하게 마련입니다. 상대성 원리의 극極에는 생사生死가 초월된 상태이고, 양陽의 당기는 힘은 우주를 초월한 엄청난 힘으로 발현되어 음陰에게 부딪혀서 폭발하면 이것을 「사랑의 조화」라고 합니다.

다시 말하자면 처음에는 모여들고 모여들면 화합和合하고 화합하면 증오憎惡

하고 증오하면 폭발해서 조화調和가 되고 조화가 되면 곧 이루어진다는 말입니다. 그리하여 한번 폭발을 해서 조화를 이루게 되면 천지만물이 태어난다는 말입니다.

그러나 음양이 달아올라서 폭발하기 전前에는 항시 상대방을 그리워하며 90도의 벽을 사이에 두고 사랑하기 때문에 달아올라서 폭발할 때까지 끊임없이 쫓아갑니다. 이것이 곧 천지만물이 돌아가는 이치理致요, 생하고 소멸하는 원리原理인 까닭에, 악惡을 모르고서는 선善을 모르는 것 같이, 사랑은 미움 없이는 결코 살아남지 못합니다. 손바닥과 손등이 둘이 아니고 한손인 것같이 한마음에서 보면 선善도 악惡도 내 마음에서 나온 것이요, 사랑도 미움도 내 마음에서 나온 것이기 때문에 한 생각 차이에 지나지 않으며, 알고 보면 원래는 없는 것입니다.

그렇다면 음양을 초월한 것은 무엇일까요? 또 하나의 측면은 절대성에서 보는 것입니다.

기독교에서는 사랑이라고 하고 불교에서는 자비라고 합니다. 사랑이나 자비는 같은 말인데 사랑이나 자비가 말로 해서 입으로 나오게 되면 그것은 사랑이 아닙니다. 왜냐하면 사랑을 의식意識하고 행行한 사랑은 이미 죽었기 때문입니다. 진짜 사랑을 아는 사람은 모든 행동에 있어 사랑을 마음속에 의식하고 행하지 않으며, 사랑 자체를 모르고 무위행無爲行을 하기 때문에 그 행동의 결과結果가 심묘深妙하여 단지 다른 사람들이 그렇게 느낄 뿐입니다.

사랑이라 하면 적게 말해서 어머니의 사랑을 생각하게 되는데 어머니는 자식을 위해서 살을 저미고 뼈를 깎는 희생을 하더라도 그 아픔을 느끼지 못하고 사랑이란 말조차 하지 않습니다. 하물며 진리에 속한 대자연大自然의 사랑은 참으로 넓고 위대하기 때문에 사랑이라고 표현한다면 그것은 잘못된 것입니다. 대자연의 섭리攝理는 사랑이라고 표현할 수 없고 영원불변永遠不變의 힘이라고 해도 그것은 부족합니다.

다음에는 믿음에 대해 말씀 드리겠습니다. 만약 내가 「진眞 마음」에서 공부가 된 사람이라면 나의 삶은 상대성 원리에서 선악善惡을 의식하며 살아가는 것이 아니고, 나는 본래 없는 까닭에 절대성絶對性에서 살아갈 것입니다. 절대성에서는 너와 나가 없고 내가 있다면 전체 속에 녹아 하나에 속해 있기 때문에 나는 무아無我입니다. 다시 말한다면 천지만물이 내 몸이요, 내 마음입니다. 그런 까닭에 전체 속에는 미움이 있을 수가 없습니다. 오로지 나일 뿐입니다.

질문 : 이렇게 갑자기 변하신 원인原因이 무엇이라고 보십니까? (박 선생)

나는 공부하러 간 것이 아니고 죽으러 간 것입니다. 그렇기 때문에 계룡산에 들어갈 적에 나는 나를 포기한 상태이고 아픔도 괴로움도 그다지 느껴지지 않았으며 내가 나를 완전히 놓았던 것입니다. 내 마음속에 도사리고 있던 증오, 적개심, 슬픔, 배신감, 초조, 불안 등으로 내 가슴은 무거운 납철로 꽉 틀어막은 것처럼 답답하고 숨통이 막힌 것 같았으나 그 후로는 복식호흡을 하지 않아도 답답한 것이 뚫려 가슴이 시원한 것으로 보아 그 원인은 두 가지로 믿어집니다. 하나는 죽기 전에 복식호흡을 계속한 것이고 또 하나는 내가 나를 놓아버려서 내가 없어진 까닭입니다.

질문 : 선생님의 경험을 통해 후학들의 공부를 위해서 한 말씀해 주시기 바랍니다. (김 선생)

참 어려운 부탁입니다. 내가 경험을 했다고 해도 기간이 짧고 아는 것이 없어서 참고가 되지 못하는 것을 송구하게 생각합니다. 진리란 맑고, 깨끗하고, 불변不變하고, 영원永遠한 것이라 말할 수 있습니다. 허공은 비었다고 하지만 생生하고 소멸消滅하는 위대한 힘을 발현하기 때문에 깨끗하지 못합니다. 반면에 한마음은 닦고 닦아서 깨끗해지면 참으로 위대한 것입니다. 이 마음은 누구나 다 같이 가지고 있으나 자기 스스로에게 가려져서 그 참된 빛을 우주로 발현하지 못할 뿐입니다. 알고 보면 참으로 안타까운 일이죠.

사실 우리가 공부라고 하는 것은 자기가 자기를 알자는 이야기입니다. 다시 말하자면 거짓 내 집에서 살다가 참된 내 집을 들어가는 것인데도, 첩첩산중疊疊山中 뚫고 지나가듯 마음을 가리고 있는 엄청난 두께의 철판과 얼음 덩어리를 녹여야만이 내가 내 집을 들어간다는 이야기입니다.

그러면 이 철판과 얼음은 누가 만들었고 또 덮은 것일까요? 둘 다 내가 한 것입니다. 그렇다면 왜? 참으로 대답하기 어렵지요.

아기가 어머니 뱃속에서는 탯줄을 통해서 전체가 같이 공존하는 상태로 절대성 속에서 살아갑니다. 그러나 열 달이 지나 어머니 뱃속을 떠나 나오게 되면 그 탯줄은 자연自然의 탯줄로 바뀌게 되며 어머니와 나, 아버지와 나, 나와 우리 집, 나와 바깥, 나와 자연, 이런 식으로 나하고 상대하고의 생활방식으로 물들게 마련입니다. 사람은 그런 식으로 죽을 때까지 아버지는 자식을 사랑하고, 그 자식은 어버이를 섬기고, 그리하여 씨족을 형성하고, 씨족은 사회를 형성하고, 사회는 국가를 형성하여 물질문화物質文化와 정신문화精神文化를 발전시켰는데 이것이 바로 인간세상人間世上입니다. 이것은 상대성 원리와 절대성 원리가 화합하여 조화를 이룬 것이라 해도 이 이론理論에 대하여 하등 반대하지 못할 것입니다.

여러분의 마음은 항시 초조와 불안, 갈등, 증오, 탐심, 선악 등의 한 생각이 쉴새없이 1분간에도 20~30번씩 드나듭니다. 달리 말한다면, 내 마음속에서 삼라만상이 유무有無간에 다 들러서 서로가 우글대며 부딪히게 되어, 그 때 밖을 보면 하나씩 무엇인가가 달라져 나와서 존재하게 되는데, 이것이 여러분이 보시고 있는 현상계現象界입니다.

마음은 아무 것도 없는 것 같지만 음양의 원리에서 본다면 착한 마음이 악한 마음을 잘 다스리고 부려서 모든 것을 이루고 있는 것이라고 말할 수 있습니다. 그렇기 때문에 거꾸로 말해서 악한 마음을 필요로 한다는 말이 이것을 두고서 하는 말입니다. 여러분은 항시 내 마음이 양兩 극極으로 움직인다는 것을 아십시오. 된다 하면 안 된다, 선이다 하면 악이다, 한다 하면 못한다 하고 대립으로 나옵니다. 모든 것은 꼭 상대를 만들어서 화합하고 조화가 잘되면 이루어지는 것입니다. 현재 종교계에서는 양보하고, 순응하고, 따라가는 착한 사람만이 살아가는 그러한 세상을 만들기 위해 애쓰고 있지만, 위의 원리로 볼 때 이러한 미지근한 상태의 1극만 가지고는 오늘날의 이 문화가 어디에서 나온다는 말입니까?

나의 생각은, 음양의 이치에서 말한다면 미지근한 상태에서는 불가능하고 피차가 달아올라서 상대극相對極이 마주칠 때 지극至極이 되어야 폭발하기 때문에, 선도 악도 지극이 되어야 이루어진다는 말입니다. 그리고 악을 악으로 보지 말고 이 엄청난 삼라만상森羅萬象을 이룬 악을 지극한 선으로 보십시오. 그렇게 모든 인간의 마음이 바뀌어갈 때 지상의 감옥이나 내 마음의 지옥이 없어져서 사회는 정토淨土로 변할 것을 확신합니다.

우리 공부도 이 원리와 같이 마음 안의 양兩 극極이 공부 힘으로 녹아서 다 소멸해 버리면 그 자체가 전체입니다. 이때 나도 완전히 없어진 것입니다. 다시 나를 찾아보면 나는 이미 전체 속에 있어 비로소 내가 전체임을 깨닫게 되는 것입니다.

또 한가지 쉬운 방법은 단 시간 내에 음양陰陽을 뛰어넘는 것으로 내가 나한테 빠져 나오는 것입니다. 음양이 달아올라서 상대극이 지극으로 변하는 찰라, 폭발하려고 하는 그 순간에 끌려가지 않고 그 사이를 내가 초연超然하게 빠져나가면 나는 전체에 도달된다는 이야기입니다. 이것이 중용中庸의 원리이기도 합니다. 나를 놓으십시오. 모든 것을 다 버리고 초연하십시오. 크게 버리고 놓아야 큰 것이 들어오게 마련입니다.

여러분 참 감사합니다. 나는 이 순간에 눈물이 쏟아져 나옵니다. 참으로 감사합니다. 감사할 뿐만이 아니라 거룩합니다. 그것은 여기에 계신 여러분들이 바로 부처요 하나님이요 성현聖賢이요 아무리 아래로 낮추어보려고 해도 모든 지각知覺을 갖추신 현인賢人들이십니다. 그러나 부처가 부처를, 성현이 성현을 찾으려고 하고 만나서 구救한다는 말은 웬 말입니까? 돌이켜 생각해 보면 내 자신도 그러하기 때문에 참으로 한심하게 느껴질 때가 있습니다.

여러분과 여기 서 있는 나는 한마음이요, 한몸임에는 변함이 없습니다. 우리가 살아가는 방식이 상대성相對性에서 보고 그렇게 행하니까 너와 나가 따로 있지, 절대성絶對性에서 보면 어디에 너와 나가 따로 있습니까? 오로지 하나일 뿐입니다. 다시 말하자면 천지만물이 내 몸이요, 내 마음입니다. 그런 까닭에 이 천지天地가 내것 빼놓고는 아무 것도 존재할 수가 없는 것입니다.

반대로 말을 한다면, 상대성 원리로 볼 때 한 생각을 다시 돌이키면 또한 내것은 아무 것도 없게 마련입니다. 그것은 따로 따로 갈라져서 자기 스스로의 모습이 상대적인 상태로 살아가기 때문입니다. 그러나 한 마음을 돌이키면 천지만물이 내 마음속에 수용되어 있기 때문에 없는 것이 없습니다. 유무有無가 다 나요, 부처도, 하나님도, 성현聖賢도, 악마惡魔도, 신神도, 이 우주宇宙에 있는 삼라만상이 다 내 속에 깃들어 있습니다.

여기서 중요한 것은 악惡에 대한 말입니다. 이 세상 종교인宗敎人들은 말하기를 악惡은 하지 말고 선善은 하라고 가르칩니다. 이것은 참으로 잘못된 것입니다. 그리고 내가 알기로는 성현들이 나오신 후 2,500년 후 지금까지 악에 대해서는 말이 없었습니다. 단지 동양東洋의 순자가 성악설性惡說을 말했는데, 성악설은 오늘날의 인간사회에 있어 물질문화의 찬란한 금자탑金字塔을 세워놓고 있습니다. 그러나 사람들은 순자의 성악설이 살아 있는데도 죽은 것으로 알고 있습니다.

나는 악이 존재하지 않으면 선이 살아남지 못한다는 것을 다시 한번 강조하고 싶습니다. 악을 모르고서는 선을 절대로 알지 못합니다. 선과 악은 나의 한 마음입니다. 상대성 원리는 유有 아니면 무無이나, 모든 부분 부분에 해당되지 않는 데가 없습니다. 내가 태어날 때도 그러하거니와 내가 태어나서도 언제나 그 마음은 이런 원리에서 양兩 극極으로 갈라져 나갑니다.

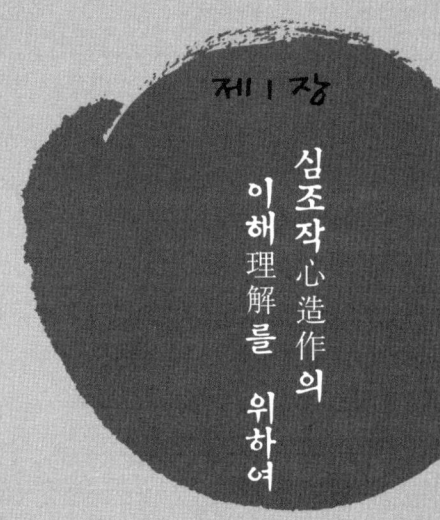

제1장 심조작心造作의 이해理解를 위하여

  도道 공부를 하는 사람들이 정진精進을 하다보면 어떤 신비한 체험들이 일어날 수가 있다고들 합니다. 그리고 이러한 체험들에 관심을 갖고 착着을 하게 되면 공부가 더 이상 나아갈 수가 없다고들 합니다. 어떤 경우는 그 경계가 전부인 것으로 착각을 하게 되어 공부자체를 버리게 된다고들 합니다. 이는 수자修者가 본래의 목적을 잊어버리게 된 것이라고 말할 수 있겠지요.

  제 1장의 경우는 이규상 선생께서 계룡산에서 새롭게 변화되신 이후에 계속해서 삼 년간 수행修行하시던 중에 심心의 조작造作으로 경험하셨던 일화들을 정리한 것인데, 앞에서처럼 독자에게 잘못 이해되어 오히려 수행을 하시는데 해害가 될까봐 우려가 되어 삭제를 할까 하였던 부분입니다. 그러나 집어넣은 것은, 일화 하나하나가 내용상 신비주의적 성격을 띄운다는 것을 제외하고서는 수자들에게 그 나름의 교훈과 가르침을 주고 있으며, 또한 만일 현재 수행을 하시는 수자修者가 이와 유사한 체험을 가지시게 된다면 "나는 왜 수행을 시작하였는가?" 라는 본래의 목적을 상기하여 여기에 끌려가거나 집착하지 말고 무심無心으로 흘려버릴 수 있도록, 그래서 다시 한번 자기 자신을 반성하고 새롭게 정진하는 자각自覺의 기회가 될 수 있도록 하기 위함이었음을 알려드립니다.

  그리고 저는 이 자리에서 왜 노자老子는 도덕경道德經의 첫 머리에 "도가도 비상도道可道 非常道 명가명 비상명名可名 非常名"이라고 썼으며, 왜 불가佛家에서는 우리에게 상相을 버리라고 그토록 주장을 했으며, 왜 예수께서는 우리에게 우상偶像을 섬기지 말라고 그토록 경계警戒를 주셨는지를 제 마음에 다시 한번 느끼며 반성해 봅니다.

편 집 자

연비어약鳶飛魚躍에 대하여 1

　연비어약鳶飛魚躍이란 공자님의 말씀이며 "소리개는 날고 고기는 뛴다" 는 뜻입니다. 이에 관한 말을 하기 전에 이것과 관련해서 나로서는 일생동안 잊어버릴 수 없는 비화秘話 한 토막이 생각납니다.

　계룡산 심우정사에서 내려와서 광덕의 은골이라는 암자에 홍 선생과 같이 도반道伴이 되어 공부를 하고 있었는데, 어느 날 갑자기 천안의 집으로 가게 되었습니다. 집에서 하룻밤을 자게 되어 새벽에 정진精進을 하고 있는데 비몽사몽非夢似夢 간에 두 명의 젊은 사람들과 한 명의 늙은 할아버지가 같이 와서 나에게 인사를 청하였습니다. 이 할아버지의 명함을 보니 박병극朴秉極씨라고 적혀 있는데, 명함을 받는 순간 내가 신고 있던 양말 한 짝이 벗겨지더니 불이 붙어서 하늘로 치솟고 그 순간에 두 젊은이는 학鶴이 되어서 할아버지를 모시고 하늘로 승천하는 것이 아니겠습니까?

　그 날 아침 식사를 마치고 집을 나갔다가 볼일을 보고 돌아와 보니, 천안 도관道觀 개업식을 한다고 관장觀長 명의로 된 박병극씨의 초청장이 집에 와 있기에 물어보니 꿈 내용과 일치하는 것이었습니다. 이것이 동기가 되어 박 선생님을 알게 된 것이고 또 이분을 통하여 지리산의 도인道人과 전국에서 유명한 유학자儒學者들을 많이 알게 되었는데, 그 중에서도 유학儒學과 도학道學에 명성이 높은 김연구金淵龜씨를 알게 된 것은 나의 공부에 큰 도움이 된 것으로 생각이 됩니다.

어느날 김 선생님의 초대를 받아서 그 댁을 방문하게 되어 사서삼경四書三經에 대한 강의를 들었는데, 그 중에서도 가장 어려운 것이 중용中庸이고 중용 중에서도 가장 어려운 것이 "발지중 미발지중發之中 未發之中"이라고 하였는데, 이 말을 듣자마자 이것에 대하여 즉시 그 뜻을 풀어 보였더니 그분이 감탄을 하였으며 이에 대한 정표情表로 써준 것이 "연비어약 鳶飛魚躍(소리개는 날고 고기는 뛴다)" 바로 이 글인 것입니다.

그분이 이 글을 써주며 하는 말이 나에게 이것을 해석해 보라는 것인데, 나는 한문을 배운 적도 없고 글이 짧아서 불가不可하다고 사양을 했는데도 굳이 틀려도 좋으니 말을 해보라고 졸라대기에, 하는 수 없이 생각나는 대로 지껄여본 것이 다음의 내용입니다.

이 글이 공자님 말씀이라고 한다면, 쉬운 이야기로 "뛰는 놈 위에 나는 놈 있다" 라는 해석은 맞지 않는 것으로 생각이 듭니다. 본인의 생각으로는 음양陰陽의 원리로 생각이 드는데, 그렇다면 해석을 위해서라도 "소리개 연鳶"자를 "기러기 안鴈"자로 고쳐야 하겠는데, 그 이유는 소리개는 바다라면 몰라도 육지에서는 새를 잡아먹고 살기 때문에 물고기와는 상극相剋이 될 수가 없는 반면에 기러기는 물고기를 잡아먹고 살기 때문에 서로 상극인지라 음양의 원리에도 잘 맞기 때문입니다.

어쨌던 "안어번해공鴈魚飜海空 용천해중호龍天海中虎"이것이 나의 답입니다.

옛날부터 알려지기를 기러기는 하도 금실(琴瑟之樂)이 좋아서 하나가 죽으면 죽은 자리에서 먹지를 않고 삼년상三年喪을 난다고 하며 시골 농부들이 산이나 들에서 굶어 지쳐 우는 기러기를 흔히 보게 되는데, 요즈음 혼례식 때 기러기 두 마리를 쓰는 이유가 바로 이 때문이라 합니다.

이와 같이 한 쌍의 기러기 두 마리가 의좋게 살다가 불행하게도 음식을 잘못 먹은 탓으로 남편이 죽었으니 얼마나 애통哀痛하겠습니까? 기러기는 추운 지방에서만 살 수 있는 새인데도 더운 여름의 폭염도 아랑곳없이 아무것도 먹지 않고 울어만 대는 것이 이상하게 여겨져서 농부가 그 자리를 가보았습니다. 가서 보니 바싹 마른 기러기 한 마리가 썩어서 뼈만 남은 기러기를 쳐다보면서 울부짖고 있는 것이 아니겠습니까? 농부가 접근을 해도 두려워하지를 않고 날아가지도 않아서, 하는 수 없이 미꾸라지를 잡아다가 주었으나 전혀 먹지를 않았습니다. 그 이후 삼 년이 되는 어느 날 아침, 평소와는 달리 기러기 우는 소리가 들리지 않자 농부는 당황해서 그 자리로 뛰어 가보니, 아니나 다를까 기러기는 삼년상을 마치고는 탈진 상태에서 숨이 끊어져 있었습니다.

그러나, 이 농부는 불교신자이고 또한 마음이 착하고 자비로워서 삼 년 동안을 한결같은 마음으로 보살펴주면서 무사히 삼년상을 마치기를 부처님께 기도한지라, 기러기의 마음과 농부의 마음으로 이루어진 공든 탑이 헛되이 무너질 리가 없습니다. 그날 따라 아침 햇살은 유난히도 밝았으며, 조금 지나서 이날 따라 무슨 연고인지 때아닌 뻐꾸기가 날아다니며 소리치고 울더니, 종달새도 울고, 밤에만 우는 부엉이도 울고, 순식간에 온갖 산새들이 수없이 모여들어 울더니, 북쪽 하늘에서는 수없이 많은 기러기 떼가 모여드는 것이 아니겠습니까? 세상에 이런 장관이 또 어디 있겠습니까? 천신天神, 지신地神이 한결같이 놀랄 일이었습니다.

이때, 굶어서 죽은 줄로만 알았던 기러기가 기지개를 켜며 한숨을 들이쉬더니, 눈을 뜨고 이 엄청난 광경을 바라보는 것이었습니다. 눈 깜짝할 순간에 그 기러기는 날아올라 산새들과 기러기 떼에 싸여 강을 지나고 바다 위를 날다보니 바다 속에서 오색찬란한 빛이 보이는 것이었습니다. 이를 따라 가보니 고기 떼들이 뛰노는 것을 발견하였는데 이때 그 기러기는 무엇인가에 매료되어 삼 년 동안이나 굶어 지쳐 있던 자기 모습을 까맣게 잊고 있는 상태였습니다. 그런데 갑자기 그 기러기는 쏜살같이 물 속에 뛰어들더니 미친 듯이 날개와 깃털로 물장구를 치면서 물고기와 어울리는데, 물고기는 또한 무슨 연유緣由인지 잡혀 먹힐 두려움도 모른 채 기러기와 맴돌며 미친 듯이 물장구를 칩니다. 그 돌아가는 물장구의 소용돌이는 폭풍우보다 엄청나서 그 소리는 천지天地를 진동하고 바닷물은 그 소란에 허공으로 치솟으니, 여기에 놀란 청룡青龍과 황룡黃龍은 견디다 못해 하늘로 날아올라 도망가고 허공에 살던 사자나 호랑이는 놀라서 바다 속으로 도망칩니다.

그 후 시간이 지나면서 천지가 고요해지고 물고기와 기러기는 모습도 다르고 상극相剋이면서도 둘이면서 하나가 되어 허공과 땅속은 물론, 불火 속과 물水 속을 자유롭게 영원토록 노닐더라는 것이 본인의 해석입니다.

이 이야기를 한마디로 줄여서 다시 말한다면 연비어약이란 천지개벽天地開闢을 말하고 있는 것인데 인성人性의 변화를 제쳐놓고 천지개벽이 따로 있을 수가 없다는 것을 의미합니다.

나는 이 글의 해석을 잘했다고 자랑하는 것이 아니고 그 이후에 나에게 전개展開되는 일이 하도 신기하게만 느껴져서 이것을 공개해 보려 합니다. 물론 느꼈다는 것도 상相 인지라 공부로 보면 금물禁物인줄 알면서도, 혹시 도반님들께 도움이 될까 해서 무리를 해봅니다.

그 후에는 내가 필요하다고 생각만 한다면 이 기러기 두 쌍을 만나게 되고 의문점이 있으면 서로가 물어보게 되었습니다. 그럴 때는 피차가 기탄없이 대답을 합니다. 나는 사람이라고 하지만 참으로 이 기러기만 못해서 만날 적마다 부끄럽기 짝이 없고 양심의 가책을 받아서 대답을 못한 적이 한두 번이 아니었습니다. 그래서 대화를 할 때면 꼭 존댓말을 쓰게 되며, 그리고 공부에는 위아래가 없다고 하지만 암기러기가 훨씬 낫다고 보며 물고기의 탈을 벗고 다시 기러기가 된 수기러기는 양陽이라 할 지라도 그다음 입니다.

나는 암기러기에게 물었습니다. "남편을 제도濟度하고 살려내는 것도 좋으나, 삼 년 동안 아무것도 먹지 않고도 살수가 있었다는 것이 의문이니 말해 주시오."

암기러기가 답하기를 "안 먹은 게 아닙니다. 하루에 한끼씩은 꼭 먹었지요. 나 때문에 보살(농부)님께서 기도하시는 것을 보았고, 하루 한끼씩 미꾸라지나 물고기를 보내주시는데, 여기에서 나오는 기운氣運과 보살님의 마음을 먹고 살았지요." 라고 합니다.

나는 이 이야기를 듣고 하도 감격해서 눈물을 금할 수가 없었습니다. 인간이 만물萬物의 영장靈長이라고 뽐내지만, 이 세상에서 죽은 남편을 다시 살리기 위해 자기 몸에 불을 지르고 삼 년씩이나 먹지 않고 기도와 정진을 할 수 있겠습니까? 나는 훌륭하고 대견스럽다고 고개를 숙여 절을 하며 찬사를 아끼지 않았습니다.

암기러기가 물었습니다. "제가 거사居士님께 물어 보겠습니다. 삼년상이 끝나는 날 아침에 하늘을 보니, 산새들이 모여와 울고, 북쪽의 기러기가 떼를 지어 모여들었으니, 이것이 무슨 연고緣故입니까?"

내가 답하기를 "나는 아는 공부를 하는 사람이 아니고 모르는 공부를 하는 사람이니 알 리가 없으나, 내 생각으로는 삼 년 동안 먹지 않고 삼독심三毒心을 끊어서 마음이 텅 빈데다가, 농부가 첨가하여 기도를 해주었으니 이것이 촉진제가 된 것이고, 텅 빈 곳에는 천지기운天地氣運이 차 들어오게 마련인데, 그야 중생들이 끌려오는 것은 당연한 일이지요. 모여들면 엄청난 힘이 발현되게 마련인 것으로 생각이 듭니다."라고 하였습니다.

나는 다시 암기러기에게 물었습니다. "당신이 무엇인가를 보고 물 속으로 뛰어 들어가서 물장구를 칠 때의 상황을 말해 주십시오."

이에 답하기를, "바다 속으로부터 빛이 나오기에 그 아래를 보니 우리 남편이 물에 빠져서 허우적거리고 있었습니다. 그 와중에서도 남편은 내가 아내로 보일 때는 좋아서 꼬리를 쳤으며 사자獅子로 보일 때는 도망을 쳤습니다. 그래서 죽느냐 사느냐의 싸움이 벌어진 것인데, 다행히도 그때 마침 관음보살觀音菩薩께서 이렇게 말씀하셨습니다. '이 옷으로 둘이 다 같이 갈아입어라.' 라고요."

나는 다시 물었습니다. "수기러기가 죽어서 물고기가 된 이유는 무엇입니까?"
암기러기는, "수기러기는 원래가 인정이 많은지라 고기를 잡으면 먹지 않고 나를 주며, 남으면 자식을 품고 있는 남들에게까지 나누어주는 좋은 버릇이 있었는데, 나누어준 물고기가 농약에 오염이 되어, 이것을 먹고 여러 식구가 죽고 자기도 죽은 것입니다."라고 답하면서, "이렇게 좋은 일을 하였는데도 어찌하여 물고기가 되었단 말입니까?"라고 되물었습니다.

나는 이에 대해 다시 말하기를, "남에게 좋은 일을 하는 것은 복福을 짓는 것이 되나 공덕功德은 아니며, 내 무지無智의 소치로 여러 생명을 잃게 한 것이 공덕을 무너뜨리고 살생을 한 것이 되어, 이에 따른 결과의 업보業報로 생각합니다."라고 하였습니다.

여기서 나는 다시 한번 생각해 봅니다.

나는 항상 「나」일 수밖에 없고, 암기러기 당신은 오로지 「너」일 수밖에 없습니다. 너는 내가 될 수 없고, 나는 네가 될 수 없기 때문입니다. 물론 부처님께서 말씀하시기를 피차彼此가 없다고 하셨는데 그러나 자기 완성을 할 때까지는 그림자일 뿐인 「나」라도 남아 있어야 채찍질이 가능할 것이 아니겠습니까? 오로지 내 일은 「내」가 해야하고 네 일은 「네」가 해야된다고 보면, 상대방이 자기보다 낫다고 해서 부러워하고 따라갈 필요도 없으며 모른다고 해서 남에게 물어볼 필요조차 없는 것입니다. 철저히 모르고 캄캄한 내 마음속에서 캐내어야만 영원토록 내 것이 되기 때문입니다. 그것은 발자취가 아니고 새로운 것이기 때문입니다.

설사 암기러기 당신이 나보다도 낫다고 합시다. 그러나 당신이 나일 수는 없지 않습니까? 나는 「나」이기 때문에 절대 「나」일 수밖에 없습니다. 당신에게 그 영롱한 지혜가 생기게 된 것도 내가 없이는 절대로 불가능하다는 것을 인식해야 합니다. 그것은 그 씨앗을 내가 가지고 있으며, 내가 그렇게 알아주니까 당신이 그렇게 할 수 있는 것이 아니겠습니까?

나는 공부하시는 당신들에게 말합니다.

지금부터라도 늦지 않았으니 아는 소리하며 떠다니지 말고 침착하시오. 그리고 「나」를 아십시오! 왜냐하면 내가 있는 상태에서 행行해지는 일들은 아무리 남을 위해서 좋은 일을 했다고 하더라도 사신邪神의 조작이라고 남들이 손가락질을 하고 비웃기 때문입니다. 다시 말하거니와, 지성知性의 결과는 한번만 사용하는 것이지 오늘날의 불경佛經이나 성경聖經과 같이 재탕을 하는 것이 아니기 때문입니다.

정상을 올라가면 머무르지 말고 빨리 내려오십시오. 중생 없이는 극락이 없으며 지옥이 극락인줄만 알아도 당신 마음은 영원토록 편안할 것입니다.

끝으로 이 글에 대한 이해를 돕기 위해서 첨언添言을 한다면, 기러기와 「나」와의 관계는 상相과 무상無相/非相의 관계인지라 내 마음 떠나서 따로 있을 수 없으며, 유위有爲로 조작된 상相일 뿐인 까닭에 기러기는 나를 위한 신상神相 인지라 알고 대답하는 것은 내가 알고 있는 과거심過去心의 범주를 벗어나지 못합니다. 그러나, 지나간 일들을 다시 보고 느끼며 반성하는 이점利點은 있습니다.

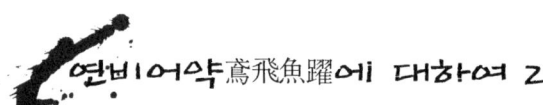 연비어약鳶飛魚躍에 대하여 2

I. 청룡靑龍 황룡黃龍의 승천昇天

   찌는 듯한 더운 날 이었습니다. 쌀과 부식이 떨어져서 지리산에서 내려와 하동 시장에 가서 장을 보고 오는 길인데, 날이 더워서 숨이 막힐 정도로 목이 마른지라 강가 나무 밑에 배낭을 내려놓고 물을 마셨습니다. 넘어진 김에 쉬어간다고 물 속에 들어갔는데, 얼음에 발을 담그는 격으로 하도 차가워서 수건에 물을 적시어 땀방울이 맺힌 등골만 문지르고 말았습니다.

   이곳은 폭포의 물 떨어지는 소리만 들어도 가슴이 시원하며, 계곡을 흐르는 옥수玉水는 하도 맑아서 신선神仙이 노닐던 곳이라 하여 신선대神仙臺라 부르는 곳인데, 울창한 소나무 사이에는 단풍나무와 참나무들로 조화를 이루었고 그 사이를 괴암 절벽이 이루어져 있으니, 아무리 보아도 지리산 중에서도 그 규모가 웅장한 선경仙境중에 하나라고 하겠습니다. 이곳은 특히 냇물 가운데 있는 바위들은 수 천년 동안 맑은 물로 깎이고 닦여서 크고 작은 차이만 있을 뿐 늙은 스님과 동자 스님의 머리통들이 어우러진 것 같아서 멀리서 보면 그 모습이 마치 선방禪房의 스님들과 같아 보인다고 하며, 또한 나무가 울창하고 산이 높아서 낮에도 이곳의 등산로는 어두컴컴합니다. 그리고 등산객들이 그 장관에 매료되어 잠시나마 넋을 잃고 자기 자신마저 잃는 곳이 바로 여기 신선대라고 합니다.

 이때 무심코 땅바닥을 보니 작은 노란 개미와 검은 왕개미가 서로 어울려 물고 뜯고 싸움이 벌어졌는데, 노란 개미는 내 생전에 처음 보았으며 이 노란 개미가 왕개미의 목덜미를 물고 놓아주지를 않아 왕개미같이 덩치가 큰 놈이 꼼짝 못하니 이럴 수가 있겠습니까? 그리고 싸우는 이유가 도대체 무엇인가? 이유를 알 수가 없어서 고개를 갸웃거리다가 암기러기를 생각하게 되었습니다.

 그러자 암기러기가 즉시에 달려와서 하는 말이 "거기서 무엇을 하고 계십니까?"하고 묻기에, 나는 "보면 모르오? 나는 노란 개미를 처음 보았으며, 서로가 전생前生에 어떤 인연因緣인지는 모르나 상극相剋이라 할지라도 화합을 하면 그만인데 저것이 무슨 꼴이란 말이오."라고 말했더니, 암기러기가 말하기를 "참으로 딱도 하십니다. 그것이 싸우는 것으로 보이십니까? 그리고 개미는 거사님만 못하다는 말씀입니까? 거사님과 다를 것이 무엇이 있겠습니까? 기왕에 상대적인 눈으로 볼 바에야 용龍이나 호랑이虎처럼 크게 봐 줄 수는 없습니까? 그게 누구의 모습인데요?"라고 하는 것이었습니다.

 이 말이 떨어지자마자 싸우던 두 마리의 개미는 온데 간 데가 없고, 밝은 태양이 구름에 가려지기 시작하면서 북쪽하늘에는 검은 구름이 일고 남쪽하늘에는 황색 구름이 일더니, 폭포 밑에서 검은 물기둥과 황색 물기둥이 서로 꼬이면서 하늘로 치솟는 것이 아니겠습니까? 때마침 남북南北에서 모여든 양극兩極의 구름은 이 기둥을 중심으로 모여들면서 서로 부딪히자마자 번갯불이 번쩍하며 꽝꽝 하고 천둥소리가 계곡을 메아리쳤습니다. 물기둥 속에는 노란 색과 검은 색의 비늘이 반짝였으며 물기둥의 끝 부분은 깃털 같아 보였는데, 물기둥이 구름 속으로 사라지자마자 폭포에서 오색 무지개가 나타났고 그 순간 물 속에서 금관을 쓴 관음보살이 나타나더니 하늘로 올라갑니다. 이 뒤를 이어 물 속에 있는 수많은 바위와 돌들이 부처가 되어 승천을 하니, 나는 "이 엄청난 광경을 내 눈으로 직접 보았으니 지금 죽어도 여한이 없다" 하고 감격을 했습니다.

때마침 암기러기가 나와서 하는 말이 "거사님, 지금 보신 것은 무엇을 본 것이며 또 느끼신 것은 무엇을 느꼈다는 것입니까? 아까 개미들 싸우는 모습과 지금 보신 그 모습은 무엇이 다릅니까? 눈으로 본 것은 사邪요 변함인데 이것을 어디에 쓰시려고 느꼈다는 것입니까?"라고 물으니 나는 암기러기에게 방망이를 되게 맞은 꼴이 되었습니다.

2. 황黃 구렁이

음력 7월 15일 백중날百中日의 일이기에 잊을 수가 없습니다. 지리산에 가려고 천안역에서 밤 기차를 탔는데 이날 따라 기차 안에 손님이 많고 매우 시끄러워서 하동에 도착할때까지 도저히 잠을 청할 수가 없었습니다. 아침 9시경 하동역에 도착한 후 의신으로 가려고 시외버스 정류장으로 가서 의신행 버스표를 샀습니다. 버스시간이 너무 이르고 또한 속이 출출하여 대기용 의자에 앉아 집에서 가져온 아침 도시락을 배낭에서 꺼내었는데 날이 더운지라 이것이 쉬어버린 것이 아니겠습니까? 이 도시락을 버리려고 하다가 우리 집 할망구의 정성도 있고 배도 고프고 하기에 그대로 먹어 버렸습니다.

식사를 끝내자 고단했던지 눈에 졸음이 왔고 깜박 조는가 했더니 비몽사몽간에 부르지도 않았는데 암기러기가 갑자기 찾아와서 다짜고짜 "거사님 밖으로 구경을 나갑시다"라고 했습니다. 나는 "또 무슨 소리를 하려고?"라고 대답을 했는데, 암기러기가 또 다시 하는 말이 "누이 좋고 매부 좋은 일이 아니겠습니까?"라고 하기에, 에라 모르겠다 하는 기분으로 기러기를 따라가기로 마음을 먹었습니다.

그러자 갑자기 시야가 바뀌며 날 데리고 간 장소는 제가 잘 아는 지리산 중턱에 있는 절터인데 전하는 말에 의하면 수 백년 전에 큰절이 이 자리에 있었다고 합니다. 길가에 큰 감나무 한 그루가 있고 그 밑에는 샘물이 있기 때문에 등산객들이 배낭을 내려놓고 쉬어 가는 장소이기도 합니다.

암기러기가 나를 보고하는 말이 "거사님, 저것 좀 보십시오. 이것이 구경거리가 아니고 무엇이겠습니까?"라고 하며 감나무 있는 쪽을 가리킵니다. 내가 바라다보니 가마 같기도 하고 행여 같기도 한데 비구니를 여기에 태우고 남녀노소 할 것 없이 각양각색의 오색 깃발들을 들고 수 만 명이 뒤를 따라가는데 암기러기의 말대로 참으로 구경거리가 아닐 수 없습니다. 나는 이 행차가 너무 길고 장대하여 맥없이 넋을 놓고 이 광경光景을 바라보았는데 그 순간 갑자기 암기러기가 사라졌고 그 바람에 나는 퍼득 정신이 들며 그만 잠이 깨었습니다. 의신행 버스를 타면서도 단순한 꿈이라고 하기에는 그 현상이 생생하고 참으로 이상하다는 생각이 들어, 어차피 차에서 내려 토굴을 향해 지리산을 오르다 보면 이 장소를 지나게 되니 꼭 감나무 밑을 살펴보리라고 마음을 먹었습니다.

버스로 의신에 도착한 후 곧바로 산길을 올랐으며 다시 이 장소에 도착한 것은 오후 1시경이었습니다. 나는 감나무 밑에 배낭을 내려놓고 두리번거리면서 무엇인가 있을 것이라고 생각하며 감나무 밑을 샅샅이 찾아보았는데 세상에 이럴 수가 있습니까? 감나무 가지에 수 백년 묵은 황구렁이가 걸쳐 있는데, 절반은 썩어있고 왕개미들이 새카맣게 감나무를 뒤덮었으며 그 행렬이 감나무 밑을 지나서 산에 있는 바위 밑까지 연결되었고 쉬파리와 지리산 특유의 굴참나무 파리가 뒤덮고 있으니, 참으로 징그럽기 짝이 없었습니다. 나무 밑에 피문은 돌이 흩어져 있는 것으로 보아 아이들이 때려죽이고 감나무 가지 위에 걸어놓은 것이라 생각되었습니다.

나는 암기러기를 불러서 다시 물었습니다. "이것이 도대체 어찌된 일이요?" 하니, 암기러기가 답하기를 "구경거리는 구경으로만 끝나야지, 왜 결과까지 확인하려 듭니까? 참으로 딱하십니다. 옛 선사禪師들께서 말씀하시기를 오관五官의 작동은 전부 도적이라고 하셨는데 결과를 눈으로 보고 어디에 쓰려고 확인하려는 겁니까?"라고 했는데, 이때 나는 "한 방 먹어도 좋소. 이 구렁이에 대한 연유나 물어봅시다."라고 부탁했습니다.

암기러기가 하는 말이 "이 구렁이는 전생에 수 백년 전에 여기에 있던 절에서 비구니 스님으로 계셨는데, 젊어서 하도 인물이 고와서 보는 사람마다 욕심을 내었고, 그 결과 결국은 파계破戒를 하게 되었으며, 그렇게 타락하다 보니 죄를 짓게 되어 구렁이 몸을 받게 된 것입니다. 이 후에 구렁이의 몸으로 수 백년동안 도道를 닦게 되었으며, 오늘 7월 15일 백중명절은 영계靈界의 명절인지라 절에서도 이날은 천도식을 하게 마련인데, 이 날을 택해서 스스로 몸을 버리고 육신은 그 많은 중생들에게 보시布施를 하였으니, 그야 당연히 다음에 태어날 때는 사람으로 몸을 받을 터이지요."라고 대답했습니다.

공부가 시원치 않아서 변변치 못한 나는 이처럼 의문이 생기면 항상 암기러기를 불러서 물어보았는데 그러는 동안 제 자신 암기러기에게 핀잔(방망이)도 많이 맞았고 또한 많은 것을 느끼고 반성하기도 하였습니다.

3. 수기러기의 푸념

내가 암기러기를 불러도 수기러기는 언제나 그림자처럼 암기러기를 따라서 같이 옵니다. 암기러기하고만 상대를 하다보니 수기러기가 서운해하는 것 같기에, 나는 수기러기에게 "여보시오, 수기러기. 어찌하다 보니 당신에게 소홀했던 것 같소. 기분이 별로 좋지 않은 것 같으니 말 좀 해 보시오."라고 말했습니다.

그랬더니 수기러기는 다음과 같이 말을 했습니다.

"거사님께서 늘 말씀하시기를 분별하면 치우치고 치우치면 선택을 하기에 하나는 버린 것이라고 하셨으며 그래서 둘을 하나로 보는 것이 도道라고 하셨는데도, 저를 언제나 뒷전으로 제쳐놓고 암기러기하고만 대화를 하시니 답은 언제나 반 토막이 아니겠습니까? 또 하나는 제 전생의 고향이 아시다시피 바다인데 하늘 기운火과 물 기운水이 둘이면서 하나이므로, 제가 없이는 암기러기가 맥을 못 추는 것을 아실 터인데요?"

나는 미안하다고 수기러기에게 사과를 하였으나 결국은 방망이로 또 한대를 얻어맞은 셈이니, 나는 공부하는 사람이 아니고 동네북이란 말인가?

4. 황새와 토끼의 다툼

산중에 있노라면 봄인지, 여름인지, 가을인지 분별이 잘 가지 않는 것도 사실입니다. 왜냐하면 김이 빠진 맥주처럼 멍해져서 그런지는 몰라도 옳고 그른 것이 없으며 느끼는 것조차도 없으니, 이러다가 무엇인가 잘못되는 것이 아닌가 해서 때로는 반성(?)도 해 봅니다. 게다가 오늘은 유난히 공부가 하기 싫어서 지난번 일도 있고 해서 "에라, 될 대로 되거라" 하는 심정心情으로 이번에는 수기러기를 한번 불러보았습니다.

"여보시오, 수기러기. 기분이라도 전환시킬 수 있는 무슨 좋은 정보 좀 없소?" 하고 물었더니 수기러기가 대답하기를 "왜 없습니까? 그렇지 않아도 거사님이 부르시기를 기다렸지요. 다름이 아니라 토끼와 황새의 싸움이 벌어졌는데, 아무리 말려도 듣지를 않아 생각하다 못하여 거사님을 모시러 온 것입니다."라고 하였습니다. 그래서 직접 가서 물어보니 다투는 내용은 다음과 같았습니다.

토끼 다리는 네 개이고 황새 다리는 두 개인데 토끼가 하는 말이 "황새야 너는 어찌하여 다리가 둘이냐? 나처럼 다리가 네 개여야 잘 달릴 것이 아니겠느냐? 그리고 네 목은 길어서 보기가 싫으니 짧게 바꾸면 어떻겠느냐?"라고 하였더니, 황새가 이에 대하여 언짢게 생각하며 토끼에게 하는 말이 "어찌하여 내 다리가 네 개이어야 한다는 말이냐? 다리를 두 개 늘이라는 말인데, 이것은 말도 되지 않는다."라는 것이었습니다.

이러한 상황에서 기러기가 중재를 나서보았지만 타협이 되지 않아서 할 수 없이 나를 찾아 왔다는 것이었습니다. 토끼가 산신령님께 물어보니 토끼 말이 맞다고 하고, 용왕님께 물어보니 황새 말이 옳다고 하였답니다.

나는 답을 하기를 토끼, 황새, 산신령님, 용왕님 말씀이 모두 다 맞다고 하였습니다. 그랬더니 암기러기, 수기러기가 하는 말이 "거사님, 이것도 아니고 저것도 아니니 무슨 대답이 그렇습니까?"라고 하였습니다. 나는 또 대답하기를 "그 말도 옳다"라고 하였습니다. 그리고 덧붙여서 말하기를 "내 말을 믿지 못하거든, 검은 보자기를 쓰고 캄캄한 방에서 한달 동안만 생각해 보면 그 이치를 알게 된다"고 하였습니다.

말을 하면 답이 아니고 거짓말이라는 것을 알면서도 또 입을 놀렸으나, 그래도 암기러기나 수기러기가 아무 반응이 없어서, 방망이를 맞지 않은 것을 다행으로 여겨봅니다. 후유!

5. 성도암成道庵 스님

추운 동짓날이었습니다. 의외로 공부는 잘되고 밥을 짓는 것은 귀찮아서 여러 끼니를 굶고 있었는데 이런 차에 산 아래에 있는 토굴에서 보살 두 분이 동지 팥죽을 쑤었으니 먹어 보라고 쟁반에 받쳐서 가지고 왔는데 이렇게 고마울

데가 어디 있겠습니까? 나는 속으로 은근히 산신령山神靈께 감사를 드리면서, 시장하던 차에 한 냄비 가득한 팥죽을 단숨에 먹어치웠습니다.

배부르고 등 따신데다 방까지 따뜻하고 보면 누구나 마찬가지로 공부는 쉽게 되고 잡념이 생기게 마련인가 봅니다. 이런 차에 마음속으로 암기러기를 불렀는데 즉시에 와서 하는 말이 "거사님, 참으로 무심합니다. 나도 공부를 좀 하려는 생각을 가지고 있는데 불러 주셔야 배울 것이 아니겠습니까? 그 동안 지리산 성도암에 있었는데 큰스님께서 '고목의한암枯木倚寒岩 삼동무난기三冬無暖氣'라고 말씀하셨는데 그 뜻이 무엇입니까?"라고 물어와서 "나는 모르오. 더욱이 글자 해석에는 관심이 없소."라고 대답했는데, 암기러기는 물러서지 않고 "거사님께서 모르실 리가 없습니다."라고 졸라대다가 내가 답을 하지 않고 있으니 하는 수 없이 나를 보고 어디론가 가자고 하였는데, 배도 부르고 또 어느 곳인지 관심도 있고 해서 깊은 산중을 한없이 따라가게 되었습니다.

한참 가다가 보니 기암절벽奇岩絶壁 바위 위에 있는 한 암자庵子가 불에 타고 있고 스님 한 분은 펄펄 뛰면서 소리를 지르고 있었는데, 머슴처럼 보이는 건장한 사내 두 사람이 스님의 양팔을 쥐고 불을 끄지 못하게 하니 집안의 살림도구는 물론 순식간에 암자 한 채가 잿더미가 되어버리는 광경을 보게 되었습니다. 하도 이상하여 스님에게 그 사연을 물어보니 그 내용은 다음과 같습니다.

이 스님께서 열심히 공부를 하고 있었는데 어떤 보살이 찾아오더니 하는 말이 공부를 잘하고 계시니 참으로 대견스럽다고 하며 먹고 입는 모든 수발을 보시布施할 터이니 공부만 잘하라고 하였다는 것이고, 오늘이 그런지 곧 20년이 되는 날이라는 것이었습니다. 이 보살은 딸에게 음식을 차려주며 이르기를 "스님께서 이 공양供養을 다 드시거든 품에 안기며 '지금 스님의 기분이 어떠하십니까?' 하고 물어서 그 답을 써 달라고 하여라."라고 하였는데, 이때 스님께서

써준 답이 "고목의한암枯木倚寒岩 삼동무난기三冬無暖氣" 바로 이 글이었다고 합니다. 이때야 비로소 나는 암기러기에게 시험을 당하고 있다는 것을 깨닫게 되었습니다.

나는 스님에게 말했습니다. "여보시오, 그래 20년 동안이나 공부를 한 사람이 어찌 죽은 글을 쓴다는 말이요. 부처에도 진리에도 내 마음에도 의지하거나 치우치지 않아야 하는 법이고, 오로지 섭심내조攝心內照하면 불광상명佛光常明하는 것인즉, 여보시오 그것도 공부라고 하고 있소? 하인들하고 싸울 필요 없이 이 글을 써서 보살님께 전해 보시요."

그리고 한마디 한 것이 "고목화수중枯木火水中 삼동만화향三冬滿花香"이었습니다.

이 말을 전한 후 암기러기하고 토굴로 돌아오면서 곰곰이 생각해 보니 암기러기가 나를 시험해 본 것으로 판단이 되어 일순간 얄미운 생각이 들었으나 곧 지워버리고, 둘이 함께 하늘을 보고 깔깔대며 웃었습니다. 그것도 그럴 수밖에 없는 것이, 처음에는 스님이 무슨 말인지 이해를 못하고 멍하니 서 있었으나 재빨리 알아차리고는 "감사합니다. 이제는 살았습니다."라고 하니 얼마나 우스운 일이겠습니까? 그 스님은 이때에 깨친 것 같았습니다.

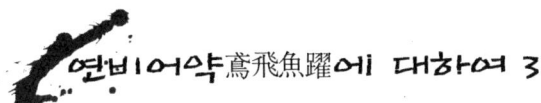
연비어약鳶飛魚躍에 대하여 3

무아無我와 자아自我의 차이 / 無心有心

12월 25일 크리스마스(성탄일)에 있었던 일이기 때문에 잊을 수 없는 것 같습니다. 이날 따라 날씨가 유난히 추워서 낮인데도 불구하고 등산객들의 발길이 끊어졌으며, 산 계곡을 따라 휘몰아치는 바람 소리는 나뭇가지에 부딪혀서 휘파람 소리와도 같이 귓가를 스치면서 차갑게 느껴졌습니다. 차가운 바깥 날씨 탓인지 토굴내의 공기도 차가워져 담요로 온몸을 휘감았는데도 춥다는 생각이 들어 공부 집중이 잘 되지 않았습니다. 이럴 때마다 나는 능청스럽게도 기러기를 생각하게 되고 그러면 그 즉시에 또 기러기를 만나게 됩니다.

암기러기가 말을 합니다. "그렇지 않아도 거사님께서 저를 부르실 것으로 알았습니다. 마음과 육신이 둘이 아닌지라 춥고 더운 감각이 호되게 느껴지면 누구나 공부가 잘 되지 않는다고 말합니다마는, 마음에는 춥고 더운 것도 없고 그것을 느끼는 것도 없습니다. 생각일 뿐이지요. 기왕에 잘되었습니다. 그렇지 않아도 춥지도 덥지도 않은 좋은 공부터가 있어서 찾아가는 중인데 같이 가시지 않겠습니까?"라고 하였습니다. 사실은 반대로 내가 그렇게 부탁을 하려고 념원을 한 것인데, 이것이 곧 이심전심以心傳心이 아니겠습니까?

촛불을 끄고 토굴 밖으로 나간 시간은 새벽 세 시였는데, 온 지리산 일대는 흰눈이 길길이 덮여있고 좁은 골짜기에는 눈이 쌓여서 평지를 이루었으며 나뭇가지에는 솜이불을 덮은 모양으로 모가지만을 내 놓고 아예 파묻혀 버려서 온 세계를 눈 나라로 이루었으니, 이처럼 추운 지리산 천지에 따스한 곳이 어디 있다고 날더러 가자는 것인지 알다가도 모를 일 아니겠습니까? 제 자신 이렇게 이상하게 생각하자마자 암기러기가 나를 쳐다보며 하는 말이 "여보시오, 거사님. 저를 그렇게도 모르십니까? 냉冷의 대립은 난暖이온데, 추운 데가 있으면 당연히 따뜻한 데가 있게 마련이 아니겠습니까? 공부하시는 분에서 분별심分別心을 내지 말고 저만 믿고 부지런히 따라오십시오."라고 하였습니다.

암기러기의 말에 의하면 춥고 더운 것도 한 생각의 차이요, 마음의 조작이라고 합니다. 나는 아무 말도 없이 암기러기의 뒤를 따랐습니다. 뱀사골을 지나고 삼불봉을 지나서 천황봉에 도달하자 하늘을 찌를 듯한 기세로 솟아있는 산들이 앞을 가로막는 것이 아니겠습니까? 이 때 암기러기가 "여기서부터는 공중으로 날 터이니 마음속으로 제 생각만 하십시오. 그렇지 않으면 위험합니다."라고 말을 하였습니다. 이윽고 공중으로 암기러기를 따라가면서 마음속으로는 "제기랄 만물萬物의 영장靈長이라고 하는 사람 중에서도 사내 대장부가 오죽 못났으면 기러기의 신통력神通力에 매료되어 공부도 집어치우고 따라다니고 있으며, 더구나 나는 그 기러기만도 못하니 얼마나 한심스러운 존재인가?" 하고 한숨과 더불어 한탄을 해 보았습니다.

그러자마자 때마침 암기러기는 시계視界에서 사라져버리고 나만 홀로 칼끝 같은 뾰족한 산정山頂에 내려앉았으니, 그 순간 당황하여 "세상에 어찌 이를 수가 있을까?"라고 생각했는데 암기러기한테 배신을 당한 기분이었습니다. 그건 그렇다 치고 여기서 나는 또 어찌해야 하는 겁니까? 왜냐하면 그 순간 제 자신이 좁은 공간에서 뒤로도, 앞으로도, 옆으로도 내디딜 수 없는 그야말로 "생사生

死의 기로岐路"에 서 있다는 것을 알게 되었기 때문입니다.

그래서 우선 앞으로 뛰어내릴 것을 생각해 봅니다. 그러자 또 다른 생각은 "그야 뛰어내리면 죽는 것은 뻔한 일인데 공부한다는 주제에 그래 겨우 기러기한테 속아서 내가 여기서 개죽음을 당해야 옳단 말인가?"하고 다시 살 궁리를 해봅니다. 동서남북을 두리번거리며 경사가 덜한 완만한 산골짜기를 찾아보니 그래도 남쪽 골짜기가 완만하다고 느껴져서 떨어질 것을 결심하고 허리를 굽히며 양손으로 풀잎을 쥐고 양다리를 밑으로 밀어내리고 하는 순간에 "잠깐만 기다리십시오." 하면서 암기러기가 나타나는 것이 아니겠습니까? 그러나 나는 그 때 속으로 "믿기는 무엇을 믿어? 남을 믿은 것이 나의 잘못이고, 나를 믿었더라면 이러한 일이 있을 수가 없는 것이니, 죽기 아니면 살기 아니겠는가? 에라, 나도 모르겠다."하고 손을 놓아버리고 아래로 떨어져버렸습니다.

떨어질 때 나는 분명히 다리가 먼저 떨어졌는데 배를 땅에 대고 거꾸로 미끄러지면서 떨어지고 있다는 것을 알았습니다. 내가 떨어지고 있는 순간을 기러기가 지켜보고 있다는 것도 알았으며, 그리고 떨어지면서 나무나 암석에 부딪히게 되면 이것이 부드러운 흙으로 변하여 뽀얀 먼지를 일으키게 되니 이러한 기적이 또 어디에 있겠습니까? 내가 떨어진 곳은 산밑 강가인데, 떨어지자마자 내 몸에서 생쥐 한 마리가 달아나는 것이었고 금반지 한 개가 있기에 주워서 오른손 손가락에 끼며 일어나서 몸을 살펴보았더니 아무 데도 상처를 입은 데가 없었는데, 살아난 것이 기적이라고만 느껴졌습니다.

이 때 암기러기가 나에게 다가와서 하는 말이 "거사님, 참으로 미안합니다. 제가 거사님을 생명의 은인으로 생각하고 있는데 배신을 하고 고통을 드릴 이유가 어디 있으며, 제 뒤를 떨어지게 된 것은 본인의 마음이 일념一念이 되어야 하는데 딴 생각을 일으킨 것이 그 원인이고, 거사님이 뛰어내리시려고 할 때

제가 잠깐만 기다리시라고 하였으나 그 말을 믿으려 하시지 않으셨으며, 기왕에 믿지 않고 죽을 결심을 하고 미끄러져서 떨어질 바에야 '백척간두百尺竿頭에 서서 진일보進一步 앞으로 내 디디면' 이것이 곧 새로 태어남이요 개오改悟인 줄 알면서도 비열하게 주저함은 나(自我)를 여의지 못한 탓이요 금반지를 주워서 손에 낀 것은 집착이온데, 이 허공의 반지는 유무有無를 막론하고 삼라만상森羅萬相이 모두 끼고 있으며, 생쥐 한 마리가 빠져나가는 것은 거사님이 그릇이 적은 것으로 느껴진 탓으로 압니다." 라고 호되게 저를 공격하였습니다.

참으로 그렇습니다. 내가 언제나 암기러기에게 한대씩 맞으며 당하고 있다는 것은 내가 부족함을 느끼고 있다는 것이며, 내 자신 이것을 진정으로 느꼈다면 믿음(信)이 앞서야 되고 행行으로 옮겨져야 되는데 이는 생각일 뿐 실제로 상황에 부딪혔을 때에는 그러하지를 못한다는 것입니다. 다시 말해 내가 암기러기보다도 낫다고 하는 생각 때문에 즉 공부의 힘이 약한지라 암기러기를 믿지를 못하고, 잠시나마 이와 같이 내 스스로가 고통을 만들고 당한 것으로 반성을 해 봅니다.

암기러기는 다시 말문을 이어서 나에게 다음과 같이 또 충고를 합니다. "공부라는 것은 옛 조사祖師님들도 말씀하셨듯이 생사열반生死涅槃이온데 죽든 살든 간에 정상에 올랐으니 내가 나한테 맡기는 길 밖에는 도리가 없지 않겠습니까? 그런데도 안전한 곳을 찾는다 함은 나를 의식意識함이요, 나를 의식함은 나를 떠나지 못함인지라 결국 나를 믿지 못함이니, 이것을 어찌 공부라고 하겠습니까? 기왕에 진퇴양난進退兩難일 바에야 진일보 앞으로 나아가 허공을 밟게 되면 허공은 진실한지라 거사님을 버리지 않을 것이니 일체一切가 되는 순간이 아니겠습니까? 크게 버리면 크게 얻는다는 것을 모르셨군요. 쯧쯧!"라고 혀를 차더니, 기왕에 여기까지 왔으니 구경이나 하고 가자고 합니다.

나는 두리번거리면서 사방을 살펴보다가 그만 놀라지 않을 수 없었습니다. 히말라야 산맥의 티베트 고원 지대와도 같이 높은 산으로 병풍을 이루었으며 그 안에는 평야가 원형圓形으로 펼쳐져 있었는데, 이 고장이 바로 전설에서나 들어보던 오복동五福洞 마을이라고 합니다. 먼 산등성이에는 흰눈이 덮여있고 산중턱에는 낙엽이 지고 가을을 이루었으며 산밑에는 푸른 숲으로 녹음이 우거지고 들판에는 오곡백과가 무르익어서 춤추고 노래하니, 이때 나는 이 광경에 매료되어 완전히 자아를 잊어버린 것 같았습니다. 내가 서 있는 호숫가에서는 온천인지는 몰라도 뜨거워 보이는 김이 무럭무럭 하늘로 올라갔으며 물 속에서는 금붕어와 개구리가 떼를 지어 놀고 있었습니다.

때마침 암기러기는 호수의 수면 위로 걸어가더니 뒤로 돌아서서 하는 말이 날더러 그가 한 것처럼 걸어서 들어와 보라는 것입니다. 나는 암기러기한테 또 시험을 당하는 것이 아닌가하는 생각이 들어서 잠시 머뭇거렸습니다. "한번은 산에서 떨어져 죽을 뻔하였고, 지금은 물에 빠져서 죽을 판이니 이러한 꼴이 또 어디에 있단 말인가?" 하는 생각을 하면서도 "나보다 나으면 누구나가 스승일진데 믿고 따라가는 것이 곧 공부가 아니겠는가?" 하고 마음을 굳혀 한 발을 물위에 올려놓아 보았으나 몸이 무거운지라 그야 당연히 빠질 것이 아니겠습니까? 그러나 이상하게도 암기러기는 물위에 서 있는데 나는 허리 이상은 물 속에 더 들어가지도 않고 빠져 나올 수도 없으니 세상에 이럴 수가 있습니까?

이때 암기러기가 깔깔대고 웃으며 다음과 같이 빈정대는 것이었습니다. "거사님의 물위를 걸어가는 방식이 틀려서 그렇습니다. 물에 빠지지 않으려면 우선 오른발로 물위를 디뎌서 물 속에 가라앉기 전에 왼발을 빨리 올려놓으면 될 것이 아니겠습니까? 그리고, 스승은 제자를 지도할 때 언제나 깔보고 경시하는 일이 없어야 하며, 말로 가르치는 것이 아니라 급소의 열쇠를 주어서 본인 스스로가 깨치도록 성숙된 여건을 조성해 주는 것이 도리가 아니겠습니까?"

이 말은 하면 된다는 방식에서 벗어나라는 말인데, 방식은 곧 생각에서 나오기 때문에 생각을 멈추고 무심無心으로 물위를 걸어보라는 말인데, 내 마음이 물을 두려워하지 않고 물이 되어 물을 마음으로 감쌀 때는 그 물은 나를 거부하지 못할 것이니, 내 마음이 물 위에서 자유로워지고 몸까지도 물에서 뜨는 것이 당연한 일이라고 생각합니다. 그래서 나는 물하고 화합하고 하나가 되기 위해서 한없이 물을 마셨는데도 내 몸은 떠서 암기러기와 나란히 물위를 자유롭게 걸어갑니다. 그 후에 우리 둘은 용궁에 가서 용왕님도 만나보고 선경仙境 오복동에서 살고 있는 여러 사람들을 만나보았는데, 그들과 암기러기하고는 대화가 가능하지만 나하고는 대화는 커녕 알아보기조차도 못하니 눈요기만 하고 돌아온 것 같았습니다. 그것은 나라고 하는 자아의 찌꺼기가 아직도 많이 남아서 검정구름으로 덮여있는 아상我相의 결과라고 반성을 해 봅니다.

처음에는 아무런 생각도 없이 암기러기의 도력道力을 믿고 의지해서 수면으로 따라갔을 뿐인데, 몸의 절반정도가 물 속에 잠기게 되니 물위에 뜨기 위해서라도 양팔과 다리를 허우적거려서 빠져나가려고 하다보니 반대로 점점 물 속으로 들어가게 됩니다. 그래서 "에라 나도 모르겠다"하고 빠져나가려고 하는 마음마저 포기해버려서 허리까지 내 몸이 뜰 때 나는 깨달은 것입니다. 죽음을 택하면 곧 이것이 삶이라는 것을! 옳지, 그렇지! 생사生死 중에서 죽음을 선택하면 무아無我가 아니더냐? 내(自我)가 없으면 전체가 나일진대 나를 벗어 던지면 대상이 없으니 절대 나일 수밖에 없으며, 이것이 곧 천지天地의 합일合一, 즉 마음은 허공하고 합일하고 육신은 지구地球하고 합일하니 삼라만상森羅萬相이 내 모습일진대 나를 거부하는 대상이 어디에 또 있단 말인가? 물水 또한 나를 거부할 이유가 없다고 생각하여 나를 놓아버리는 순간에 나는 물위로 떠 오른 것입니다. 이는 참으로 위대한 두 번째 자기발견自己發見의 순간이었습니다.

이때 암기러기가 나를 보고 또 한마디를 던집니다. "합일合一은 무슨 놈의 합일이란 말입니까? 이미 합일되어 있는 것을 삼독심三毒心 때문에 내가 나한테 가려져서 모르고 있었을 뿐이지요." 이 순간에 나는 양심의 가책을 받아서 부끄럽기 한이 없었으며 암기러기에게 마음속으로 천번만번 한량없이 절을 했습니다.

이 곳 선경 오복동 마을은 사계절 중에서 추운 동절冬節과 여름 하절夏節이 없다고 하며, 어디를 가나 아름다운 꽃들이 만발하여 향기를 뿜어대며 오곡백과가 풍성하고 들판에는 싱그러운 과일들이 익어서 보는 사람의 구미를 돋우며 봄과 가을이 서로 어울려서 따스하면 서늘하고 서늘하면 따스하니, 이곳이 선경이 아니고 무엇이겠습니까? 산에는 산새들이 울고 들에서는 짐승들이 서로 어울려서 평화롭게 살고 있으며 사람들의 숫자가 귀한지라 시기하고 질투하고 싸울 필요가 없으니 얼마나 살기 좋은 곳이겠습니까?

결론적으로 이것이 내가 보는 무아無我와 유아有我의 차이라고 한다면 이 아름다운 동산은 누가 만들고 누가 보는 것일까요?

신비神秘한 체험體驗

질문 : 도道 공부하시는 분들한테 신비스러운 체험담을 많이 들은 바가 있는데 거사님께서도 이것에 대해서 말씀해 주시기 바랍니다. (윤교수)

공부하는 사람들은 누구나 다 그 자신의 체험담體驗談을 공개하지 않으려고 하는 것이 정상적인 것으로 생각이 듭니다. 그 이유는 우리들 공부는 자기 마음 하나를 자유롭게 다스려보자는 것인데, 이는 아는 소리가 아니고 모르는 소리를 해야되는 것이니 모르는 소리란 입으로 나올 수가 없는 것이 아니겠습니까? 또한 잘못하다보면 신비주의神秘主義에 빠져버린 사람이 되어버리거나 만신(무당)이라고 매도당하기 쉬우며, 알았다 보았다 느꼈다 하는 것은 상相이기 때문에 마음에는 그런 것이 없는 법이며, 또한 이러한 것들이 공부하는데 도움이 되지 않기 때문에 공부하는 사람 본인本人이 그와 관련된 말들을 잘 하지 않으려고 합니다.

그렇다고 해서 공부하는 과정에서 체험이 없는 것이라고 말할 수도 없으므로 본인인들 할만한 이야기가 왜 없겠으며, 게다가 며칠을 두고도 모두다 할 수가 없으므로 그 중에서 몇 가지만 추려서 두서 없이 말을 해볼까 합니다. 그러나, 마음 공부란 원래가 어려운 공부인지라 가시밭길을 가야만하기 때문에 이 이야기들은 단지 내 마음(사탄)한테 내가 속는 장면을 말하는 것이라고 생각하면 됩니다. 사실을 알고 보면 체험體驗 자체도 상相인지라 절대성絶對性에서 본다면 말이 되지를 않기 때문입니다.

결국 체험담이란 알고 보면 무상심無相心을 가지고 상심相心에 대상對相으로서, 그 결과를 내가 만들고 내가 보는 유심조唯心造에 의한 망상妄相을 내고 있는 것입니다.

1. 천상天上에 가다

햇살이 따가운 6월 15일 경으로 기억이 됩니다. 내가 머물고 있는 토굴은 암석으로 된 굴인데 지리산에서도 가장 높은 산기슭에 위치하고 있으며 밀림지대에다가 숲과 풀이 우거져서 사람의 발길이 닿지를 않습니다. 산새들의 울음소리와 계곡을 흐르는 물소리밖에는 들리지 않는 곳이고, 때때로 등산객들의 야호 소리와 함께 조용했던 적막을 깨게 되면 이것이 아침의 시작 신호인줄 알 뿐, 산에 산이 겹겹이 쌓여서 대낮에도 어두컴컴해서 다람쥐의 바스락 소리만 들어도 등골이 오싹하는 것 또한 이곳의 정취情趣라고 느껴집니다.

집에서 떠나온지 며칠이 되지 않았는데도 화두話頭가 잘 들리고 정진精進이 잘되는지라 금식禁食을 하기로 하고 용맹정진勇猛精進을 향해서 몰아붙이기로 다짐을 해보았습니다. 배가 고픈 줄도 모르고 밤을 지새워도 잠이 오지를 않았는데 지리산을 찾는 것은 이 때문이지요. 사방에 촛불을 켜놓아서 방안은 대낮과도 같이 환하게 밝은데, 이상하게도 전체 촛불이 깜박거리기 시작하며 빛이 일더니 밖에서 인기척이 나는 것이 아니겠습니까? 산중에서는 동물이나 귀신은 무섭지 않으나 사람이 제일 무섭게 느껴지는 법인데, 밖에서 인기척이 나다니 나는 머리가 쭈뼛하고 등골이 서늘해짐을 느꼈는데, 곧이어 스님 한 분이 들어오더니 공손하게 절을 하는 것이었습니다.

"제가 거사님을 뵈러온 목적은 다름이 아니라 천상天上 구경을 시켜드리려고 온 것이니 아무 걱정을 마시고 저를 따라오십시오."라고 권유를 해서 나는 대답하기를 "이 험한 산중까지 와서 공부도 못하는 주제에 무슨 구경을 한다는 말입니까? 나는 이 근처의 지리도 모릅니다."라고 하였습니다. 그러자 그 스님은 다짜고짜 내 팔을 끌고 밖으로 나가는 것이었습니다. 참으로 이상하였습니다. 캄캄한 밤중인줄로만 알았는데 환하게 밝은 대낮이 아니겠습니까? 산새들이 지저귀면서 날아다니고 다람쥐가 이 나무 저 나무를 쏘아 다니는 것이 보이는데, 이것이 꿈인지 생시인지를 알 수가 없기에 나는 능청스럽게도 내 허벅지를 꼬집어보았습니다. 아프다는 느낌이 있는 것으로 보아 이것을 생시生時의 일로 보아야 되는 것인지 참으로 황당무계荒唐無稽한 일이었습니다.

나는 거절하지 못하고 하는 수 없이 스님을 따라가기로 마음을 굳혔으며 스님은 앞장을 섰으며 나는 뒤를 따라 가는데, 산이 험한지라 나무를 잡고 돌과 바위를 넘어가며 때로는 미끄러지면서 능선稜線을 타고 산의 정상頂上을 향해서 올라갔습니다. 올라가는 도중에도 나는 꿈인가 하고 이상하게 느껴져서 나뭇잎과 풀잎을 살펴보고 하다 못해 땅에 있는 흙까지도 유심히 살펴보았는데, 모래와 돌은 물론 개미가 움직이는 것으로 보아서 이것을 어찌 꿈이라고 하겠습니까? 실상 그대로 천연색天然色으로 보이는 것이었습니다. 산 정상에 큰 소나무 한 그루가 있고 그 밑에는 바위 절벽이었는데 스님은 한 손으로 소나무를 잡고 한 발은 바위 위에 얹고 어렵다는 듯이 한숨을 쉬더니 "여기서부터는 하늘로 날을 터이니 허리끈을 잡으시오."라고 말하였습니다. 이윽고 스님과 나의 몸은 구름위로 솟아올랐으며, 겹겹으로 쌓여있는 지리산의 준령峻嶺도 이제는 멀리 사라져만 갑니다.

한없이 올라가다가 저 지평선 구름 위에 떠 있는 것이 무엇일까 하고 자세히 보니 거대한 궁전宮殿이 보이기 시작하는 것이었습니다. 궁전은 구름 위에 떠

있는 것처럼 보이고 몸체는 흙색이었으며 궁전 지붕은 금색과 붉은 색으로 채색이 되어 있는데, 특히 지붕 위의 용마루는 양쪽으로 금金으로 덮여있어 눈이 부시게 광채를 발하고 있었습니다. 궁전에 도달하자 속도를 늦추며 떠서 들어가는데, 첫 대문을 들어가니 꽃향기가 가득하고 선남선녀仙男仙女들이 양쪽으로 줄지어 서 있었습니다. 여자들의 머리는 길게 늘어뜨린 모양이었고 옷은 청색과 홍색의 공단이었는데, 신라 화랑들의 옷과 같이 검은 띠를 두른 형태였고 남자들은 금관金冠을 쓰고 있었습니다. 이들은 우리를 보더니 손을 흔들고 환영을 하는 것이었습니다. 이와 같은 열 한 개의 대문을 지나서 마지막으로 열두 번째의 대문을 지나는데, 여기는 할아버지들이 금관을 쓰고 청색 홍색의 공단으로 된 가사袈裟를 입었으며 우리를 보고 양쪽 길가에서 환영을 하는 것이었습니다.

스님과 나는 임금님의 왕좌王座와도 같은 높은 단상에 사뿐히 내려앉았습니다. 이때 음악소리가 은은하게 들리더니 선녀仙女 한 사람이 무엇인가를 들고 오는데 그 뒤를 수백 명의 시녀가 따라왔으며 내 앞에 도달하여 그 선녀와 시녀들이 나에게 화려한 관복官服을 입히는 것이 아니겠습니까? 갑자기 일어난 일이라 나도 모르게 관복까지는 입었으나, 금관을 씌우려하자 내가 뿌리치는 바람에 금관이 나가떨어졌습니다. 나는 주위를 둘러보며 소리쳤습니다.

"여러분! 내가 여기에 오게 된 것은 관복을 입고 금관을 쓰러 온 것이 아닙니다. 단지 스님께서 말하기를 천상에 구경을 가자하기에 온 것뿐이니 나는 이것을 쓰고 할 자격이 없는 사람입니다. 어느 세상에 가든지 간에 남이 공짜로 주면 받는다는 식은 있을 수가 없으며 꼭 대가對價를 치러야 하는 법인데, 천상의 법法이라고 해서 본인의 의사意思도 물어보지도 않고 준다면 내가 받을 것 같습니까? 지상地上에서는 자기의 분수에 맞게 사는 것이 도리道理인줄 알고 살아가는데, 내가 천상에 왔다고 해서 양심良心을 속이고 살 수는 없습니다. 나는 이런 옷을 입고 금관을 쓰고 높은 자리에 앉아서 호령을 하고 군림할 사람이 아니며, 오로지 약한 쪽에서 서로가 도우며 사랑하고 베풀며 살아가는 것이 본인의 뜻이므로 명령을 받는 자는 될지언정 명령을 하는 자는 될 수가 없습니다."

나는 스님보고 가자고 하며 자리에서 일어났습니다. 그때에 나를 지켜보고 있던 사람들은 놀란 듯이 혀를 차며 수군거리기만 하고 아무 말도 없었습니다. 스님과 내 몸은 공중에 떠서 멀리 내려다보이는 궁전을 바라보면서 돌아올 길을 재촉하였습니다. 어느덧 지리산智異山이 보이더니 정상頂上의 소나무 밑으로 사뿐히 내려앉았습니다. 그리고 나는 스님에게 물었습니다. "스님은 어디에 계십니까?" 하였더니 "계룡산을 담당하고 있으며 그곳에서 왔고 제가 거사님을 잘 압니다. 그리고 다음에는 더 좋은 곳을 안내해 드리지요."라고 말한 후 헤어졌습니다.

그리고 나서 토굴에 와보니 촛불은 녹아서 가물거리기에 갈아 끼우고, 그때 시간을 보니 새벽 세시 였습니다. 그 후에 나는 잠이 올 리가 없고 마음도 집중集中이 되지 않아서 새벽녘의 남은 시간을 지새우고 말았습니다. 꿈인지 생시인지 알 도리도 없고 도깨비한테 홀린 것 같기도 하고 해서 잠시 내 나름대로 반성을 해 보았습니다. 보고 느꼈다는 것도 상相인데, 이것 또한 내 공부의 힘이 약해서 내 마음에서 만들고 내가 본 것이니 절대로 신비神秘스러울 것이 없다고 재삼 다짐해 봅니다.

2. 이인異人을 만나다

눈발이 날리는 3월 초 이었던 것 같습니다. 방이 차기에 불을 때면서 어젯밤에 문수보살文殊菩薩과 신수보살을 만났던 일과 이분들의 말씀 중에 사람을 만날 것이라는 말을 새삼 생각해보며 불타는 아궁이를 바라보고 있는데, 때 마침 누군가가 나의 어깨를 치며 인사를 청하는 것이 아니겠습니까? 뒤를 돌아다보니 기골氣骨이 장대壯大하고 눈빛은 서기瑞氣에 차 있으며 목소리는 우렁차고 아무리 뜯어보아도 속인俗人은 아니고 산중에서 공부하는 사람으로 보였습니다. 나도 공손하게 답례를 하고 난 후 시치미를 떼면서 "이 험한 산중에 나를 찾아오시다니 무슨 연고緣故이십니까?"라고 물었더니 성은 모씨(某氏)이며 지리산 천왕봉 토굴에서 수년 동안을 살아왔는데 하루는 성모님(聖母/ 智異山 山神을 말함)께서 말씀하시기를 "지리산 원대성에 가면 사람을 만날 터이니 가 보아라" 해서 왔다는데, 내가 그 장본인 인줄로 생각이 된다 라고 답하였습니다.

나는 말하기를 "나는 당신이 찾고 있는 도인이 아니며, 가라고 해서 가면 또한 오라고 하면 와야되니 무슨 공부를 하시기에 신령님한테 매달려 얽매이십니까?"라고 물으니 묵묵부답이었습니다. 알고 보니 산신기도山神祈禱를 오래해서 네 가지 신통력神通力을 가지고 있다는 사람이었습니다. 이 분은 나의 토굴에서 100m 정도 떨어진 계곡에 천막을 쳤으며 아침이 되면 취사도구를 가지고 계곡에서 매일 만나는데, 성격이 서글서글하고 때로는 차분하게 가라앉을 때도 있으나 말이 적은 편이고, 나하고 그 사람이 같은 점은 피차가 묻지를 않고 알려고 하지 않는 것인데, 그러나 시일이 오래 가면 묻게 마련인 것이 인지상정人之常情인가 봅니다.

그는 천상과 지하의 이야기 및 신의 세계 등 모르는 것이 없으며 나보고 하는 말이 3,630년 전에 중국의 왕실에서 같이 일을 한 적이 있다고 하며 지리산의 신장神長들의 배치사항까지 눈으로 보듯이 말을 하였습니다. 그리고 밤이 되면 천상의 신령님들이 자기를 만나러 떼를 지어 내려온다고도 하고 신장을 부릴 수 있다고 하기에 나한테 신통력을 발휘해 보라고 했더니 하는 말이 "이미 시험試驗을 다 해 보았습니다만 거사님은 통하지를 않습니다. 마음이 비어있기 때문에 불가능합니다."라고 하였습니다.

"나는 아무것도 아는 것이 없고 캄캄하여 모른다는 것조차도 모르는 사람인데 그것이 무슨 말씀입니까?"라고 반문을 하니 다시 말하기를 "거사님은 오라(후광)가 나와서 신神들이 무서워하니 통할 리가 있겠습니까?"라고 말하며 도道를 가르쳐 달라고 부탁하는데 "내가 도를 알아야 가르쳐 드릴 것인데 모르니 어떻게 합니까? 그리고 도는 가르쳐 주는 것이 아니고 자기 스스로가 닦는 것이라고 합디다."라고 대답을 하여도 믿으려고 하지를 않고 무엇인가 말을 해보라고 하니 참으로 답답하기만 하였습니다.

"내가 생각하기로는 모씨(某氏)는 아는 것이 힘이라고 아는 공부를 하는 것 같으며, 반면에 나는 캄캄하게 모르는 공부를 하고 있으니 어찌 내가 아는 것이 있다는 말입니까?"라고 말을 하니 무슨 말인지 모르겠다고 하기에, 나는 재차 물었습니다. "모씨(某氏)가 지금까지 아는 소리를 하셨는데 무엇이 아는 것입니까? 모씨(某氏)는 내가 아는 것이다 라고 할지 모르나「나」라는 것은 또 무엇입니까?"라고 물었더니 꽉 막혀버려서 말을 못하기에 "그것 보시오,「나」도 모르면서 안다고「남의 이야기」를 한다면 그러한 모순矛盾이 어디 있으며 또한 그것을 누가 믿겠습니까?"라고 말을 하니, 이마는 상기上氣가 되어 홍조紅潮를 띠우고 눈에는 살기殺氣가 나타나더니, 잠시 후 하는 수 없다는 듯 고개를 숙이며 수긍을 하는 것 같았습니다.

그 후 시간이 흘러서 새벽 2시가 되었기에 내가 모씨(某氏)에게 물었습니다. "이 시간에는 지리산의 신장神長들이 어떻게 배치配置되어 있습니까?"라고 물었더니 그가 대답하기를 "그렇게 물으시니 참으로 이상한 일도 있습니다. 오후 5시 경에 불을 때는데 지리산 능선을 바라보니 천왕봉을 중심으로 직경 100리를 두고 신장들이 대 이동을 하는데, 때마침 천상을 보니 구름을 타고 수십만 명이 내려와서 배치가 되는데, 투구와 갑옷이 다르기에 자세히 보니 옛날 중국 군인 같아 보이고 칼은 청룡도를 들었습니다. 내가 있는 토굴 뒷산에도 엄청난 병력이 첩첩으로 배치가 되어 있고 그 발자국을 찾아보니 티베트에서 온 것이 분명하며, 지금 문 밖에는 스님 한 분이 서 있는데 얼굴은 약간 검은 색에 감색 가사를 입고 맨발로 서 있습니다."라고 말하였습니다. 나는 이 말을 듣고 "그렇다면 방으로 들어오라고 하시오."라고 말했습니다. 모씨(某氏) 말에 의하면 좋은 분이니 두려워하지 말고 방으로 들어오라고 마음으로 몇 번이나 말을 했는데도 그 스님은 "들어올 수가 없다"고 대답하였으며 또한 "설법說法을 듣고 있으니 계속하라"는 부탁뿐이라고 하였습니다. 그 후로도 스님은 여러 사람으로 교체되었으나 배치된 신장神將들에는 별다른 변동이 없었다고 하였습니다.

그 후에도 이와 같이 기이한 일들이 많았으나 한가지 이상하게 느껴지는 것은 모씨(某氏)와의 대화對話가 7일간 밤낮 없이 계속되었으나, 안다고 하고 힘이 있다고 하는 사람이 초조와 불안에 싸여 잠시나마 안정安定을 못하니 참으로 안타깝기 짝이 없었습니다. 그도 그럴 수밖에 없는 것이, 그 사람의 눈은 항상 새로운 신장에게 매료가 되어, 눈이 보고 마음이 움직여서 같이 흔들리고 있으니, 그야 당연한 일이라고 생각해 봅니다.

나와 같이 모르고 캄캄한 사람은 보지를 못하니 얼마나 마음이 편하겠습니까? 또한 아는 힘이 모르는 힘에게 맥을 못 추는 이유가 바로 이 때문이 아닌가 생각해 봅니다. 보는 것도 「나」이고 안 보는 것도 「나」인지라 한쪽으로 치우쳐서 집착만 하지 않아도 마음은 편할 것이 아니겠습니까?

3. 선녀仙女들을 만나다

며칠 후의 일입니다. 모씨(某氏)가 날더러 하는 말이 "거사님, 오늘 밤은 천상에서 선녀들이 내려와서 말씀을 듣는다고 합니다."라고 하였는데 나는 이 말을 듣고 신비롭게 생각하지도 않고 믿으려고도 하지 않았습니다. 그런데 그 날밤 자정子正이 넘으면서 동쪽 하늘이 밝아지기 시작했습니다. 그리고는 먼 하늘에서 내 앞으로 궁전이 다가오더니, 선녀 한 분이 나를 궁전 안으로 안내를 하기에 들어가 보니, 단상壇上 아래로 수천 명의 선녀들이 기다리고 있는 것이 아니겠습니까? 내 일생에 이렇게도 황홀하고 흐뭇하게 느껴본 적이 또 어디 있겠습니까?

나의 말이 끝났을 때는 이미 날이 밝았고, 창문으로 햇살이 들어와 시계를 보니 아침 6시이었습니다. 그리고 이러한 일들이 여러 차례 있었습니다.

지금도 마음만 먹으면 만날 수가 있는 것으로 보아서…… 마음으로 내가 만들고 내가 보는 것이다…… 라는 생각이 듭니다.

4. 산신山神을 만나다.

산에서 공부를 하는 사람들을 만나게 되면 보통 산신山神 이야기가 많이 나오고는 하는데, 지리산의 경우에 이분들이 한결같이 성모聖母님이라고 말씀하시는 것으로 보아 지리산의 산신山神은 여자 모습을 하고 있는 것이 틀림없는 것 같고, 반면에 나의 경우에도 내가 만나고 싶을 때 종종 만나는 분이 계신데 이분 또한 여자이며 내가 이분한테 신세를 한두 번 진 것이 아닙니다. 몸은 우둥퉁하고, 파란 깨끼적삼을 입었으며, 치마는 모시치마로 보이고, 턱은 두둑이 졌으니 여전 「관세음보살觀世音菩薩」 형형形이라고나 할까요?

이따금 나의 토굴에 찾아와서 잠을 깨워주며, 정진精進에 빠질 때에도 흔들어주어 화장실까지 안내도 해 줍니다. 그때에는 어김없이 방광에 오줌이 꽉 차 있지요. 토굴에 온 첫날밤과 집에 돌아갈 때가 되면 찾아와서 인사를 하고 언제 또 오시느냐고 묻고는 합니다. 추운 겨울에 개를 시켜서 털장갑과 쓰리 맞은 돈을 찾아주는 일, 더운 날에 밀짚모자가 날라 오는 일, 쌀이 떨어지면 쌀이 생기는 일 등등 내가 지리산을 잊지 못하는 것도 바로 산신령山神靈의 은혜를 잊지 못하는 까닭인 줄도 모릅니다. 산에 가서는 신령神靈의 보살핌이 없이는 공부하기가 어렵다고 봅니다.

5. 산신山神한테 혼이 나다.

계룡산에서 내려 온지 얼마 지나지 않아서의 일입니다. 여름에 덥기는 하고 공부가 안되기에 공주 마곡사 뒤에 있는 북가섭암에 가서 한 철을 나볼 생각으로 홍 선생과 같이 그 암자를 찾아갔는데, 평소에 잘 알고 있는 법공法空 스님을 만나게 되어 방 하나를 부탁해 보니 방이 없다는 것이며, 다행히도 암자 뒤 산등성 위에 산신각山神閣은 비어 있는데 여기는 무서워서 스님들도 머물러 있지를 못하는 곳이라고 하는 것이었습니다. 내가 그 이유를 물었더니 법공 스님이 하는 말이 "여기는 도청 소재지처럼 도내 산신山神들이 모여드는 장소인지라 신장神將들한테 눌려서 머물러 있지를 못합니다"라고 하는데 나는 그 말에 매력을 느꼈으며 그래도 좋으니 빌려달라고 애원을 해서 승낙이 떨어진 것입니다.

암자庵子에서도 한참동안을 땀 흘리며 산 준령을 올라갔는데 산마루턱 위에 절벽 바위를 깎아서 산신각山神閣을 지었으며, 그곳에서는 서해안 일대가 한눈에 보였고, 과연 명당자리다 라는 생각이 들었습니다. 그 높은 산들이 구름 밑으로 보이고 이렇게 경치가 좋을 수 있을까 하고 감탄이 저절로 나오며, 여기로 오게 된 것이 오히려 은근히 고맙게 느껴졌습니다.

하루는 비가 억수같이 퍼붓는데 홍 선생은 천안으로 가고 저녁밥을 짓자니 방법이 없어서 굶기로 하고는 구석구석을 쓸고, 닦고, 청소를 하고 보니 내 마음 또한 후련함을 느낄 수 있었습니다. 이때만 하더라도 처음인지라 어쩐지 산중에서는 무서운 생각만 들고 다람쥐의 바스락 소리만 나도 등골이 오싹함을 느꼈습니다. 그래서 나는 촛불 3개를 켜놓고 문을 잠그고 정진을 하기 시작한 것입니다.

그럭저럭 밤 12시가 되더니 밖에서 인기척이 나더니 쉬쉬하며 발자국 소리가 들리고, 이상하게도 촛불 3개가 깜빡깜빡하며 꺼지려고 하더니, 패랭이 쓴 검은 옷을 입은 사람들이 달려와서 말도 없이 내 목을 마구 밟는 것이 아니겠습니까? 숨이 막힐 지경에 가슴이 답답하고 눈이 보이지를 않으며, 기왕에 신장들의 손에 죽을 바에야 발악이나 한다고 반항을 했습니다. "들어보아라! 이 세상에서 참되게 살고 부처님 도道를 닦는 사람에게 무슨 원한이 있다고 죽이려 드느냐? 내가 죽은 후에 억겁億劫을 두고서라도 보복을 할 것이다."라고 외쳤습니다. 참으로 나라는 사람도 지독하기 짝이 없는 사람이라고 느껴집니다. 왜냐하면 이렇게 죽을 곤경을 당하면서도 화두話頭를 놓지 않았으니 말입니다. 숨이 떨어질 정도인데도 화두가 생생하였습니다.

방문이 잠겨 있는데도 별안간에 밖이 환하더니 불덩어리가 방안으로 들어와서 빙빙 도는데, 말로만 듣던 비행접시 형태의 물체가 윙윙 소리를 내더니 밖으로 빠져나갔습니다. 이윽고 한참 있더니 또 하나가 들어왔습니다. 이때 문득 홍 선생의 말이 생각이 나는데 "보이는 것은 부처라도 상相이니 발길로 차라"라는 것이었습니다. 그래서 나는 이것이 방안에 들어오기에 "에잇" 하고 소리를 치며 주먹으로 쳐버렸더니 그대로 밖으로 빠져나갔습니다. 후유 하고 한숨을 돌리고 나니 전신에 땀이 물을 쏟아 부은 것 같아서 아래층 계단으로 내려가서 우물물로 목욕을 하였습니다. 내가 나에 대하여 "참으로 대견스럽도다" 하고 칭찬을 하고 있으니, 세상에 이런 꼴불견이 또 어디에 있겠습니까?

그리고 난 후 그럭저럭 15일이 지난 어느 날 밤이었습니다. 밤에 또 촛불이 깜빡거리기 시작하기에 무슨 변고가 또 생기는 것이 아닌가 하여 신경을 곤두세우고 있는데, 아니나 다를까 남쪽 하늘이 환하게 비치더니 구름을 타고 선녀들이 수없이 내려오는 것이 아니겠습니까? 이때는 내가 이 광경에 매료되어 화두를 잊었으니 나를 잊은 것은 뻔한 노릇이고 쳐다보고 있는데, 내가 서 있는 곳은 방안이 아니고 산山 정상頂上인 절벽 위가 아니겠습니까?

선녀仙女 하나가 다가와 나에게 절을 하며 묻기를 "거사님 제가 누군지 아시오니까?"하기에 바라보면서 "알다마다, 네가 성말 동네에 살았던 만순이가 아닌가? 17세에 죽었지?"라고 말하였습니다. 그러자 만순이는 "그러하오이다. 저는 천상에 있는데 오빠께서 공부를 잘 하신다기에 거울 하나를 가지고 왔습니다."라고 말을 하고는 거울 손잡이에 무엇인가 싸인을 하더니 나에게 전해주고 구름을 타고 사라져 버렸습니다. 이 만순이라는 아가씨는 우리 동네에서 제일 잘사는 부호의 집 규수인데 동네 총각들이 가슴을 태웠으며, 제일 가난한 나를 보고 오빠라고 따랐으니, 옛날 어린 시절이 새롭게 되살아났었습니다.

다음날 아침에 기적奇蹟이 일어났습니다. 내 육신肉身에 힘만 주면 절벽위를 떠서 30m 암석岩石 위로 올라가는 것을 체험해 보았습니다. 이것을 본 스님이 깜짝 놀라서 꿈에서도 나오더라는 이야기를 들었습니다.

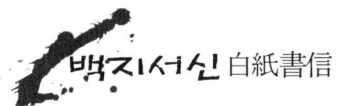 白紙書信

남편의 백지서신白紙書信을 받고 사서삼경四書三經을 통통한 이야기입니다. 하루는 서울에서 뜻하지 않게 최 거사崔 居士라고 하는 도반道伴으로부터 전화를 받았습니다. 도담道談을 하자고 날더러 기다리라는 것이었는데, 사실 최 거사님은 서울에서도 이름이 난 유교학자儒敎學者이십니다. 그러니 제가 도道를 알아야 도담道談을 할 것이 아니겠습니까? 더구나 무슨 내용인지도 모르기에 만나기도 전에 초조 불안이 마음을 휘감았습니다. 혹시 창피나 당하지 않을까 은근히 걱정이 되기도 했습니다. 이분을 만나기로 한 곳은 천안天安의 민閔 도사댁이었는데, 민씨閔氏 또한 관심이 여기에 많은지라 남의 속 타는 줄은 모르고 무슨 이야기가 오고 갈 것인지 기대를 하는 것 같았습니다.

최 거사는 도착하자 인사도 나누기 전에 준비를 해온 쪽지 한 장을 호주머니에서 꺼내 가지고 내 앞에 내밀더니, 이 글을 즉시에 해석해 보라고 했습니다. 다행히도 이 글에 대한 글을 쓰라는 것은 아니었습니다.

벽사창하계함봉碧紗窓下啓緘封　척지종두철미공尺紙從頭徹尾空
응시선랑회별한應是仙郎懷別恨　억인전재불언중億人全在不言中

나는 이 글을 보고 참으로 감동했습니다. 제가 보기에는 이 글이 유교에서 나온 글이라 할지라도 글 속에 담고 있는 뼈대가 생생히 살아 숨쉬는 것으로 보아 "깨달음의 경지"에서 나온 글로 사려思慮됩니다.

나는 경문經文이나 한시漢詩 등의 글자의 해석에는 별로 취미가 없어서 관심을 두지 않는데, 그 주된 이유는 우선 글이 짧아서 한자풀이를 잘하지 못할 뿐만 아니라 심心 공부라는 것은 말과 글 그리고 어떠한 대상對相에도 치우치지 않으려고 노력하는 것이라고 이해하기 때문입니다. 그러나 이러한 글은 공부와 직결되는 문제일 뿐만 아니라 소(牛)도 언덕이 있어야 비빈다고 도반이나 이와 같은 상대물이 있게 되면 자기멸도自己滅度와 성찰省察의 기회가 됨으로써, 공부하는 사람으로서는 제일 즐거운 때라고 생각을 해 봅니다. 경각심과 용맹심이 여기에서 일어나기 때문이지요.

이 글에서 공空과 중中 자에 핵심核心을 두고 읽어보니, 도道에 관한 글로 생각이 들어서 나름대로 다음과 같이 해석을 해봅니다.

푸른 사창 삽작문가에서 봉함을 뜯어보니
편지 한 장 처음과 끝남이 철저히 비었구나
응당 남편의 이별한離別恨을 바르게 담고 있건만
세상 사람들은 말없다고만 하는구나

"삽작문 옆에서 남편에게서 온 편지봉투를 뜯어보니 백지白紙 한 장이 들어있는 것이 아닌가? 이것을 보고 세상 사람들은 백지인지라 아무 뜻도 없는 것이라고 말할 지라도 나는 이 백지속에 불언중不言中 담겨 있는 남편 마음의 회별한懷別恨을 읽을 수 있구나." 라고 해석을 했는데 이 한시漢詩를 접하고 깨달음의 경지에서 나온 것이라고 말하는 이유는 이 시詩는 불언중 백지속에 담겨있는 남편의 회포懷抱와 한恨은 물론 시를 쓴 작자의 마음까지도 이 글로써 드러내고 있으니, 진심眞心은 함이 없이 공空과 중中으로 발현發顯한다는 것을 알기 때문입니다. 백지라는 것은 글이 나오기 전前 내 마음이 글로 나타나기 전前이니 마음을 닦아서 깨끗한 마음으로 발發하기 전인 것과 마찬가지이므로, 이 두 가지를 다같이 대상적對相的으로 보면 유무有無의 차이는 있을 지라도 하등에 다를 바가 없다고 보는 까닭입니다.

서신이란 떨어져 있는 사람끼리 안부나 궁금함 등을 피차 상대방에게 의사전달 하는 방법인데, 백지서신을 보내는 사람이나 그 서신을 받아보는 사람 사이에 글이 없다 하더라도 즉시卽時에 보낸 사람의 속마음을 이와 같이 샅샅이 안다면, 불가佛家에서 말하는 "이심전심以心傳心"이라는 말과 유가儒家에서 나온 이 한시漢詩가 어디에 다를 바가 있겠습니까? 이와 같이 참된 마음은 말이나 글로 쓰지 않고도 백지봉투 겉모습만을 보더라도 보낸 사람의 속마음을 꿰뚫어 본다고 하니 도심道心(智慧의 마음)이 얼마나 차원次元이 높은가를 알 수가 있습니다.

나는 이 글의 출처出處라든지 이 글에 대한 사연事緣을 최 거사님께 물어 보았으나 "수원 시화책"에 실린 글 중에 곽 휘원郭揮遠씨 부인의 글이라고만 알고 있지 더 이상은 모른다고 하시기에, 여러 군데의 책방을 뒤져보았으나 더 이상 알아볼 길이 없었으며, 내가 좀 더 알고 싶은 핵심核心은 백지봉투를 보내신 곽 휘원씨는 깨달으신 분으로 생각이 들며 그 부인도 글의 내용으로 보아서 깨달으신 분으로 짐작이 가는데, 이 두 분들의 생애生涯와 나와 있는 글들을 좀더 소상히 알려는 것이었는데 도저히 방법이 없었다는 말입니다.

최 거사님 말씀은 나의 해설이 비슷하게 맞는 것 같다고 하지만 누가 압니까? 그래서 나는 하는 수 없이 이를 암기러기한테 물어보기로 하고, 염송으로 암기러기를 부르게 된 것입니다. 그리고 다음은 암기러기가 말하는 이 글에 대한 사연입니다.

이조李朝 중엽에 이 글의 주인공인 곽씨부인郭氏婦人은 어느 대감 집 규수로서 어려서부터 머리가 천재였으나 나이가 16세가 되는지라 사윗감을 골라 보았으나 여기에 알맞은 인재人才가 없어서 골몰하고 속을 썩이다 보니, 부친이 병이 나서 관직官職까지 사직辭職을 하게 되었으며 어머니 마저 홧병(火病)으로 눕게 되니, 딸의 입장에서 볼 때는 자기自己 하나의 혼사 때문에 이와 같이 불효막심하게 되었다는 생각이 들었습니다. 어차피 시집가기는 싫고 유학儒學에 뜻이 있는지라, 강원도 정선 땅에를 가면 유학자도 많고 도인道人도 많다는 말을 들은지라, 공부를 하기로 결심을 하고 금은패물과 용돈을 봇짐에다 챙겨 가지고 이별의 서한書翰을 남겨놓고 야밤에 집을 떠난 것인데, 남장여인男裝女人인지라 아무리 남자 노릇을 한다해도 여여쁜 얼굴과 날씬한 몸매 때문에 속아넘어갈 사람이 누가 있겠습니까?

그러나 다행히도 운이 좋아서 열흘만에 정선 땅을 밟았는데 도착한 것은 밤 열시 경 저 산밑 외딴집 한 채에서 새어나오는 불빛을 목표 삼아 그 집을 찾아갔는데, 집에 도달하자마자 피로에 견디다 못한 나머지 기절해서 쓰러지고만 것입니다. 이 집이 바로 홀어머니를 모시고 나무와 숯을 팔아 끼니를 이어가는 가난뱅이 곽휘원 씨의 집이었습니다. 곽씨는 나이가 40세가 넘은 노총각이었습니다.

곽씨 어머니는 기절한 사람을 이리저리 살펴보았는데 아무리 보아도 여자임에 틀림없다는 생각이 들어, 은근히 아들의 배필配匹감을 기대하여 꼬치꼬치 캐묻고 파고들기 시작했습니다. 어찌할 도리가 없어서 10일 만에 사실을 털어놓게 되었는데, 서울에서 온 고아의 딸이라는 허위사실과 부모 없는 떠돌이 신세라는 말을 했습니다. 그러나 곽씨郭氏 모자母子는 그 말을 믿으려 들지 않았으나 똑똑하고 영리한지라 부정도 긍정도 또한 하지는 않았습니다. 두 모자의 마음 속은 그저 집을 나가겠다는 말만은 하지 말았으면 하는 바람뿐이었습니다. 아들 곽씨 나이가 40이라고 가정을 한다면 여자 나이가 16세인데, 옛날에는 여자가 귀한지라 그런 것 저런 것을 따질 겨를이 없었으나, 어쨌던 나이로 보면 곽씨가 아버지뻘이 아니겠습니까?

참으로 이상한 것은 식구 하나가 더 늘고부터는 숯장사나 나무장사가 잘되었으며, 어머니는 이 아가씨를 딸같이 사랑하고 아가씨 마음속에서도 곽씨를 싫어하지는 않으니 참으로 이상한 일이었습니다. 곽씨는 서당에서 어깨 너머로 배운 글이라고는 하지만 밤에는 늦도록 책을 읽는 것이 아니겠습니까? 이것이 인연因緣이 되어서 한 쌍의 부부가 된 것입니다. 그것도 그럴 수밖에 없는 것이, 이 아가씨의 경우 자기 배우자의 남편 상相은 글(벼슬)에 있는 것도 아니오, 재물財物에 있는 것도 아니요, 인물人物에 있는 것도 아니요, 오로지 유학儒學을 깨친 도인道人의 가능성에 초점을 맞추어 본 것인데, 곽씨는 지극한 효자로서 마음씨가 착하고, 중도상中道相을 해설하는 것을 듣고는 여기에 매료되어 앞으로 재목材木이 될 것으로 확신하고 마음을 굳혔다는 것입니다.

그 후 태백산太白山 어느 토굴에 도인이 있다는 소식을 듣고 부인은 남편인 곽씨를 삼 년 기한으로 토굴에 보낼 것을 결심을 했으며, 약속하기를 첫째 기간 중에 아내를 접근하지 말 것, 둘째 삼 년 기한이 넘을지라도 목적을 달하지 못하면 집에 오지 말 것, 셋째 위반할 시는 부인은 은장도銀粧刀로 자결할 것 등이었는데, 이와 같이 굳은 약속을 하고서도 인간인지라 삼 년 동안에 다섯 번씩이나 아내가 그리워서 집에를 왔는데, 부인은 완강히 뿌리치며 목에 은장도를 들이대는 바람에 빈번히 되돌아갔다는 것입니다.

이리하여 삼 년이 되는 어느날, 푸른 대나무로 엮어서 만든 삽잡문을 삐거덕 소리와 함께 열더니 "이리 오너라"하고 어느 방문객이 들어오더니 도포자락에서 서신 한 통을 전하는 것이 아니겠습니까?

부인은 봉투를 뜯어보자마자 얼굴에는 감격과 희열이 넘쳐흘렀으며, 시어머니에게 공손히 절을 하고 나서 하는 말이 "어머님 기뻐하십시오. 저의 남편은 공부를 완성하였습니다. 이것을 보십시오!"하며 아무 글도 쓰여있지 않은 백지 편지를 들어 보이고 있으니, 그 내용을 모르시는 시어머니라 할지라도 범인凡人이 아니라고 생각되는 며느리에 대한 믿음 때문에 두 사람은 감격의 눈물을 흘리면서 어울려서 춤을 추는 것이었습니다. 자기가 통通한 줄은 모르고……?

하산 후 곽씨는 늙으신 어머니와 아내를 돕는데 힘을 썼으나, 어머니가 돌아가신 후로는 두 분이 수도修道와 학문에만 열중을 했으며, 이분들의 생애는 나타냄이 없이 세상을 살다간 도인道人들이기에 알려지지 않고 기록 또한 없어서 알 길이 없으나, 안개나 여운과도 같이 그 부인의 마음이 이 한시漢詩를 따라 인간의 가슴속에 영원토록 살아 숨쉬며 도인의 메아리로 간직될 것입니다.

곰熊이 주인主人 사랑하는 법

옛날서부터 "곰은 어릴 때부터 사람이 길들이면 사람이 할 수 있는 일을 주인이 시키는 대로 거의 다 잘해 낸다"고 했습니다. 어렸을 때 곡마단(서커스)이 들어오면 곰이 줄도 타고 자전거도 타는 등 곰의 재능은 다른 동물動物 보다도 뛰어나서 어린이들의 사랑을 독차지하는 것도 사실입니다. 곰의 지능지수知能指數는 60에 지나지 않지만, 사람이 길을 잘 들여서 훈련을 시키면 집에서 심부름도 잘하고, 아이들하고도 잘 놀며, 무엇이든 시키는 대로 잘한다고 합니다.

옛날에 어느 포수砲手가 굴속에서 어린 곰 한 마리를 잡게 되어 집에서 기르게 되었는데, 3년이 지나자 곰은 많이 자랐고, 말도 알아들었으며, 주인이 시키는 일은 사람처럼 무엇이든 잘해 냈답니다. 어느날 포수 부부는 도시락을 싸 가지고 먼 사냥(수렵)길을 나섰습니다. 집에 남아있는 곰은 생각하기를 집을 잘 보라고 주인이 부탁까지 했으니 집안 일을 잘 보살펴서 주인이 돌아오면 칭찬을 받아야겠다는 생각에 부풀어 있었습니다. 그래서 곰은 물도 길어다 놓고, 마당도 쓸었으며, 주인이 돌아오시면 시장할까봐 밥을 지어야 되겠다는 생각이 들어서 쌀 한 가마니를 씻지도 않은 채 솥에 넣고 장작에 불을 붙여서 불을 땠습니다.

곰은 잘 보이려고 하는 희망希望에 부풀어서 마냥 즐겁기만 합니다. 그런데 그때 방바닥이 갑자기 뜨거워지는지라 잠자던 아기가 깨어서 소리치고 우는 것이 아닙니까? 곰은 아이를 달래주려고 방에 들어 가보니, 아기 얼굴에 파리가 새까맣게 앉아 있는 것이었습니다. 곰은 생각하기를, 요놈의 파리 때문에 아기가 잠을 자지 못하고 깨었으니 이것이 될 말인가 하고 단번에 때려잡아야겠다는 생각에 아기 얼굴을 힘껏 내리쳤습니다. 그랬더니 그 후後부터는 아기가 울지를 않았습니다. 곰은 그저 칭찬 받을 생각에 신이 났습니다.

저녁때가 되자, 사냥을 마친 포수 부부는 집으로 발길을 재촉했습니다. 집 근처 동구나무 밑에 다다르자 다리가 아파서 사냥한 오리를 나무에 걸어놓고 잠시 쉬어갈 생각이었는데, 어디서 무슨 타는 냄새가 났습니다. 냄새를 맡아보니 밥 타는 냄새가 아니겠습니까? 이에 놀란 두 부부夫婦는 쉴 사이도 없이 발길을 재촉하여 집에를 왔는데, 부엌에는 흘린 쌀 과 쌀가마가 나둥그러져 있었으며, 큰솥에는 밥이 새까맣게 타고 있었고, 방에 들어가 보니 포수부부의 아기는 이미 죽어 있었습니다.

포수는 화를 참지 못해서 곰에게 총을 겨누고 방아쇠를 당기려 하자, 울먹이던 아내가 "여보, 제발 참으셔요. 아기가 죽은 것은 아기 코밑에 죽은 파리가 붙어있는 걸로 보아 곰이 파리를 날리다가 실수를 저지른 것이며, 밥을 태운 것은 우리가 돌아오면 시장할까봐 마음을 쓴 것인데, 곰의 지능이 그것밖에 안 되는데도 우리가 지나치게 믿은 것이 잘못 아닙니까?"라고 말을 합니다. 이것을 보고 곰(熊)이 주인을 사랑한다고 말합니다.

곰의 마음에는 분명히 주인을 지극至極히 사랑한 죄罪 밖에 없으며, 만약에 욕심慾心이 있다고 한다면 주인이 돌아오시면 칭찬을 받을 것이다라는 기대감期待感(妄相)을 가졌던 것밖에는 아무것도 없었을 것이며, 반면에 주인主人 또한 생각하기를 3년 간이나 잘 돌보아서 길러 주었는데도 자식子息을 죽이고 쌀 한 가마를 태워버렸으니 죽여 마땅하다고 생각할 것입니다.

　인과법因果法으로 본다면, 포수의 경우는 우선 포수가 곰을 많이 죽였을 것이며 그리고 곰은 자연自然에서 자라야 되는데도 포수가 집에서 길렀으니 결국 원리原理에 역행하는 결과決果에 따른 것이라 말할 수 있으며, 곰의 경우는 곰은 지능知能이 부족한지라 자기의사自己意思에 의依해서 남에게 도움을 줄 수 있는 능력이 없는데도 도우려고 한 결과決果에 따라 만물萬物의 영장靈長인 사람을 죽였으니 앞으로 살아남기란 어려울 것이라고 생각해 봅니다.

　제가 말하고자 하는 초점은 이 곰(熊)을 통해서 관음보살觀音菩薩을 설명하자는 데 있습니다.

　과거過去의 제 모습을 되돌아 볼 때, 제가 데리고 있는 관음보살觀音菩薩이 눈먼 장님이었고, 귀먹은 귀머거리였다는 것을 지금 새삼스럽게도 알게 되었으니 이것은 도대체 누구의 잘못이냐 하는 것이고, 그런데도 관음보살을 염송하고 기도祈禱하고 살려달라는 것은 또 무엇이고, 이것은 주인공主人公의 잘못이냐 아니면 보살菩薩의 잘못이냐를 후학後學 도반道伴님들을 위해서라도 가려내 보자는 것입니다.

　관음보살의 역할을 부정적否定的으로 본다면 정신적으로 육체적으로 죽을 병病이 들어서 견디다 못해 자살自殺까지 기도하게된 원인이 제 경험으로 비추어 볼 때 관음보살觀音菩薩에게 있다는 것입니다.

　1. 계룡산 심우정사로 자살하러 들어가기 전에 온몸이 쑤시고 아픈 것은 물론이고, 머리와 가슴 마져도 고뇌苦惱로 꽉 차서 숨이 막힐 정도로 답답하여 도

저희 제 자신 견디기가 어려워서, 부처님의 역사役事는 보살菩薩님이 하신 다기에 보살님께 살려달라고 애원을 하였습니다. 그러나 냉정하게도 반응이 없었던 것으로 보아서 살려 주려고 하는 자비심慈悲心이 없었다고 하겠습니다.

2. 제가 보살에게 원願했던 것은 바깥 경계境界를 보고 개를 보았다, 소를 보았다, 사람 소리다, 돼지 소리다 등과 같이 자질구레한 것들을 분별分別하여 보고報告함으로서 망상妄相의 혼란이 생기도록 하지를 말고, 보기 전에 듣기 전에을 보고 들어서 나의 주인공에게 부분部分이 아닌 전체全體로서의 진면목眞面目을 신속히 전달하라는 것이었습니다.

3. 그러나, 관음보살께서는 주인공主人公인 「내」가 결정하고 「내」가 알아서 해야할 모든 일들 전부를 간섭하고, 전부를 직결처분直結處分하려고 하였고, 또 그렇게 한 것입니다.

4. 처음에는 나의 소임所任을 송두리째 빼앗긴 생각이 들어서 분통이 터졌으나, 보살님이 발發하는 검은 안개는 나의 전체全體를 휘몰아쳤으며, 그 결과 나는 완전히 통제기능統制機能을 잃은 것입니다.

5. 망상妄相에 의해 고통받고 흔들리는 마음을 잡아보려고 보살님께 제 자신 여러 번 애원도 해 보았으나 소용이 없었고, 84,000가닥으로 일어나는 망심妄心의 괴로움에 견디다 못해 하는 수 없이 주인공 자리를 내 주기로 결심함으로서 너와 내가 같이 죽자고 한 것이었는데, 계룡산에 도착했을 때는 이미 생명生命이 다 된 때였다고 하겠습니다.

6. 이때만 하더라도 제 자신이 무명無明한 원인은 깨닫지 못하고 관음보살觀音菩薩이 반목반이反目反耳한 결과라고만 생각을 하였던 것입니다.

7. 결론적으로 말하면, 관음보살은 그 당시 무엇하나 제대로 도와 준 것이 없었다는 것입니다.

이것은 제가 보살님을 비판하려는 것이 아니라 번뇌망상煩惱妄相을 설명說明할 길이 없어서 한번 생각해본 가설假說이오니 이해있으시기 바랍니다. 그리고 아울러 신앙信仰에 의해 형성된 "보살菩薩의 고정관념固定觀念"을 깨기 위함입니다.

다음은 긍정적肯定的인 면으로 말해 볼까 합니다.

1. 내 마음 내가 가두어 캄캄한 지옥에서 갇혀 살다가 한 생각을 돌이켜 나를 초월하고 푸른 창공으로 빠져나가 나의 실상實相을 보니, 제일 먼저 가슴에 와 닿고 눈에 띄는 것은 과거過去의 나에 대한 잘못된 모습입니다. 나의 과거의 무명無明을 깨고 보니 내가 나를 버린 것 이것이 중생衆生을 버림이니, 관음보살을 버린 것 또한 오로지 내가 아니던가? 반대로 말한다면 내가 나를 찾았다는 것 이것이 중생을 찾아서 살려냈다는 것이니, 관음보살觀音菩薩을 찾아서 살려낸 것이 결국 내가 아니던가?

2. 내가 나를 살려낸 것인데도, 제가 만약에 관음보살만을 믿고 살려달라고 매달렸었다면 벌써 죽었을 것입니다. 그것도 모르고 관음보살께서 살려주지 않는다고 오히려 죽게 된 원인原因조차도 보살님께 있다고 증오憎惡로 밀어 부쳤으니 말입니다.

3. 결론적으로 말해 관음보살觀音菩薩님의 눈과 귀를 가려서 장님과 귀머거리로 만든 것이 바로 나였던 것입니다.

이 사실을 깨닫는 순간 모든 번뇌망상과 증오심은 씻은 듯 사라졌습니다. 어디 그뿐입니까? 중생衆生들이 60년간을 봉사의 모습으로 살아오다가 한 순간에 일제히 나의 마음의 빛으로 눈을 뜨니, 이 세상에 이런 즐거움이 어디에 또 있겠습니까? 네가 있으니 내가 있고 하나의 고리 속에 연결되어 전체全體가 하나를 형성하고 평화공존平和共存함을 보니 말입니다.

그리고 저는 관음보살觀音菩薩과 관세음보살觀世音菩薩은 같으면서도 차원이 다른 것으로 압니다.

왜냐하면, 관음보살이 나의 마음을 떠나서 따로 존재存在할 수가 없으며, 눈目과 귀耳가 일사불란一絲不亂하게 한치의 오차도 없이 주인공主人公이 명命하는 임무를 충실하게 해 내어야만, 이에 대한 공로功勞가 인정認定되어 관세음보살觀世音菩薩의 명호를 받게 될 것이기 때문입니다. 다시 말해 관음보살은 눈目과 귀耳로서 마음과 육신을 체내體內의 중생衆生들에게 바치고 희생하는 것이 의무인바 이것이 자유롭게 이루어질 때만이 회광반조回光返照가 되어 외부의 중생들을 함이 없이 제도濟度하게 되는데, 이때가 되어야 비로소 관세음보살의 경지境地가 될 수 있기 때문입니다.

과거 본인이 무명無明 했을 때는 부처나 관세음보살이 바깥에 계신 것으로 잘못 알고 원願을 세우고 대상對相에 대고 경배敬拜를 하고 기도祈禱도 하였으나, 나를 알고 나서부터는 관음보살觀音菩薩이란 눈目과 귀耳를 말하는지라 내 마음 제쳐놓고 따로 보지 않는다는 것이 바로 그 뜻인 것으로 압니다. 그래서 저는 눈目과 귀耳를 관음보살로 알고 안쪽으로 경배심敬拜心을 내면 전체인 관세음보살까지도 경배심을 내는 것으로 생각하고 있습니다.

유심조唯心造라는 말은 내 육신肉身과 마음을 떠나서는 법法이 있을 수가 없는지라 중생심衆生心의 작용을 말하는 것으로 압니다. 재삼 말하거니와, 중생심에서는 관음보살이 눈이 멀고 귀머거리가 되어, 이것 때문에 번뇌망상煩惱妄相이 일어나서 혼란混亂속의 지옥고地獄苦를 살아가게 되는데, 이 안타까운 사실을 알고 있는 사람이 지구상에 몇 사람이나 있겠습니까? 중생심에서는 무명無明한지라 자기 원인인줄도 모르고 원리에 역행하는 결과를 행하는 것이니, 앞에서도 말했듯이 관음보살이 아무리 보살행菩薩行을 잘할지라도 주인공은 이를 보고 "곰이 주인 사랑한다"라고 말할 것입니다.

왜 이런 말을 하는고 하니, 제가 볼 때, 오늘날 절에 다니는 대부분의 불교신자佛敎信者들이 관세음보살이 무엇인지도 모르고 명호를 외우며 여기에 심취心醉되어 마음에 대상對相을 만들어서 경배심敬拜心을 냅니다만, 마음은 양면성兩面性인지라 두 가닥으로 갈라지게 되어 경배심에 상대相對되는 저주심詛呪心이 강하게 작용하게 된다는 사실을 모르고 있습니다. 독실한 신자信者들 중에서 가정에 병고病苦나 화란禍亂이 나타날 때에는, 이는 대부분 저주심詛呪心에서 방해를 하는 것이니 참고하시기 바랍니다. 따라서 기도祈禱나 경배심敬拜心을 낼 때는 내 마음 밖으로 내지 말고 내 마음 안으로 내시기 바랍니다. (下心으로 행할 것) 밖으로 향向하면 마음(衆生心)은 상대성相對性인지라 사邪(사탄)의 방해를 받기 때문에 안으로 향向하는 것을 정도正道, 또는 절대絶對라고 말합니다.

열린 마음에는 상相이 없는지라 대상이 없어서 관음보살을 따로 쓸 필요가 없다고 하지만, 중생심衆生心에서는 육신과 마음 그리고 보살이나 신장까지도 내 마음 씀에 달려있는지라, 곰이 주인 사랑하는 것과 같이 후회하지 말고 지성至誠을 다해서 처음부터 마음의 습관習慣을 대립對立이 아니라 수용受容쪽으로, 미움과 증오가 아니라 사랑과 자비 쪽으로, 부분이 아니라 전체 쪽으로 잘 길들여야 할 것입니다.

일체유심조一切唯心造에 대하여

이 말은 만유萬有가 마음에서 비롯되었다는 말인데, 자작자수自作自受 자업자득自業自得 자승자박自繩自縛과 같은 말이며, 모든 이루어지는 현상계現狀界는 나의 마음心에 그 결과가 달려있다는 말입니다.

자연계自然界의 성주괴공成住壞空은 물론 인간의 생사生死 마져도 마음의 조작(心造作)이라는 것입니다.

오늘 세미나에 이 문제가 또 주제로 나왔으나, 이 문제에 대해서는 제가 전에도 여러 번 말한바가 있는데, 이 말 자체가 원리原理를 말하는 것으로 압니다.

원리란 글자해석에 있는 것이 아닌지라 그 자체를 말하는 것이니, 이것은 마음을 깨쳐서 현재심現在心이 새로워지면 삼세三世를 꿰뚫어서 안다 하여 유심조唯心造를 말하고 있으나, 이것은 글이 아닌지라 그 자체를 증득證得한 사람이 아니고서는 이해가 곤란하다고 합니다. 이 문제에 대해서 신학神學하시는 분들이 겸해서 신神에 대한 말을 해 달라고 부탁한 바도 있고 해서 말을 해볼까 하는데, 말을 한다는 것은 안다는 것이다 보니 아는 것은 도道가 아닌지라 잘못된 줄 알면서 제 식대로 말을 해 볼 생각이오니, 잘못된 점 이해 있으시기 바랍니다.

① 눈(目)이 본다는 것은 빛(光) 때문이며 ②소리(音)를 듣는다는 것은 시끄러움(騷音) 때문이며 ③ 한 생각(想) 일어나는 것은 상相(過去心) 때문이며 ④ 냄새를 맡는다는 것은 향香 때문이며 ⑤ 남자가 색심色心이 동動하는 것은 여자를 접촉接觸했기 때문이며 ⑥ 말을 할 수 있다는 것은 상대相對가 있기 때문인데, 이것은 마음에서 분별分別하고 받아들일 때만이 작동作動이 가능하고 반대로 마음에서 받아들이지 않으면 작동이 불가능합니다. 받아들인다는 것은 마음이 바깥 경계에 끌려감을 말합니다. 이 중에 눈目과 귀耳는 관음보살觀音菩薩인데, 지나쳐서 주인공主人公에게 선의善意의 해害가 되고 있는 사실을 알아야 됩니다.

경계에 끌려가는 마음을 중생심衆生心이라고 말하고, 한 생각이 일어나지 않고 끌려가지 않는 마음을 무심無心 무상無相 무념無念 도道라고 말합니다. 그런 까닭에 중생심에서는 마음을 대상對相에다 쓰면 얻을(得) 수가 있는지라 유심조唯心造라고 말하는 반면에, 도심道心에는 망상妄相이 일어나지 않고 바깥경계에 끌려가지도 않는 지라 얻을 것도 없고 손해볼 것도 없다는 것입니다. 금강경金剛經에 "과거심불가득過去心不可得 미래심불가득未來心不可得 현재심불가득現在心不可得"이 있는데, 마음에서 얻을 것이 없다는 것이 바로 그 뜻입니다. 이것은 인간人間의 마음이 이중성二重性을 드러내고 있기 때문인 것으로 압니다. 그래서 유심조와 불가득이 둘이 아닌지라 大乘에서는 같다고 말합니다.

다음은 본인의 체험담을 통해서 유심조唯心造에 대한 말을 해 볼까 합니다.

계룡산에서 내려와 얼마 안되었을 때의 이야기인데, 어느 절에서 불사佛事를 마치고 점안식點眼式을 하니 참석을 하여 체험담을 해달라고 했습니다. 워낙 주지스님께서 공부를 많이 하신 지라 능력能力도 있으시고 잘 알고 있는 처지이다 보니 거절을 못하고 참석을 한 것인데, 전국全國에서 큰스님들도 많이 오시고 신도들도 수백 명 오셔서 큰 법당法堂이 꽉 차서 빈틈이 없었으며, 큰스님들도 많이 계신데도 유독 저더러 체험담을 해 달라는 것입니다. 제가 계룡산에서 내려와 얼마 안되어서의 일인지라, 병고病苦에서는 해방解放이 되고 마음도 새로워졌으나 아는 것이 없어서 할 수가 없다고 거절하다가 하는 수 없이 법당에 서게 된 것인데, 제가 원래 말솜씨가 없는데도 듣는 사람으로 하여금 참고가 되고 감동이 간다고 해서 계속시키는 바람에, 여러 날 동안을 절에서 머물게 된 것입니다. 제가 공부가 좀 된 사람이라고 잘못 와전된 이유인 것 같습니다.

그래서 하루에 10시간 이상을 지껄이게 된 것이고, 또 밤에는 여러 시간을 개인의 궁금증을 풀어주기 위해서 면담을 하게 되었는데, 여기서 저의 실수로 재미있는 일이 벌어진 것입니다.

어느 부부夫婦가 저를 만나기 위해서 직장을 쉬고 여러 날을 순서 때문에 기다렸다는 것인데, 저는 이 부부를 만나자마자 이맛살을 찌푸리고 입을 삐쭉대며 저도 모르게 무의식 중 고개를 외外로 돌리고 말았습니다. 그랬더니 이 두 사람은 깜짝 놀래서 긴장을 했고 방안의 여러 사람들도 긴장된 표정이었습니다. 이 부부는 제 앞에 앉자마자 하는 말이 "듣기에 거사居士님은 공부를 많이 하셔서 잘 아신다고 하기에 궁금한 점이 있어서 자문諮問을 받으러 온 것입니다."라고 하며 내용은 직장職場을 옮긴다는 것인데, ① 저의 생각은 내가 만신(무당)이 아닌 이상 이 문제는 제게 물어 볼 것이 아니라 만신한테 물어 보던지 아니면 본인本人이 알아서 할 일이고 ② 저의 속사정으로 볼 때, 이들의 궁금증이란 직장문제가 아니고 이혼離婚을 결심한 사람들인지라 직장을 옮긴다는 말은 거짓말인 까닭에 "나를 속이는 말이 아닌가?"라는 생각이 들었기에 순간적으로 상相을 잘못 일으킨 것입니다. 다시 말해서 "내가 안다" "내가 제일이다"라는 생각은 도道가 아닌데도 이런 오류를 범한 것입니다.

그러나 저의 속사정은 그분들이 알리가 없으며, 즉시에 반성을 하고 마음을 돌려서 껄껄거리고 웃었더니, 이 두 분도 따라 웃고 옆에서 대기하고 있던 사람들도 따라서 웃었습니다. 제가 알았다는 것은 본인들한테 말을 듣지 않아도 느낌으로 알았다는 것인데, 그대로 말을 할 수가 없어서 제가 말하기를 "나한테 질문할 내용은 직장을 옮기는 문제가 아니라, 다른 것이 아닙니까?"라고 말하니 아무 말도 없이 고개만을 수그리고 있다가, 재차 물으니 그렇다고 했습니다. 그래서 알고 보니 슬하에 삼 남매를 기르고 있는 사람들인데 이혼離婚을 하면 안 된다고 장시간 설득을 하다보니 내 자식 같은 생각이 들어서 나도 목이 메였는데, 이 사람들이 우는 바람에 나도 눈물이 나왔고 방안에 대기하고 있던 사람들도 울어 삽시간에 울음바다로 변한 것입니다.

그래서 이와 같이 삼라만상森羅萬相이 웃고 울고 찡그리는 것도 나의 유심조인지라 내 탓이 아니겠습니까?

부처님께서 말씀하시기를 "깨친 마음으로 삼세三世를 보면 삼세가 부처로 보인다.(三世一切佛)"라는 말씀도 바로 그 뜻 같습니다. 부처의 마음을 쓰면 부처가 되고, 신장神長의 마음을 쓰면 신통력神通力을 오통신五通神까지 발휘할 수 있으며, 의사가 되고 과학자가 되고 농사꾼이 되고 도인道人이 되는 것도 내 마음에 상相과 비상非相을 다 갖추어 있어 마음 쓰기에 달려 있는지라, 부처와 신神을 따로 찾지를 말자는 것입니다.

왜 이런 말을 강조하는고 하니, 마음은 비우지 않고 신통력만을 지니고 이것도 도道인줄 알고 쓰고 있는 사람을 많이 보았습니다만, 이것은 내가 나한테 속고 있으며 상相을 내고 있는 그 자체自體일 뿐이기 때문입니다. 도道란 알기 전前 보기 전前 느끼기 전前 신통력이 나오기 전前을 말한다면, 이와 같이 아는 소리를 하고 병을 고치고 다섯 가지 신통력을 구사한다 하더라도, 이것은 힘相의 논리論理 인지라 도道가 아닙니다. (全體는 아님!)

    저 같은 사람도 기러기(鴈)라고 하는 신장을 만들어서 종종 써 본 일이 있습니다. 이것은 알고 보면 최면술과도 같이 비상심非相心을 가지고 상심相心으로 대상을 만들어서 능력발휘를 한다는 것인데, 이것은 힘의 논리로 변화된 상相인지라 이루고 헐고 방해하고 분할하고 죽이고는 할 수 있으나, 유상심有相心을 가지고 비상심非相心을 도와 줄 수는 없는 것입니다. 무상심無相心에는 모습이 없기 때문이지요. 무슨 말인고 하니, 마음속에 있는 신장神長을 내가 만들고 내가 쓴다는 것입니다. 부처와 보살도 마찬가지 입니다.

    이와 같이 말할 때 체體와 용庸을 말해야 되는지라 설명하기가 어렵다고 말하지만, 다시 말해 나의 주인공이 한 생각相을 일으키면 육신肉身을 통하여 84,000가닥의 기氣를 발發하는데, 기는 질質이 되고 질은 형形이 되고 형은 물物이 되어, 오로지 나의 한 마음이 삼라만상森羅萬相을 이루는 것 이것이 유심조唯心造인것으로 압니다.

    제가 지리산에서 공부를 할 때의 체험담을 말해 보겠습니다. 공부가 잘 안되고 망상妄相이 드리울 때는, 마음을 가다듬고 각성覺醒을 위해서라도 기러기를 불러서 상相을 만들고, 그 상相을 내가 봅니다. 이것은 기억장치記憶裝置하고는 별개의 문제이며, 가슴에 강하게 와 닿을 때 쉽게 지워지지 않는 효과效果가 있습니다. 나는 기러기를 불러서 말했습니다. "여보게 안(鴈)군, 오늘은 잡념만 생기고 공부도 잘 안되니 지옥地獄으로 구경이나 가세 그려!" 라고 말하니 기러기가 말하기를 "거사님 마음속에 다 갖추어져 있는 것을 잘 아시면서 마음속을 드려다 볼 것이지 바깥을 보면 사도邪道라는데 무엇 하러 나돌아다닌단 말이요?" 라고 말하는 것입니다. 그래도 안(鴈)군은 마음이 착한지라 거절을 하지 못하고 응해 줘서 한없이 뒤를 따라갔는데, 캄캄한 밤에 동쪽하늘이 점점 밝아지더니 금색이 찬란한 빛이 보이며 빛의 끝 부분은 연분홍색 무지개 같이 보입니다. (이것은 지장보살님의 無相心에서 나오는 빛을 말함: 오-라) 지옥문地獄門은 엄청나게 큰 궁궐의 대문이었는데, 정면의 가운데 문은 빗장으로 잠겨져 있으며 아래 위 통로가 둘이 있는데, 안(鴈)군이 수문장에게 무엇인가 귓속말을 하니 수문장은 위 통로로 들어가라고 문을 열어주는 것이었습니다. 호수에 가로지른 오작교를 건너니 또 큰 대문이 있어서 수문장의 안내를 받으며 안채로 들어갔습니다. 안군은 보살님 한 분을 모셔오더니 지장보살地藏菩薩님이시니 친견하라고 했습니다. 나는 이 순간에 감격한 나머지 보살님의 명호도 잊었으며 보살님께 예배드릴 사이도 없이 얼떨결에 "부처님, 세상에 이를 수가……" 하고 보살님을 껴 안고 통곡을 하였습니다. 그럴 수밖에 없는 것은 어렸을 때 선생님이 학교에서 불교 강의를 하셨는데 지장보살님의 말씀을 듣고 여러 날을 감격하고 측은하게 느낀 나머지 많이 운 적이 있으며, 저는 이것으로 불교입문佛敎入門의 인연因緣이 되었던 것입니다. 보살님께서는 저더러 고개를 들라고 말씀하셨습니다. 보살님의 눈에는 눈물이 마르지 않았으며, 자비심에서 나오는 후광後光과 이 뜨거운 눈물은 중생세계衆生世界가 그치지 않는한 앞으로도 영원할 것입니다. 저는 지장보살님께 양심에 가책(공부가 시원찮음)을 받아 고개를 들지를 못했으며, 보살님께 다음과 같은 서원誓願을 남기고 나왔는데. 아쉬움과 미련 때문에 발길이 천근만근 무거운 것을 느꼈습니다.

지장보살地藏菩薩님께의 서원誓願

어린 시절時節부터 보살님을 친견親見하기 위해서 원願을 세웠고, 기도하고, 열망을 하다가, 드디어 오늘에 와서 안(鴈)군의 도움을 받아 뵈옵게 된 것은 이 세상에 다시없는 최상의 영광으로 생각합니다. 보살님께서는 천상天上에서 부처님으로 계시다가 중생제도衆生濟度를 위해서 지구상에 화신化身으로 몸을 받으시고 이 세상에 출현하셨던 바, 엄동설한嚴冬雪寒에 의복衣服이 없어서 떨고 있는 사람에게 옷을 벗어 주시고 몸까지 바치셨으며 스스로 지옥을 택하신 것입니다. 이것이 보살님의 살신봉중殺身奉中의 참된 보살님이 아니고 무엇이겠습니까? 우리 중생衆生들도 보살님의 유지遺志를 실천하기 위해서 지옥고地獄苦를 천년만년千年萬年 치르더라도, 갇혀 사는 중생들과 희비고락喜悲苦樂을 같이 하고 제도濟度할 것을 원원하옵기에 육바라밀六波羅密을 끊임없이 닦아서 목적目的을 달達할까 하오니, 보살님께서 지혜智慧의 등불을 비추어 주시기 바랍니다. 지장보살님께 제가 서원을 말하고 있으나 내 마음 떠나서 부처 보살菩薩 신장神長이 따로 있을 수가 없습니다.

안(雁)군하고 지리산 토굴로 돌아오다가, 안군이 나에게 묻기를 "지옥 구경을 갔으면, 왜 실상을 안보고 오십니까?"라고 묻기에 나는 말하기를 "그대하고 내가 둘이 아니며, 지옥에 갇혀 사는 중생들하고 나하고 둘이 아닌 까닭이지" 내가 과거에 그렇게 살았고 그 모습은 곧 나의 과거심過去心을 재현再顯한 것인지라 따로 분별해서 볼 필요가 없다는 것입니다. 그래서 이것을 알고 보면 내가 나한테 내 말을 하고 있는 것입니다.

신神을 말할 때, 신학神學하는 사람들은 절대신絶對神 이외의 기타신은 악마惡魔의 신神이라고 말하고, 불교佛敎에서는 마음의 상相과 비상非相의 차이뿐인지라 상相을 힘의 논리로 보며 이것이 망상인지라 신神으로 봅니다. 선禪 공부란 상相과 비상非相(無相)의 씨름인지라 상대相對가 없는 내가 나한테 도전을 해서 심心의 조복調伏(마음의 항복)을 받으면 되는 것으로 알고 있으나, 그래도 때때로 의문점이 생기면 기러기를 불러서 물어보는데, 기러기의 대답도 과거過去의 제가 의식세계意識世界에서 알고 있는 범주를 벗어나지 못합니다. 이것은 비상이 상한테 질문하는 까닭이지요. 왜냐하면 도道가 한질 크면 마魔도 한질 큰다는 말이 있듯이, 이것이 양면성兩面性인지라 둘이 아닌 까닭에 반대로 말하면 마魔가 크려면 도道가 우선인지라 도道를 먼저 키워놓지 못하고는 마魔가 절대로 클 수가 없다는 것입니다. 그래서 체體와 용庸을 말합니다. 비상에서는 혜

慧가 나오고 상에서는 힘과 기능이 나오는지라, 부처가 부처를 모르며 중생衆生이 중생을 모르는 것이고, 부처는 중생을 잘 아는데 중생은 무명無明한지라 부처를 알 리가 없습니다.

그런 까닭에 중생심衆生心에서는 한 생각 일어나서 알고 일어나지 않으면(心未發之中) 절대로 귀신도 알 길이 없으니, 그래서 이 자리를 도의 근원이니 부처니 진리니 하는데, 언어가 끊어진 자리(言語道斷)라고 해서 깨달은 그 자체를 말하는지라 무슨 말을 할지라도 맞지 않는다 해서 비불비심非佛非心을 말합니다.

신神의 능력이란 대상인 망심妄心에서 나오는지라 부분에 지나지 않고 전체가 못되며, 망심의 소산인지라 잘못 쓰면 화禍가 되고 생사生死를 면치 못하며, 능력能力이란 욕심慾心에 쓰여지는 까닭에 쓸수록 적어지고 없어지게 마련인데, 이것을 깨달음으로 오인하고 살아가는 도반道伴님들이 많다는 것을 참고로 말씀드립니다.

공부에는 신神을 어떻게 보느냐가 가장 중요한 과제의 하나로 생각합니다.

부처님 마음에서는 중생을 부처로 알고 받들고 가꾸어서 사랑하시는지라 무슨 말씀을 할지라도 이해理解를 할 수가 있으니 다행多幸이온데, 큰 뜻으로 보면 일체유심조一切唯心造란 말도 안될 소리라고 부정否定할 수가 있습니다. 왜냐하면 도를 깨쳐서 무념무상無念無相이 됐다고 가정할 때 심심의 장애를 받지 않을 것이니 의식意識의 고정관념은 없어지고, 심심(妄相)이 없는지라 바깥 경계에 끌려갈 필요가 없어졌으니 말입니다. 마음에는 만들 것도 없고 안만들 것도 없기 때문입니다. 그러나 불이법不二法에서 볼 때는, 또는 크게 깨달아서 심삼세心三世를 꿰뚫어 볼 때는, 부처님 말씀이 참으로 옳다고 감탄해 마지않을 것입니다. 그래서 옛날 선사들은 말씀하시기를 삼세三世를 꿰뚫어서 마음의 실상實相이 드러나거든 그 때에는 아는 소리를 하고, 그러기 전前에는 입을 열지 말고 열심히 공부하라고 하셨답니다.

깨달아서 진공眞空에서 나오는 혜慧는 삼세를 이미 꿰뚫어서 지금 알았더라도 공전空前의 소식이 유심조唯心造와 불이不二이니, 심행心行이나 인과란 심의 조작인지라 삼라만상森羅萬相이 마음에서 나왔다고 말합니다.

도道를 이루기 위해서는 극선極善이 되어야 되고, 극선을 이루기 위해서는 덕德(實踐意志)을 쌓아야 되고, 덕을 쌓기 위해서는 평소에 선행善行을 생활화 해야 되며(慈悲心을 기르기 위해서), 수련방법은 지극한 마음으로 경敬을 체體로 삼고 성誠을 용庸으로 삼아서…… 구求하고 이루는 자가 되지 말고 비우고 지켜보는 자가 되어…… 상相과 비상非相의 사이(中)를 지그시 웃는 마음으로 관조觀照만 하고 있어도 지켜보는 자가 주인공主人公인지라 마음은 가라앉고 번뇌망상煩惱妄相은 끊어지게 마련입니다.

① 소식小食을 하고, ② 잠자지 말고, ③ 거짓말하지 말고, ④ 나를 속이지 말고, ⑤ 남한테 절대로 신세지지 말 것이며, ⑥ 물과 불을 아끼고 오염시키지 말 것이며, ⑦ 성욕性慾과 술酒은 혜慧를 막으니(慧는 쾌락이 아님) 금禁하시기 바랍니다. ⑧ 눈目과 귀耳는 100% 거짓인 것을 증득證得하고 믿지 마십시오. ⑨ 말하지 말고, ⑩ 나를 낮추고 고개를 숙여 상대를 존경尊敬할 줄 알며, ⑪ 아는 소리를 하지 말 것이며, ⑫ 타他가 스승이라 도반道伴을 위할 줄 알며, ⑬ 나(我)를 나타내지 말 것이며, ⑭ 만상萬相을 스승으로 받들어야 선행善行이 됩니다. ⑮ 내 부모父母나 남의 부모나 행동으로 효孝하는 사람은 도道의 50점을 먼저 따고 들어간다고 합니다. ⑯ 사람은 지선至善을 가지고 있는지라 호랑이 100마리 구救하는 것 보다 사람 한 사람 구救함이 낫습니다.

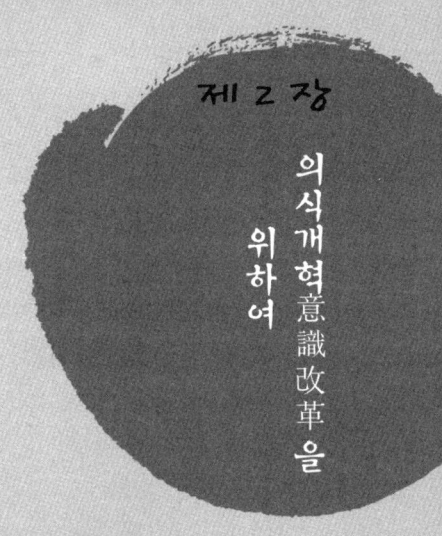

제 2 장
의식개혁意識改革을 위하여

　제가 제일 처음 받았던 글은 "긍정과 부정에 대하여"였습니다. 이 글을 처음 접했을 때, 지금까지 제가 생각하였던 것과는 전혀 다른 사고思考의 접근방식에 매료가 되었습니다. 어떻게 말하면 제 자신의 고정관념固定觀念을 벗도록 만든 사고思考의 개혁改革이라고나 할까요? 그리고 이 글이 너무나 좋아서 여러 사람들에게 나누어주고 싶은 마음에, 제 나름대로 제가 이해理解한 각도角度에서 이해하기 쉽도록 문구文句들을 재정리하였고 의문나는 문구들은 그 의미意味를 이규상선생님께 물어보았습니다. 이것이 계기가 되어 선생님과 꾸준히 교분을 나누어오게 되었으며, 그것이 오늘의 책이 된 것 같습니다.

　제 2장의 경우는 선생님께서 여러 도반道伴들과 가졌던 수많은 세미나 와 논제강론論題講論들 중에서 일부를 모은 것인데, 이 글들 전체에 흐르는 일관된 사상을 제 나름의 좁은 생각에서 한마디로 표현한다면 "고苦에서 벗어나기 위한 의식意識의 고정관념固定觀念 타파打破" 즉 "의식개혁意識改革"이 아닌가 라고 생각해 봅니다. 왜냐하면 고통苦痛은 대립對立에서 나온다는 것을 체험을 통해 알고 있는데 제 자신이 옳다고 믿고 있는 사상이나, 신념, 가치관, 기타 여러 가지의 고정관념들을 모두다 부수어버리지 않고서는 분별심分別心과 이에 따른 대립對立에서 벗어날 수 없었기 때문입니다.

　그리고 이상한 것은 이 모든 것을 버리고 나니 그것이 나 자신의 죽음이 아니라 오히려 삶이었다는 점입니다. 저의 마음은 보다 안정되어가고 편안해 졌으며 저는 주위와의 대립에서 벗어나 서서히 화합으로 변화되어 가고 있는 제 자신을 느꼈던 것입니다. 생사生死의 갈림길에서 죽음을 택하면 이것이 삶이라는 가르침을 확인해 보지는 못했으나, 상대相對와 이기느냐 지느냐의 대립對立에서 지는 것을 택擇함으로서 이기게 됨을 체험으로 알게 되었는데, 지금에 와서 볼 때 이겼다는 표현보다는 화합이라는 표현이 보다 더 적절하겠지요! 불가佛家에서 말하는 "백척간두 진일보百尺竿頭 進一步"라는 말과 예수께서 말하는 "무릇 자기 목숨을 보존하고자 하는 자는 잃을 것이요 잃는 자는 살리리라"라는 말의 의미意味를 되새겨 봅니다.

편집자

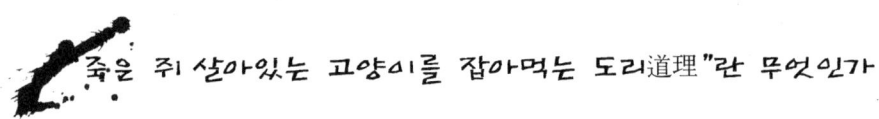
"죽은 쥐 살아있는 고양이를 잡아먹는 도리道理"란 무엇인가

질문 : 조사祖師님 말씀 중에 "죽은 쥐가 살아있는 고양이를 잡아먹는 도리道理를 아느냐?"라는 문구文句가 있는데, 그 말씀의 뜻이 무엇인지 설명해 주시기 바랍니다. (박보살)

저는 불경佛經도 모르고 더구나 글자와 말의 뜻에는 관심이 없는데, 굳이 그 뜻을 말해 보라 하면 할말이 없지는 않으나, 그 답이 말로 발현發顯되면 피차 도움이 안되고 해害가 될 수도 있다고 생각하는데, 잘못된 줄 알면서도 말해 봅니다.

이 문제는 불가佛家에서 말하는 "공즉시색空卽是色 색즉시공色卽是空"을 다른 말로 표현한 것 같은데, 다시 말해 유상有相 과 무상無相을 말하는 것 같습니다. 우리가 하고 있는 마음 공부는 대상對相이 없는 공부인지라 공부를 한다는 생각에서 선禪, 기도, 염불, 화두話頭 등을 하게 되면 마음이 무형無形의 대상對相을 만들어서 묶여있는 상태가 되는데, 이것 또한 욕심慾心이다 보니 삼독심三毒心을 여의고 마음이 가라앉아 무아無我의 경지境地를 이루어 공空을 체험하기가 참으로 어렵다고 봅니다. 부처, 진리, 하나님 등 이런 생각은 공부에는 금물이지요. 공空을 체험하게 되면 그 즉시에 모든 집착에서 홀연히 벗어나게 되고 생각이 바뀌어지는 것으로 압니다.

흔히들 말하기를 "유有의 세계는 유상有相에서 나왔다"라고 하지요. 그러나 나는 그렇게 생각하지 않습니다. 왜냐하면, 무상無相의 입장에서 유상有相을 보게 되면 이것 또한 비어서 무상으로 보이게 되며, 그뿐 아니라 무상無相은 없는 것이 아니라 꽉 차 있는 충만充滿으로 보아야 됨으로 둘 이면서 하나를 이루어 공空이 체體와 용庸으로 발현發顯하게 되면 체는 이理가 되고 용은 기氣가 되어 음양陰陽의 원리로 돌아가게 되는데, 이것이 삼라만상森羅萬相을 이루고 영원히 가꾸니 무상無相을 어찌 없다고 하겠습니까? 보고 듣고 말하는 것은 마음의 작용이 아니고 무엇이겠습니까? 설사 한 생각이 일어났다고 하더라도 전前 생각이나 후後 생각에도 초연해서 내 마음이 끄들리지만 아니한다 해도 나는 이것을 보고 무심無心이라고 말합니다.

무심無心이 유심有心을 탓하지 않는 것은 마음(心)이 없으니 전체全體인지라 분별할 이유가 없어서 받아들이는 것조차 모르면서 받아들이고, 유심有心은 심心이면서 무심無心을 모르는지라 따라가는 것조차도 모르면서 따라가게 되니, 이와 같이 인간사회의 상대적相對的 관점觀點으로 볼 때 모순矛盾과 부조리不條理가 한데 어울려서 전체全體를 이루었으니, 이것을 어찌 말로 표현表現할 수가 있겠습니까? 이것을 보고 언어도단言語道斷이라고 말합니다.

그런 까닭에 이 문제를 불가佛家에서 도道의 차원에서 말하는 것이라 본다면, 죽은 쥐는 무상無相(空)으로 보아야 되고 산 고양이는 유상有相으로 보아야 되며 잡아먹는 도리道理란 소멸消滅의 도리道理를 말하는 것이라고 하겠습니다. 그런데 유상有相의 소멸消滅이란 소멸을 하려해서 소멸되는 것(有爲)도 아니요, 그렇다고 소멸이 안되겠다고 해서 소멸되지 않는 것은 아닙니다. 소멸消滅이란 새롭게 태어남을 말하는 것이니 대자연大自然의 성주괴공成住壞空의 법칙法則이라고 하겠으며, 유有는 무無로 돌아가며 무無는 다시 유有로 태어남이니, 고양이는 유상有相인지라 생명을 다하고 죽게 되면 죽은 쥐 즉 무상無相한테 잡혀 먹히는 것 같지만, 죽은 쥐는 무상無相인지라 모습이 없어서 고양이를 잡아먹을 수도 없고 고양이는 또한 유상有相이라 할지라도 죽은 쥐한테 먹히는 것이 아니고 "새롭게 태어나기 위해서 무상無相(空)으로 돌아가는 것"이라고 본인은 해석해 봅니다.

오늘 고양이는 쥐를 먹는 자가 되고 쥐는 고양이한테 먹히는 자가 되었으나 다음에 태어날 때는 인과법因果法에 의해서 그 반대로 바뀌어지게 되겠지요. 이와 같이 둘이면서 하나를 이루고 작용作用에는 서로가 섞이지 않고 조화를 이루며 하나의 고뇌苦惱(相) 속에 연결되어 전체全體를 이루었으나, 한결 같이 개체個體는 독립되어 모습이 같은 것이 없고 유상有相의 전체는 곧 무상無相의 그림자가 되어 따르고 응하니 이렇게 아름다울 수가 어디에 있겠습니까? 유有의 실상實相은 유한有限이요 공空의 실체는 무한無限 인지라 오로지 하나도 없는 절대무絶對無(無極)인 까닭에 절대성絶對性이라 하고, 유상은 무상(空)과 서로 대립對立을 하고 있어서 둘이면서 하나를 이루었으나 유상有相(個體)은 기氣와 계합契合하여 무상無相(全體)을 품고 안았으니 어떤 것이 유상이고 어떤 것이 무상이라 하리요.

내 육신을 보더라도 혈맥血脈은 용庸과 기氣 쪽으로서 힘(力)이요 신경神經은 체體와 이理 쪽으로서 감독기관監督機關인데 형태가 없으면서 전신全身 속속들이 들어가서 작동에 도움을 주니, 인체人體의 신비함과 오묘함을 어찌 말로 다 하리요. 허공虛空이 멈추면 우주宇宙가 멈추고 신경神經이 고장이 나면 육신肉身의 부위가 멈추며 마음이 멈추면 신경神經 전체全體가 멈추게 되는 까닭에, 이것이 생사生死의 실체實體가 아니고 무엇이겠습니까?

병病 중에서 암癌의 실체를 보더라도 암이라는 병病에 걸리기 전에 육신 내부에 그 세포細胞가 있었던 것이 아니고 무無, 공空, 마음과 같이 없는 근원에서 암癌이란 유有의 원인原因이 생겨나서 세포분열을 하는 것입니다. 비어있는 것(空)은 없으니까 변하고 싶어도 변할 수 없고 그래서 영원하다고 하고, 눈이 없어서 보지를 못하며 귀가 없어서 듣지도 못하니 느끼는 것조차도 있을 수 없고, 육식六識은 오관五官의 작동에 의해서 일어나는지라 있는 오관五官의 기능이 멈추었으니 육식六識이 또한 일어날 리가 없고, 내가 없는 무아無我의 경지境地에서는 입에서 아는 소리가 나올 수가 있겠습니까? 이것은 알기 전前이어서 아는 것이 아니고 발發하기 전前에는 귀신조차도 캄캄하게 모르는 것이며 아는 것(識)은 부분部分인데 반反하여 모르는 것과 이것을 초월한 것은 전체全體인 까닭입니다. 이와 같이 절대성絶對性에서 말을 하게 되면 자기 그림자를 보고 말을 하는 오류誤謬를 범하게 됨은 전체全體가 공空의 모습으로 알고 있기 때문입니다.

마음(空)은 원래가 비어서 죽는 것도 없고 사는 것도 없으며 되는 것도 없고 안되는 것도 없으며 미래도 현재도 과거도 없으며 암暗도 명明도 없으며 너도 나도 없으며 선善도 악惡도 없으며, 부처도 성현聖賢도 없으니 경전經典이 마음 속에 있을 리가 없고, 남자도 여자도 없으니 사랑이나 자비慈悲가 있을 리가 없으며, 마음 속에 대상對相이 없으니 유무有無 또한 있을 리가 없는데, 하물며 죽은 쥐가 산 고양이를 먹든지 말든지 돌장승이 어린아이를 낳든지 말든지 간에 내 마음에 그런 것이 없으니 무슨 말을 하리요?

혹시 이 물음에 대하여 무상無相은 삼독심三毒心을 녹일 수 있으니 고양이를 먹어치우는 것이 아니겠느냐 라고 생각을 할 수도 있으나 이는 소승小乘의 차원次元을 넘지 못하고, 도道의 측면에서 이해理解를 한다면 체體와 용庸 전체全體가 하나인즉 먹는 자도 먹히는 자도 따로 없으며 무위자연無爲自然의 도道는 그렇게 돌아가는 것일 뿐이지 누가 그렇게 돌아가라고 해서 돌아가는 것이 아니라는 말입니다. 그런 까닭에 답答을 말로 하게 되면 마음空의 이치理致에서는 그 거리가 하늘과 땅으로 벌어져서 맞지 않으며, 차라리 침묵沈默은 답答하기 전前이어서 전체全體인 까닭에 이것이 정답正答이라고 생각을 해 보는데, 하기사 이것조차도 한 생각을 일으켜서 내 생각을 글로 옮겼기 때문에 답答에는 맞지 않는 말이라고 반성反省을 해 봅니다.

나는 이 시점에서 인간人間과 쥐 그리고 고양이 삼자三者에 대한 삼각관계를 말하지 않을 수 없습니다. 그것은 한 차원 높은 절대성絶對性에서 보게 되면 내가 쥐나 고양이가 아니라고 할 수 없는데 그것은 빈(空)마음 속에는 쥐가 따로 있고, 고양이가 따로 있고, 내가 따로 있는 것이 아니라 만물일체萬物一切를 실감實感하기 때문입니다.

옛날에는 농사를 지어서 쥐들과 같이 먹고살았는데(?) 지금은 농촌이나 도시에 쥐와 고양이가 없으며(?), 지금의 고양이는 쥐를 잡지도 않고 먹지도 않으며(?), 그래서 쥐들도 고양이를 무서워하지 않고(?) 오로지 사람만을 무서워한답니다. 그것은 인간의 욕구에 의하여 많은 쥐들이 농약과 쥐약을 먹고 전멸全滅할 위기危機에 있으며(?), 또한 고양이는 약을 먹은 쥐들을 먹고서 많이 죽었으므로 쥐를 잡을 리가 없으며(?), 요사이 먹이 또한 풍부한지라 쥐를 먹지도 않는다고 합니다. 그런 까닭에 쥐와 고양이의 먹고 먹히는 상극相剋 관계는 옛날이나 그런 것이지 지금은 시대의 변천變遷에 따라 인간人間을 보고 원수지간怨讐之間이라고 할지 누가 압니까?

그래서 이 문제는 쥐와 고양이의 관계에서 고양이를 빼고 사람으로 바꾸는 것이 옳다고 생각합니다. 인간(人間集團)은 어디를 가나 자연계自然界를 훼손하여 균형 또한 파괴破壞를 하고 있으니 영계靈界나 자연계自然界나 할 것 없이 사람(個人)이 설 땅이 어디에 있단 말입니까? 그런 까닭에 모든 생명체도 진화進化되고 자연自然도 새롭게 진화進化하고 있으니, 우리의 마음은 진리眞理인 까닭에 영원히 변變할 수가 없다고 할 지 모르나, 알고 보면 이 마음도 순간순간 새롭게 발현發顯되고 있는 이상, 원래의 심심에는 과거도 현재도 미래도 없어서 말도 안되는 소리지만, "미래의 현상계의 발전(?)"을 위해서라도 현재의 "종교적宗敎的인 사고관념思考觀念"이나 "역사적歷史的인 고정관념固定觀念"을 뛰어넘어서 새로운 시대감각時代感覺에 발 맞추어(?) 내 마음을 깨닫고 진화進化해서 삼독심三毒心으로 썩어가고 있는 인간人間의 심성心性에 소금이 될 것을 다짐해 봅니다. 이것이 곧 인간혁명人間革命이 아니겠습니까?

나의 결론은 자연自然의 인과법칙因果法則을 유위有爲로 어기자는 것이 아니고, 죽은 쥐가 고양이로 태어나고 고양이가 윤회에 의해서 쥐로 태어날지라도 나 자신 새롭게 진화進化해서 자연계自然界의 조화로운 발전發展에 기여하자는 것입니다. 왜냐하면 자연自然과의 조화造化나 합일合一로 향한 진화進化는 마음의 새로운 발현發顯은 될지언정 절대로 마음의 변화變化는 아니기 때문입니다. 그런 까닭에 인간人間 위주爲主의 역사歷史를 이끌려고 하는 자者가 되지 말고, 자연自然과 우주宇宙(森羅萬相) 전체를 올바르게 이끄는 주역主役이 되기 위해서, 자기 자신을 의식개혁意識改革하고 욕망과 욕구에서 벗어남으로서 새롭게 거듭나서 자연自然과 역사歷史에 "순응順應하는 자者"가 되고 "지켜보는 자者"가 되어보자는 것입니다. 이것이 우리 공부하는 사람들의 사명使命이요 나아가서는 인류人類를 죽음에서 구하는 길이라고 나는 생각합니다. 그러기 위해서는 우리 모두가 과거와 같이 대립하고 죽이는 자者가 되지 말고 마음을 깨달아서 화합하고 살리는 자者가 되어 보자는 것입니다.

이것은 인간의 심성心性이 무명無明으로 가리어져서 유상有相에 치우치게 되었고 그 결과 물질공해物質公害로 사람들이 전멸全滅 직전直前에 있게 된 것을 그 마음을 무상無相으로 되돌려서 살려내자는 것인데, 나는 이 길이야말로 참된 정도正道라고 확신하고 있습니다.

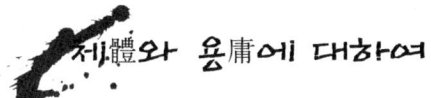
체體와 용庸에 대하여

질문: 체體와 용庸에 대하여 이해理解하기 쉽게 말씀해 주시기 바랍니다.(김보살)

제가 늘 말했듯이 글자풀이나 용어의 해석解釋에는 관심關心이 없으나, 마음 공부하는 사람인지라 마음이 어떻게 쓰여지느냐에 대해서는 공부에 중요重要한 요체要諦가 되는 까닭에, 본인의 체험을 통해서 말씀드려볼까 합니다.

마음에서 한 생각이 발發하면 음양陰陽의 원리原理인지라 두 가닥으로 발현發顯이 되는데 신경神經과 혈맥血脈과도 같이 한 쪽은 감독기관이요 또 한쪽은 힘의 논리論理인지라, 체體와 용庸이란 이루고 부수고(破壞)하는 일체지一切智에 의依한 나의 마음 작동作動을 총체적으로 일컫는 말이라고 생각할 수 있습니다. 체와 용을 말할 때 체라 함은 절대성이라 말할 수 있고 용이라 함은 상대성이라 말할 수 있으나, 절대성에서 볼 때는 전체에 쓰여지는 마음을 말함이요 상대성에서 볼 때는 부분과 개체에 쓰여지는 마음을 말합니다.

제가 이렇게 말하면 마음은 하나인데도 쓰여지는데는 전체全體와 개체個體로 이분二分해서 쓰여진다는 말인가 라고 의문疑問이 갈 수 있으나 이것은 오로지 하나의 마음의 작용作用인지라 불이법不二法을 말하며, 여간 심중甚重하고 주의注意깊게 관조觀照하지 않으면 쓰여지는 마음에 놀아나서 내가 나한테 속고 살아가는지라 중생衆生일 수밖에 없다하여 그 이름이 중생衆生이라고 말합니다.

그래서 마음을 이중성二重性이라고 말하는데, 절대성絶對性에는 내가 없는 까닭에 행위行爲와 결과決果를 떠났다하여 이것을 자비慈悲라고 말하며, 상대성相對性에서는 나 위주爲主인지라 네가 있게 마련이며 행위行爲의 결과決果를 이루는지라 욕계慾界라고 말하며, 나 스스로가 마음속에 성현聖賢과 사邪(사탄)의 두 마음을 작동作動하는지라 내 마음 쓰는데 달려있다 하여 유심조唯心造를 말하고 있으나, 절대성絶對性에서 보면 이것조차도 말이 안 된다고 말합니다. 그래서 도道란 알고 보면 모순矛盾과 부조리不條理 속에서 이루어진다고 말할 수 있으나, 참眞이란 이와 같이 혼란混亂같아 보이지만 영원한 불변不變의 법칙法則에서 비롯되는지라 참된 질서秩序 입니다.

그런 까닭에 체험을 통해서 가슴으로 느껴본 사람은 절대로 체와 용을 분별하지 않음은 물론 그 자체가 마음속에 없는지라 함이 없이 마음을 쓴다하여 무위자연無爲自然의 도道라고 말합니다.

지금부터 체體와 용庸에 대한 이해理解를 돕기 위하여 두 가지 실화實話를 저의 해석解釋과 더불어 말해 볼까 합니다.

1. 첫째 이야기

명허거사明虛居士는 어렸을 때부터 한 고향 한 동네에서 친하게 자란 친구이면서 도반道伴입니다. 아들 오 형제에 딸 둘을 두어서 자녀들이 다 성장을 하고 남부럽지 않게 재산財産도 모으고 평화平和롭게 잘 살아가는데, 사람은 언제나 걱정저리가 한 두개는 있게 마련인가 봅니다. 막내아들 하나가 깡패친구를 사귀다 보니 중 3때 집을 나가 유치장을 안방 드나들듯 하며 폭행, 상해 등 사고를 저질러서 그 피해 보상을 해 주다 보니 재산財産이 탕진이 되어 살아가기조차도 어려워 졌다고 합니다.

어느 날 아버지가 전화를 받아보니 아들 용삼龍三이 목소리입니다. "아버지 용삼이 입니다. 급하게 쓸데가 있어서 말씀드리는 것이니 현금現金 오십 만원만 보내주시면 며칠 내에 갚아 드리겠습니다." 아버지는 전화에 대고 말하기를 "이 놈아 50만원 가져간지가 한 달도 채 안되는데 돈을 또 내놓으라니 말이 되느냐" 하자, 아들은 말하기를 "돈을 안 주시면 제 생명에 해害를 받습니다."라고 말합니다.

아버지는 마음이 약弱하신지라 거절도 못하고 만나기로 약속約束한 다방茶房으로 나갔는데 그만 깜짝 놀라고 말았습니다. 다 떨어진 옷에 헤진 운동화를 신고 얼굴은 며칠 굶은 사람 모양으로 홀쭉하며 외모가 말이 아닌 아들이 앉아 있었던 것입니다. 평소平素에는 아들이 날라리 구두를 신고 새 양복에 멋쟁이 차림을 하고 다니는 건달인데, 이렇게 외모가 남루하니 도대체 무슨 이유理由일까 아버지는 걱정이 앞섰습니다. 다른 때 같으면 화를 먼저내야 직성直星이 풀리는데…… 아버지는 아들의 비참한 모습을 한없이 바라보다가…… "아침은 먹었니" 하고 물었습니다. 그렇게 묻는 아버지는 가슴이 아프신지 뜨거운 눈물이 핑 돌았습니다.

아들 용삼이는 아무 말도 없이 고개만을 떨구고 있다가 애초로와 하는 아버지의 눈물을 보고는 몸이 건장한 사람 둘을 데리고 나가며 "아버지 부디 안녕히 계십시오."하고 헤어진지 5년이 넘었다고 합니다. 명허거사明虛居士님하고 헤어진 것도 20년이 넘었으나, 이 문제를 상의相議한다고 최근에 저를 찾아오신 것입니다.

제가 거사居士님께 묻기를 "아들을 만났을 때 거사居士님의 심정心情을 말씀해 보십시오."라고 했는데, 거사님은 다음과 같이 말씀하셨습니다. "처음 생각은 아들을 만나서 따끔하게 야단을 쳐서 그대로 보내기로 마음을 먹은 것인데, 만나서 아들의 처참한 모습을 보니 불쌍한 생각이 들어서 50만원이 아니라 100만원이라도 해 줘야겠다는 마음으로 변했습니다. 그러나 그 후 돈이 없으니 며칠 내에 다시 연락이 있겠지 라고 생각했는데, 5년이 지나도 집에 돌아오지 않으니, 깡패들한테 죽었는지 살아있는지 걱정이 됩니다."라는 것입니다.

이 문제를 체와 용으로 제 나름대로 해석解釋을 해 볼까 합니다.

거사居士님은 저보다도 공부가 앞선 것으로 사려思慮되는 까닭에 "내 아들 때문이다"라는 사념邪念과 집념執念은 마음 속에 없는 것으로 생각합니다. 이 세상에서 마음을 상대相對에 쓸 때 성현聖賢이라 할지라도 증오심憎惡心을 내 오다가 한 순간에 자비심慈悲心으로 변해져서 실천의지實踐意志로 돌아간다는 것은 깨달음을 제쳐놓고는 절대로 이런 일이 있을 수가 없다는 것입니다. 이것 또한 이심전심以心傳心이 되어 극악極惡으로 살아오던 아들이 깨달음으로 이어져서 과거심過去心을 깨고 거듭나는 순간이니, 이런 경사慶事가 어디에 또 있겠습니까?

용庸(衆生心)이 전체全體의 체體(絶對性)로 변變해서 하나가 되었다는 말입니다. 설사 아버지가 100만원을 아무 말 없이 아들에게 주었다 할지라도, 마음 속에 주었다는 생각만 일어나도 이것은 유위有爲인지라 절대絶對가 아니며, 그 결과 아들의 마음이 녹아서 바르게 깨달을 수가 없습니다. 그래서 아들은 과거심過去心을 버리지 못하고 계속 악惡으로 이어집니다.

그러나 체體에서 일어나는 자비심慈悲心이란 천지만물天地萬物을 무위無爲로 아끼고 사랑하는 위대偉大한 힘인데, 악惡에 젖은 아들의 마음하나 변變하는 것은 당연지사當沿之事라고 하겠습니다. 아버지는 아들에게 돈을 주지 못했다 할지라도, 아버지는 뜨거운 가슴을 열고 펄펄뛰고 살아있는 참 마음을 아들에게 심어준 것입니다. 그래서 제가 그분께 결론적으로 "아들은 살아있을 것이며 소식消息이 없는 것은 과거過去의 습성習性에서 벗어나기 위함이고 또 하나는 공부도 해서 달라진 모습을 깜짝 쇼에 담아서 아버지께 보여드릴 것이니 아무 걱정 마십시오."라고 위로의 말씀을 드린 것입니다.

제가 이렇게 말씀드릴 수 있었던 것은 이 모든 것이 "아버지가 발현發顯하신 무상심無相心의 작용결과作用決果에서 나온 것이다"라고 아니할 수가 없었기 때문입니다.

아니나 다를까 그 후 1년이 지나서 거사님께서 저를 다시 찾아 오셨으며 다음과 같은 소식消息을 알게 되었습니다. 아들은 아버지하고 다방茶房에서 헤어지고 나서, 깡패 두 사람한테 생명生命의 위험危險까지 당해가며 죽기를 맹세하고 아버지의 도움을 받기를 거부하였는데, 용삼龍三이의 끈질긴 설득說得과 효심孝心으로 해서 그때의 위기에서 살아났다고 하며, 그 후 이 사람은 용접 기능공技能工이 되어 조선소造船所에서 근무하며 잘 지내고 있다고 합니다.

참고參考로 부언附言 한다면 그 당시 아들이 다방茶房에서 아버지를 만났을 때 "아버지의 뜨거운 눈물"이 손등에 떨어지는 것을 보았는데 그 눈물이 떨어지자마자 금색구슬로 변하더니 안개로 화化해서 사라지더랍니다.

2. 두번째 이야기

옛날에 강원도 정선 땅에 은골 이라고 하는 산골마을이 있었습니다. 이 마을에 사는 김참봉은 청백리淸白吏로서 이름이 난 지라 하도 가난해서, 관직官職에서 물러나 산에 화전火田을 이루어 곡식을 많이 심고 가꾸어 배부르게 먹고사는 것이 평생의 꿈인지라, 결국 모든 것을 털어 버리고 산중에 들어가서 밭을 일구게 되었습니다. 생전에 해보지도 않던 농사일을 하기 위해서 개간을 했으니 먹고살기도 어려운데 농삿일이 제대로 될 리가 없으며…… 굶주리며 일을 하다가 삼 년 만에 병이 나서 죽었습니다.

하루 아침에 딸 하나를 낳은 채 과부가 된 부인 강 씨氏는, 죽지 못해서 이 마을 저 마을을 누비며 밥을 얻어먹고 살면서도, 남편이 하다가 만 개간을 3년 만에 이루었습니다. 조도 심고 옥수수도 심고 감자도 심으며 남편이 못 다한 꿈을 이루기 위해서 온 힘을 기울였으니 안될 리가 어디에 있겠습니까?

날이 가고 해가 가서 세월이 지나 어느 듯 외동딸 봉선의 나이가 16세가 되었습니다. 봉선은 어머니 농사일도 도와주는 등 집안에서 종 고래기와도 같이 어머니의 하시는 일에 도움이 컸으며, 마음씨가 곱고 효심 또한 지극해서 동네 사람들의 칭송 또한 대단했습니다.

어느날 은골 고개 넘어 옥골 동네에서 제일 잘사는 부잣집으로부터 혼인 말이 들어왔는데. 딸자식을 위해서는 좋은 가문에 시집을 보내야 되겠는데, 막상 보내자니 살기가 어려운지라 혼사를 감내하기가 어려울 뿐더러 봉선이 또한 홀어머니를 떼어놓고는 죽어도 못 가겠다 하는 것을, 혼사처를 놓치기가 아까워서 배도 곯고 고생도 많이 하였으니 부잣집에 가서 밥이나 배부르게 먹으라며 싫다고 하는 것을 억지로 보냈으니, 홀로 남은 어머니 마음이 어찌 편할 리가 있겠습니까?

어머니는 시집간 딸이 보고 싶은 생각에 눈물이 핑 돌면 날마다 산등성이를 바라보며 딸이 첫 근친 오기를 손꼽아 기다렸는데, 기어이 3년이 지난 어느 날 갑자기 문여는 소리가 삐거덕하더니 딸 봉선이가 동구리를 이고 집으로 들어서는 것이 아니겠습니까? 그런데 봉선이는 머리에 인 동구리를 내려놓자마자 어머니를 붙들고 통곡을 하는데, 그칠 줄을 몰랐습니다. 이때 어머니는 "이것은 딸의 첫 근친이 아니고 무슨 변고變故가 생긴 것이 틀림없다"라는 생각을 하게 되었습니다. 산길을 혼자 가도록 사람을 딸려보내지 않은 것도 이상해서 울음을 멈추라고 달래 보았으나 그치지를 않자 하는 수 없이 딸에게 다음과 같이 물었습니다.

"봉선아, 네가 하루에 대변은 몇 번을 보느냐?"라고 물으니, "네, 하루에 한 번 봅니다."라고 하고, "그렇다면 잠은 하루에 몇 시간을 자느냐?"라고 물으니 "네, 하루에 8시간을 잡니다."라고 대답하였습니다.

이 말이 딸의 입에서 떨어지자마자 어머니 강씨 부인은 밖에 나가 몽둥이를 들고 들어오더니 다짜고짜 인정사정없이 두드려 패면서 하는 말이, "네 이년, 어미가 시집을 보냈으면 출가외인出嫁外人이라 하였으니 시부모 잘 섬기고, 남편 잘 받들고, 자식 낳고 잘 살아가는 것이 여자의 도리인 즉, 어찌 네가 남의 집에 와서 통곡을 하고 있으며, 이것은 필시 너의 잘못으로 시집에서 쫓겨 난 것이 분명하니 죽어도 네 집에 가서 죽어 그 집의 고혼孤魂이 되라." 하면서 딸의 말을 들으려 하지도 않고 문 밖으로 밀어내니, 동네 사람들이 뜯어 말려도 소용이 없었습니다.

딸은 "어머니는 내가 속사정을 말하지 않았는데도 모든 걸 꿰뚫어 보고 아시는데 그 이유가 무엇일까? 그리고 이렇게 잘 아시는데 어머니에게 변명을 한다한들 들으실 리가 없고 또한 변명할 필요조차 없지 않은가?"라고 생각했습니다. 동구리에 담긴 인절미는 내동댕이치는 바람에 산산이 흩어지고 말았으며, 딸 봉선이는 하는 수 없이 어머니가 뒤돌아서서 몽둥이를 지팡이 삼아 매달려서 흐느껴 우시는 뒷모습을 향해서 마지막 작별의 인사를 올리는 것이 아니겠습니까?

제가 볼 때 봉선이는 첫째로 어머니가 그리웠고, 둘째로는 시집살이가 하도 심하게 느껴져서 친정이 못사는 탓에 학대를 당하는 것으로 생각이 드니, 어린 나이로서는 이것을 감내하기가 매우 어려웠던 것 같습니다.

산 고개를 넘어서 은골 동네를 내려다보며 봉선이는 울음을 멈추고 오늘 있었던 일들을 다시 생각하고 음미해 보며 "내가 무엇 때문에 울었나?" 하는 것까지도 생각해 봅니다. 해는 서산에 지고 땅거미가 질 무렵 봉선은 가슴이 두근거리며 머리가 터 질듯이 통증을 느꼈고 눈에서는 번갯불이 번쩍하더니 어머니의 뜨거운 마음이 가슴에 와 닿는 것이 아니겠습니까? 이 때에 봉선이는 어머니의 참 사랑을 깨친 것입니다. 깨치고 난 봉선이의 속사정은 대략 이러하였습니다.

첫째, 대변을 하루에 한번 본다는 것은 아무리 시집살이가 심하다 할지라도 밥은 충분히 먹였으니 대변을 하루에 한번씩 본 것이고, 그래서 겉으로는 엄하게 하면서도 속으로는 시부모가 지극히 사랑을 하였으며,

둘째, 하루에 8시간을 잘 수 있는 것은 남편이 자기를 지극히 사랑한 것이며, 마음에 고통이 오면 잠이 올 수가 없는 것이니 시집살이가 그렇게 대단하지는 않은 것으로 이해할 수가 있고,

셋째, 어머니가 사랑하는 딸을 몽둥이로 때린 것은, 모정母情을 끊어주어서 시집 식구로 하여금 이어줌이요 무명無明을 깨치라고 마음에 자극을 준것입니다. 이처럼 어머니의 참 사랑은 말로 하는 것이 아니고 나타낼 수도 없으며, 나타낸다고 하더라도 거칠고 냉정한 것으로 느껴지나, 그것은 뜨겁고 영원한 것

이었음을 이해할 수가 있었던 것입니다.

　이 두 가지의 이야기를 도道의 측면에서 다시 설명하면, 사람의 마음은 알고 보면 그 마음이 이중성二重性이어서 정正과 사邪로 발현發顯되는데, 이 아버지나 어머니와도 같이 마음을 옳게 쓰면서도 쓰는 것조차 모르고 쓰는 것이 "올바른 마음"을 쓰는 것이요, 이것이 바로 "체體"요, 이것이 "정도正道"라고 말할 수 있습니다. 왜냐하면 아들과 딸의 그릇된 마음을 깨쳐주기 위해 인위적人爲的으로 마음을 지어서 이와 같이 말과 행동을 한 것이라고 하면, 아들에 대한 걱정을 나한테 물어보거나 혹은 딸을 몽둥이로 때릴 이유理由가 없기 때문입니다. 오로지 참된 마음은 정사正邪를 선택選擇하기 전에 직관직설直觀直說을 할 뿐만 아니라 무심無心을 행行으로 옮기는 까닭에 정사正邪에 대한 판단이 마음에 없으며, 행行하고 나서도 본인本人의 마음이 비어 있어서 스스로 하고서도 모릅니다. 다시 말해서 선善이라는 행위行爲를 선善임을 알고 한다면 마음 속에 반대급부가 도사리고 있어서 내 마음의 뜻을 몰라줄 경우에는 좋은 일을 하고서도 화가 나는 것이 바로 그 이유입니다.

　참 마음體이 발현發顯하게 되면 이것이 곧 만물의 근원根源인지라 사邪된 마음은 즉시에 녹아버려서 정正으로 흡수되니, 아들의 마음은 물론 두 사람의 깡패들까지라도 녹아서 새사람이 되게 마련이며, 딸의 마음은 물론 시부모님들과 남편의 마음까지도 화합化合으로 거듭나게 되니, 이와 같이 한 생각을 돌이키는 것이 곧 깨달음이라고 나는 말합니다.

　우리가 흔히 말하는 옳은 것(正心)은 참된 옳은 것이 아니며, 반면에 중생심衆生心에서도 끊임없이 정심正心이 발현發顯되는데, 이것은 발현發顯하는 사람조차도 모르고 하는 것이 정심이오니 이 세상에서 이것을 누가 알겠습니까? 정심正心이라고 한 생각을 내면 이것이 곧 단편單編이어서 사邪를 버린 것이 되니 정심이 될 수가 없습니다. 발현發顯되기 전이 정심인지라 「정심正心이다」라고 하는 그 생각은 이미 정심이 아니기 때문입니다. 정심正心이란 무념무상無念無相을 말함이니 이것을 어찌 말로 할 수가 있겠습니까? 그렇기에 이 경지境地에서 행行을 하게 되면, 남들은 속도 모르고 참된 사랑이니 자비慈悲니 하고 말들을 하는데, 하나님도 부처님도 모르시는 자비慈悲를 누가 안단 말입니까? 마음을 쓰면서 쓰는 것조차도 모르고 씀이니 이것을 어찌 마음의 용庸이라고 하겠습니까?

다시 말하거니와 아침에 피는 나팔꽃은 저녁달을 알 리가 없고 밤에만 돋아나는 하루살이 버섯이 밝은 태양을 알 리가 있겠습니까? 아침에 나르는 황새는 동쪽으로 가고 밤에 나르는 기러기는 북쪽으로 가더이다.

보시布施란 옛날서부터 두 가지로 해석이 됩니다. 하나는 보시布施라고 해서 군주君主나 절대자絶對者가 국민이나 중생을 위해서 물심 양면으로 선정을 베풀고 제도하는데 쓰여지는 말이고, 또 하나는 공부하는 수자修者중 육바라밀六波羅密(보시布施, 지계持戒, 정진精進, 인욕忍慾, 지혜智慧, 선정禪定)을 닦는 중에도 제일 중요시하는 보시布施를 말하는 것인데, 이것도 두 가지로 설명을 해야 이해가 됩니다.

1. 법보시法布施

정신적精神的인 면으로 말한다면 법보시法布施를 말하게 되는데 불가佛家에서는 법신 이외에는 법法을 설설할 수가 없는지라 불경佛經을 해설解說할 따름이라고 말합니다. 그러나 깨친 사람이 아니고서는 경서經書를 이해理解할 수가 없으니 해설할 수가 없는 것은 언제나 매 한가지로 압니다. 경서經書의 말씀도 종교단체의 예속된 고유물固有物이 아니라는 것입니다. 법이란 참된 인간의 도덕관념을 전제로 말한다면 국민학교 이학년생이 일학년생에게 보고 배운 것을 올바르게 가르쳐 주는 것이 어찌 나쁠 수가 있겠습니까? 법을 알고 모르는 것이 문제가 아니라 "악惡을 하지 말고 참되게 살아가라"는 말은 설사 어린이가 말할지라도 그 자체가 옳은 법을 설설하는 것이니, 이것이 마음의 선근善根을 쌓는 원인이 되고 나아가서는 큰 법보시法布施가 되어서 중생제도는 물론 천상천하가 맑아지는 근원이 되는지라. 석가께서도 황하사의 모래알 숫자보다도 그 공덕功德이 크다고 말씀하셨습니다.

따라서 우리 도반님들은 "대각大覺을 해야 도道를 전하고 말할 수 있다"고 생각하지 마시고 배우신 대로 이미 이룬 대로 서슴지 마시고 가슴을 열어서 우리 후학後學들에게 법보시法布施를 할 것을 권합니다. 선사禪師님들의 후학後學을 위한 기도祈禱는 마음이 열리는 큰 힘이 된다고 하며 법보시法布施가 따로 있는 것이 아니라고 합니다.

법보시의 공덕功德으로 다만 한 사람이라도 깨달음을 얻어 선지禪智를 이룬 사람이 있다고 할 때는, 사항이 달라져서 불국토佛國土를 이루고 중생계衆生界가 새롭게 변變한다고 하니, 이것이 대승적大乘的인 법보시法布施가 아니고 무엇이겠습니까? 옛날 사람들이 말씀하시기를 "선방禪房의 문고리만 잡아도 지옥地獄을 면免한다"고 하였으니 선지(禪智/無相心)의 위력偉力이 얼마나 큰 것인가를 알 수가 있습니다.

2. 보시布施의 의미意味

육바라밀 중에서 보시布施를 제일第一로 치는 이유理由는 다음과 같습니다.

가. 선근善根을 쌓는 원인이 됨은 물론 집착심執着心에서 벗어남
나. 삼독심三毒心이 줄어지고 고정관념固定觀念이 적어짐
다. 구求하는 마음에서 베푸는 마음으로 변화됨
라. 미운憎惡 마음에서 사랑으로 변變하는지라 분별지分別智가 끊어짐
마. 베푸는 마음은 즐거운 마음으로 변變하는지라 망상妄相이 줄어짐
바. 복福을 짓는 원인原因이 됨

사. 자비심慈悲心을 기르는 원인原因이 됨
아. 타他와의 화합和合의 원인原因이 됨

그러나 이것은 소승小乘적 의미의 보시布施일 뿐입니다. 대승大乘적 의미의 보시布施란 오관작동五官作動을 안(內)으로 끌어들이지 말고 들어오는 즉시에 넓게 흩뜨려라는 말인데, 이것들이 작동作動이 되면 의식意識을 쌓는지라 망상妄相이 여기에서 일어나니 육근六根을 멈추자는 말입니다. 다시 말해 마음에서 무엇인가를 만들어 내기 전에 근원적으로 막자는 것입니다.

"보아도 본바가 없다 들어도 들은바가 없다"라는 말을 불가佛家에서 하듯이 오관五官이 경계境界를 취하게 되면 이것이 인과因果의 시작인지라 마음은 또 다른 것들을 만들어 내어서 망상妄相에다 망상妄相을 보태는 결과가 되어 의식意識의 혼란을 일으키게 마련입니다. 다시 말해서, 마음이 바깥 경계에 접하면 여기에 끄들리지 말고 즉시에 털어 버리고 지워버리라는 말인데, 이것을 오온五蘊의 개공改空이라고 말합니다. 말하기는 쉬우나 이것이 곧 도道에 접근하는 방법인지라 참으로 행행하기가 어려운 난사亂事라고들 말합니다.

예를 들어서 도道 쪽인 측면에서 보면, 눈目이란 외향적外向的인 렌즈에 지나지 않으며 시각視覺이란 빛이 있을 때만이 보게 되는데 색깔을 분별하고, 크다 작다를 나누며, 많다 적다를 나누며, 밉고 고움을 나누면 분별지分別智가 여기에서 일어나게 마련입니다. 삼라만상森羅萬相을 나와 둘이 아닌 내 모습으로 안다면 전체를 볼 수 있는 눈目이어야 되고, 그러기 위해서는 자질구레한 개체個體만을 보지말고 「보기 전前」을 보아서 주인공主人公에게 전달을 하면 얼마나 좋겠습니까? 이때라야만 주인공은 관음보살觀音菩薩이라고 찬사를 아끼지 않을 것입니다. 눈에 여러 가지 사물事物이 비춰졌다하더라도 마음이 따라가지 말고 본 즉시에 흩트리자는 것입니다. 그래서 중생심으로 살아가는 사람들 거의가 눈뜬장님으로 살아가는 모습을 볼 때 얼마나 안타까운 일이겠습니까?

다시 말해서 큰 뜻의 보시布施란 마음속에 담아두지 말고 넓게 흩뜨려라分散는 말인데, 불가佛家에서 말하는 무소유無所有가 되라는 말과 비슷한 말이라고 하겠습니다. 이것이야말로 대자연大自然을 내 몸 같이 사랑하는 자비심慈悲心의 발로發露가 아닐까요? 그런 까닭에 우주宇宙와 나와의 화합和合도 보시布施 없이는 불가능不可能하며, 그렇기 위해서는 보시뿐만이 아니라 내 몸과 마음을 우주 속에 바쳐서 동화일체同化一體가 될 때는 우주는 나를 거부拒否치 못할 것입니다.

그래서 나는 이것을 대승적大乘的인 보시布施로 알고 천지만물天地萬物을 가슴으로 사랑하는 것이 의무義務라고 알고, 오로지 나를 멸滅하기 위해서 정진精進할 따름입니다.

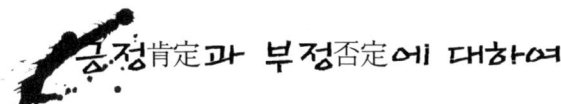
긍정肯定과 부정否定에 대하여

질문 : 오늘 세미나에서도 시간이 없어서 죄송합니다만, 마지막으로 긍정肯定과 부정否定에 대하여 말씀해 주시기 바랍니다. (김 교수)

이 문제에 대해서는 제가 두 번이나 말을 한 적이 있었는데, 지금 이 자리에는 새로 오신 분들이 많아서 다시 한번 생각이 나는 대로 말을 해볼까 합니다. 김 교수님은 철학박사哲學博士이신 것으로 알고 있습니다. 말을 시작하기에 앞서 한가지 이해를 구하고 싶은 것은 본인本人은 아시다시피 공부가 짧아서 철학적哲學的인 이론理論을 모른다는 점입니다. 왜냐하면 철학이란 원리原理를 배우는 학문인 것으로 알고 있는데, 이 문제 자체가 까다로운지라 제가 말을 잘못하다가는 이치理致에 맞지 않는다고 하실 것이며, 그렇다고 이치에 맞추어 말을 하자니 저의 양심良心을 속여야 되고 지세양난地勢兩難임을 밝혀둡니다. 아울러 저는 본시 꾸밈없이 제멋대로 지껄이는 사람이오니 이점 또한 이해하시기 바랍니다.

제가 늘 말했듯이 중생심衆生心이란 양면성兩面性이어서 마음이 발현發顯을 하면 선善 아니면 악惡, 생생 아니면 사死, 이것 아니면 저것, 정正 아니면 사邪, 부처 아니면 마구니, 긍정肯定 아니면 부정否定 등으로 두 가지로 일어나는데,

이런 현상을 번뇌망상煩惱妄相이라 할 수 있는데 그 종류를 따져보면 84,000 가닥이나 되며, 마음에 한 생각 일어나는 것은 부처님, 하나님, 신령님 등 누가 그렇게 내라고 해서 나오는 것이 아니며, 또한 그 자체가 고통苦痛인지라 내지를 말아야 한다고 해서 안나올 수도 없는 것입니다. 인간人間은 만물萬物의 영장靈長이라고는 하지만 이와 같이 본질적本質的으로 마음의 고통을 면할 수가 없으니, 그 자체가 지옥地獄이 아니고 무엇이겠습니까? 사람이 살아있는 동안에 죄를 많이 짓고 죽으면 지옥을 간다고 하는데, 지옥地獄과 극락極樂이 따로 있는 것이 아니고 일초지간의 현실에서 내 마음이 편하면 극락입니다. 이에 반해 지옥이란 현재심現在心이 불안해서 공포와 저주, 도전과 반항 등으로 잠시라도 마음이 편할 수가 없게 되는 「중생심衆生心」 바로 그 자체라고 하겠습니다.

그렇다면 긍정과 부정은 무엇을 말하는 것일까요?

이것은 완전히 상반相反된 "대립적對立的 관념觀念"인지라 어떻게 보면 논리적論理的으로 모순성矛盾性을 면하지 못한 것이며, 말로도 표현表現할 수가 없는 것이어서 이것을 무엇이라 설명해야 할지 어떻게 가르쳐야 할지 난감합니다. 이것을 질문하신 김 교수님의 고충도 충분히 이해가 갑니다만, 도道란 원래가 상대적인 중생심으로 본다면 모순矛盾과 부조리不條理 속에서 이루어진다고 말할 수 있습니다. 그런 까닭에 상대성相對性 원리(陰陽五行) 라고 말하는 것 같습니다.

긍정肯定이란 어느 대상對相과 경계境界에 내 마음이 끌려서 받아들여졌다는 말인데, 이때에는 타의他意든 자의自意든 간에 또한 훗날에 손해가 따르고 고통이 닥쳐오더라도 내 마음이 편할 것이며, 반대로 마음에서 받아들이지 못하고 부정적인 측면에 서 있을 때는 이를 미워하고 싫어하며 더 나아가 공포, 저주, 불안 등이 따르게 마련입니다. 이와 같이 마음에서 부정할 때는 상대相對에 응

應하는 것이 아니라 반대로 경계境界에서 피避하고 단절斷絶하게 되는데, 이것은 향후 다가오는 고통苦痛을 사전事前에 의식意識하기 때문입니다.

그러나 김 교수님께서 저에게 묻는 것은 여기에 그 뜻이 있는 것이 아니라, 이 두 가지 마음을 당신은 어떻게 쓰고 있으며 그 마음의 본질本質이 무엇이냐는 물음에 초점이 있는 것으로 압니다.

사람의 마음은 알고 보면 중생심衆生心은 과거심過去心에 묶여서 살되 현재를 새롭게 살아가는 것이 아니라 과거過去의 연장延長으로 미래未來를 살아가고 있다고 하겠습니다. 내 마음에서 한 생각이 일어나는 것을 알고 보면 이는 오로지 과거지사過去之事일 뿐이며 새로운 것이란 하나도 있을 수가 없기 때문입니다. 예를 들어서 학자學者가 공부를 하더라도 그 행위行爲는 과거의 역사적인 학문을 되풀이해 습득習得할 뿐 전혀 새로운 것이 될 수가 없습니다. 왜냐하면 새로운 학설學說이 창작創作되어 나올 때만이 새로운 것이 될 수 있기 때문입니다. 그래서 긍정과 부정의 마음의 기준基準은, 현재를 기점으로 해서 미래未來 지향적指向이 아니라, 지나간 과거過去의 의식세계意識世界를 더듬어 가부可否를 마음으로 결정決定하게 됨으로서 형성된다고 볼 수 있습니다. 삼라만상森羅萬相은 그대로 머물러 있는 것이 없고 순간 순간 새롭게 태어나는 모습인데도 이러한 과거심의 판단이 옳다고 하겠습니까? 즉 사람들은 현재가 새로운데도 과거심過去心의 고정관념固定觀念에 묶여서 살아간다는 말입니다.

제가 여러분들 앞에서 이런 말을 할 때 알아듣기가 어렵고 이해理解가 안되는 것은, 여러분들의 삶의 방식은 지금까지 상대성相對性을 면하지 못하였던 반면에, 제 말은 절대성絶對性을 기준으로 삼고 말하는 것이기 때문이니 이점 양해하시기 바랍니다.

이해를 돕기 위해 달리 표현한다면 긍정과 부정은 가부可否와 다를 바가 없는 것인데, 우리가 믿고 살고 있는 법法이나 경문經文도 시대의 변천에 따라 천변만개千變萬改 할 수 있는 것은 그것이 진리眞理가 아닌 까닭이듯이, 결국 한 생각 일어나서 마음에서 지어낸 가부可否는 옳은 것이 아니라는 말입니다. 중생심은 상대성인지라 마음에서 상대相對를 지어내게 되는데, 대상對相이 있으면 분별分別하게 되고 분별分別하면 선택選擇하여 하나에 치우쳐서 마음의 결정決定이 나오게 마련인데, 이것이 곧 가부可否인 것입니다. 마음에서 지어낸 오늘의 가可는 내일의 부否로 변하게 되니, 사람이 어찌 내 마음이라고 해서 이것을 믿고 살수가 있으리요! 결국 내 마음에 내가 속고 살고 있으면서도 속는 것조차 모르고 살아가고 있으니, 만물의 영장인 사람이 동물보다도 나을 바가 어디에 있겠습니까?

내 몸의 육체肉體를 관조觀照해 보면 육신肉身을 의지해서 살아가는 모든 생명체生命體나 세포細胞들이 하나의 고리에 연결되어 완전히 독립된 모습으로 살아가는 것을 알 수 있습니다. 이들은 그 형태形態와 살아가는 방법方法이 모두 다르며, 내가 살기 위해서 남을 해치지 않으며, 개체個體는 개체대로 부분部分은 부분대로 전체全體는 전체대로 주인공主人公에 절대 순응順應하며 평화공존平和共存으로 살아가고 있습니다. 이들의 숫자는 84,000종류가 넘으며 먹고 살아가는 에너지 또한 전부가 다르므로 오장육부五臟六腑에서 생산生産되는 에너지도 전부 다를 것이므로, 이들을(小宇宙) 다루어 나가는 것이 나의 주인공主人公의 임무任務라고 한다면, 이러한 나에게 부여된 긍정肯定과 부정否定은 무엇을 말하는 것일까요?

이와 같이 내 육신肉身을 상대적으로 볼 때, 가可의 기준은 크게 나누어 무「無＝空」유「有＝實」두 가지로 말할 수 있습니다. 그중 하나는 주인공主人公인 내가 옳다고 해야 가可가 되고, 다른 또 하나는 내 육신 속에 살고 있는 84,000종

種의 생명生命들과 이것을 싸고 있는 가죽푸대 그리고 감각기관感覺器官 까지도 옳다고 해야 가可가 성립成立되는 것으로 압니다. 그렇다면 대승적大乘的인 견지見地에서 말할 때 참으로 옳다는 말은 하늘天 땅地이 다같이 옳다고 해야 옳은 것으로 알며, 그래서 도道라고 하는 것 같습니다. 그런 까닭에 우리 공부하는 사람들의 안목眼目으로는 마음은 하늘이요 육신은 땅으로 생각하게 됩니다.

그러나 우주宇宙는 자연自然이라고 할 수가 있어도, 자연의 산물産物이자 소우주小宇宙인 사람은 자연自然 그 자체라고 할 수는 없습니다. 왜냐하면 사람은 만물의 영장이라서가 아니라 자연自然을 죽이고 살릴 수 있는 지혜知慧를 가지고 있기 때문입니다. 즉 우주宇宙에게는 지혜가 없어서 자연에 정定해져 있는 공식公式대로 성주괴공成住壞空을 이루어 가며 돌아갈 수가 있으나, 사람의 지혜知慧는 남을 멸滅함은 물론 자기自己 결심決心에 의하여 자살自殺도 가능하며 더 나아가 원자탄原子彈으로 지구地球를 콩가루로 만들 수가 있으니 말입니다. 다시 말해서, 사람 그 자체를 제외하고서 하나님이나 부처님 그리고 신령神靈님도 이것은 절대로 불가능不可能한 것인데, 종교단체宗敎團體에서 휴거 예수의 재림 미륵세계 정도령 말세론 등을 퍼뜨려서 세상世上을 어지럽게 하는 것은 우매愚昧한 잘못된 발상發想이며, 그 원인은 인간이 못 보는 부처나 하나님 그리고 신령님은 알아도 자기자신自己自身은 모르는 탓입니다. 참으로 안타까운 일이지요.

저는 사실事實 그대로가 옳다고 말합니다. 다시 말해서 긍정肯定은 있어도 부정否定은 없다는 말인데, 바꾸어 말을 한다면 내 마음속에서 긍정과 부정을 분별分別하지 않고 오로지 옳은 것으로 긍정으로 받아들인다는 것을 말합니다. 이 말을 듣고 어느 도반道伴께서 하는 말이 "여보시오 도대체 그런 말이 어디 있소? 희면 희고 검으면 검은 것이지, 검은 것이 흰 것이 될 수가 없고 흰 것이 검은 것이 될 수가 없는 것이 옳은 것인즉, 백흑白黑이 동질同質이라는 말이 어찌 진리眞理가 될 수 있소?"라고 말합니다. 제가 말하는 것은 백白은 백白대로 옳은 것이며 흑黑은 흑黑대로 옳은 것이고 또한 흑백黑白이 따로 존재存在하지 않고 뒤섞여 있는 그 모습 그대로가 옳은 것이지 흑백을 따로 따로 갈라서 분별의식分別意識으로 보지는 않는다는 것입니다. 제가 말하고 있는 초점은 교도리教道理가 아니라 선도리禪道理로 승화昇華시켜 공부에 도움이 되도록 하는 것이 목적目的이지, 그것이 아니면 제가 말하기를 "내 마음에는 긍정과 부정 그리고 흑백 따위는 없소!"라고 말하면 그만인데, 그렇게 잘라 말하면 이해理解하기가 곤란困難하기 때문에 말이 많아집니다.

중생심衆生心은 정定해진 그릇대로 말하고 행동하는 것이 옳은 것으로 압니다. 호박이나 참외가 꼭지에 달려 있어 꼭지를 알면 전체全體를 알게 되는 것과 같이, 나를 알려면 나의 근원(根源=性, 當處, 落處, 佛性)을 알아야 합니다. 또한 흑백黑白을 바로 알려면 이것이 생기게 된 근원根源을 파야 되는데 흑백을 명암明暗으로 말한다면 명明은 암暗 때문에 존재存在하고, 암暗은 명明 때문에 존재存在하는 것이어서 밤이 있으면 낮이 있게 마련인데, 사람이 밝은 것만을 취하는 것은 마음이 삼독심三毒心에 가려져서 우매愚昧한 까닭에서라 할 수 있습니다. 이렇듯 음양陰陽의 원리原理 자체가 상호相互 대립對立하고 있으나 하나이면서 둘이요 둘이면서 하나인 것은, 한 가닥으로서는 절대로 작동作動이 불가능한 까닭에 이룰 수가 없기 때문이므로, 따라서 공부를 하는 사람이라면 이를 절대로 따로 보지를 말라는 것입니다. 예를 든다면 몸이 주인공主人公에서 기氣로 갈라지면 신경神經과 혈맥血脈으로 나누어지나, 이러한 육신肉身이 한 생각에 의해서 작동作動이 되는 것과 다를 바가 없다고 봅니다.

재삼再三 말하거니와 "참된 긍정(받아드리는 것)"이란 무엇을 말하는 것일까요?

어느 사람을 막론하고 과거심過去心을 깨친 사람은 자기 자신의 과거 모습을 뒤돌아 볼 때 욕심慾心덩어리로 살아가던 그 모습이 그렇게 비참하게 보일 수가 없으며, 때로는 그 처참했던 모습이 구더기나 지렁이와도 같이 보인다고 하니 그 당시에 남의 모습은 어떻게 보이겠습니까? 아무리 깨치신 석가모니 부처님이라 할지라도 태어나서 "천상천하 유아독존天上天下 唯我獨尊"이라고 말씀하셨듯이, 그 당시에는 하늘과 땅이 반대로 보였을 것입니다. 그러나 부처님이 중생衆生을 볼 때 불쌍하고 가련하게 보셨다는 것은, 그 자신自身이 부처 자리에 머무신 것이 아니라 중생심衆生心으로 회귀回歸하셨다는 것을 의미意味하는데, 49년 동안 중생들을 위해서 희생犧牲하시고 가신 것을 생각해 볼 때 이는 중생들을 위하여 스스로 지옥을 선택하고 축생畜生을 제도濟度하기 위해서 자기 스스로가 개나 소가 되는 것과 다를 바가 없다고 하겠습니다. 부처가 축생으로 회귀하는 마음 부처가 곤충의 마음 속으로 들어가는 마음 등과 같이 너와 나의 마음이 그 속에 뛰어들어서 하나가 되지 못하면 제도濟度가 불가능不可能한 것으로 압니다.

그래서 부처님에게 묻기를 "부처의 마음은 어떤 것입니까?"라고 말하면 "중생심衆生心이 부처의 마음이요."라고 답答하실 것입니다. 그것은 천상천하의 모든 존재存在들은 「참된 진리(불씨)」 없이는 이루어 질 수가 없기 때문이며, 그런 까닭에 만상萬相이 부처의 진면목眞面目이라고 하겠습니다.

그렇다면 부처의 마음에는 긍정肯定만이 있는지라 부정否定이란 있을 수가 없고, 대해大海가 청염淸染을 가리지 않고 받아들이며 태양이 만물을 골고루 비추듯이, 참된 긍정이란 사물事物을 대할 때 "자비와 사랑으로 감싸며 변함없이 영원토록 받아드릴 수 있는 마음", "조건없이 모든 것을 수용受容할 수 있는 마음" 그 자체가 아니겠습니까? 중생심衆生心에서는 마음이 상대적相對的으로 긍정과 부정으로 발현發顯할 수가 있으나, 양극兩極이 마주치는 핵核에서 이를 초월하고 영원히 빠져나가면 긍정肯定과 부정否定을 연결하는 「마음의 고리」가 없어져 버리고 절대성絶對性으로 변하는 지라 그 결과 오로지 한마음인 긍정肯定만이 남을 수 있는 것입니다. 이것을 보고 사람들은 자비慈悲라고 하는데, 이는 본인자신本人自身의 마음에는 긍정 자체가 없으면서도 매사를 긍정적으로 받아들이는 것을 말하는 것입니다. 전부全部를 받아들이는 마음에는 부정否定이란 있을 수가 없으니, 세상世上 살아가는 모습이 얼마나 편하겠습니까? 그래서 긍정과 부정도 나의 한 생각인지라 분별分別하지 않으면 긍정肯定 하나뿐이라는 것이지요! 받아드리는 마음은 무한無限의 공급처供給處인 한 마음에서 발현發顯되는 것으로 알기 때문입니다. (받음/긍정=나감/부정 : 萬法歸一)

그러나 종교적宗教的인 측면側面에서는 부처니 하나님이니 하는 대상對相이 있는지라 경전經典이 있게 마련이고, 이러한 경전을 믿게 되면 이것을 기초 삼아서 긍정과 부정을 따지게 되어 참된 긍정에 도달到達하기가 어려워서, 도道하고는 근본적으로 거리가 멀다고 하겠습니다. 그런 까닭에 종교인宗教人으로서 경전經典에 치우치면 자성自性을 깨우치기란 참으로 어려운 것으로 아는데, 최근에 깨친 사람이 있어서 소개紹介를 할까 합니다.

임 거사居士라는 분은 정통불교신자正統佛教信者이며 경經에 밝고 신심信心 또한 돈독한지라 불교계佛教界에서는 모르는 사람이 없고 명성名聲 또한 널리 알려져 있는 사람인데, 인도印度에 성지순례聖地巡禮를 다녀왔으며 외국의 불교 지도자들과도 많은 교분을 갖고 계신 분입니다. 특히 한문漢文에 능하신 지라 사서삼경四書三經을 통달通達하셨고 불교공부를 많이 하신 분으로 알고 있는데 좀 흠이 있다면 아집我執과 경經에 치우침인데 본인하고는 잘 아는 관계이고 깨쳤다는 소문을 듣고 찾아가 본 것입니다.

본인本人의 말에 의하면, 조주 스님의 화두話頭 중에서 "개도 불성佛性이 있느냐 없느냐?"의 무자화두無字話頭를 깼다는 것인데, "개 짖는 소리를 듣고 마음의 안정을 되찾았다"고 말합니다. 저는 이 말을 듣고 무엇인가 가슴에 와 닿는 것을 느꼈는데 그것은 "무자화두無字話頭의 깨달음"으로 이어지기 때문입니다. 임 거사님의 말 중에 "안정을 찾았다"는 것이 아니라 "되찾았다"는 말이 핵심核心으로 아는데 이것을 설명하기 전에 우선 그때 상황을 나름대로 알기 쉽게 말해 보고자 합니다.

저의 체험體驗에서 말을 한다면 깨달음이란 "백척간두진일보百尺竿頭進一步"이어서 생사生死 극極의 갈림길에서 죽음을 택하면 이것이 곧 삶인지라 과거심은 사라지고 새롭게 다시 태어남을 말함인데, 만약에 먼 곳에서 들려오는 개 짖는 소리를 듣고 깨쳤다고 한다면 화두타파話頭打破가 약한지라 큰 지혜가 나올 수 없으나, 다음과 같은 경우에는 큰 지혜가 나올 수 있다고 믿습니다. 일반적으로 방문객訪問客이 초인종超人鐘을 누를 때 주인主人이 인터폰으로 확인한 후 스위치를 누르고 문을 열어 주는데, 때마침 개에게는 낯선 사람인지라 사나운 개가 왕왕 대며 물려고 덤빌 때에는 누구나가 공포恐怖, 저주詛呪, 반항反抗, 도전挑戰, 분노심忿怒心 등이 일어나서 이성理性을 잃게 되어 화두를 놓치기 마련입니다. 그런데 오히려 반대로 화두話頭가 여여如如 할뿐만 아니라 "네놈에게도 불성이 있느냐?"하고 이를 강렬하게 챙길 수가 있다면 에고(過去心, 自我心)는 순식간에 사라지고 마음은 안정을 되찾게 됩니다. 그 결과 마음은 가라앉아서 자비慈悲로 변하고 공포심이 없는지라 개를 의심치 않으며 이에 따라 손을 내밀면 개는 꼬리를 치고 혀를 내밀으니, 이것이 심신心身의 화합和合이요 깨달음이 아니겠습니까? 즉 이는 분별지分別知가 끊어졌다는 말입니다.

"안정을 되찾았다"는 말은 부처님이나, 하나님, 신령님한테서 받은 것이 아니고 내가 과거심過去心을 깨고 현재심現在心이 새롭게 있는 내 마음 되찾은 것으로 이해되기 때문에, 본인은 이것을 깨달음으로 보는 것입니다. "안정을 찾았다"는 것과 "안정을 되찾았다"는 말은 큰 차이가 나며 개가 물려고 덤벼드는 데는 공포심恐怖心이 생겨서 증오심憎惡心이 일어나는지라 불안심不安心으로 떨게 되어, 마음 속으로 대립對立을 하고 있으니 긍정肯定으로 받아드릴 수 없고, 화두는 혼비백산하게 되니 이것을 챙길 수가 없는 것으로 압니다. 안정安定을 찾아본 사람만이 되찾은 사실事實을 알게 됩니다.

중생심衆生心에서 발현되는 대립관념對立觀念 그 자체는 극한상황極限狀況에 처해서 생사生死의 갈림길에 서 있을 때 죽음을 택擇하고 진일보進一步 함으로써만이 무너질 수 있으며, 그 결과 절대성絶對性으로 형성形成된 새 생명이 태어나게 되어 깨달음으로 이어지게 됩니다. 임 거사께서 물려고 달려드는 개한테 손을 내밀 수가 있다면, 개 마음이 부정否定인지라 내 마음까지도 끄들려서 부정否定이었는데 즉시에 긍정肯定으로 받아들여서 사랑으로 변하게 되니, 여기에 무슨 대립對立이 있겠습니까? 오로지 긍정肯定은 화합和合뿐으로 압니다.

받아드리는 마음肯定에는 대립對立이 없는지라 도전挑戰과 반항反抗이 있을 수가 없고, 강强하면서도 온화溫和하고 물들지 않아 금강金剛이라고 하며, 분별分別하지 않아서 너와 내가 있을 수가 없고, 없으면서도 만물을 화생化生하는 공급처供給處가 되고 얼어붙은 마음을 녹여주니 빛과 불이라고도 하며, 구하고 머무는 바가 없이 새롭게 돌아가니 생사生死가 없어서 영원할 수밖에 없으며, 생각이 없는지라 무엇을 얻거나 꾸미려 들지 않으며, 받아드리는 마음에는 감각기관感覺器官이 없는지라 아름답고 즐겁고 밉고 곱고 함이 없으며 고통조차도 느낄 수가 없으니 영원히 평안平安할 수밖에 없으며, 이것은 모양과 형체가 없으니 말로 표현해서 무슨 소용이 있겠습니까?

흔히들 "긍정적肯定的으로 받아드리시오!"라고 말합니다. 그것은 세상을 아름답게 보지를 못하고 부정적否定的으로 살면 자기 스스로가 불행不幸을 초래招來한다는 것을 미리 알고 하는 말인데, 실제로 이해관계利害關係가 상반相反되어도 보통사람들이 긍정으로 받아드릴 수가 있을까요? 설령 받아드렸다 할지라도 이것은 "마음으로 지어서 하는 긍정"이므로 한시간을 지속持續하기가 어려울 것입니다. 왜냐하면 긍정은 부정하고 대립하는지라 부정이 따라와서 방해妨害를 하니 참된 긍정으로 받아드려질 수가 없기 때문입니다. 다시 말해 유위적有爲的으로 꾸며서 하는 긍정肯定은 오래갈 수가 없을뿐더러 긍정肯定 자체自體가 양면성兩面性에서 나온 것인지라 이것이 진리眞理가 아니기 때문입니다.

그런 까닭에 저의 결론決論은, 제가 지금까지 말한 것이 진리眞理를 닮을 수는 있으나 진리眞理가 아니라고 본다면 제가 여러분들 앞에서 당돌히도 지금까지 거짓말을 한 것이 되니, 세상에 이런 잘못이 또 어디에 있겠습니까? 그런고로 "제 말을 참고參考로 할 수 있으나 믿지는 말라!"고 부탁을 드리면서, 고개 숙여 사과하고 물러갑니다.

첨기 다음의 경우에는 긍정과 부정을 따지기 전에 이미 긍정으로 받아드린 것입니다.
1. 한 생각이 일어나지 않을 때(無心)······ 미발지중未發之中
2. 한 생각이 일어났다 할지라도 마음이 경계境界에 끄들리지 않을 때······ 발지중發之中

백초시불모百草是佛母란 무엇인가?

오늘 세미나에서 이렇게 많은 분들이 오신 것은 참으로 처음 있는 일입니다. 끝으로 저에게 체험담體驗談을 이야기 해보라는 말인 것 같은데, 저는 본시 아는 것도 없고 배운 것도 없어서 지금까지 헛 나이만 먹고 늙었는데도 여러분들을 위해서 공부에 도움이 되도록 한마디하고 내려가라는 말씀으로 이해됩니다만, 무엇을 말해야 될지 멍하고 앞이 캄캄합니다. 아무쪼록 여기에 계신 여러분들께서 제목題目을 정定해 주신다면 저에게 도움이 될까 합니다.

질문: 불가佛家에서 흔히 쓰여지는 말 중에 "백초시불모百草是佛母"라는 말이 있는데, 이 단어가 불교佛敎의 핵심核心이라고들 말하니 거사居士님께서는 이 말을 어떻게 생각하고 계시는지 말씀해 주시기 바랍니다.(화련스님)

참으로 어려운 질문인지라 등골이 썰렁함을 느끼었고, 더욱이 저는 불교의 경전經典들을 읽어본 적도 없어서 불교를 전혀 모릅니다. 그런데도 제가 만나는 분들 중에는 불교 쪽의 도반道伴님들이 제일 많다는 것도 이상하게는 느껴집니다만, 이것도 전생前生의 인연因緣의 소치所致라고 생각하면서 생각이 나는 대로 말을 해 볼까 합니다.

제가 말하기 전에 먼저 이 자리에서 여러분들의 용서를 구하고 양해를 구해야 할 것은, 전술前述한 바와 같이 저는 "아는 공부"를 하는 사람이 아니고 "캄캄하게 모르는 공부"를 하되 상대적相對的인 공부가 아니라 상대相對가 없는 공부, 다시 말해서 내가 나한테 도전을 해서 나를 이기고 내 마음 하나 자유롭게 다스려 보자는 것이 최대의 희망이요 목적인바 타他에는 하등 관심이 없으며, 그렇기에 나는 부처가 되기를 원치 않으며 그런 까닭에 경문經文을 읽지도 않으며 부처님을 섬기고 따라가지도 않으며 참된 진리眞理를 탐구하지도 않는지라, 이런 사람이 불교佛敎도 모르면서 잘못 말하다가 도반님들 마음에 상처를 드릴까 하여 이해理解를 구하니, 그렇게 아시고 의문 나는 점이 있으실 때에는 말 중일지라도 언제든지 질문質問에 응할 것을 약속드립니다.

  만물萬物의 영장靈長으로 일컬어진 인간人間이 삼라만상森羅萬相의 인연因緣으로 살아가면서도 고마움을 알지 못하며, 더욱이 물水 기운과 불火 기운(공기와 산소 등) 없이는 하루도 살아갈 수가 없는데도 고마움을 알기는커녕 보다 잘 사는 내일을 위하여 삼독심三毒心으로 이것을 오염시키고 자연自然을 훼손하고 있으니, 들판에 널려서 자생自生하고 있는 잡초雜草는 인간과는 어떠한 관계關係이고 무슨 까닭으로 살아가는 것인가를 알 수가 없으며, 더 나아가 이에 대한 고마움과 진실성을 알 리가 없습니다.

  눈에 보이는 잡초는 무심無心한지라 보이지 않고 보이지 않는 부처님 하나님 신령님은 알고 있으니 인간이 알고 있다는 말은 곧 모르고 있다는 말과 무엇이 다를 바가 있겠습니까?

  백초百草란 많은 잡초를 말함인데…… 고마운 것은 첫째, 지상에 잡초가 없으면 물이 증발되어 용수用水가 고갈되고, 물 기운이 말라서 토질이 황폐荒廢되고, 유기질 비료의 생산이 불가능하고, 인간이 필요로 하는 산소(잡초에서 생산)

가 공급될 수 없어 인간人間은 물론 모든 생명체生命體들이 살아 남을 수가 없기 때문이며 둘째, 풀이 없으면 사막지대와도 같이 땅의 열기熱氣가 높아져서 비가 오지 않기 때문입니다.

그런데도, 농부가 논밭에 나는 잡초들을 마음에서 싫어하게 되면, 잡초와 곡식은 한 맥인지라 다시 말해 곡식과 잡초는 둘이 아니고 하나인지라 하나를 미워하고 다른 하나를 선택選擇하면, 자연自然은 눈이 밝아서 가을 수확에 큰 차질이 오게 됩니다. 같은 땅에 같은 조건과 노력으로 농사를 지었어도 어김없이 그 차이가 나는 것은 농부 마음의 무명無明에 대한 인과因果의 소치요 이것이 그 증거라고 하겠습니다.

그런 까닭에 잡초 없이 곡식이 있을 수가 없으며 인간을 포함한 모든 생명체가 이것 없이는 존재存在 할 수가 없으므로, 곡식보다도 그 가치가 더 위대함을 알 수가 있는 것입니다. 또한 작게 말해서 곡식의 어머니라고 할 수 있겠지요.

백초의 고마움과 역할은 그렇다 하고 "백초시불모百草是佛母"라는 말에서 말하는 백초百草란 무엇을 말하는 것일까요? 부처의 어머니라고 표현을 했으니 그것은 지상地上에 자생自生하고 있는 잡초雜草를 말하고 있는 것이 아니라 번뇌망상煩惱妄相으로 고통과 신음 속에 갇혀서 살고 있는 중생심衆生心을 말함인데, 이 중생심이 곧 부처의 어머니라는 말입니다. 불지견佛知見에서 바라보면 "만상일체동萬相一體同"을 아는 까닭이지요.

예를 들어서 부처님의 상징象徵으로 일컬어진 아름답고 향기로운 연꽃은 썩고 더러운 시궁창 없이는 피어날 수가 없고, 또한 시궁창은 그 속에서 피어난 연꽃으로 인하여 연못으로서 사랑을 받을 수가 있습니다. 연꽃은 시궁창에게 아름다움과 향기로움을 줌으로서 더러운 모습을 승화昇華시켜 천지기운天地氣運을 아름답게 변화變化시켜주는 반면에 시궁창은 모성애母性愛를 가지고 사랑과 자비慈悲로서 연꽃을 보호함으로서 서로 영원永遠토록 아름답게 살아가는데, 이러한 관계를 달리 표현하면 둘이면서 하나요 하나이면서 둘이라는 말인데 이것을 보고 불가佛家에서는 불이법不二法이라고 말합니다.

이와 마찬가지로 중생심 없이는 부처가 나올 수가 없고 부처가 되지 않고서는 중생심에서 벗어날 수가 없다는 말인데, 그런 까닭에 석가를 법신法身이라고 말하고 있으나 깨달은 마음은 부처요 석가는 육신肉身을 말하는 지라 중생衆生이라 말해야 됨으로 부처와 중생이 둘이 아니요 하나라는 것인데, 즉 대승적大乘的 견지에서 보면 번뇌와 보리가 둘이 아니요, 정正과 사邪가 둘이 아니요, 선악善惡이 둘이 아니요, 생사生死가 둘이 아니요, 부처와 마구니가 둘이 아니고 곧 이것이 하나라는 것인데, 부처가 중생심을 여의지 못하는 것은 중생심을 깨쳐서 부처가 된 것이 그 이유의 하나이며 또 다른 하나는 깨쳐서 부처가 되었다 하더라도 법신法身 즉 육체肉體인 중생계衆生界를 여의지 못하고 있기 때문입니다.

이것은 곧 부처는 중생을 위해서 존재存在하며 아울러 부처는 깨침을 위해서 중생을 절대로 필요로 하기 때문에 그래서 이것을 불이법不二法이라고 말합니다. 다시 말하거니와 깨치면 부처요 깨치지 못하면 육신이 다 할 때까지 중생을 면치 못할 것입니다. 또한 연꽃과 부처가 물들지 않는 것은 그것이 진리眞理인지라 자비慈悲로 충만하기 때문입니다.

그러나 여기에서 중요한 점은 선禪 공부를 하는 사람은 깨달음(보리)이나 번뇌심 이 두 가지 마음이 곧 한마음이니 공부 여하를 따지기 전에 절대로 분별分別해서 따로 보지 말고 깨달음을 위해서 번뇌심을 버리지 말라는 것입니다. 왜냐하면 한쪽에만 치우치면 마음은 양면성兩面性이어서 자유自由와 평등지平等智를 얻기가 어렵기 때문입니다.

또 한 가지는 마음자세인데 중생심으로 중생을 보면 부처나 삼라만상까지도 중생으로 보이는데, 부처가 중생이나 삼라만상을 보면 전체가 부처로 보이는 까닭은, 중생심은 상대성을 면치 못한지라 대립對立으로 보는 반면에 부처는 절대성絶對性인지라 전체全體가 하나로 보이기 때문에 대립이 없어서, 만상萬相이 나의 그림자로 알고 분별심分別心을 내지 않는 까닭이 아니겠습니까?

그러므로 부처의 마음은 무상無相인지라 있고 없는 것도 없으며, 삼세三世가 있을 수가 없으며, 되고 안되는 것도 없으며, 여자와 남자도 없으며, 좋고 나쁜 것도 없으며, 생사生死가 없는지라 영원불변永遠不變 할 수밖에 없으며, 머물고 집착執着하는 바가 없어서 자유自由와 평등지平等智로 새롭게 영원토록 돌아가게 될 것이며, 이것이 곧 "천상천하유아독존天上天下唯我獨尊"이 아닐까요?

이와 같이 중생심은 부처를 낳은 어머니가 되니 어머니의 마음은 자식子息에 대하여 참 사랑 인지라 무조건적無條件的으로 순종하며, 부처 또한 중생심을 어머니의 마음으로 알고 무위無爲의 행위行爲로서 지극한 효심孝心과 자비慈悲와 사랑으로 감싸게 되니, 어찌 중생들은 부처님에게 감사를 느끼지 않을 수가 있겠습니까? 중생심衆生心은 곧 번뇌망상煩惱妄相을 말함이요 번뇌망상은 곧 부처의 어머니가 되니 둘이면서 하나요 하나이면서 둘이 되니, 다시 말하거니와 이것은 부처가 중생을 버리지 않고서는 번뇌망상에서 떨어질 수가 없다는 말인데, 석가모니 부처님이 49년 동안 중생을 위하여 희생犧牲하시고 가신 것이 바로 그 이유理由라고 생각합니다.

이 자리에는 전전과 다름없이 불교, 예수교, 천주교, 유교, 도교, 학자님 그리고 대학생 여러분께서 계신 것으로 알고 있는데, 제가 말하고 있는 것은 불교佛敎 쪽으로 이해가 되는데, 부처란 진리眞理의 명상名相으로 이해를 해 주시기 바라며 또한 하나님, 천주님, 중용中庸 등으로 생각하시면 될 것 같습니다.

질문 : 질문이 있습니다. "천상천하유아독존"이라는 말은 부처님에게만 해당되는 말입니까?(박교수)

참으로 좋은 질문입니다. 이 말은 부처님만이 혼자서 존귀尊貴하시다 는 것이 아니고 유정有情, 무정無情을 불문하고 천상천하에 있는 모든 존재存在들은 타他의 지배나 간섭을 받지 않고 자기 스스로가 자유自由롭게 지켜나가며 독립獨立된 모습으로 살아간다는 말인데, 예를 들어 곤충은 곤충대로 파리는 파리대로 누가 그 모습으로 살라고 해서 살아가는 것도 아니며 그렇다고 해서 살지를 말라고 누가 간섭을 한다고 해서 못 사는 것이 아니라, 모든 생명체生命體나 존재存在들은 자기 스스로가 독립獨立된 모습으로 자유롭게 살아간다는 말입니다.

옛 어느 조사祖師님의 말씀에 "산은 산이요 물은 물이로다."는 말과 같이 실상實相의 참 모습인 사실 그대로가 옳은 것이요. 여기에 연지찍고 곤지찍고 딴 말을 붙일 필요가 없고 실상 그대로의 참 모습이 옳다고 느껴질 때 내 마음에서 자유와 평등지를 얻게 되며, 그 결과 삼라만상森羅萬相이 절대자유絶對自由를 얻게 되어 내 마음은 "천상천하유아독존"을 실감할 것이 아니겠습니까?

모든 것은 오로지 "유심조唯心造"인지라 나의 한 생각 차이 라고 하겠습니다. (一切唯心造)

기왕에 이 말이 나왔으니 설사 이 자리에 계신 성직자聖職者들 한테 신랄한 비판을 받을 지라도 나의 소신所信대로 한마디 짚고 넘어가야 할 말이 있습니다. 이는 신神에 대한 관념과 해석에 대한 차이差異인데, 설사 나의 신관神觀이 여러분들과 다르더라도 공부하는 과정過程이오니 이해하시기 바랍니다.

저는 참된 진리眞理는 마음에서 비롯된 것이라고 알고 있기 때문에 내 마음이외에 따로 신神을 믿지 않으며 따라 가려고 하지도 않습니다. 제가 만약에 불교 쪽에 가까운 사람이라고 가정假定을 한다면, 저는 부처님을 믿고 따라가는 사람이 아니라 내 마음에 의지依支해서 자유롭게 살아가는 사람이라고 하겠으며, 살아도 내가 살고 죽어도 내가 죽는 것이지 부처님께서 이래라 저래라 간섭을 하고 이에 따라 지배支配와 저주詛呪를 당해가며 살아가는 것이 아니라, 내 육신肉身의 주인主人은「나」인지라 주인공主人公인「내 마음」이외에는 부처님이나 하나님이나 기타 신령神靈님도 내 육신의 작동作動과 운전運轉이 절대로 불가능不可能합니다.

석가釋迦는 중생이요 석가가 깨친 마음이 부처요 진리眞理라는 말인데, 그래서 불경佛經은 진리를 담은 부처님의 말씀이지 "진리眞理 그 자체"는 아니라는 말입니다. 부처님께서는 이것을 이미 아시고 "나는 중생심을 깨쳐서 부처가 될 수 있는 길을 가르쳐 줄 따름이지 내 말은 진리眞理가 아니니 믿지 말고, 네 마음 깨쳐서 밝은 마음으로 중생을 제도濟度해 가며 그 참 마음에 의지해서 살아가라."고 하신 것이 84,000대장경大藏經 인줄로 압니다.

진리眞理는 천추만대千秋萬代를 내려가더라도 변變할 수가 없으나, 말씀은 허상虛相인지라 말로 전하고 글로 전하는 과정에서 그리고 시대時代의 변천變遷과 성직자의 사견私見에 따라서 엄청나게 초점이 틀려지는 것을 알 수가 있습니다.

그 예로서 과거나 지금이나 인간의 살상殺傷을 주도한 전쟁戰爭의 원인原因은 거의 다가 종교전쟁宗敎戰爭 이었으며, 오늘날에 와서도 종교단체宗敎團體의 부패腐敗로 휴거론이 나오는가 하면 또한 대립과 갈등 경쟁 등으로 파생되는 여러 가지 부조리不條理가 나타남으로서. 종교宗敎로 인하여 사회社會가 안정安定되는 것이 아니라 반대로 혼란混亂만을 가중加重 시키니 참으로 안타까운 실정實

情이 아닐 수가 없습니다. 물론 다 그렇다는 것은 아니고 그 중에는 이 사회의 밝은 등불이 되고 지팡이가 되어 사람들을 가르치고 인도하며 혹은 문화, 교육, 의료, 노약자의 복지 등을 위하여 공헌貢獻하고 희생犧牲하고 있는 것도 잘 알고 있습니다. 제가 말하고자 하는 것은 잘하고 계신 성직자聖職者들에게 찬물을 끼얹기 위함이 아니라, 잘못된 점을 지적指摘해서 시정是正하고, 잘하고 계신 분들에게는 희망希望과 용기勇氣를 주자는 것입니다.

저는 선禪을 하는 사람인지라 교敎(宗敎)쪽으로는 관심이 적어서 시각視覺 차이가 빗나갈 수 있으니 이점 이해하시기 바라며, 제 자신의 견해에서 볼 때 종교란 성현聖賢들의 진리의 말씀을 가르쳐서 사람들이 올바른 사회생활社會生活을 할 수 있도록 지도指導하는 단체團體로 이해가 되는데, 선禪 공부하는 사람의 입장에서 보게 되면 여기에 근본적根本的인 문제점問題點들이 많다고 하겠습니다.

첫째, 진리라는 것을 종교단체나 교육을 통해서 가르칠 수 없는 것은 마음을 깨쳐야 참 마음을 통通해서 진리眞理에 달達하기 때문이며, 이러한 진리는 아는 것이 아니라 알기 전前이어서 통通 자字를 쓰게 되는데 지혜智慧라고 말을 해도 달達하지 못하니 어찌 이것을 가르친다고 말을 하리요. 둘째, 아무리 지혜 있고 눈 밝은 성직자聖職者라 할지라도 내가 깨친 사람이 아니고서는 경전經典을 올바르게 해석解釋 할 수가 없다는 것입니다. 사념邪念을 가지고 나름대로 해석을 하고 가르친다면 진리眞理하고는 거리가 멀다는 것입니다.

종교란 진정한 의미에서 보면 성직자聖職者들 자신自身이 마음을 깨쳐서 가슴으로 말하고 행동行動으로 경전經典을 실천해 신도信徒들에게 보여 줌으로서 신도들 중에 다만 한 사람 이라도 가슴에 뜨겁게 와 닿도록 유도誘導하여 마음을 깨쳐서 무명無明을 완전히 벗어나도록 가르치는 것이 성직자 여러분의 임무

任務가 아니겠습니까?

어느 도반道伴이 저에게 "선善을 해야 됩니까?"라고 묻는데 저는 답하기를 "하지 마시오!"라고 말을 했던 바, 그분이 다시 묻기를 "그렇다면 악惡을 하라는 말입니까?"라고 말하기에, 저는 "여보시오! 선善도 하지 말라고 하는데 어찌 악惡한 짓을 하라고 말할 리가 있겠소?"라고 했는데, 제 대답이 이것도 아니고 저것도 아닌 것으로 생각이 드는지 긍정肯定이 안 가서 고개만을 갸우뚱합니다.

그것도 그럴 수밖에 없는 것은 제가 만약에 아니요(否定) 하면 기요(肯定)가 빠졌고 이것이요 하면 저것이 빠졌으니…… "긍정과 부정은 오로지 내 한 마음의 발현發顯"인지라 상대적인 중생심에서는 분별심分別心을 면치 못하고 두 가지가 따로 존재存在 할 수가 있고 그래서 그중 하나를 선택選擇하고 그 결과 악惡은 싫고 밉다고 버리게 되는데, 절대성에는 이와는 달리 내가 없는지라 대상對相이 있을 수가 없으며 마음이 없는지라 사랑과 자비를 모르면서도 어떠한 어려움과 고난이 닥칠지라도 내 탓으로 감싸며 긍정肯定과 부정否定이 내 마음에 없어서 분별分別 할 리가 없고 아무것도 걸림 없이 무위無爲로 살아가니 여기에 대고 신神인들 무엇이라 간섭干涉하리요. 그래서 제 멋대로 살아가는 것을 보고, 이것을 자유自由라고 하는 것 같습니다.

제가 이 말을 하게 된 것은 마음은 양면성兩面性 인지라 선善을 하려고 하면 악惡이 따라와서 방해를 하는데도 종교단체에서는 "이웃을 사랑하라 보시布施를 하라 종교를 믿어라 선善을 해라 그리고 악惡은 하지 말아라" 하고 설說하기 때문입니다. 말은 귀로 들어서 사라지는 지라 행동行動으로 옮길 수가 없는 반면에, 깨달음이란 한번 죽어서 새롭게 다시 태어남을 말하는 것이어서 이때는 자아自我의 존재의식存在意識이 없는지라 삼독심三毒心이란 있을 수가 없고 마음에 없는 행동을 하더라도 진리眞理에 맞는 행동을 할 수 있다고 믿습니다. (自

由自在)

　전술한 바와 같이 "부처란 명상名相"은 깨달음, 보리, 진리 또는 참된 저 언덕 등으로 이해가 되는데 재삼 말하거니와 "부처다"라고 하는 명상名相은 마음에서 지어낸 대상對相인지라 이것은 부처가 아니고, 다시 말해 부처를 생각하고 염불念佛하고 기도祈禱하고 경배敬拜하며 마음 속으로 부처는 이것이다 라고 알고 있는 그 생각이 부처가 아니고, 알기 전前 보기 전前 발현하기 전前인 그 마음이 부처요 진리라는 말인데 이와 같이 말로 표현하기도 어려운데 누가 부처를 알리요?

　왜 이런 말을 또 하는고 하니 목사님 신부님이 알고 있는 하나님이 하나님이 아니라 내 마음속에 잡념雜念으로 가리어져서 알지 못하고 아직 발현하지 못한 참 마음을 하나님이니 양심良心이니 마음이니 하는데, 이러한 내 마음에서 하나님을 만나보지도 못하고 또한 그 양심에 체험을 통해서 닿아보지도 못해본 분이시라면 어찌 하나님을 안다고 성경聖經 말씀을 올바르게 해석解釋 할 수가 있으리요? 이는 내 마음을 깨치기 전前에는 무슨 말을 할지라도 옳은 말이 될 수가 없기 때문입니다. 여러분들께서는 사탄邪이라는 말을 자주 쓰시는데 나를 바로 알지도 못하시면서 어찌 남을 보고 사탄이라고 말을 할 수가 있겠습니까? 알고 보면 이와 같이 엄청나게 오류誤謬를 범하고 있는 것입니다.

　다시 말하거니와 화련스님이 제시한 "백초시불모百草是佛母"라는 말은 깨친 사람의 마음에서 나온 글로 사료思料됩니다.

　만약 예수교에서 어느 사람이 "백가지 풀이 하나님의 어머니이다."라고 말을 한다면 다시 말해, 예수님의 어머니가 "성모聖母 마리아"인 것과 같이 하나님이 풀에서 태어났다고 말한다면, 이것을 누가 믿겠으며, 독실篤實한 신자信者님 이

시라면 이 말에 화가 머리끝까지 나실 것입니다. 그러나 불교에서 말하는 깨달음의 경지境地는 글 해석에 있는 것이 아니고 글을 내 놓는 사람의 마음에 있는 것입니다.

이 글은 "번뇌 즉 보리", "선善과 악惡이 하나"라는 뜻과 다를 바가 없으니 불교의 오묘함이 여기에 있는 것이며, 깨친 마음으로 삼라만상森羅萬相을 바라보면 전부全部가 부처로 보인다는 것은(色卽是空) 만상萬相이 내 몸인 것으로 알고 사랑함으로서 나를 내세움이 아니라 나를 낮추고 따라가고 순종順從함을 뜻하는데, 그 결과 아픈 자者에게는 약을 주고 배고픈 자에게는 밥을 주고 눈먼 자에게는 눈을 주고 팔다리가 없는 자에게는 내 육신을 나누어주고, 번뇌煩惱와 고통苦痛에 신음하는 중생들에게는 생명生命을 내 던지고 화택火宅으로 뛰어 들어서 제도濟度하고 구제救濟해 내게 되는 이것이 참된 깨달음의 길이 아니겠습니까?

나를 안다는 것은 곧 내가 무아無我임을 안다는 것이고 내가 없다는 것은 곧 무심無心을 안다는 것인데, 내가 없는 판국에 생사生死가 있을 수 없으니 무슨 일인들 못하겠습니까? 거리낌없이 육신肉身과 마음까지도 바칠 수가 있으니 말입니다.

예수를 믿는 사람들은 천당天堂을 갈 수 있는 티켓을 따 놓고 있다고들 하는데, 우리 선禪 공부하는 사람들은 절대로 극락이나 천당을 가기를 원願하지 않으며 천년만년千年萬年을 지옥地獄에서 살아갈 지라도 지옥문地獄門이 활짝 열릴 때까지 고통으로 신음하는 중생衆生들을 제도濟度하고 구제救濟해서 영원히 불국토(천국)를 이룰 수 있도록 대원大願을 세워서 끊임없이 수도修道하고, 오로지 이 목적目的을 위해서 노력할 따름입니다. 그 이유는 내가 없으면 공포와 저주가 없기 때문에 내가 원願하는 곳에는 살아서나 죽어서나 어디든지 갈 수가 있기 때문인 것으로 압니다.

저는 73년도 4월에 계룡산에서 죽었던 사람이 이와 같이 완전히 다시 살아났으며, 저는 감사感謝하는 마음을 금할 수가 없어서 전국全國을 누비며 과거의 저와 같이 불우한 사람들을 위하여 체험體驗 강의를 하게 된 것이고, 이를 위하여 저는 수없이 제 과거過去의 모습을 뒤돌아보고 반성反省도 하고 깨달음도 얻게 된 것입니다. 다시는 범하지 않기 위해서 수數도 없이 과거의 잘못을 참회懺悔하게 된 것이죠.

옛날 어른들의 말씀에도 있듯이 죽을 때가 되면 제 정신으로 돌아간다고 합니다. 그것은 죽을 때서야 본성적本性的인 양심良心으로 회귀回歸해서 반성을 하고 마음 편하게 눈을 감는다는 말인데, 저 역시 사업事業에 실패하고 불치의 병고病苦에 시달려 계룡산에서 자살自殺을 기도했으나 부처님(하나님)의 가피력으로 완치完治가 되어 기적奇蹟을 이루었으며, 저는 이것을 계기契機로 법농선사法農禪師의 지도指導를 받으며 선禪 공부를 시작한 것인데 마곡사와 지리산智異山을 옮겨 다니며 세 번을 죽고 다시 태어난 것입니다.

인명재천人命在天이라 죽는다고 해서 죽어지는 것이 아니며, 죽음과 삶의 갈림길에서 죽음을 선택選擇하면 새 생명生命이 솟아나서 과거過去는 완전히 없어지고 새로운 모습으로 다시 태어난다는 사실을 알게 되었는데, 돌이켜 보면 이 시점時點에서 가장 중요한 것은 생사生死의 갈림길에서 죽음을 택할 때 마음 속에 증오憎惡, 반항反抗, 도전挑戰, 불만不滿, 도피逃避, 사악邪惡 등 이러한 번뇌망상煩惱妄想 때문에 아무리 괴로워서 견디기가 어려울 지라도 이것을 제거除去 못하고 간다면 자살自殺도 뜻이 없는 개 죽음이요, 이것을 완전히 제거除去하고 가면 죽든 살든 내 마음은 영원히 자유自由일 것이며 이것을 깨닫게 되어서야 "자살을 기도했으나 빗나가게 된 원인原因"이 무엇이었나를 알게 된 것입니다.

혹시 이 말을 듣고 "죽는 사람이 어찌 망상妄相의 제거除去가 가능할 것인가?" 의문疑問이 생길지 모르나, 한 가지 이상한 것은 목적지인 계룡산 심우정사에 도착하자마자 통증痛症이 멈추었으니 그래서 나는 과거過去를 반성反省 할 수 있는 기회機會가 생겼으며, 도대체 죽을 장소에 도착到着하고서는 통증이 사라졌으니 "아픈 놈은 무엇이고 아프지 않은 놈은 무엇인가?" 과거의 화두話頭는 사라지고 이것이 화두話頭가 되어 가슴속은 물론 우주宇宙에 꽉 찬 기분이었는데, 숨이 끊어지기 직전直前까지 몰고 가다가 한 순간에 가슴에 벼락을 맞고 아픈 놈하고 아프지 않은 놈(아픔을 모르는 놈)의 정체正體가 드러난 것입니다. 그 즉시에 막혀 있던 가슴은 납철이 빠져나가서 텅 비어 있는 것 같고, 병고病苦는 혼비백산 해버렸으며, 나라고 하는 대상對相이 없는지라 어떻게 보면 내가 있고 어떻게 보면 내가 없으니 세상에 이런 꼴이 또 어디에 있겠습니까? 하도 감격感激해서 3개월을 울고 다녔으니 절더러 미쳤다고 할 만도 합니다.

"우는 놈도 속이 있어서 운다"는 속담俗談도 있듯이, 어찌 내가 울지 않고 배길 수가 있단 말입니까?

그 이유理由는 첫째 육신과 마음이 천지개벽天地開闢을 하였고 그 결과 일곱 가지 불치不治의 병고病苦가 사라졌으며, 둘째 새로운 마음으로 과거過去를 뒤돌아보니 세상에 이럴 수가 있단 말입니까? 내가 사업에 망亡하게 된 것은 친하고 믿는 사람한테 배신을 당하고 사기詐欺를 당함으로서 그 상대相對들에게 원인原因이 있다고 알고 있었는데, 무명無明의 잠을 깨고 보니, 그 원인原因이 오로지 내 탓이었다는 것입니다. 배신을 당한 것도 내 탓이요, 망亡한 것도 내 탓이며, 병을 끌어들인 것도 내 탓이니 말입니다.

저는 그것도 모르고 살길이 막연해서 마음을 잡지 못하고 찢어지는 가슴을 달래기 위해서 매일같이 술만 퍼먹고 노름질하며 수년동안 방종생활만 해 왔으니, 설상가상雪上加霜으로 몸에 죽을 병이 들어서 사형선고死刑宣告를 받은 것인데, 한 순간에 이것이 개혁改革 됐다면 어느 누가 믿겠습니까? 저도 처음에는 생사生死를 확인確認 할 수가 없어서 허벅지를 꼬집어보기도 하였으나, 이것은 죽음이 아니고 살아있는 현실現實이니 어찌 제가 놀라지 않으며 통곡을 하지 않겠습니까?

다음부터의 말은 본인本人의 체험을 통해서 이것을 조명照明해 보고자 합니다.

제가 계룡산 심우정사에 도착하고부터는 즉시에 통증이 멎었는데, 이것은 사찰寺刹과 부처님의 위력에 의한 것이 아니라, 목적지에 도착하자마자 저를 완전히 포기함으로서 였습니다. 어차피 내 던질 몸이니 일찍이 던져 버리자는 생각이 들고 나서부터는 「나」라는 존재存在는 마음 속에서 완전히 사라져 버렸으며, 마음 속에 내가 없는지라 미울 것도 없고 고울 것도 없으며 사기詐欺를 칠 사람도 없고 당할 사람도 없으며 망한 자도 없고 망할 것도 없으며 아플 것도 없고 나을 것도 없으며 죽을 것도 없고 살 것도 없음으로 마음이 편하게 되니, 이렇게 변한 마음으로 나의 과거 뒷모습을 되돌아 볼 때 잘못된 모습을 정확히 깨달은 것입니다.

제가 만약에 살기 위한 욕심慾心으로 부처님께 매달리고 산신령님한테 살려 달라고 기도祈禱나 불경佛經을 했었다면, 통증痛症은 가중加重 되었을 것이며 저는 벌써 죽었을 것입니다. 삶을 택하면 죽음이요 죽음을 택하면 곧 이것이 새롭게 다시 태어남이 아니겠습니까? 그래서 저는 생사生死가 둘이 아님을 체험하게 된 것입니다.

과거의 저는, 내가 제일 잘나고 똑똑하여 남의 말을 들으려 하지 않고 내 말만을 내세우고, 남은 나를 위하여 있는 존재로만 알았으며, 나를 내세우기 위하여 하나를 알면 둘을 안다고 말했으며, 집에서나 직장에서는 독재자獨裁者로 통했으며, 죽어도 바른 소리를 해야 직성直星이 풀리었으니, 집에서나 직장에서나 나와의 인간관계人間關係는 얼마나 불편했겠습니까?

제가 과거過去를 안다는 것은 그 결과를 말하는 것이 아니라 그 마음 씀에 대한 원인을 말하는 것으로서 그 마음을 그렇게 쓰면 그렇게 밖에 결과가 나올 수 밖에 없다는 것을 깨달았다는 것인데, 예를 들어 과거에 제가 사업에서 망한 원인原因은 사기詐欺와 배신背信으로 비롯된 것으로 당시當時에는 알고 있었는데, 과거심을 알고 보니 내가 나쁘게 그렇게 마음을 쓴 결과로 그렇게 당한 것인데, 이것은 콩 심은 데 콩 나오고 팥 심은 데 팥 나오는 인과법칙因果法則에 따른 자작자수自作自受 자업자득自業自得이 아니고 무엇이겠습니까?

다시 말해서 현재심現在心을 가지고 과거심過去心을 재 조명 해 보면 마음에는 삼세기멸三世起滅과 과거심過去心, 미래심未來心, 현재심現在心이 없다지만 만사萬事가 내 마음 씀에 달려 있는 것으로 아는데, 선심善心을 쓰면 착한 결과가 나오고 악심惡心을 쓰면 나쁜 결과가 나온다고 보면, 결국 내 마음 씀에 달려 있으니 이는 내 탓이라 할 것이지 나에게 손해損害를 끼친 사람이라고 해서 저주詛呪하고 미워할 것이 어디에 있겠습니까?

작은 그릇은 작게 살고 큰그릇은 크게 삽니다. 제가 과거심을 깨닫고 나서 생각해 보니 이 세상에 저같이 못난 사람이 또 어디 있으랴? "이 곰같이 미련한 사람아! 그래 제 잘못은 선반 위에 올려놓고, 남의 잘못만 탓하려 들고, 가족家族들이야 죽든 살든, 나 하나만 가버리면 그만 이라는 것인데 세상에 어찌 그럴 수가 있단 말인가?" 하고 가슴을 치고 땅을 치며 통곡하고 천번만번 반성하고 참회懺悔해 봅니다. 아무리 울어봐도 뚫린 마음인지라 끊이지 않습니다.

사람은 깨달아서 현재심이 새로울 때만이 과거심을 깨닫고 뉘우쳐서 다시는 이런 일이 없도록 현재심現在心에 각성覺醒을 줍니다. 그런 까닭에 깨달은 사람은 과거심過去心에 의지依支하려 들지 않습니다. 현재심現在心을 가지고 무위無爲로 순간 순간 새롭게 살아갑니다. 과거심에 의지依支 않는다는 것은 중생심衆生心이 곧 과거심過去心이며, 오온五蘊의 식심識心에서 일어나는 번뇌망상煩惱妄想이 바로 과거심過去心이니, 여기에 묶여 사는 마음 곧 은산철벽銀山鐵壁을 깨부수어 버리면 과거심過去心이 없으니 현재심現在心은 새로울 수밖에 없지 않습니까?

　유심조唯心造라는 말은 모든 심心의 작용作用을 말함인데, 마음 자체를 세워 버리면 마음이라는 종자種子가 없으니 마음이 놀아나서 경계에 끄들려 갈 필요도 없고 그 결과 마음의 평정平靜을 되찾는 것이니, 이때가 되면 자연히 무심無心을 알게 되는 것으로 압니다. 마음을 쓰자니 대상對相이 없고 대상에 쓰자니 마음이 없고 이와 같이 무아무상無我無相을 실감實感하게 되니, 이것이 곧 절대자유絶對自由가 아니겠습니까? 과거 내가 무명無明한지라 내 마음에 내가 묶여 살다가 철판의 벽을 깨고 과거심過去心 즉 인과因果의 고리를 끊고 내가 나한테 탈출해서 빠져나가면 물水속인들, 불火속인들, 허공인들, 땅속인들, 중생衆生들의 마음 속인들 어디는 못 가리요!

　여러분들에게 다시 한번 강조强調하고 싶은 것은, 제가 만약에 과거심過去心을 가지고 현재現在를 그대로 이어져서 살아온다면 현재가 하나도 변화變化된 것이 없는 까닭에 기억記憶은 할 수 있으나 "과거심의 근원根源"은 알 수가 없어서 절대로 과거의 자기 잘못을 알고 깨달을 수가 없습니다. 과거심(=衆生心)을 깼다는 말은 곧 현재심이 새로와졌다는 말인데, 그래서 과거심을 알았다는 것은 곧 새롭게 변화된 현재심으로 과거심을 조명照明해서 깨닫고 알았다는 것입니다.

내가 남한테 속았다는 것은, 알고 보면 내가 나한테 속은 것이고, 내가 나한테 속지 않으면 저는 이것을 도인道人이라고 말합니다. 나를 알아야 나한테 속지 않을 것이 아니겠습니까? 나의 현재심現在心이 새롭게 태어난 것은 내가 과거심過去心을 깨었기 때문인지라, 이를 과거심에서 나온 것으로 본다면 "백초시불모百草是佛母"란 이것을 두고 하는 말이 아닐까요?

그래서 저는 과거심을 깨쳐서 겨우 공부 길에 눈을 뜬 것인데, 재삼 말하거니와 중생심衆生心은 과거심에 의지해서 살아가는데 나는 과거심을 깨버려서 심心이라는 종자種子가 없어졌으니 과거심을 의지해 구救할 것이 없고, 현재심現在心은 과거심이 사라져서 새로와졌으나 심心이 없는지라 구救할 바가 없으며, 미래심未來心은 현재심의 연장延長인지라 달라질 것이 없어서 구救할 바가 없으니, 저는 공부가 아니라 아는 것도 없어지고 오히려 멍청해져서 천치바보가 된 느낌에는 틀림없으나, 다만 "과거심불가득過去心不可得 미래심불가득未來心不可得 현재심불가득現在心不可得"이라는 이치理致에는 눈이 떠진 것 같습니다.

다시 말해서 내가 없다면 천상천하天上天下가 없는 법法인데, 글쎄올시다, 여기에서도 얻은 자者가 있을까요? 이와 같이 과거過去의 나(일초前)는 부처 불이법不二法 무상無相 무아無我 무심無心 등의 말들을 많이 하고 다녔는데, 이것 또한 무형無形의 상相인지라 말도 안될 소리를 한다고 반성反省을 해 봅니다.

 사형수死刑囚도 양심良心은 있는 것인가?

질문 : 선생님께 질문이 있습니다. 요즈음 사회가 혼탁混濁해서 그런지는 몰라도 극악무도極惡無道한 사형수死刑囚가 많다는 말을 들었는데 이와 같은 사형수에게도 양심良心은 있는 것입니까?(김용선 보살)

참으로 답하기가 어려운 질문質問이라는 생각이 듭니다. 왜냐하면 사형수라 할지라도 이목구비耳目口鼻를 다 갖추고 있는 우리 보통사람들과 하등 다를 바가 없다고 생각하기 때문이며, 단지 우리와 다르다 하는 것은 "사기詐欺를 치고, 남이나 가족에게 폭행을 하고, 사람까지 죽일 수가 있으니 이러한 사람이 어찌 마음속에 양심良心이 있겠는가?" 생각하고 없다는 생각에서 질문하시는 것으로 압니다.

이 문제를 말하기 전에 우선 짚고 넘어가야 할 것은 "양심이라는 것은 무엇이고, 지킨다는 것은 무엇이고 못 지킨다는 것은 무엇이며, 범죄犯罪라는 것은 무엇이고 이것이 생기는 이유理由는 또 무엇이며, 그것에 대한 대책은 무엇인가?" 하는 문제를 풀어야 올바른 답答이 나올 것 같습니다.

누구나가 다 같이 흔히 말하기를 "나는 양심적으로 산다." "양심을 지켜라."

라고 합니다. 그렇다면 양심良心이라는 것은 무엇을 말하는 것일까요?

　양심이라 함은 부처님도 하나님도 모를진대 신神 또한 알 리가 없고 사람이 참된 양심을 어찌 안다고 하겠습니까? 하물며 제가 이 자리에서 김 보살님의 질문에 답을 한다는 것은, 무슨 말을 할지라도 그것은 말일뿐이어서 양심을 벗어난 지라 양심일 수가 없으니 답을 하게 되면 질문에 말려들어서 거짓말을 하게 되니 말할 수도 없고 안 할 수도 없어, 저 역시 양심良心에 가책呵責을 받으면서 사과를 드립니다. 왜냐하면 제가 말하기를 "양심은 이것이요." 하고 말하면 저것이 빠졌고 또 "저것이요." 하고 말하면 이것이 빠졌다고 생각하기 때문입니다.

　다시 말해 소승적小乘的인 견해로는 선악善惡 중에서 선善을 선택하고 악惡은 버림으로서 분별심分別心을 여이지 못하고 중생심衆生心을 가지고 양심을 따지며 살아갑니다만, 그러나 우리 공부하는 사람들은 자기自己를 떠난 대승적大乘的인 차원에서 사물事物에 대한 생각을 해보기 때문이니 이점 이해하시기 바랍니다.

　공부하는 사람을 보고 "양심이 무엇입니까?"라고 말하면 "나는 모르오!"라고 대답하는 것이 통례通例인데 양심의 대명사가 양심이 아니고 양심이라고 하는 말이 나오기 이전以前, 다시 말해서 "나의 뜨거운 가슴속에 내 마음이 존재하여 한 생각이 일어나기 전前 미발지중未發之中이 가상적假想的인 양심良心"이라고 말을 한다면 무념무상無念無相을 말함인데, 그러나 양심을 무념무상 삼매경三昧境 무심無心 무아경無我境 진리眞理 등으로 이해할 수 있으나, 내가 양심을 안다고 한다면 아는 것이 양심이 아니기에 이것을 지킬 줄 아는 사람은 무심無心 인지라 지킨다는 생각조차 없이 무위無爲로 양심을 말없이 행동行動으로 옮기게 되니, 이러한 사람이 어찌 양심良心을 안다고 하리요? 그렇다고 해서 철저히 모르는 것도 아니라는 말입니다.

우지愚知(멍텅구리)는 지혜智慧가 없는지라 행동行動으로 이어질 수가 없으며, 철저히 모르는 것은 철저히 아는 것이 되니, 이것을 "양면성兩面性의 지혜智慧"라고 말합니다.

양심良心을 말할 때는 사심邪心을 말하게 되는데, 이 두 가지가 내 마음의 발현發顯이라고 한다면, 마음을 중생심으로 이해할 때는 선악善惡이 있을수가 있고 이것을 분별심分別心에 의한 선택이라고도 하며(相對性), 절대성絶對性인 대승적 경지에서 보면 정반대正反對로 이해가 되기 때문에 "아니오" "옳소"라는 두 가지 답이 다 옳다고 보는 까닭입니다. 왜냐하면 절대성에는 분별심이 없기 때문입니다.

그런 까닭에 중생심은 상대성을 면치 못한지라 마음이 행동으로 옮겨져서 결과가 나타나 있을 때만이 양심良心이니 사심邪心이니 하고 따지게 되는데, 절대성에는 내가 없는지라 분별심이 없어서 대상對相이 있을 수가 없고, 삼라만상森羅萬象을 내 마음의 그림자라고 알기 때문에 양심을 탓하지 않고 모든 결과는 내 탓으로 감싸며, 사랑과 자비慈悲로 충만하니 여하한 악신惡神이라 할지라도 이유없이 순종하며, 여기에 부처니 법法이니 진리眞理니 해 보았자 무슨 소용이 있겠습니까? 다시 말하거니와, 양심이라고 하는 그 대상對相 조차도 없어진 판국에 지킬 양심이 어디에 있겠습니까?(無心) 그래서 무위자연無爲自然의 도道라고 하는 것 같습니다.

마음은 양면성이어서 양심과 사심의 두 가지를 한 생각에 의해서 작동作動 하는데 양심을 쓰자니 사심이 방해를 하니 어찌 마음을 자유자재自由自在로 쓸 수가 있겠습니까? 마음을 깨쳐서 아는 사람도 마음을 쓰기가 어렵다고 말합니다.

사람이 이 세상에 태어나서 죽을 때까지 양심良心을 지켜가며 올바르게 살아간다는 것은 참으로 어려운 것 같습니다. 제가 잘 아는 도반 중에 최 거사居士라는 분이 있었는데, 장가도 들지 않고 오로지 선禪에만 몰두해서 30년을 산중에만 있었으니 세상世上을 알 리가 없고, 마음에 물이 들지 않아서 거짓말조차도 못하는 사람인데, 세속世俗에 내려와서 장사를 한다니 참으로 웃기는 이야기가 아닐 수 없습니다. 그분의 말에 의하면 거짓말은 할 수 없고 손님에게 말하기를 "원가 1,000원이니 1,100원만 주시오." 라고 한답니다. 있는 사람이고 없는 사람이고 한결같이 말하기를 1,050원을 준다고 하며, 이것도 요즈음에는 손님마저 끊기어서 장사를 못하고 놀고 있다고 합니다. 양심良心을 속일 수가 없어서 장사를 못하겠다는 말 같습니다.

저는 그분의 말을 듣고 "30년 동안 산중에서 공부를 했다는 사람의 마음이 이렇게도 좁을 수가 있으며, 30년이 아니라 300년을 공부하여도 깨치기란 불가능不可能한 것이 아닌가?"라고 생각했는데, 왜냐하면 이분의 선禪 공부나 장사에 있어서의 목적의식目的意識은 양심良心에 맞추어 가는 것을 옳은 것으로 알고 살아왔기 때문입니다. 공부라고 하는 것은 선善을 쌓고 양심을 지키는데 있는 것이 아니라 내가 내 마음에 묶여서 무명無明에 살아가는 나를 한 생각 돌이켜서 광명光明의 세계世界로 영원토록 살려내는 것이 공부이며, 장사라는 것은 양심에 묶여서 이것을 지키는데 그 목적이 있는 것이 아니라 빨리 돈을 버는 것에 그 목적目的이 있는 것이 아니겠습니까? 다시 말해 이것도 저것도 아니라면 최 거사님처럼 30년 동안 양심을 지키기 위함이 공부라고 합시다. 그렇다면, 그대가 얻은 것이 무엇입니까? 만약에 얻은 것이 아무것도 없다고 한다면 문제는 달라집니다. 30년 동안 산중에서 시주施主의 공덕으로 무위도식無爲徒食한 일들과 양심良心이라고 하는 사탄의 대상을 만들어서 섬기고 매달려온 잘못된 결과를 무엇으로 보상報償하리요?

조금 전에도 제가 말했듯이 공부나 장사도 목적目的이 뚜렷하면 양심良心을 속이기는커녕(?), 도둑질을 하고 살인을 할지라도 목적의식이 뚜렷해서 그 행위行爲의 결과結果에 양심의 가책을 받지 않고 무심無心하면, 이것이 곧 도道의 경지境地가 아니겠습니까? 안중근 의사義士가 조국 광복을 위하여 강자强者를 약탈하고, 이등방문을 죽이고, 본인 또한 감옥監獄에서 이슬로 사라질 때 마음 속에는 애국심愛國心으로 충만充滿해서 무아無我의 경지境地를 이루었으니 여기에도 양심良心을 따져야 됩니까? 농부가 나락을 심고 어부가 물고기를 기를 때 밀집密集되어서 길러내기가 어려우면 솎아내는데, 이것도 비양심非良心이고 살상殺傷입니까? 누가 주인공主人公입니까? 전쟁과 평화도 그리고 삼세三世의 기멸起滅도 나의 한 생각 차이差異인데, 상대적인 천지개벽天地開闢이온들 내가 무심無心이면 무슨 소용이 있으며, 여기에는 종말론終末論도 이와 같습니다. 뜻이 클수록 행위行爲에 대한 결과結果가 크고 희생犧牲이 따르게 마련입니다.

다음은 양심良心을 지킨다는 말인데, 그 말 속에는 악惡한 생각은 버리고 착한 마음善心은 가르치고 길러 나가자는 말로 이해理解 됩니다. 그러나 제 생각은 다릅니다.

옛날 중국의 춘추시대春秋時代에 전성자田成者라고 하는 사람은 제齊나라의 정권政權을 잡을 때 적은 군사력으로 대낮에 임금과 직계존속直系尊屬은 물론 친척親戚까지도 전멸全滅시켜버리고 권력權力을 잡았는데, 나라가 하도 큰지라 당시의 작은 나라들은 감히 강자强者의 횡포橫暴에 양심을 말하고 비판하기는커녕 17대를 선정善政을 베풀어 태평성세太平盛世를 이루었다고 하며, 최근에는 독일 게르만 민족이나 일본 대화민족도 침략전쟁으로 수천만의 인류人類를 살상殺傷했으나 오늘날 지구상에서 경제대국經濟大國으로 최고의 부富를 누리고 잘 살고 있으니, 양심과 선악을 따지기 전前에 지구상에 신령님 하나님 부처님이 계신다고 한다면 어찌하여 이와 같이 악랄惡辣한 민족民族에게만 사랑과 자비를 내리시어 잘 살게 하며 반면에, 소말리아 같은 나라는 욕심慾心이 없고 착한 민족民族인데도 아사餓死 직전에 놓여있는데 여기에는 사랑과 자비를 베풀지 못하시니 진리眞理의 세계世界에도 차별差別이 있단 말입니까? 이것도 저것도 아니라면, 종교宗敎란 지구상에서 필요치 않다는 말입니까? 이 말에 논리論理가 선다면 약육강식弱肉強食하는 것이 진리眞理라고 믿어도 됩니까? 라고 말해 봅니다.

최근에 사형선고死刑宣告까지 받고 지紙상에 보도된 내용인데, 어느 지방에서 고리대금高利貸金을 하고 소실을 거느리며 돈이 많아서 떵떵거리고 잘 살아가는 사람이 있었는데, 큰 부인은 소실한테 눌리어 식모살이를 나갔는데, 때마침 아들은 부대에서 휴가를 나와 집에 가보니 대문은 잠겨있고 어머니는 안 계시어 하는 수 없이 아버지를 찾게 되어 거처居處를 가보니, 아버지는 여름인지라 나체의 팬티 바람에 소실을 부둥켜안고 닭고기를 먹고 있더랍니다. 아들이 아버지에게 말하기를 "아버지 제가 휴가 나왔습니다. 용돈 좀 주세요." 하니 아버지가 말하기를 "휴가는 일년에 몇 번씩이나 나오느냐? 돈이 없으니 그대로 가거라." 하니 이 말을 들은 아들이 흥분된 나머지 다음날 총기銃器를 구해 가지고 사정없이 아버지와 소실을 쏘아대서 두 사람이 숨지고 아들은 사형선고를 받았다는 말입니다.

옛 성현聖賢들 말씀에도 부모父母는 살아 계신 하늘로 알고 섬기라고 하셨는데, 부모님께서 아무리 자식子息한테 죽을 죄罪를 지었다 하더라도 부모를 죽인다는 것은 도리道理상으로 있을 수도 없는 것은 당연한 일이 아니겠습니까? 우리 인간이 세상世上을 살아감에 있어 특히 동양東洋사람들은 인仁 의義 예禮 지知 신信 그리고 삼강오륜三綱五倫을 생활신조生活信條로 알고 살아왔으며, 양심良心이니 선악善惡이니 하는 기준도 그 척도尺度가 여기에서 비롯된 것으로 사료思料됩니다. 그러나 제가 말하고자 하는 것은, 양심良心을 포함해서 선악善惡의 관념觀念을 확실하고 올바르게 가려내자는 데 목적目的이 있는 것이 아니라,

선악善惡에 대한 본질本質을 논리적論理的으로 확실히 드러내자는 데 목적目的이 있는 것입니다.

그렇다면 큰 안목으로 볼 때 참으로 옳다는 말은 무슨 말입니까?

사실事實 그대로가 옳은 것으로 저는 말합니다. 옳다는 말은 본질적으로 부처님도 보살님도 신령님도 유무有無는 물론 기천세계氣天世界와 미생물微生物 그리고 파리 모기까지도 옳다고 해야 옳은 것으로 압니다. 조금이라도 전체全體가 드러나지 못하고 치우치거나 그늘진 곳이 없어서 하나 속에 담겨진 이것이 수직과 수평을 이루어 근원根源의 핵核을 중심으로 타他의 간섭을 받지 않고 자유自由와 평등지平等智로 영원히 돌아갈 수가 있다면, 이것을 어느 누가 막을 수가 있으리요. 여기는 석가釋迦도 하나님도 신神도 찬사讚辭를 금할 수가 없어서 그저 고개만을 숙일 따름입니다.

그런 까닭에 여기에는 빼앗긴 자도 없고 빼앗은 자도 없으며, 망亡한 자도 없고 흥興한 자도 없으며, 있는 것도 없고 없는 것도 없으며, 느는 것도 없고 주는 것도 없으며, 여기에는 시공時空 또한 초월해서 삼세三世가 있을 수가 없는 판국에 선악善惡 따위는 붙을 장소가 없으니, 글쎄 올시다 여기에서도 사형수死刑囚를 분별分別할 수가 있을까요?

그래서 대상對相이 없는지라 절대성絶對性이니 도道니 하는 것 같습니다. 이것 이상 올바른 것이 타他에 또 어디에 있겠습니까? (良心의 所産)

질문 : 선생님의 말씀은 무상세계無相世界를 말씀하시는 지라 이해理解하기가 어려우니, 유상세계有相世界의 상대적相對的인 말씀으로 쉽게 말씀해 주시기 바랍니다.(김 보살)

김 보살님은 공부가 많이 되신 분인지라 말하기도 어렵고 마음에 부담이 가는 것은 사실입니다. 상대적인 말을 하자니 여러분도 다들 아시는 사실事實이고, 공부에 참고參考가 되게 하자니 밑천이 딸리고, 말로 표현表現하자니 의사전달意思傳達을 잘 못하는 점 이해를 해 주시기 바랍니다. 알아듣기도 어렵다고들 하니 저의 공부가 시원찮아서 미안합니다.

불가佛家에서는 불법佛法을 발할 때 유위법有爲法 무위법無爲法을 말하는데, 유위법은 유상법有相法이라고도 하며 무위법은 무상법無相法을 말함인데, 마음은 유상세계有相世界의 씨앗인지라 한 생각이 일어나면 삼라만상森羅萬相이 일어나고 한 생각을 멸滅하면 도道의 근원자리根源處인지라 이것을 미발지중未發之中이라고도 하며, 유위법은 상대적인 관념인 반면에 무위법은 절대적인 관념으로 이해가 되나 두 가지를 하나로 보는 안목眼目을 불이법不二法이라고 하는데, 해석解釋하기가 참으로 곤란한 것으로 압니다.

인생人生의 삶의 모습이란 누겁累劫을 통해서 인연因緣따라 살아가는데, 금생今生의 사는 모습을 주시注視해 보아도 전생前生을 알 수가 있다는 것은 인과법칙因果法則에 따라 콩 심은 데 콩이 나오고 팥 심은 데 팥이 나오더라는 것인데, 전생前生에 농부農夫였던 사람은 금생今生에 와서도 농사農事를 짓고 전생에 스님이었던 사람은 금생에 와서도 스님 노릇을 하더라는 것인데, 그래서 부처님 말씀에 옷자락만 스쳐도 전생前生 인연因緣의 소치所致라고 말하신 것입니다.

동양철학東洋哲學에서는 운명론運命論을 말하고 있는데 인간人間은 태어날 때부터 이미 운명運命이 정定해져 있다고 말합니다. 잘사는 사람과 못사는 사람, 좋은 지방이나 국가에서 사는 사람과 그렇지 못한 사람, 좋은 가정의 좋은 부모에게서 태어나는 사람과 그렇지 못한 사람, 악한 사람과 선한 사람 등 이와 같이 사주팔자四柱八字가 이미 정定해 있다고 믿고 있으나 저는 공부를 하는 사람인지라 운명론運命論을 거부拒否합니다. 운명運命은 사람의 마음에 달려 있다고 생각하기 때문입니다.

따라서 사형수는 비도덕적이고 비양심적인가 그리고 전생前生에도 사형수였던가 하는 점을 현재 사회社會에서 말하는 도덕심道德心과 도심道心을 전제로 본인의 공부 체험을 통해서 조명照明 해 보고자 합니다.

전술한바와 같이 휴가 나온 군인이 아버지와 그 애인을 살해한 내용은 다음과 같습니다. 아버지는 전당포典當鋪와 고리대금高利貸金을 하면서 없는 사람들을 악랄하게 수탈收奪하였고, 수탈 당한 자들의 비난非難의 목소리가 높아지자 아들이 수차에 걸쳐 아버지에게 건의 하였으나 들어주기는커녕 수 차례에 걸쳐 매질을 당했으며, 마침내 어머니까지도 학대虐待를 당하자 불륜不倫과 수전노守錢奴인 아버지의 모습에 양심을 품고 총을 쏜 것이 동기動機인데, 검사가 묻는 말에 피고被告는 말하기를 "나는 아버지를 내 손으로 살해했다 하더라도 하등 양심良心에 가책呵責을 받지 않습니다. 그 이유의 하나는 첫째, 고리대금업자들에게 경종警鐘을 울리는 것이며 둘째, 어머니를 사랑하기 때문이며 셋째, 피해자被害者들에게 용서를 비는 것이며 넷째, 앞으로 선의善意의 피해자를 막기 위함이다."라고 말하며, 또한 피고被告가 "자살自殺을 기도했으나 미수에 그친 것이 한恨이 되고 하루 빨리 내 목숨 끊어서 불효不孝에 대한 대가對價를 지불하겠노라."고 진술을 하더랍니다.

전에도 말했듯이 부처님 말씀에 옷자락만 스쳐도 전생前生의 인연因緣이라고 하였는데 전생前生의 인연因緣 없이 자식子息이 아버지를 살해殺害할 수가 있겠습니까? 그렇다면 이것은 분명히 피차 원수지간에 자식으로 태어난 것이며 그런 맥락脈絡에서 본다면 죽일 사람이 죽이고 죽게 된 사람이 죽고 그 원인原因은 이미 정定해져 있는 사실事實 인즉 피할 도리가 없다는 말입니다. 이와 같이 인과법칙因果法則은 하도 정확해서 법법이라고 하는 것 같습니다.

그래서 사람의 마음은 알고 보면 넓고, 좁고, 길고, 짧고 한 "색깔 따라 정해진 그릇의 치수"에 의해서 모여지고 흐트러지고 하며 천태만별千態萬別로 살아가는데, 지구상에 50억 인구가 살고 있어도 그 마음 씀이나 형태形態가 완전히 달라서 같은 것이라고는 하나도 없는 것입니다. 마음은 마음대로 개체는 개체대로 완전히 독립獨立되어 여타餘他의 지배支配를 받지 않으며, 또한 내 몸은 내 마음이 아니고서는 작동作動이 절대로 불가능不可能합니다. 부처님 말씀에 "천상천하유아독존天上天下唯我獨尊"이라는 말이 바로 이 뜻인 것 같습니다.

예를 들어 악惡한 그릇에 악惡이 나오고, 선善한 그릇에 선善이 나오며, 적은 그릇은 적게 살고, 큰그릇은 크게 삶으로 앞에서 말했듯이 전성자田成子는 큰 그릇인지라 임금을 죽이고 혁명革命을 해서 정권政權을 잡고 임금이 되셨으니 여기에 누가 감히 시시비비是是非非를 말하리요. 박정희 군사정권軍事政權 당시 야당野黨들은 독재를 한다고 반대를 했으나 오늘날의 발전發展상은 그분의 공과功果인데도, 지금에 와서도 잘못 되었다고 말할 수가 있습니까? 국가國家나 가정家庭이 잘되고 못되는 것은 국민이나 식구들 마음의 이합집산離合集散의 모습을 보면 정확히 알 수 있는 것은 마음은 곧 에너지이기 때문입니다.

전생前生에 남한테 맞아죽은 사람은 금생今生에 와서 반대로 죽이는 자가 되며, 죽인 자는 반대로 죽는 자가 되며, 전생前生에 어렵게 살면서도 남을 위해서 보시布施를 많이 하고 공덕功德을 많이 쌓으면 금생今生에 와서 부자富者로 태어나서 편하게 잘 살아갑니다. 이와 같이 마음먹은 대로 정확히 돌아가는데 사형수死刑囚이니 양심良心이니 따질 것이 무엇이 있겠습니까?

옛날에 어느 판사가 오판誤判을 해서 죄 없는 사람을 사형수死刑囚로 죽인 죄

책감으로 스님이 된 사람이 있는데, 인연법因緣法으로 전생前生을 보게 되면, 설사 현행법現行法으로는 오판誤判이라 할지라도 무위법無爲法에서는 절대로 그런 일이 없다고 단정斷定할 수가 있습니다. 그 증거證據로 이 스님이 깨쳐서 대각大覺을 하신 것입니다. 이것이 아니라 할지라도 만약에 횡액橫厄이나 오판誤判에 걸려서 억울하게 죽는 사람이 있을 수가 있다고 한다면 인과법因果法이 있을 수가 없고 나아가서 무위법無爲法이 있을 수가 없으니 진리眞理가 없다는 말이 됩니다.

제가 말하고 싶은 것은 사형수死刑囚의 임종시臨終時까지의 마음자세입니다. 다음에 태어날 때 죽인 자는 죽는 자로 이어져서 태어날 것이며 빼앗은 자는 빼앗긴 자가 될 것이고 어거지로 군자君者가 된 자는 비참하고 억울하게 당하는 노예奴隸가 될 것이며 부모父母에게 불효不孝한 사람은 불효하는 자식의 아버지가 될 것이며, 반대로 안중근 의사義士와도 같이 조국 광복을 위해서 사람을 죽이고 강자强者의 재산財産을 목적을 위해서 방화나 약탈을 하였더라도 내 목숨은 조국에 바쳐서 내 마음 또한 비어서 없는지라 무아無我를 이루었으니 이 자리에는 무심無心인지라 죄罪도, 양심良心도, 뉘우침도 없으니 설사 사형대에 서 있다 하더라도 서러울 것도 없고 한恨도 없을 것이며, 맑은 물과도 같이 고요 적적할 따름이라 생生을 마쳤다 하더라도 7천만 동포들의 가슴속에는 님의 솟구치던 애국심愛國心이 영원토록 불꽃이 되어 메아리로 남을 것인즉, 이분의 희생犧牲은 죽음이 아니라 이 나라의 수호신守護神으로 살아 계실 것을 확신確信합니다.

그러나 사심邪心에 의한 중생심衆生心 발로發露의 고리는 영원토록 끊어질 수가 없고 악순환惡循環을 거듭할 뿐이니, 저는 여기에서 완전히 헤어나자는 것입니다.

"정신일도하사불성精神一到何事不成"이라는 말이 있듯이 악순환惡循環의 고리를 끊는 방법은 첫째, 가슴에 맺혀있는 한恨을 풀기 위해서 숨이 끊어지기 전前에 상대방相對方의 잘못을 용서해야 되며 둘째, 모든 원인原因은 내 잘못으로 알고 반성反省해야 되고 셋째, 다시 태어나면 참된 인간이 되어 중생구제衆生救濟를 위해서 노력努力하겠다는 대원大願을 세울 것이며 넷째, 화두를 챙겨가며 열심히 공부를 하면 마음을 깨치게 되는데 이때는 죄罪도 없어지고 자유자재自由自在로 영원토록 마음 편하게 살수가 있는 것입니다.

끝으로 한마디 더 말해둘 것은, 흉악범凶惡犯 일수록 형 집행刑執行 당시의 모습은 의외로 마치 철모르는 어린애와도 같이 공포심恐怖心은 없고 미소를 띄우며 "부모님께 불효不孝를 저질러서 미안하다."는 유언遺言을 남기고 가는 사람이 있는가 하면 개중에는 교도관에게 미안하다고 인사말까지 한다고 하니, 참으로 인생人生이란 알다가도 모르는 것이 아니겠습니까? 어떻게 보면 사람은 누구나가 다들 더 살려는 욕망慾望과 죽음을 싫어하는 법인데 잔인무도한 흉악범凶惡犯으로서 죽는 시간에 반항反抗을 하지 않고, 미소를 잃지 않고, 죽는 사람이 흔연欣然하게 인사말까지를 남길 수가 있다고 하니, 나는 이 순간을 무엇으로 표현하리요. 진정한 의미意味에서 보면 자기 잘못을 뉘우치고 사죄하여 욕망慾望의 그림자를 털어 버려서 무념무상無念無相의 실재實在로 변화變化된 참 모습이 아니겠는가?

그렇다면 김 보살의 질문 내용과 같이 양심良心으로 회귀回歸해서 그 종말의 모습을 열반涅槃으로 봐야 되는 것인가? 왜냐하면, 동심動心이 부동심不動心으로 한 순간에 바뀌어져서 비고 고요한 무심無心의 참 모습으로만 있을 수가 있다면, 흉악범에게도 양심이 있고 없는 것이 문제가 아니라, 부처의 모습으로 대오大悟가 가능하다고 봅니다. 옛날에 충신忠臣이 역적逆賊으로 몰려서 참수를 당하고 수 백년 후에야 진실眞實이 밝혀져서 명예회복名譽回復이 된 실례는 얼마든지 있습니다. 무위법無爲法은 천추만대千秋萬代를 내려가더라도 진리眞理인지라 변함이 없으나 유위법有爲法은 사회의 변천變遷과 집권자執權者의 의사意思에 따라 법法이 바뀌게 되니, 오늘날의 흉악범이 미래사회未來社會의 영웅이나 애국자가 될는지 누가 압니까? 사회가 어지러워서 예수와도 같이 중생교화衆生敎化를 위해서 도인道人이 흉악범으로 가장假裝을 하고 생명生命을 버렸을 때는, 영원토록 사람은 몰라도, 삼라만상森羅萬相은 물론 하늘 땅은 정확히 알 것입니다. 그렇다면 우리가 말하는 사형수死刑囚의 양심良心은 무엇을 말하는 것입니까?

다음은 흉악범을 말함인데 악惡의 지극至極의 만남은 선善의 지극至極으로 이어집니다. 악惡이 없이 선善이 없고 선善이 없이 악惡이 있을 수가 없으며 공통분모共通分母인 까닭에 둘 이면서 하나고 하나 이면서 둘 이라는 말인데, 한 생각이 일어나서 마음이 경계境界에 끄들리면 분별分別을 하게 되고 대립對立을 하게 되면 마음은 선악善惡을 만들어 내게 되는데, 한 생각이 일어나지 않으면 대립對立이 없어서 종자種子가 없으니 선악善惡이 일어날 수가 없으며 이것이 마음의 미발지중未發之中이니, 마음의 당처當處니, 부처니 라고 말합니다. 유교儒敎에서는 무극無極이니 태허太虛니 라고 말하는 것이 그 뜻입니다.

핵核이란 본질적으로 본체론적本體論的인 표현인데 마음이 발發하기 전前인지라 이기론理氣論으로 이해를 한다면 양극兩極이 마주치는 중中의 중핵中核을 말함인데, 그래서 불가佛家에서 말하기를 진공眞空이라고도 하는데, 다 일리는 있다고 보겠으나 "답答을 말로 하면 그것이 아닌 도리道理"를 체험을 통해서 느끼어야 합니다. 아는 것이 아니기 때문이지요. 왜 이런 말을 하는고 하니 핵核의 정상頂上을 가는 길은 문이 없다고 하지만 기질氣質, 인연因緣, 근기根氣 등으로 미루어 볼 때 "지성至誠이면 감천感天이다." "지악至惡하라" 등의 말 표현이 있는 바와 같이 정상을 가지 않고서는 핵에 닿을 수가 없기 때문입니다. 핵核에 닿지 않고 중간中間을 가다 내려오면 100년 아니라 1,000년을 가도 정상頂上의 핵核에 닿기가 불가능하며, 오래 끌면 끌수록 잘못하면 아는 것이 힘이라고 그것이 에너지로 승화昇華되면 염력念力의 변화變化로 내가 나의 마음 속에 대상對相을 만들고 여기에 집착執着을 하게 되어 아는 소리를 하고 병병病도 고치고 하는데, 이것은 상대적相對的인 유상세계有相世界를 면치 못한 것이고, 도道는 대상對相을 떠난 무상세계無相世界를 말함인데, 아는 것은 상相인지라 도하고는 거리가 멀며, 도道는 아는 것이 아니라 알기 전前 이어서 도에 접근한 사람도 도에 대한 말을 못하는 것은 말은 도道가 아니고 상相인지라 할 수가 없기 때문이라 합니다. 그러나 굳이 말을 해 본다면 지혜智慧의 차이라고나 할까요?

정상에 올라가서 핵核에 닿는다는 말은 내가 한번 죽었다는 말과 다를 바가 없습니다. 중생심衆生心은 한 생각이 일어나서 분별심分別心으로 살아가는데, 이러한 마음의 유무有無가 전기電氣의 양극과도 같이 폭발해서 마음의 한 종자種子마저도 없어졌으니 마음이 일어날 수가 없고, 이것을 보고 불가佛家에서는 깨달음(마음을 깨다)이라고 말합니다.

마음은 나라는 대상對相이 있을 때만이 내가 제일第一이고 세상은 나를 위해 태어난 것 같은데, 이처럼 마음 넓은 줄은 모르고 세상 좁은 것만 알고 살아가는 것이 곧 중생심衆生心이 아닐까요? 그러나 마음을 깨친 사람은 마음이라는 대상對相을 만들어서 여기에 의지依支해서 살아 왔으나 대상對相이 없어져서 허전한 나머지 심안心眼을 통해서 이것을 찾아보니, 나의 실재實在는 간데 없고 삼라만상森羅萬相의 주인공主人公이 바로 내 모습이라는 것을 알게 되어, 이러한 내가 어떠한 것에 치우치고 분별할 것인가? 모든 것은 내 탓이기에 선善과 악惡을 따지기 전前에 뜨거운 가슴으로 감싸고 사랑하며 자비慈悲로운 손길로 만상萬相을 어루만지며 천상천하天上天下가 다할 때까지 영원토록 가꾸어 나가는 것이 나의 임무任務가 아니겠는가?

이와 같이 나라는 테두리에 갇혀서 살다가 테두리는 없어지고 허공虛空에 나 하나 우뚝 서 있는 기분이니, 마음은 없어지고 가슴은 넓어져서 얼마나 자유롭고 시원하겠습니까? 참으로 살 맛이 나는 것으로 압니다.

도道는 구救하는 것도 아니요 얻는 것도 아닙니다. 다 갖추어져 있고, 내가 살아감에 있어 도道 아님이 없으나 단지, 찾는 마음은 구救하는지라 욕심慾心에서 비롯되는 까닭에 이것 또한 상相인지라 유상세계有相世界를 이탈치 않고서는 절대로 무상세계無相世界로 진입進入할 수가 없는데, 그 까닭은 마음은 상대성相對性인지라 한 쪽으로 치우치면 다른 한 쪽의 상대相對가 따라와서 방해妨害를 하니 이래서 선禪 공부하기가 어렵다고 합니다만, 그것도 아닌 것은 올바르게 지도指導만 잘하면 단 시일 내에 깨칠 수가 있습니다. 그 예로 우리 도반님들 중에서 5인이 계시다는 것을 알려 드립니다.

그러나 여러 가지 책을 보고 수련修鍊도 해 보고 지식知識을 쌓은 사람은 참으로 어려운 것으로 압니다. 왜냐하면 한 생각이 일어나는 것은 식識(기억장치)에서 일어나는 것을 알기 때문이며, 또 하나의 원인原因은 오관작동五管作動에 의한 것임을 알기 때문인데, 요놈이 삼독심三毒心을 만들어 내는 근원根源이므로 선禪의 핵심核心은 섭심내조攝心內照, 불광상명佛光常明, 단삼독심斷三毒心, 폐육적문閉六賊門인데, 그럼에도 불가佛家에서는 화두話頭만을 잡으라고 말하는데 화두(화頭)에 많이 치우치면 공부가 아닙니다. 화두話頭가 망상妄相인 줄만 알아도 마음은 순일해져서 불발자전不發自轉이 되어 여일如一해 지는 것으로 압니다.

선禪 공부를 한다고 하는 생각조차 없이 공부를 하되 화두話頭에 사무쳐 들어가지 말고, 마음이 어디서 일어나는가 하고 그 당처當處를 마음에서 찾되 안으로 지켜보고 있노라면 눈은 안을 보고 있어서 보는 바가 없고, 귀 또한 내부소리를 들으려고 안으로 집중集中하는지라 소리가 들리지 않으며, 이럴 때 마음은 양면兩面이 가라앉고 신경神經은 점점 무뎌지는데, 이때가 되면 기억장치記憶裝置도 허물어지고 오관작동五管作動이 느려지게 됨에 따라 마음이 가라앉기 시작합니다.

그래서 선禪 공부란 내가 나한테 도전挑戰을 해서 승자勝者가 되면 우주宇宙를 이기고 얻은 자者가 되는 것이니, 천하天下에 이러한 큰 사업事業이 또 어디에 있겠습니까? 재삼 말하거니와 내가 남은 이길 수가 있어도 내가 나를 이긴다는 것은 천하天下의 난사難事인지라 지구地球상에 몇 안 되는 것으로 사려思慮됩니다. 그것은 내가 완전히 죽어서 없어져야 변형變形이 되고 새로 태어남을 알기 때문입니다. (安定立命不起心)

지악至惡한 사람이 선禪 공부를 하기가 쉬운 것은 남을 죽일 줄 아는 사람은 참회하고 나를 없애기가 쉽기 때문입니다. 사형수死刑囚 중에서 깨치고 간 사람이 많다는 것은 이것이 바로 그 이유理由의 하나 입니다.

참 마음에는 선악善惡이 없으며 있고 없는 것조차도 없음!

생사도전生死挑戰을 마치고

　보살菩薩님, 그리고 거사居士님 참으로 장하고 또 장하십니다! 그대들은 지상地上에서도 다시없는 위대偉大한 승리자勝利者 이십니다! 그리고 저 또한, 감격과 희열喜悅이 넘쳐흘러서, 며칠을 지새워 가며 솟구치는 감회感懷의 눈물을 금치 못하는 바입니다!

　늙은 제가 이러한 말을 하여도, 여러분들께서는 잘 모르셔서 실감實感이 안 날 것입니다. 더욱이 내가 나를 이긴다는 것은 생사도전生死挑戰 없이는 절대로 불가능不可能하기 때문입니다. 제가 누차 말했듯이, 그것은 한 사람도 아니고 여러분께서 같이 탄 배가 이 부장님 주재主宰에 의해서 거치른 풍랑風浪을 헤치고 피안彼岸의 경지境地에 도달한 모습을 무엇으로 표현하고, 또 무엇에 비교할 바가 있을까요? 참으로 장하시고, 참으로 위대偉大한 쾌거快擧입니다. 여러분의 이 승리勝利는 역대歷代 고불古佛들께서 아실 것이며 천상천하天上天下는 물론 영계靈界까지도 알 것입니다.

　그리고, 우리가 무명無明한지라 중생衆生으로 알고 버렸던 육신肉身에 내재內在하여 있는 모든 중생衆生들이 참 부처 되어 어울려 춤추고 노래하니 어느 것이 주인공이고, 어느 것이 부처란 말인가? 중생들이 남김없이 부처의 모습으로 변화된 실상實相을 주인공主人公이 정신이 빠진 채 매료되어 있노라면 주인공은 구름이 걷힌 후에 빛을 발하고 주인공을 완전히 잊을 것입니다. 이것이 바로 중생과 부처가 둘이 아니고 하나임을 입증立證하는 것입니다.

제가 이렇게 느껴질 때 여러분 또한 그렇게 느껴지리라고 믿습니다.

그러나, 제가 걱정하는 것은 수련날짜가 짧아서 이러한 경계境界를 얼마나 지속할 수 있겠는가가 문제입니다. (음식과 수면을 끊고 7일간 도전 승리) 어쨌던 수마睡魔가 죽지 않고는 망상妄相이 죽지 않으며 망상이 죽지 않고는 수마睡魔가 죽지 않으며 이것은 공통분모인 까닭에 수마睡魔를 조복調伏했다는 것은 곧 망상妄相을 조복했다는 것으로 보기 때문입니다.

여러분들이 승리를 거두게 된 것은 호흡조절에 특히 그 원인原因이 크다고 하겠습니다. 저는 호흡을 길게 지속하라고 강조했고 수마睡魔가 올 때나 큰 망상妄相이 들어올 때는 숨을 끊으라고 말했습니다. 숨을 끊으면 죽음과 다를 바가 없는지라 수마가 죽고 망상이 끊어지는 것이 당연한 것이어서 이것을 심의 조복心調伏이라고 말하며, 이와 동시에 과거심過去心이 이때 무너지는 것으로 압니다.

망상妄相 중생심衆生心 삼독심三毒心은 과거심의 습관성習慣性 즉 식심識心에서 일어나는데, 이것은 이와 같이 한번 죽어서는 완전하게 제거除去가 불가능하며 세 번을 죽으면 망상은 완전히 끊어져서 절대로 망상에 다시는 오염되지 않습니다. 그리고 선禪의 정진精進은 마음(良心)을 살려내는 방편이기도 합니다.

그런 까닭에, 생사도전生死挑戰을 해서 얻게 된 소중한 아침 이슬이 헛되지 않기 위해서라도, 다음과 같이 끊임없는 수행修行을 부탁드립니다.

1. 내가 무명無明해서 중생衆生이 부처인지를 모르고 버리고 학대하며 따로 부처를 찾 아다닌 점 자기 잘못을 깨닫고 끊임없이 반성反省하고 뉘우치고 참회懺悔 합시다.

2. 한 생각이 일어나고 오관작동五管作動이 일어나도 내가 무심無心해서 끌려가지 않으면 이것이 도심道心을 기르는 것이니 안으로 받아 들여서 주인공主人公에게 맡기십시오.

3. 수마睡魔와 망심妄心은 도심道心의 적敵이오니 줄이십시오.

4. 행行, 주住, 좌座, 와臥, 어語, 묵默, 동動, 정精 생활生活 자체가 선禪 아님이 없으니 "동중정動中精"을 구하되 무심無心으로 화두話頭가 끊기지 않고 이어지도록 노력합시다.

5. 정진精進은 새벽 1시~2시 사이가 좋으니 최소한 두 시간 이상을 꼭 실행합시다.

6. 망상妄相이나 오관작동五管作動에 끌려서 내 마음이 놀아나는 것은 내가 나한테 속고 있는 것이란 사실을 압시다.

7. 불火기운과 물水기운에 감사感謝하기 위해서 이 두 가지를 사랑하고 아낍시다. (洗劑 등으로 汚染)

8. 육식肉食은 내 살을 내가 먹는 것이오니 혜慧를 닦기 위해서라도 줄이십시오.

9. 남을 속이는 것보다도 나를 속이는 것은 말 중이라도 절대로 나를 속이지 맙시다. 말은 망상妄相인지라 일거일동을 주인공主人公이 감시監視합니다.

10. 부처는 본시 말이 없는 법, 직장職場에서나 가정家庭에서의 대인관계對人關係도 눈빛으로 말하고 행동行動으로 말하면 일은 저절로 풀려서 잘 돌아갑니다.

11. 어느 종단宗團에서는 이웃을 사랑하고 남을 먼저 사랑하라고 하는데, 우리 공부하는 사람들은 희생정신犧牲精神이 곧 자비심慈悲心의 발로發露라고 다짐합시다.

12. 선근善根을 쌓는 것을 잊지 맙시다.

13. 나는 나이기에 절대「나」일 수밖에 없습니다. 내가 무심無心으로 몸과 마음을 바칠 수는 있으나 부모父母, 형제兄弟, 자식子息, 아내妻, 남편男便 그리고 어떠한 대상對相에게도 끌려가지 맙시다.

14. 어깨를 피고, 이맛살을 피며, 가슴에 환희심歡喜心을 채우고, 웃으며 콧노래를 부르고, 언제나 당당합시다.

15. 내가 없으면 천상천하天上天下가 없는 것으로 마음 속 깊이 다짐합시다.

16. 우리는 부처가 되기를 원願하지 않으며 진리眞理의 깨달음을 원願하지 않으며 오로지 원願이 있다면 화택火宅 속에서 신음하는 중생衆生들의 가슴속에 영원한 약과 소금이 될 것을 다짐합니다. 원願이란 욕심慾心에서 비롯되는지라 상相을 여의지 못했기 때문입니다.

17. 내 마음 밖에 부처(하나님)가 따로 있을 수가 없으니 부처나, 하나님이나, 산신山神이나, 용왕龍王에게 염불念佛 기도祈禱 주력呪力 등 따로 경배심敬拜心을 내는 것은 사도邪道이며 부처(하나님)의 배신背信임을 아십시오.(마음 속에 전부 있기 때문!)

18. 사물事物을 대할 때 사실事實 그대로가 옳은 것이니, 분별分別하지 말고 감사히 받아 들이십시오.

19.「나」라는 것은 본래 없는 것인지라 있다면 전체全體가 나의 모습이오니 피차彼此 없는 것으로 알고 남을 내 몸처럼 아끼고 사랑합시다.

20. 만유萬有는 때가 되면 저절로 이루어지는 것이니 서두르지 말고 노력努力만 하고 지켜 보는 자者가 됩시다.

21. 쌓고 아끼는 자者가 되지 말고 베풀고 주는 자者가 됩시다.

 혼란混亂이란 무엇인가?

　혼란混亂이란 글자의 내용대로 해석解釋을 한다면 모든 사물이 뒤죽박죽 되어 안정安定과 질서秩序를 잃고 혼잡하여 분별分別하기가 어려울 때 쓰여지는 말이라고 하겠으나, 우리 선禪 공부하는 사람의 입장立場에서 볼 때 마음을 다스리는데 있어 이 단어야말로 그 비중比重이 참으로 크다고 생각되기 때문에 생각이 나는 대로 말을 해 볼까 합니다.

　혼란이라 하면 "물질적物質的인 혼란混亂"과 "정신적精神的인 혼란混亂"을 말하게 되는데, 보고 느끼는 차이差異가 있어 사람마다 해석과 이해가 달라지는 것으로 압니다. 그 이유는 사람마다 의식구조意識構造가 천태만상千態萬相으로 달라서 각자 본대로 느낀 대로 말하기 때문입니다. 그런 까닭에, 어느 대상對相을 평가評價할 때도 그 사람의 마음에 따라 말을 하기 때문에 "같은 답答"을 하는 사람은 단 한사람도 있을 수가 없다는 것입니다. 중생심은 정定해진 그릇대로 말하고 행동하기 때문입니다.

　가정家庭이 아버지를 중심으로 위계질서位階秩序가 서지를 않으면 가족끼리도 단합되지 않고 분열分裂되어 불안정不安定하여 가정이 파탄破綻되는 것을 우리는 수없이 많이 보아 왔으며, 사회나 국가도 마찬가지로 국론통일國論統一

이 되지 않고서는 불안정不安定하여 발전發展을 기대期待할 수가 없는 것으로 압니다.

혼란混亂이란 곧 안정安定이 안 되었다는 것을 말합니다.

바람이 불게 되면 강물이나 바닷물에 파도가 생기게 되고 파도가 심하게 되면 이것을 태풍颱風이라고 부르며, 기상 관상대에서는 이를 미리 알아서 이것에 대한 피해被害를 최소화하기 위해 노력하는데, 이것은 자연계自然界의 혼란상태混亂狀態라 말할 수 있습니다. 이와 같이 자연계自然界에서 오는 혼란混亂은 인간의 힘으로 어느 정도 극복克服할 수가 있으나, 인간의 정신적精神的 혼란混亂은 종교宗敎나 교육敎育을 통해서는 절대로 불가능不可能한 것으로 사려思慮됩니다. 그것은 본인本人 스스로가 혼란混亂을 안정安定으로 바로 잡아야 하기 때문입니다.

불교佛敎에서 말하듯이 중생심衆生心이 발發하면 84,000 가닥(많다는 뜻)으로 일어나는데, 이 망심妄心을 알고 보면 내 육신에서 살고 있는 84,000종種의 세포, 바이러스, 미생물, 곰팡이 등 엄청난 생명체生命體들이 공존共存하고 있는데 그 형태形態와 먹고 살아가는 방식方式이 다르며 에너지 또한 다른 것으로 알고 있는데, 이것을 나의 한 생각에 의해서 평등지平等智로 다스려진다고 보면 어느 부위를 분별分別하고 치우칠 수가 있겠습니까?

나라고 하는 실상實相은 마음＋육신＝곧 「나」라고 하겠는데, 나의 임무란 오로지 이 우주宇宙(육신)의 생명生命이 다할 때까지 나의 엄청난 생명체들이 부족不足함이 없이 평화공존平和共存을 잘하고 있는지 고장故障은 없는지 항상 자나깨나 내부內部를 관찰觀察하고 자기自己를 사랑하는 것이며, 이것이 바로 자비慈悲이며 이타행利他行이 되는 것입니다. 그럼에도 불구하고, 다만 하루에 한

시간이라도 나에 속한 중생계衆生界를 생각하고 살아가는 사람이 지구地球상에 몇 사람이나 있겠습니까?

　흔히들 중생계衆生界를 말할 때 나를 떠나서 바깥 세계의 중생계衆生界만을 중생衆生으로 알고 있는데 이는 근본적根本的으로 잘못된 발상發想입니다. 나를 알아야 도道에 접근接近할 수가 있으며, 나를 모르면 자기自己를 완전히 포기抛棄한 중생衆生입니다. 다시 말해서, 오관작동五管作動에 팔려서 육신肉身의 내부세계內部世界를 보지 못하고 외부세계外部世界만을 보고 끌려서 다스려 왔으니, 주인공主人公이 내 집을 두고 남의 집에 가서 타인他人을 자기自己로 알고 다스리고 있으니, 세상世上에 이런 비참한 꼴이 또 어디에 있겠습니까?

　나를 바라보고 살아가는 84,000종種의 중생衆生들은 주인공主人公이 주인主人 노릇을 못하는지라 한恨이 되어 원망하고 각자各自가 84,000가닥으로 자기 살길을 찾기 위해서 바깥세계의 색色에 따라 발현發顯하려고 하는 까닭에 그 기운氣運이 안개와도 같이 마음에 와 닿아서 작용을 하는지라 검은 구름에 싸여 있는 것 같이 가려져 있는데, 이러한 마음을 중생심衆生心(혼란)이라 하는 것 같습니다. 재삼 말하거니와, 불교佛敎 쪽으로 말을 한다면 부처가 중생을 떠났기 때문이며 그 결과 중생衆生이 부처를 버리고 무명無明을 선택한 까닭입니다.

　마음의 혼란混亂은 중생衆生의 혼란이요 중생의 혼란은 육신肉身의 혼란이며, 반대로 마음의 안정安定은 중생의 안정(平和共存)이요 중생의 안정은 육신肉身의 건강으로 이어집니다. 이것이 불법佛法이요 정도正道인 것으로 압니다. 다시 말해서 삼독심三毒心에 의한 번뇌망상煩惱妄相인 중생심衆生心이 마음의 혼란과 육신의 혼란을 자아내는 기본基本이 되는 까닭입니다.

　외부세계外部世界를 바라보면 삼라만상森羅萬相이 하나하나 그 색깔과 형질形

質이 다르듯이, 나의 육신肉身의 내부에서 살고 있는 생명체生命體들도 개체個體는 개체대로 부분部分은 부분대로 전체全體는 전체대로 복합적으로 이중 삼중으로 연결되어 살아가고 있는데, 그 연결고리는 육체肉體라고 하는「나」의 실상實相을 이루었으며, 이 엄청난 존재들은 형체 없는 나의 한 생각에 의하여 작동作動이 되어서 자유자재自由自在로 생명生命이 다할 때까지 돌아가고있으니 그 실상實相의 신비神秘로움에 감탄하지 않을 수가 없습니다.

그런 까닭에, 이것을 잘 다루는 방법이 곧 불법佛法이며 매사每事가 공평무사公平無私해야 되고 그러기 위해서 숨쉬는 것, 음식의 공급, 휴식, 수면 등에 있어 내 생각은 언제나 분별分別이나 치우침이 없이 전체적全體的이어야 함으로, 여기에는 희喜, 노怒, 애愛, 락樂, 신信의 상대적인 관념이 있을 수가 없습니다. 따라서 만일 편식偏食이나 과식過食을 한다던가 혹은 기타 방종생활 때문에 밤을 세워서 입맛이 없어 음식을 못 먹게 될 때에는 체내에서 살고 있는 중생衆生들 전부全部가 굶게 되니 중생들이 주인공主人公한테 얼마나 원망怨望을 하겠습니까?

우리가 세상을 살아오는 동안 다만 한번이라도 내가 다스리고 있는 중생계衆生界(속 내부)를 바라보고 생각해 본적이 있습니까? 그래서 불교에서는 자리自利 곧 타리他利라고 말하고 있는데, 남을 다스리는 것이 목적目的이 아니라 나를 깨쳐서 바로 알고 올바르게 자기自己를 다스려나가는 것이 불법佛法이고 정도正道라고 본인本人은 믿고 삽니다.

그렇다면 혼란混亂이란 무엇을 말하는 것일까요? 이것은 곧 중생심衆生心을 말함인데 중생심의 발현구조發顯構造를 보면 불안, 초조, 공포, 의심, 시기, 질투, 갈애, 불신, 증오, 도전, 선악 등 번뇌망상煩惱妄相이 마음 속에 꽉 차 있으므로 밤낮없이 불안不安속에 신음하고 살아가는 중생衆生들의 모습을 말함인데,

지구상에 50억 인구가 살고 있다 해도 그 실상實相을 바로 알고 살아가는 사람이 몇 사람이나 있겠습니까? 참으로 안타까운 일이 아닐 수 없습니다.

고인古人이 말씀하시기를 깨친 마음으로 삼라만상森羅萬相을 바라보면 내 모습이 아닌 것이 없고, 또한 외부경계外部境界의 실상實相이 곧 내 모습이라고 합니다. 그런데 나의 주인공이 체내의 중생들을 돌보지 않고 오관작동五管作動에 놀아나서 바깥 경계에 마음이 취해서 살아온 까닭에 무명無明한 탓으로 자기 스스로 누에고치 모양으로 내가 나를 암흑暗黑으로 씌우고 짐을 지워서 끌고 다니던 것이 바로 과거過去의 나의 실상實相이 아니던가? 그렇다면 나(主人公)에 속한 중생들은 그 동안 얼마나 고생苦生이 심했단 말인가? 그리고도 내가 잘되기를 바라는데, 죽어서 천당天堂이나 극락極樂을 갈 수가 있기는커녕 무간지옥無間地獄에 빠져들어 가는 것이 과거過去의 저의 모습이었습니다.

그래서 우리 공부하는 사람들은 외부의 경계境界에 접하게 될 때, 그 원인原因이나 책임責任이 남에게 있다 하더라도 책임責任을 묻지 않는 것은 내 마음을 바로 잡으면 중생심衆生心이 바로 잡혀지고 중생심이 바로 잡혀지면 육신肉身의 건강健康이 바로 잡혀짐을 알기 때문이며, 절대적絶對的인 나를 바로 잡으면 상대적相對的인 나(天地萬物)가 바로 잡혀지는 것으로 생각합니다. 나 하나 바로 잡으면 자기 혼란混亂에서 극기克己가 됨은 물론 삼라만상이 혼란에서 안정安定으로 되돌아가는 것을 믿기 때문입니다. 그래서 내부의 혼란이나 외부의 혼란도 오로지 내 탓으로 알고 긍정肯定으로 받아드리는 것으로 생각합니다. 중생심의 사고자체思考自體가 혼란混亂에서 비롯되기 때문입니다. 그런 까닭에 우리 공부하는 사람들의 생각은, 내 마음이 일어나면 삼라만상森羅萬相이 일어나고, 내 마음이 가라앉으면 삼라만상이 안정되고, 내 마음에서 공포恐怖가 일어나면 삼라만상이 또한 공포로 떨게 된다고 생각을 합니다.

8. 혼란混亂이란 무엇인가? 177

그러나 중생심에서는 상대성을 면하지 못한지라 분별지分別智를 여의지 못하고 나라는 대상對相을 마음으로 지어내는지라 타他가 생기게 마련이며, 타他가 생기면 따라서 삼라만상森羅萬相이 일어나게 되어 여기에 마음이 끄들려서 삼독심三毒心이 생기게 되며, 망상妄相이 고뇌苦惱로 이어져서 고통을 겪는 것으로 압니다. 마음의 혼란에서 벗어나는 것을 불교에서 열반涅槃이라고 말합니다.

자연계自然界에서 일어나는 태풍颱風, 조해潮害, 병충해病蟲害 등 재난災難에 의한 혼란混亂은 일시적이어서 시일時日이 지나게 되면 가라앉아서 극복克服 될 수가 있으나, 인간人間 심성心性의 혼란混亂은 중생세계는 물론 정치인政治人이나 지도자指導者까지도 전파되어 전쟁戰爭이 일어나고 이것이 흑색黑色 에너지로 승화昇華되어 공기를 오염汚染시키고 물을 오염시켜서 지구상의 모든 생태계生態界를 파괴시키고 미생물微生物까지도 몰살 직전에 놓이게 하니, 여기에 인간人間이 살아 남을 수가 있겠습니까? 탈 이데올로기 시대時代인지라 냉전시대冷戰時代도 이미 지났다고 하지만 인간의 망심妄心속에 깔려있는 무명無明의 흑심黑心은 국가 간의 대립과 갈등으로 작용하여 민족주의民族主義니 고도의 정보화 시대니 해서 눈에 보이지 않는 경제전쟁經濟戰爭으로 치닫고 있음은 물론이며, 물질 위주로 살아가는 청소년들의 도덕성道德性을 완전히 타락墮落시켜서 살인강도는 물론 에이즈, 암, 마약, 정신질환 등의 공포로 떨게 하고 있으니, 사람들의 살아가는 모습이 바로 지옥地獄이라 하겠습니다. 이것은 아시다시피 사람들의 살아가는 방식方式이 보다 풍요豊饒로운 내일來日을 위하여 쾌락위주快樂爲主로 살아가다보니 "정신적인 도덕성"을 완전히 잊어버린 까닭이라고 하겠습니다.

우리 도道 공부하는 사람들의 안목眼目으로 볼 때, 지地+수水=땅土인 까닭에 육신肉身으로 보고, 화火+풍風=하늘空의 기운氣運인 까닭에 마음으로 봅니다. 기氣의 형성形成은 무無 중의 무無 다시 말해서 무극無極(眞空)이 생기게 되면 유有의 기운氣運을 끌어당기게 되며, 그런 까닭에 음양陰陽이 생기게 되고 양극兩極이 생기면 자동으로 진공眞空 쪽으로 에너지가 채워지며 채워진 에너지는 다음의 빈곳을 향해서 흘러감으로서 생기는데, 진공眞空이 생기는 원인原因은 일차一次로 양陽의 더운 기운氣運이 바닷물에 닿아서 에너지가 생기는 데에 있으며 이렇게 형성된 에너지를 바람이라고 하는데 알고 보면 바람이란 물기운＋불기운이 합친 것이라고 생각하게 됩니다. 그래서 공기 중에는 물기운과 불기운이 꽉 차 있는데, 바닷물이 존재하는 것은 토土의 당기고 감싸는 자력磁力인 유有의 힘 때문이며, 바람을 일으키는 것은 불기운火 때문이며, 또한 파도가 일어나는 것은 바람 때문이므로, 목주木舟가 바다를 건너는 것은 목주木舟가 가는 것이 아니라 바람이 가는 것이라 할 수 있습니다. 그렇다면 바람이 가는 방향方向은 어디겠습니까? 그 답答은 에너지는 빈곳을 채우러 가는지라 빈곳(氣壓이 낮은 곳)이 바로 가는 방향입니다.

이것을 체계적으로 정리整理를 해 보면, 무극無極은 극極을 낳고 극極은 음양陰陽을 낳아서 돌아가고 음양陰陽은 기氣를 낳고 기氣는 색色(形)을 낳고 색色은 질質을 낳고 질質은 물物을 낳는 것이 됩니다. 그렇다면 이 원리原理를 알은 것은 누구이며, 이것을 말하는 것은 누구입니까? 그것은 바로 「나」가 아니겠습니까? 유무有無는 물론 물 속이나 육신까지도 수화기水火氣가 꽉 차 있는 것으로 압니다.

나의 이 말에 논리論理가 선다면 나는 무상세계無相世界와 유상세계有相世界를 말하고 있는데, 우주宇宙의 관념觀念은 정定해져 있는 공식公式대로 성주괴공成住壞空을 이루고 돌아갈 수가 있으나 심心이 없는지라 사람과 같이 자기 마음을 자유자재自由自在로 무애행無碍行을 할 수가 없는 것이며, 반면에 사람의 마음은 자기 결심決心에 의依하여 자살自殺까지 할 수가 있다고 말할 수 있습니다. 그 뿐만 아니라 인간의 결정決定에 의하여 원자탄原子彈으로 지구地球를 완전하게 파괴破壞할 수가 있는 까닭에, 사람의 마음을 제쳐놓고 따로 진리眞理가 없는 것으로 압니다. 무상심無相心에서 볼 때 삼라만상森羅萬相은 망심妄心에서 일어난 지라 균형均衡이 맞지 않아도 응應해 줘야 돌아가는 고로 긍정肯定으로 받아드리는 것으로 압니다.(妄心이 곧 힘)

1. 중생심衆生心의 사고思考란 이미 규격화規格化 돼 있어서 이미 정定해져 있습니다.

사고思考란 내 마음을 필요必要에 따라 쓰고 있는 방법方法을 말하는 것인데, 고인古人의 말씀에도 대인大人의 마음 씀이란 무문대도無門大道라고 하셨듯이 무변법계無邊法界의 내 마음을 쓰는데 형태形態없는 무한대無限大의 나의 마음이 본인本人의 자유의사自由意思에 따라 쓰여지는데 넓게 쓰지를 말라고 간섭干涉을 하는 것도 아니고 부처님이나, 하나님이나, 그리고 신령님들께서 그렇게 쓰라고 해서 정定해 주신 것도 아닌데 사물事物을 대할 때 그 형태와 모양과 색깔이 모두 다르듯이 사람의 마음 씀을 보면 그것이 넓고, 좁고, 길고, 짧고, 높고, 얕고 하여 천태만상千態萬相입니다. 축생畜生이나 동물動物들은 종류에 따라 그 모양은 달라도 쓰는 마음은 같은 것으로 보는데, 황하사黃河砂의 모래알이 아무리 많다 해도 그 모양이 같은 것이란 없듯이, 사람의 얼굴과 마음이 하나도 같을 수가 없는 것은 사람으로 타고 날 때부터 인간人間은 양면성兩面性을 가지고 타고났기 때문입니다. 즉 마음은 발發하면 선과 악(음양의 원리)으로 갈라지는데, 이를 지니고 태어났다는 것입니다.

어떻게 보면 처음부터(태어날 때부터)가 모순성矛盾性을 지녔다고도 하겠는데, 음양의 원리는 생멸生滅의 원리原理요 우주법계의 진리眞理인 까닭에 오로지 사람만이 생사生死의 초월능력超越能力을 마음에 갖추어 있는지라 만물萬物의 영장靈長이 곧 사람이라고 하겠습니다. 그래서 사람만이 영특한 지혜智慧를 가지고 태어난 것인데 이 지혜는 하도 크고 밝아서 우주宇宙를 다스리고도 여유가 넉넉한데, 사람이 태어나서 성장成長을 하게 되면 마음이 상대적相對的인 관념觀念에 사로잡혀 삼독심三毒心으로 씌워지게 되어 그 빛을 잃게 된 것입니다.

사람은 사람 人자字의 특성特性처럼 너와 나가 서로 의지依支하고 어울려서 살아간다는 뜻과도 같이 옛날서부터 무리를 지어서 살아왔는데 전통의식傳統意識이 하도 강강하여 민족民族, 지역적인 특수성特殊性, 문화, 종교, 사상, 이데올로기 등에 의해서 사고思考가 달라지고, 같은 색채의 집단에서도 외형外形으로 나타나는 삶의 방식은 같은 것으로 보이나 내부內部에 잠재潛在된 사고思考만은 더욱더 다르다는 것은 너무나 당연當然한 일이라고 사려思慮됩니다. (兩面性 때문) 이러한 운명運命에서 살아가는 것이 중생심衆生心인지라 오로지 내 마음에 상대相對가 맞추어 주기를 바라고 사는데, 항차 부부지간에도 뜻에 맞을 수가 없으니, 알고 보면 이와 같이 불만不滿 속에 살아가는 것이 사람의 중생심衆生心이라 하겠습니다. 그것은 광대무변廣大無邊한 내 마음이 정定해진 틀에 맞추어 길들여진 채 습관성習慣性으로 살아왔기 때문입니다.

그래서 사람의 사고思考는 새로운 것이란 있을 수가 없고 지나간 역사歷史를 되풀이할 따름인데, 새로운 사고思考란 과거過去를 완전히 단절斷切할 수 있을 때만이 이루어지는 것으로 압니다. 그런 까닭에 지식知識, 학문學問, 종교宗敎 등은 낡은 사고思考의 소산물所産物이라고 하겠습니다. 세상世上은 새롭게 앞서 가는데 사고思考는 고정관념固定觀念으로 과거過去에 묶여 있기 때문입니다.

2. 사고思考의 판단력判斷力은 30% 밖에 적중適中하지 못합니다.

학교에서 OX 문제를 응시應試할 때는 연필을 굴려서 답을 써도 50점은 맞는다는 것이 통례通例로 되어 있는데도 사고思考의 판단判斷은 30%밖에 맞지 않

8. 혼란混亂이란 무엇인가? 181

는다고 하니, 그것이 무슨 말이며 그 근거根據는 어디에서 나온 것인가 라고 의문疑問을 말할지는 모르나, 그 이유理由는 다음과 같습니다.

사고思考란 전에도 말했듯이 심心의 양면성兩面性에서 마음이 두 가지로 발현發顯하는지라 선善 아니면 악惡, 생生 아니면 사死, 이것 아니면 저것 등 정상적正常的으로 작용할 지라도 마음이 둘 인지라 50점 밖에 안 되는데, 마음을 욕구慾求에다 쓰다보니 삼독심三毒心으로 가려져 50점의 절반인 25점인데, 그래도 후하게 따져서 30%는 적중適中한다고 생각해 본 것입니다. 이와 같이 사람의 마음이 번뇌망상煩惱妄相으로 70%는 가려지고 나머지 30%만을 쓰고 있다는 것이 본인의 해석解釋입니다. 그래서 나는 말하기를 의식意識에서 나온 사고思考란 이것 자체가 혼란混亂되어 있다고 말합니다. 다시 말해서 중생심이란 발發하면 혼란이라는 것이지요.

앞에서도 말했듯이 주인공主人公이 중생계의 소우주小宇宙를 다스리는데 내부를 관조觀照하고 다스리는 것이 아니라 오관작동五管作動이 바깥세상만을 보고 다스리는 까닭에 사고의 혼란 속에 살아가고 있으면서도 본인本人은 느낌조차 모르고 살아가고 있으니 참으로 안타까운 일이 아닐 수 없습니다. 이것을 보고 말하기를 중생衆生들은 무명無明에서 살고 있다고 말하는데 오로지 깨달은 사람만이 아는 사실입니다. 과거심過去心을 깰지라 현재심現在心이 새로워진 까닭이지요.

3. 지구상의 50억 인구人口의 99%가 정신질환精神疾患으로 혼란을 겪으며 살아가고 있습니다.

이 말은 전 인류全人類가 도덕심道德心을 져버리고 물질위주로 추구하다보니 유상세계有相世界에 치우쳐서 소수인 1% 정도가 제 정신에 살고 있다는 말인데, 나머지는 전부가 혼란 속에서 살아간다고 말할 수 있으나 그 고통은 바로 지옥地獄살이와 다를 바가 없다는 것입니다. 이것이 중생심의 실상實相이라고 하겠습니다. 바꾸어 말한다면 제 정신을 가지고 살아가는 소수의 인구가 도탄에 빠져서 신음하고 살아가는 지구상의 전 인류를 떠받치고 살아간다는 말이 됩니다.(無相心으로 살아가는 사람)

종교단체宗敎團體에서 흔히 말하기를 2,000년대의 종말론終末論을 말하고 있으나 오늘날의 현실現實에다 비추어 볼 때 일리는 있다고 하겠습니다. 그러나 진리眞理의 세계에서 미래사未來事에 대한 말은 있을 수가 없으며, 다만 내가 말하고 있는 것은 과거 본인本人이 살아가던 모습을 되돌아 볼 때 현실을 직관直觀해서 말할 따름입니다. 무상세계無相世界에서는 미래사에 대하여 주착住着 할 수가 없는 까닭입니다.

모든 것이 잘 풀려서 재산도 많이 늘고 저금통장에 예금도 많이 있는 사업事業하는 사람이나, 돈이 없어서 당장 떼거리가 없어 궁窮한 사람이나, 중생심의 "마음에 혼란"은 매 한가지 입니다. 그래서 때로는 사찰寺刹과 교회敎會를 찾아가서 기도나 염불을 해서 마음을 가라앉혀 보려고 해도 초조, 불안, 공포 등은 점점 심해져서 잠이 오지 않고 입맛이 없으며 급기야는 악성질환惡性疾患에 걸려서 고생을 하게 됩니다. 이런 사람들은 한결같이 말하기를 사는 것 자체가 괴로워서 지옥살이라고 말합니다. 그런 까닭에 세상이 아름답게 보일 수가 없으며 더욱이 남을 위해서 사랑이나 자비심이 일어날 수가 없는지라 항시 긴장과 초조로 불안不安 속에서 살아갑니다.

의학계醫學界에서도 말하기를 사람의 마음이 긴장緊張이 되면 호르몬의 변화로 각 세포細胞도 긴장緊張이 되어 공포로 떨게 됨으로 암세포癌細胞를 만들어 낸다고 하며, 반대로 자비慈悲와 사랑으로 마음을 즐겁게 쓰면 항체抗體에너지

(호르몬)가 생산되어 암세포를 억제抑制하여 치료효과治療效果를 가져온다고 합니다.(在美 이상구 박사) 당뇨병환자나 고혈압 환자들이 고단백질 식품이나 육식肉食을 피하고 잡곡이나 채식을 주로 먹는 것은 첫째, 체내에서 생존生存하고 있는 세포나 생명체들의 식성食性을 재고再考해 본 것이고 둘째, 인욕忍慾을 해서 과거過去를 반성反省하고 마음을 새롭게 변화變化시키는데 도움을 주자는 것인데, 병病을 고치는데 크게 기여寄與할 것으로 믿습니다. 만병萬病의 근원根源은 마음이요 매사每事는 유심조唯心造라고 믿기 때문입니다.

중생심衆生心에서 운명론運命論을 믿는 것은 전생에서부터 금생에 이르기까지 무명無明에서 벗어나지 못하고 정定해진 그릇대로 살아가기 때문이지만, 우리 공부하는 사람들은 자작자수自作自受의 인과법因果法을 강하게 믿는지라 운명론運命論을 믿지 않습니다. 중생심은 84,000가닥으로 일어나는 과거심過去心을 따라 가는 지라 이것을 망심妄心이라고 하는데 이것을 "구救하는 욕구慾求"에다 쓰다보니 30%도 적중할 수가 없으니 부득고不得苦에 대한 마음의 아픔이 얼마나 쓰라리겠습니까? 이것을 알지도 못하고 운運이 없다 재수財數가 없다고 말을 하는데, 돈 내다 버리고 망해서 마음고생 할 바에는 일없이 쉬는 것보다도 나을 것이 무엇이 있겠습니까? 마음의 양면성兩面性이란 두 가지 마음으로 분별分別을 해서 선택選擇을 한다는 말인데, 이 사고思考가 혼란을 만들어 내는 근원이라는 말입니다.

나는 운명론運命論을 다음과 같이 생각해 봅니다.

개인個人이나 사회社會나 국가國家의 "운명運命의 척도尺度"는 그 당시의 사람들의 청정심淸淨心(智慧)의 농도濃度에 의해서 정定해 지는 것으로 압니다. 미래사未來事도 사람들의 마음에 달려 있다고 봅니다. 사람의 생로병사生老病死도 나의 주인공主人公인 마음 따라 가는 것으로 아는데, 전쟁戰爭도 평화平和도 그리고 길흉화복吉凶禍福도 오로지 내 마음 탓으로 알고 있습니다. 그러나 한 가지 유의留意할 것은, 사람의 이합집산離合集散도 마음 따라 이루어지는데 푸른 하늘에 물 기운이 돌아가면 모여서 구름이 뜨듯이 중생심妄心은 강강强한 곳을 중심中心으로 모여들고 청정심淸淨心은 언제나 빈곳으로 모여드는데, 강한 중생심하고 약한 청정심은 대립對立으로 존재存在하며 이것 또한 둘이면서 하나라는 것입니다. 강한 중생심은 나타낼 수가 있으나 선善의 극극인 청정심은 나타낼 수가 없어도 그림자 모양으로 따라 다니며 품안으로 돌아와 줄 것을 끊임없이 기다립니다. 버리지 않고 멀리하지도 않는다는 말이지요.

중생심은 무명無明한지라 망심妄心을 일으켜서 자연계自然界까지도 혼란으로 만들어서 흑색黑色으로 변화變化 시키는 반면에, 청정심은 썩은 부위에 새 생명을 불어넣고 새롭고 아름다운 세계로 승화昇華하도록 노력하며 망심妄心의 혼란混亂이 있다 하더라도 미워하지 않고 백색白色의 제 모습으로 돌아올 때까지 인내忍耐를 가지고 기다립니다. 마음은 하나 인지라 둘로 나누어서 말하는 것은 옳지 않으나 중생심의 혼란에 대한 설명說明 때문입니다. 참으로 안타까운 것은 중생심衆生心은 자기自己만 혼란을 가져오는 것이 아니라 타인他人까지 오염시키고 새싹까지도 오염시키면서 알지를 못하니 말입니다. 그뿐입니까? 이로 인하여 천지기운天地氣運이 오염汚染이 되어서 영계靈界까지도 오염이 되니 천지만물天地萬物인들 제 모습대로 존재할 수가 있겠습니까?

더욱이 부자富者 나라富國일수록 그 농도가 심甚한 것은 언젠가는 망亡한다는 암시暗示를 하고 있는 것입니다. 이것은 악담惡談이 아니라 부富의 극극은 빈貧의 극극과 대립對立을 하고 있는 까닭에 그것은 당연한 상대성相對性 원리原理라고 알기 때문입니다.

많이 있다는 것은 없는 데에서 비롯된 것입니다. 부자나라란 빈곤貧困한 나라에서 물자物資를 많이 사 주었기 때문인 것이고, 가난한 나라란 능력能力과 지혜智慧가 없기 때문인 것입니다. 옛날 성현聖賢들 말씀에 도道를 배우려면 먼저 가난을 배우라고 하셨는데 부富는 축적蓄積인지라 도道가 될 수가 없으며, 가난은 빈 쪽이라 도道를 이루는 근본根本이 되며, 유有의 세계는 무無쪽으로 흘러 들어가야 자연自然의 순리順理인데도, 있는 나라는 누구를 죽이려고 원자탄原子彈과 무기武器를 다량 생산해서 쌓아가며 악랄한 수단手段으로 돈을 버는데 혈안血眼이 되고 있으니 말입니다. 내가 말하는 것은 일하지 말고 빈곤貧困을 하라는 것이 아니라, 빈부貧富를 따지기 전에 마음의 혼란混亂에서 벗어나고 양심良心(淸淨心)으로 회귀回歸하자는 것입니다.

중생심은 유상세계의 힘力쪽 인지라 이루고, 쌓고, 허물고, 죽이고, 자기 욕심을 채우기 위해서 남의 것을 탐하고 빼앗으며 사촌이 땅을 사는데 자기 배가 아픈 것처럼 시기나 질투 등에 그 마음을 상대적으로 쓰는지라 초조 불안을 면할 길이 없는 반면에, 청정심淸淨心(良心)은 중생심을 다하고 자기를 초월超越한 무심無心에서 나오는지라 긍정肯定으로 받아들이는 마음을 말함인데 이것을 자비慈悲니 사랑이니 라고 말을 하는 사람이 있으나 본인의 마음 속에는 그러한 것들이 없으면서도 바닷물이 오염汚染된 물을 가리지 않고 받아들이는 것과 같이 분별分別하거나 마다하지 않으며 설사 지악至惡을 저지른 살인자殺人者라 할지라도 사랑과 자비慈悲로 감싸니 아무리 힘이 센 유상세계有相世界의 신장神將이라 할 지라도 여기에는 굴복屈伏을 하지 않을 수가 없으며 맥을 못 추고 녹아들어가게 마련입니다.

유상세계에서는 상대적인 이(齒車)가 있어야 돌아가지만 무상세계는 이가 없어도 전체의 어느 곳에도 자유롭게 맞아서 돌아가게 되 있는 것으로 압니다. 하물며 살생殺生을 주도하는 핵전쟁核戰爭이 터졌다 하더라도 무상세계無相世界에서 볼 때는 전체를 수용하는 능력을 갖추어 있는 까닭에 공포심恐怖心이 일어나기는커녕 무위無爲로 돌아갈 수밖에 없다고 생각합니다. 혹시 이차세계대전二次世界對戰 당시에 일본 히로시마廣島에 원자탄原子彈이 떨어진 사실事實이 있었는데도 무슨 잠꼬대 같은 말인가 라고 말을 할지 모르나, 이것은 일본日本의 침략야망侵略野望이 급기야는 대동아 전쟁大東亞戰爭을 일으키고 세계대전世界大戰에 까지 뛰어들게 했는데 양민良民을 학살虐殺한 숫자만도 수천만 명에 달한다고 하니 전쟁을 일으킨 것도 일본사람이요 수천만 명을 학살한 것도 일본사람들의 인과因果의 소치所致라고 말한다면 원자탄原子彈을 끌어드린 것도 일본사람들이라고 하겠습니다.

부처님 말씀에도 인연因緣이 없는 중생衆生은 불가도不可道라고 말씀하셨듯이 무상심無相心(道心)을 가지고 전쟁戰爭을 억제抑制할 수 있느냐는 말이 될 수가 있으나 인과업보因果業報에 의해서 원자탄 세례를 받게 된 것을 받지 않도록 한다는 것은 유상세계有相世界의 유위법有爲法 인지라 자작자수自作自受의 인과법因果法에 어긋나는지라 불가능不可能한 것으로 사려思慮됩니다. 중생심이 극도極度로 혼란混亂하면 청정심淸淨心이 가려져서 억제력抑制力을 잃게 되며 급기야는 전쟁戰爭으로 치달아서 숱한 인명피해人命被害가 생기는 것으로 압니다. 그러나 무념무상無念無相의 청정심은 천지만물을 사랑하고 가꾸는 힘인지라 어떠한 망심妄心의 혼란混亂이라도 마다하지 않고 사랑과 자비로 감싸며 새롭고 아름다운 세계로 영원永遠이 돌아가는 것으로 압니다. 이와 같이 정신일도精神一到면 하사불성何事不成이라고 무상세계無相世界에는 불가능不可能이란 있을 수 없는 것입니다.(求하는 것이 없고 받아들이기 때문)

어느 도반道伴이 나에게 말하기를 선생님은 항시 안(속)을 보라고 말씀을 하시는데 눈으로 보이지 않는 것을 어떻게 보라는 것입니까? 라고 묻는 사람이 있습니다. 내가 말하는 안을 본다는 것은 내 몸 속에 살고 있는 중생衆生들을 관심關心을 갖고 마음으로 보라는 말인데, 마음의 영광靈光은 햇빛과 같아서 몸 속을 바라본다고 생각만 해도 중생들은 미리 알고 축제 분위기로 좋아하는 것은 유有의 세계는 음陰이요 무無의 세계는 양陽인지라 마음은 형체形體가 없어도 발發하면 양陽에 속하니 그야 당연한 일이라고 하겠습니다.(話頭를 안으로 챙기라는 말) 어디 그 뿐입니까? 항체 에너지(호르몬)가 생겨서 외부外部에서 들어오는 암癌이나 병균病菌을 막아줌은 물론 체내體內의 공조체제共助體制가 잘 이루어지고 더욱이 정신일도精神一到가 되면 마음의 눈이 열려서 깨달음으로 이어져 내 마음의 정체正體와 내부세계內部世界의 정체正體가 드러나게 되고 바깥세계(外部)와 조화造化를 체험體驗하게 되면 아무리 감정이 없는 사람이라 할지라도 삼 개월은 울어야 배기는 것으로 압니다. 내가 안을 보라는 것은 눈으로 보라는 것이 아니라 마음으로 보라는 것인데, 옛날에 어느 선사禪師는 3년 동안 장승에다 마음을 집중集中한 결과 장승이 눈이 뜨더랍니다. 장승이 눈을 뜬것이 아니라 내 마음의 눈이 떠져서 장승이 생기기 전前의 모습에 눈이 있는 것을 본 것이지요? 내 마음을 망심妄心으로 닫으면 부처를 가둠이요, 내 마음을 열면 부처를 살리는 지라 이것을 열반涅槃이라고 하는 것 같습니다. (그런 까닭에 苦의 實踐이 필요함)

마음도표

1. 옳은 마음

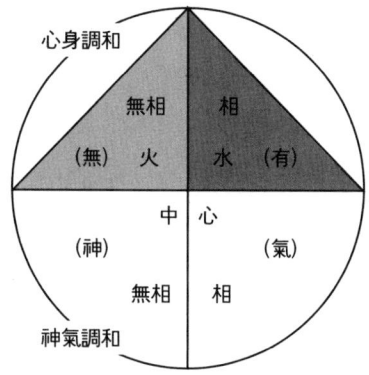

수평과 수직의 만남에서
正三角形을 이루었음

2. 중생심

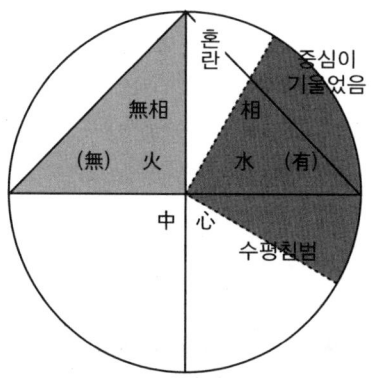

수평에서 30%를 有相 쪽으로 치우쳤음
(중심의 90도를 잃었음)

3. 발심순서 (오온)

色은 과거심의 識에서 나오는 것임.

마음을 수평(땅)과 수직(하늘)으로 모아서 核을 이루면 空(圓)이 생기고
空은 에너지를 모아서 核에 접근되면 수축과 팽창으로 陰陽의 原理를 만들어서 氣를 만들고,
氣는 質로 변하고, 質은 形으로 변해서 森羅萬相(肉身)을 다스리는 것으로 생각합니다.

8. 혼란混亂이란 무엇인가?

자리타리自利他利에 대하여

질문: 기독교基督敎에서는 성경聖經에도 있듯이 "이웃을 사랑하라"라고 말합니다. 그래서 "참사랑"이란 남을 위하는 것을 곧 나를 위하듯 하는 것으로 알고 있으며, 또한 많은 종교단체宗敎團體에서도 그렇게 지도指導하고 있다고 생각하는데, 유독惟獨 불교에서는 "자리自利가 곧 타리他利"라고 말하고 있어 불교佛敎 자체自體가 이기주의利己主義가 아닌가 라고 생각됩니다. 여기에 그럴만한 이유理由가 있는지 설명해 주시기 바랍니다.(인천의 김목사님)

불교佛敎를 잘 모르는 본인本人에게 질문質問을 하니 참으로 답하기가 곤란합니다. 여하튼 저에게 물으시니 답을 하되, 틀리는 점이 있더라도 이해하시기 바랍니다.

본인은 기독교를 신본주의神本主義인 것으로 알고 불교를 심본주의心本主義인 것으로 알고 있는데, 종교적 관점에서 볼 때 이 둘은 근본적根本的으로 차이差異가 있다고 하겠습니다.

기독교를 신본주의라고 말하는 것은 하나님이라고 하는 절대신絶對神 이외에 따로 신神이 존재할 수가 없으며 그런 까닭에 사람은 누구나가 피조물被造物이 되어야 되고 절대신을 섬기고 경배敬拜하며 따라가야 되고 신神에게 잡혀있는 까닭에 개인個人의 의사意思나 행동行動에 자유自由가 있을 수가 없기 때문이며, 불교를 심본주의라 말하는 것은 만유萬有의 근원根源이 유심조唯心造인지라 마음 밖에 부처나 신神이 따로 있을 수 없으며 죽어도 내가 죽고 살아도 내가 사는 것이지 부처나 신이 이래라 저래라 함으로서 간섭을 받는 것이 아니기 때문입니다.

기독교에서는 하나님을 믿어야 천당天堂을 갈 수가 있다고 말합니다. 반면反面에, 석가모니 부처님께서 49년 동안 설법說法을 하셨지만 "깨쳐서 마음의 자유를 얻어라" 라고 가르쳐주신 것 이외에 나를 따라야 극락極樂을 갈 수 있다는 말씀은 단 한마디도 없었던 이유는 모든 길흉화복吉凶禍福의 원인原因이 신神의 작용作用이 아니라 내가 하고 내가 받는 것(自作自受)일뿐 하나님이나 부처님이 따로 존재存在하여 그분들이 주시는 것이 아니라는 인과응보因果應報의 법칙法則을 깨달으셔서 그 길을 가르쳐 주신 것이 84,000대장경인 것으로 압니다. 다시 말해 불교佛敎는 이정표里程標라는 말입니다.

김 목사님께서 말씀하셨듯이 불교佛敎의 입장立場은 "자리타리自利他利"가 확실합니다. 그러나 여기에는 질문하셨듯이 그럴만한 이유가 있습니다.

불교에서 흔히 쓰여지는 말인데 "상구보리上求菩提하고 하화중생下化衆生하라"라는 말이 있습니다. 어떻게 보면 이 말의 뜻이 "높은 경지境地를 깨달아서 아래에 속한 중생衆生들을 제도濟度하는 것이 불교佛敎의 요체要諦이다" 라고 해석할 수가 있으나 그것은 잘못된 사고思考라고 생각합니다. 이 글의 본뜻은 "우선 내 마음을 갈고 닦은 청정심淸淨心으로 깨달아서 보리심菩提心을 이룬 다음에 중생교화衆生敎化에 앞장서라" 라는 말로 이해理解가 됩니다.

기독교를 수직상의 관념이라고 본다면 불교는 수평상의 관념이라고 말할 수 있는데, 기독교基督教에서는 "주主님께 구求하면 얻는다"고 말하는 반면에 불교佛教에서는 "심삼세불가득心三世不可得"을 말합니다. 중생衆生이 중생심衆生心을 가지고 중생을 제도濟度할 수 없는 것은 "깨달아야 중생을 면하고 깨닫지 못하면 중생"인 까닭에 흐린 물은 흐린 물을 갖고서는 맑은 물이 될 수가 없기 때문입니다. 결국 깨닫지 않고서는 마음의 "유상세계 인과有相世界 因果"를 가슴으로 이해할 수가 없기 때문입니다.

절대신絶對神을 믿는 사람들은 신神에게 내 마음을 묶어서 의지依支하는 지라 마음에서 신에게 경배심敬拜心을 내게 되면 마음은 양면성兩面性인지라 불안, 초조, 저주, 공포 등 전도망상이 쉴 사이 없이 일어나게 되는데, 나는 이것을 종교단체에서 오는 "선의善意의 심적 공해心的 公害"라고 말합니다. 그러나 불교에서 말하는 보리, 열반 등과 같이 마음에 한 생각을 돌이키면 이것을 자기제도自己濟度(自利)라고 하는데 이는 죽어서 천당 가는 문제가 아니라 이것을 제쳐놓고 천지개벽天地開闢이 따로 있을 수가 없으며, 석가여래釋迦如來만이 "천상천하 유아독존天上天下 唯我獨尊"인 것이 아니라 나를 제쳐놓고 우주宇宙의 주인공主人公이 따로 있을 수가 없으니 여기에 어찌 상대적相對的인 절대신絶對神이나 부처가 따로 존재存在할 수가 있으리요?

석가여래께서 말씀하시기를 "천상천하의 모든 실상實相 일체一切를 제도濟度하였느니라. 그러나 제도濟度 한 바가 없느니라"라고 했는데 여기서 "제도하였느니라"는 상대적相對的인 관념觀念이요 반면에 "그러나 제도한 바가 없느니라"는 절대적絶對的인 관념觀念이니, 아무리 크게 깨친 사람이 있다 할지라도 님의 깊은 뜻을 누가 알리요?

기독교基督教는 교화教化에 목적이 있는 반면에, 불교佛教는 깨달음에 목적이 있는지라 전傳하고 가르치는 것이 아니라 이심전심以心傳心을 지표指標로 삼기 때문에 석가세존도 스승에 불과할 뿐 깨쳐줄 수는 없는 것이니 남(他)에 지나지 않아서, 기독교와 같이 이루어 달라고 매달리는 신앙信仰이 아니라 자기완성自己完成을 위해서 끊임없이 힘(智慧)을 기르고 번뇌망상煩惱妄相을 끊고 닦아서 청정무념淸淨無念 무상심無相心이 되어 정신일도精神一到가 되면 이것이 깨달음으로 이어져서 천상천하가 내 곁으로 호응을 한다면, 이것이 곧 "내(自)가 이로운 것"이라고 생각하기 전前에 "남(他)을 이롭게 하는 근원根源"은 안될까요? 그래서 나도 "자리 곧 타리(自利他利)"라고 생각합니다.

불교에서 말하는 무상심無相心을 가지고 중생제도衆生濟度는 가능하지만, 기독교에서 말하는 하나님이라고 하는 절대신絶對神을 가지고는 중생제도衆生濟度가 불가능하다고 본인은 여기며, 단지 교화敎化는 가능한 것으로 사료思料됩니다. 기독교基督敎에서는 "이웃을 사랑하라"고 가르치는데 우리 공부하는 사람들이 무상심無相心만을 이루어도 마음속에 자비慈悲니 사랑이니 하는 것조차 없으면서도 중생심衆生心이 곧 내 마음인지라 가슴을 활짝 열어놓고 다른 사람들의 고苦를 녹이고 감싸기를 잊지 않는 것을 볼 때, 어찌 여기에 자리自利니 타리他利니 하는 이해관계利害關係만을 따질 수가 있으리요?

타他 종교단체宗敎團體에서는 휴거, 말세론, 미륵시대 등 미래사未來事를 말하는 것은 자연自然이나 만유萬有가 나의 욕구欲求에 맞추어 주기를 바라는 까닭인데, 반면에 정통불교正統佛敎는 나하나 새롭게 변하면 천지天地가 변變하는 것을 알기 때문에 원인原因을 타他에 묻지 않고 오로지 내 탓으로 감싸고 인내忍耐와 노력努力을 아끼지 않고 영원토록 새롭게 돌아갈 수 있도록 정진精進할 따름인 것입니다.

끝으로, 정통불교正統佛敎와 예수님 말씀의 본질本質은 종교宗敎이기 이전以

前에 거듭남을 말하는 것으로 본인本人은 이해理解하고 있습니다. 또한 정신일도精神一到이면 하사불성何事不成이라고 주력呪力, 염불念佛, 기도祈禱 등도 알고 보면 자작자수自作自受의 청정심淸淨心에서 비롯된 것으로 압니다.

말세末世와 미륵시대彌勒時代는 어느 때 오는가?

사람이 살아가는 모습을 볼 때는 참으로 오묘하고 신비로운 점이 많다고 보겠습니다. 잘 살아갈 때나 빈곤하게 살아갈 때나 마음은 하나인지라 쓸 때에도 한결같이 여일 해서 변하지 말아야 되는데, 바깥 경계를 접하게 되면 환경 따라 색깔 따라 양극화로 발현되어서 마치 바람을 맞은 갈대와도 같이 이리 흔들리고 저리 흔들리는데, 눈뜨고 갈피를 잡지 못하면서도 내 마음과 행동은 옳다고 말합니다.

하기사 중생심衆生心이란, 전생前生서부터 금생今生에 이르기까지 정定해져 있는 마음의 그릇 따라 색깔 따라 말하고 행동하는지라, 적은 그릇 적게 살고 큰 그릇 크게 살아가니 당연히 옳다고 말을 해야 되는데도 자기 그릇에 맞지 않으면 부정否定 해 버리고 아예 따라가려고 들지를 않는 것이 오늘날 사회인社會人들의 살아가는 모습이라고 하겠습니다. 그래서 사물에 대할 때 긍정을 하는 것도 내 마음이요 부정을 하는 것도 내 마음인지라, 자기 마음씀이 결정하는 바에 달려 있다고 말합니다. 그런 까닭에 개인을 보는 눈이나 세상을 보고 느끼고 비판하는 것은 자기를 중심으로 한 사고思考가 중심이 되어서 생각하는 까닭에 세상을 넓게 보고 생각하지를 못하고 단편적으로 생각하고 말하는 까닭에 대중들의 언론이란 통일統一이 될 수가 없을 것입니다.

물론勿論 언론의 자유를 헌법상 보장을 받고 있는 이상以上은 무슨 말을 할지라도 자유일 수밖에 없다고 하겠으나, 그러나 내가 잘못한 말이 씨앗이 되어 건전한 사회를 불안과 공포의 도가니로 몰고 갈 수 있는 원인이 된다면, 이것은 사회적으로 중대한 문제가 아닐 수 없습니다. 세상世上이 불안하다고 느껴질 때는 투자심리의 위축, 물가불안, 사회질서의 혼란 등 급기야는 파탄으로 이어집니다. 그럼에도 불구하고 사회일각에서는 종교단체가 주축이 되어, 말세론과 미륵시대 또는 예수의 재림설 등을 퍼트려서, 평화롭고 안정된 시민생활에 먹물을 끼얹는 근거 없는 허무맹랑한 유언비어를 접하게 될 때 참으로 안타까움을 금치 못하는 바입니다.

　말세라고 하는 말은 지구와 인류의 종말을 말하는 것인데, 유상세계有相世界의 논리論理로 말을 한다면 시초始初가 있으면 종말終末이 있게 마련이며 종말은 다시 말해서 새로운 시작으로 변화하게 마련입니다. 그러나 종말론자들의 말에 의하면 그러한 뜻이 아니라 인간의 심성心性이 썩어서 이 사회가 악惡의 세계로 변모한 까닭에 물이 오염되고 공기가 오염되어서 지구상에 살고 있는 생명체는 물론 식물이나 인간마저도 살아남을 수가 없으며 악惡의 대가로 암, 에이즈, 낙태수술, 마약, 정신질환 등이 나타나는데 이는 신神의 저주를 받고 있는 증조라고 말하며 불火의 심판을 받아서 믿지 않는 자者는 멸망한다고 말합니다.

　그리고, 우리는 종말론자들이 휴거(天地開闢)의 날짜를 기다리다가 빗나가게 되어 교주教主라는 사람이 사기죄로 잡혀 들어가는 모습도 보았습니다. 그럼에도 불구하고 2,000년대 말세론을 또 퍼트리고 있으니, 이런 말을 꾸며대는 종교지도자들에게 문제가 있다고 하겠습니다. 이와 같이 교육이나 종교지도자가 썩으면 정신문화가 썩어서 사회가 혼란에 빠지게 마련인지라 걱정을 안할 수 없는 문제이기 때문입니다.

믿는 사람을 제쳐놓고 그래 아버지 어머니 그리고 지구상의 모든 생명체들이 다 죽어도 좋단 말입니까? 인류문화人類文化가 말살되어도 믿는 사람만이 남아서 살수가 있단 말입니까? 만약에 그러한 뜻이 아니라고 한다면 말세가 빨리 다가와서 천지개벽을 이루고 새롭게 다시 태어나자는 말입니까? 그러한 말을 하고 있는 당신은 죽지 않는다는 말입니까?

이와 같이 날조되고 왜곡된 설교說敎는 성경聖經 말씀을 근거로 하고 있는데, 도道란 여여부동심如如不動心을 말하는지라 무념무상無念無相을 말해야 되는데 무슨 방편으로 말을 해서 그 참된 무상계無相界의 실상實相을 드러낼 수가 있으리오. 말을 하면 진면목眞面目은 가짜가 되어 버려지게 마련이니, 그래서 성경 말씀을 바로 보고 이해하기가 어렵다고 말합니다. 하물며 성직자라 하더라도 깨쳐서 나를 알지 못하는 사람이라면 성경에 내재해 있는 성현聖賢의 맘은 절대로 알리가 없는지라 글자의 해석일 뿐이며, 사념으로 해석을 하는 까닭에 이와 같이 엄청난 차이가 나는 것으로 압니다.

따라서 오늘날의 그릇된 종교단체를 보고 정신적인 종교의 차원이 아니라 물질적인 교육의 차원이라고 말하니, 선량한 전통적인 종교단체마저도 그 피해를 입게 되니 참으로 안타까운 일이 아닐 수 없습니다. 그래서 뜻이 있는 사람들은 말하기를 말세로 인한 천지개벽이 문제가 아니라, 이것을 말하는 사람들의 의식개혁을 위해서라도 종교개혁은 꼭, 필수적으로 이루어져야 되겠다고 말합니다. 비근한 예로 어느 사람은 "내가 재림예수요." "내가 정도령이요." 라고 말하는가 하면 내가 주는 감로수를 먹으면 영생한다고도 하고 재물을 바치면 죄가 사해지고 극락을 간다하며 내분의 갈등과 심지어는 집단폭행, 공갈협박, 상해치사 등 종교단체로서 믿기 어려운 불법 집단행동을 서슴지 않는다고 하니, 사회인의 한 사람으로서 물 건너 남의 일이라고 방관할 수는 없는 것이 사실이라고 생각합니다.

어느 사람은 나한테 "그렇다면 당신은 무슨 뾰쪽한 처방이라도 있단 말입니까?"라고 묻기에 다음과 같이 말을 하게 된 것입니다. (道는 말이 없는데도)

본인은 부처나 하나님이나 도道를 모릅니다. 왜냐하면 경經을 읽어본 적도 없고 믿으려고 하지도 않기 때문입니다. 혹시 이런 말을 하게 되면 오만 불손한 아집我執의 소치라고 생각하실 지 모르나, "도道는 이것이다"라는 내용과 글자가 나오기 전前이 도道라고 생각하기 때문이며, 그런 까닭에 도는 입 밖으로 나오면 도가 아니고 이미 버렸다고 말합니다. 그러니 도서道書나 경經은 성현들의 말씀에 지나지 않고, 이것이 진리眞理가 아닌지라 글로 전하고 말로 전하는 과정에서 왜곡되고 변할 수 있는 까닭에 믿을 수가 없다는 것이 본인의 해석입니다. 오로지 믿는다는 것은 소아小我를 버리고 대아大我를 성취한 그 마음을 믿을 수밖에 없다는 것입니다. 그것은 당신의 생각일 뿐이지 누가 믿을 수 있겠느냐고 말할 지 모르나 여기에는 절대로 그럴만한 이유理由가 있다고 봅니다.

중생심衆生心이란 양면성兩面性인지라 마음이 발發하면 선善 아니면 악惡으로 발현되는데 이것을 망심의 조작忘心造作이라고 말을 하지만 이와 같이 인위적으로 조작된 마음은 진리眞理가 아니라는 것입니다. 그것이 그럴 수밖에 없는 것은 중생심은 두 가지 마음을 쓰는지라 이 넓은 세상에 같은 마음을 쓰는 사람이 단 한사람도 없는 것이며 자기 마음에 맞지 않으면 무조건 반대를 하게 마련인데, 그러나 개인이나 단체에 어떠한 이해관계로 조건이 지어지면 헌신짝을 버리듯이 양심을 저버리고 수數가 많은 강强한테로 나 살기 위해서 따라가는 것이 오늘날의 정의관념正義觀念이라고 하겠는데, 그래서 흔히 말하기를 이긴 자者에게는 정의가 성립成立 될 수 있으나 패자敗者에게는 정의가 성립될 수가 없다고 말합니다.

고금古今의 역사歷史도 이러한 맥락에서 규정지어 왔고, 또 지나간 조상님들도 그렇게 살아오셨습니다. 제가 말하고자 하는 것은 이러한 현실現實에서 도피逃避하자는 것이 아니라, 현실을 직시하고 오히려 바로 살아가자는 것입니다.

예를 들어서, 박정희 정권 당시에 군부軍部 쿠데타라고 해서 국민의 저항抵抗과 학생들의 반대세력反對勢力에도 부딪쳤으나 국민들은 일치단결一致團結해서 정부를 신뢰하고 뒤를 밀었으며 정부 또한 "우리도 한번 잘 살아보자"는 기치를 내걸고 의식개조意識改造와 새마을 사업은 물론 수출입국輸出立國 정책政策에 힘입어 현대공업국가現代工業國家로 성장했으니 "춘궁기春窮期의 보리 고개"라는 말과 "불법독재不法獨裁"라는 말도 백성이 잘 살다보니 앞으로의 역사관歷史觀도 달라져야될 판국에, 지나간 과거過去를 들쳐서 선악善惡과 강약强弱을 논론論한다고 할 때는 발전發展에서 역행을 하자는 말인데 이것이 곧 현실도피現實逃避요 현실을 직시直視 못하고 오히려 바로 살아가지 못하는 사람의 처사라고 생각하며, 제가 강조하는 것은 「나」라는 아집我執과 흑백논리黑白論理에서 벗어나 「대아大我」의 안목眼目을 길러서 크게 보고 크게 살자는 것입니다.

소아小我의 잘못은 대아大我의 사랑과 자비로 감싸고 용서하자는 것입니다.

그러나 이 말을 듣고 "무슨 잠꼬대 같은 말인가? 박정희씨가 아니더라도 누구든지 정권政權을 잡으면 못할 것이 없지 않는가? 면장面長은 알아야 면장을 하지만 대통령大統領만은 몰라도 해 먹기가 쉽다."라고 말하는 사람도 있을 것입니다. 이 시점에서 다시 한번 되돌아 봐야 할 것은 국민을 빈곤貧困에서 해방시켜 보겠다고 하는 애국충정愛國衷情도 위대하지만 만약萬若에 목적이 실패失敗로 돌아갔을 때는 중국의 춘추시대春秋時代와도 같이 정치불안政治不安으로 국민생활이 도탄에 빠져서 고생苦生을 겪을런지 누가 압니까? 고인古人의 말에도 있듯이 잘되면 충신忠臣이요 못되면 역적逆賊이라는 말과 같이, 박정희씨는 정권을 잡기 위해서 생사生死를 걸었을 것입니다. 다시 말해서 자기自己하나 희

10. 말세末世와 미륵시대彌勒時代는 어느 때 오는가? 199

生犧牲하고 우리나라 백성을 빈곤貧困에서 살려내자는 애국심愛國心을 믿고 국민과 정부가 혼연일체渾然一體가 되어 이루어낸 쾌거라고 하겠습니다.

어쨌든 지금은 보릿고개를 지나서 부강한 나라가 되어 못사는 나라에 협조도 하고 투자까지 하고 있으니 옛날에 비한다면 물질적으로도 현재가 극락이요 미륵시대는 이미 와 있는데도 그리고 이것은 부처님이나 하나님께서 주신 것이 아니라 우리 손으로 이루어낸 것인데도, 앞에서도 말했듯이 몇몇 종교단체宗教團體에서 종말론을 말하고 있는 것은 도저히 이해理解가 가지 않습니다. 그것은 오로지 시각視覺의 차이差異라고 믿기 때문이며, 또한 나의 조상祖相님은 박대통령을 포함해서 일체一切가 나의 조상이며, 무상세계無相世界를 받드는 것이 진리眞理에 연결되기 때문입니다.

많은 곡식에 뉘가 섞이고 큰 나무를 이루는데 썩은 가지와 떡잎이 있고 이것이 있음으로서 저것이 있듯이(緣起設), 큰 것 하나를 이루는데는 잘못된 부분도 필연적必然的으로 있게 마련입니다. 다시 말해서, 이제는 우리나라도 우리의 힘으로 부강富强한 나라를 이루었으니 개인의 아집我執과 고정관념固定觀念을 깨고 분별지分別智를 비워서 소아小我에서 벗어나 대아大我에서 살아가는 지혜智慧와 슬기를 닦아서 사랑과 자비로 남의 잘못을 내 탓으로 감싸는 위대한 국민으로 새롭게 거듭나자는 것입니다.

개인과 사회를 보는 안목도 그 사람의 시각視覺에 의해서 천태만별千態萬別로 달라지게 마련입니다. 안경眼鏡유리에 색色을 넣으면 색깔대로 보이듯이 이것이 소아小我의 상대적인 관념이오니 여기에 묶여서 살지 말고 나를 박차고 푸른 창공으로 빠져나가면 가슴이 확 트이고 우주宇宙가 내 마음에 와 닿을 때 어떤 것이 나이고 어떤 것이 우주란 말인가? 나를 완전히 잊을 때 대아大我의 나로 거듭나는 순간이 아닌가 생각합니다.

그런 까닭에 세상世上을 아름답게 보는 사람은 현 사회現 社會가 극락정토極樂淨土로 보이는지라 미륵시대가 이미 와 있다고 할 것이며(大我의 견해), 반대로 세상을 부정적否定的으로 보는 사람은 말세末世니 2,000년대의 천지개벽이니 라고 말하는데(小我의 견해), 절대적인 대승견지大乘見地에서는 둘 다 옳은 것으로 보아야 되는 것으로 압니다. 그 이유는 적은 그릇은 적게 말하고 큰그릇은 크게 말하는 지라 모두 옳은 것으로 보는 까닭입니다.

그러므로 우리는 세상을 분별分別하여 부정적으로 멀리하거나 하지말고 사랑으로 받아드리자는 것입니다.

재삼 말하거니와, 박정희 대통령처럼 목숨까지 바쳐서 이 나라 이 민족을 살려낸 사람도 있는데 고인故人의 영령을 위해서라도 감사를 느끼고 우리나라를 지상천국地上天國으로 알고 가꾸어 나갈 것을 다짐해 봅니다.

중생심衆生心이란 언제나 남을 생각하기 전에 나를 먼저 내 세우는지라 개인이나 사회가 내 뜻에 맞추어 주기를 바라며 잘된 것은 내 복으로 알고 잘못된 것은 남의 탓으로 밀어버립니다. 이해관계利害關係에서는 물론 내 앞에 큰 감 놓는 것이 당연한 일로 알고 있습니다. 더욱이 마음속은 항시 망상이 들끓어서 우글대는 까닭에 속이 편할 사이가 없으며, 공상을 하다보니 밤잠을 설칠 때가 많으며 언제나 마음이 답답한지라 짜증이 나서 대인관계對人關係가 편할 수가 없고, 집에서나 나가서나 머리가 무겁게 느껴지고 가슴이 답답한지라 남이나 세상世上보는 눈은 먹구름이 끼어서 세상의 모든 것이 캄캄하게 보이고 매사가 답답하게 느껴진다고 말합니다.

지구상에 살고 있는 인류人類의 99%가 이러한 병상病狀으로 살고 있으며, 심한 사람 중에는 마약과 알코올 중독자가 되고 급기야는 정신질환精神疾患으로 이어지는데 암과 에이즈 등도 알고 보면 정신문제와 직결直結된다고 학자들은 말합니다. 그래서 마음이 항시 초조, 불안, 공포, 의심, 증오, 반항, 도전 등으로 이어져서 범죄행위犯罪行爲로 이어지는 지라 사회가 혼란混亂해 지는 판국에 종교단체宗敎團體인들 정상正常일 수가 없습니다. 그래서 세상世上을 바로 보기가 어렵다고 말합니다.

더욱이 오늘날의 물질문화는 보다 나은 풍요豊饒로움과 향락向樂을 위주로 발전하다보니, 인간으로서의 생활에 철학哲學이 없고 정신문화가 따르지 못한 지라 나 위주의 소아小我의 망심妄心으로 살아 가다가 오늘에 이르러서는 공기와 수질이 오염되어 자연계自然界의 파괴破壞는 물론 인간심성人間心性마저도 혼란이 가속화加速化 되어가고 있는 까닭에, 일부나마 종교단체에서 오늘날의 현실現實을 보고 왜곡 선전할 수 있는 요소要素는 있는 것으로 생각이 듭니다. 또한 갑자기 살기 좋은 세상으로 변하며 이에 따른 물질문화物質文化의 홍수洪水를 겪음으로서 과거過去의 생활질서生活秩序까지 뿌리째 마구잡이로 흔들어 놓은 까닭에 리듬이 깨져서 육체적 정신적으로 혼란을 초래招來한 것도 사실입니다.

그러나 우리가 어렸을 때에는 대부분의 사람들이 먹을 것이 없어서 굶주렸고 또한 거지들도 많았었는데, 그때에 비해서 갑작스러운 경제발전으로 지상천국을 이루었으니 더 이상 무엇을 바랄 것이 있겠으며, 그리고 그 과정에서 약간의 부작용도 있을 수가 있는 것으로 압니다. 그래서 그 책임責任을 개인이나 사회에 떠넘기지 말고, 우선 내가 먼저 새롭게 변하자는 것입니다.

끝으로 나의 결론은 나를 바로 알자는 것인데 잘되는 것도 내 탓이요 못되는 것도 내 탓입니다. 그것은 부처님이나 하나님 그리고 신神께서 주시는 것이 아니라, 오로지 내가 하고 내가 받는 것自作自受을 알기 때문입니다. 열심히 일하는 것도 나요, 놀고 게으름을 떠는 것도 나 입니다. 선善을 하는 것도 나요 악惡을 하는 것도 나입니다. 돈을 많이 벌어서 저축을 하면 잘 살아지는 것도 나입니다. 남한테 좋은 일을 하면 복을 지어서 잘되는 것도 나입니다.

그렇다고는 하나 제가 묻기를 "하면 됩니까?" 그 답은 대부분 "안됩니다" 입니다. 왜 그럴까요?

첫째, 사람은 알고 보면 전생서부터 금생에 이르기까지 마음의 그릇이 정해져서 살고 있기 때문입니다. 둘째, 복福과 재능才能이라는 것은 이미 정해져 있기 때문입니다.

그렇다고는 하나, 마음 공부하는 사람으로서 저의 생각은 다릅니다. 그 이유는 마음의 그릇이 정해져 살고 있다는 말은 금생에 농사짓는 사람은 전생에도 농사를 지은 사람이며 전생에 의사였던 사람은 금생에도 의사라는 말인데 사람들은 이것을 운명이라고 말하지만 이것은 개혁을 할 수가 있으니 운명만은 아니라고 생각되기 때문입니다. 아울러 복과 재능이라는 것도 이미 정해져 있다고는 하나 늘이고 벗어날 수가 있으니 절대적인 것이 아니라 내 마음 씀에 달려 있는 것일 뿐인데, 그 차이差異는 망상妄相의 차이라고 생각되기 때문입니다.

이처럼 마음을 알고 보면 이것이 천상천하를 다스리는 근원根源인지라 불가능不可能이란 절대로 있을 수가 없습니다. 나를 안다는 것은 곧 깨달음(보리)을 말하는 것인데, 무념무상無念無相이 되어 생사生死에도 초월超越한 절대 자유인絶對 自由人을 말합니다. 내가 나에게 도전을 해서 이긴 자가 되면 이것을 자기제도自己濟度라고 말하며 천상천하天上天下를 얻은 자가 되어 곧 중생 구제로 이어지는지라 여기에 말세와 미륵시대가 어찌 따로 있으리요?

마음은 쓰는 것이 아니라 거두어 드리는 것이라고 말합니다. 그리고 도道는 현실입니다. 그러나 제대로 되지 않는 것은 나를 바로 알지 못하고 도道를 찾기 때문입니다. 나에서 벗어납시다.

대참회大懺悔란 무엇을 말하는 것인가

　　몇일전에 서울의 도반道伴님에게서 전화電話가 왔는데 "유명한 선사禪師들이 모여서 회의會議를 마치고 천안 각원사覺圓寺(좌불상을 말함)에 들렸다가 댁宅으로 가신다고 하니 대기하고 계십시오"라는 내용이었습니다. 저는 공부가 짧아서 그 동안 특히 스님들하고의 대화對話는 많이 거절했었는데 대답할 겨를도 없이 전화를 끊어 버렸으니, 드디어 오늘에 이르러 임자를 만나게 되는 것이 아닌가 하고 불안한 느낌을 가졌습니다.

　　오신 분들은 50~60대 이었는데, 그분들 중에서 한 분이 "천안에 도道를 깨친 분이 계시다기에 찾아온 것입니다. 본인本人은 양심良心에 대고 반성反省해 본적이 있습니까?"라고 다짜고짜 묻는 것입니다. 저는 이 물음에 두 가지 뜻이 있다 라는 생각이 들었는데 하나는 너 같은 늙은 놈이 깨치기는 무엇을 깨쳤다는 말인가 양심이 있다면 반성을 하라는 것이고, 다른 하나는 선禪 공부란 육신肉身과 마음을 닦는 수행修行, 공부인지라 내가 공부를 옳게 하고 있는지 아닌지 나의 마음가짐이나 행동行動을 양심에 대고 관조觀照해서 하루에도 몇 번씩 반성反省을 해 보고 있느냐 라는 것으로 집약集約되는데, 본인은 이 말이 입에서 떨어지자마자 다음과 같이 답答을 하게 된 것입니다.

"글쎄 올씨다. 저는 깨달음을 모릅니다. 제 생각으로는 제가 깨달았다면 스님께서 깨달으셔서 물어볼 필요가 없는 것이며 또한 삼라만상森羅萬象이 남김없이 깨달았다고 보아야 될 것이 아니겠습니까? 그렇다면 양심良心이 있고 없고를 따지기 전에 반성反省할 필요가 없지 않습니까? 그러나 중병重病을 견디다 못해 한달을 굶어가며 자살自殺을 기도했으나 빗나가는 바람에 다시 살아나게 된 것인데 과거過去의 자기 잘못을 깨닫고 가슴을 치고 땅을 치며 통곡을 하면서 울었으며 이것은 반성反省이 아니라 참회懺悔의 눈물로서 일년동안이나 한 없이 흘려본 적은 있습니다."

알고 보니 스님이 하신 질문의 뜻은 전자前者가 아니라 후자後者였으며, 이분의 살림살이가 정돈整頓이 되어있고 또한 착실함이 느껴졌는데 이 반성反省이라는 단어야말로 평범하면서도 공부의 요체要諦라 느껴지는 까닭에 말을 해볼까 합니다.

사람의 살아가는 모습은 알고 보면 누구나가 다같이 어울려서 살아가는 것 같으면서도 실제로는 그렇지 않으며 또한 마음씀을 볼 때에도 같은 사람이라고는 단 한사람도 없는 것이 사실事實입니다. 사람은 양면성兩面性을 가지고 살아가는지라 전생前生에서부터 금생今生에 이르기까지 인연因緣과 업業에 의해서 정定해져 있는 그릇 따라 말하고 그릇 따라 행동行動하는데, 자기그릇의 안목眼目에 맞지 않으면 무조건無條件 아니라고 말하고 있으나 그릇을 벗어난 사람의 안목으로 볼 때는 그 그릇의 범주範疇를 벗어나지 못한지라 옳다고 긍정肯定으로 받아드릴 수밖에 없는 것으로 압니다. 그래서 긍정肯定과 부정否定이 같다고 말합니다.

이와 같이 선禪 공부란 대립관념對立觀念에서 초월超越함을 말함이고 양면성兩面性에서 절대성絶對性으로 마음을 새롭게 변화變化하자는 것인데 이것을 말하기는 쉬우나 실지로 이루기란 죽기보다도 어렵기 때문입니다. 그것은 운이 좋아서 인연因緣 따라 저절로 이루어지는 것이 아니라 생명生命을 내걸고 자기自己가 자기自己한테 도전挑戰을 해서 이기고 마음의 조복調伏을 받으면 천상천하를 이긴 자가 되는지라, 죽어서 다시 태어남과 다를 바가 없어서 거듭나는 것이라고 말합니다.

제가 말하고자 하는 것은 이렇게 어려운 것이니 단번에 깨치려고 하지를 말고 직선코스에서 돌아가는 방법方法을 생각해 보자는 것입니다.

본인本人의 경험經驗에 의하면 깨닫기 위해서 선禪 공부를 하면 절대로 불가능한 것으로 사료되는데, 화두를 들고 공부를 하겠다고 마음을 내면 마음에 대립관념對立觀念이 살아나서 온갖 망상妄相이 떠오르게 마련이며 오히려 화두를 놓으면 망상은 줄어듭니다. 그런데도 조사님들은 무조건 화두를 계속하다 보면 망상이 줄어든다고 말합니다. 그러나 제가 보기에는 이것이 문제라는 것입니다. 왜냐하면 40~50년 선 공부를 해서 깨쳤다는 사람을 많이 만났으나 문제는 "마음은 여일如一 합니까?"라고 제가 묻는 말에 "네, 그렇소"라고 대답하는 사람을 단 한사람도 만나본 적이 없다는 것입니다. 저의 체험體驗으로 볼 때 과거 심過去心이 한순간에 무너졌다 하더라도 망상妄相의 일부는 남아있는 것이며 또한 과거過去의 습성習性에 따라 망상妄相의 회수回數는 적어졌다 하더라도 망상이 드나드는 것을 느끼게 되어 하는 수 없이 죽음을 결심하고 또 도전挑戰을 하게 되는데, 세 번을 하게 되면 망상은 완전히 끊어지고 가슴과 머리 속은 텅 비어있는 것 같고 걸음을 걸어도 육신肉身이 떠 있는 것 같으며 그 당시에는 기억을 잘 못하고 여전히 멍하게 마개가 빠진 사람처럼 느껴지고 오관작동五官作動이 중단中斷된 것 같아서 잘못되는 것으로 알고 걱정을 하지만, 고삐를 늦추어가며 중단 없이 정진精進을 하면 꿈과 생시生時가 여일如一하게 느껴지는데 이때가 되면 모든 것이 조금씩 회복되는 것으로 압니다.

그래서 저는 마음을 깨달음에 두지 않고 오로지 망상을 줄이는 데만 역점을 둔 것이지요. 그러기 위해서는 망상妄相이 일어나는 원인原因을 찾아야 되고 원인을 찾게 되면 망상이 일어나는 순서順序를 알게 되며 이것을 때려잡는 방법과 순서를 알게 되면 얼마 안 가서 망상이 잡히게 되는데, 잡히는 장소場所가 곧 「마음의 당처當處」라고 체험하게 되는 것으로 압니다.

망상妄相이란 한 마디로 말해서 전생前生에서 금생今生에 이르기까지 마음이 길 드려져 습관習慣이 된 오온五蘊의 식심識心을 말함인데, 이것을 과거심過去心이니 번뇌망상煩惱妄相이니 삼독심三毒心이니 하는데 이것을 완전히 제거除去한 사람은 다시는 절대로 망심妄心에 물들지 않는지라 육신肉身(衆生界)을 가지고 있는 한은 전인류全人類의 망심 속으로 회귀回歸해서 약이 되고 소금이 되어 희생犧牲하는 것이 곧 우리의 갈 길이 아니겠습니까? 그런 까닭에, 선 공부하는 사람이 망상妄相을 싫어하고 미워하면 이것이 신장神將인지라 오히려 큰 화禍를 당하며, 공부는 망상을 끊는 것이 아니라 나 하나의 망심妄心을 쉬고 전 인류의 망심을 가슴에 넣어서 제도濟度 하겠다는 대원大願을 세우고 가슴을 고苦가 아니라 보살심에 의한 희열喜悅과 환희심歡喜心으로 가득 채우게 되면 천하의 큰 신장들을 받아드리는 것이 되어 내가 지니고 있는 신장神將(煩惱妄相) 쯤이야 맥을 못 출 것이 아니겠습니까? 나가라고 하지말고 오히려 달래가며 외부外部의 신장(妄相)들을 끌어 드려서 녹여줄 수 있는 것이 대승적大乘的인 불교佛敎가 아닌가 생각합니다. (妄相을 받아드리자는 것)

호랑이를 잡으려는 사람이 호랑이를 무서워하며 망상妄相을 잡으려는 사람이 망상妄相을 무서워해서, 몽둥이(話頭)만을 들고 40년 50년을 바라보고만 있다면 참으로 안타까운 일입니다. 그 중에 어느 도반道伴이 호랑이를 잡았다기에 가보니 그것은 호랑이가 아니라 쥐 한 마리였는데 그것도 본인本人의 그림자에 가리워서 상相 때문에 모르고 있는 것입니다.

이와 같이 깨달아야 되겠다는 것과 깨달았다는 것이 선禪 공부에는 무서운 질병疾病이라고 본인本人은 생각합니다.

첫째, 공부란 한번 죽고 다시 태어나는 것이니 미지근하게 오래 끌지 말고 화끈하게 죽는다는 각오가 필요必要합니다. 자살을 하러 바닷물에 들어갈 때 걸어가는 식으로 하지말고 높은 벼랑에서 뛰어내리는 것이라고 생각해야 됩니다. (生死挑戰이기 때문임) 에고란 쉴 때(瞑想)나 죽기로 결심할 때나(生의 포기) 또는 화재火災가 나서 놀랐을 때에는(恐怖의 狀態) 방해妨害를 받지 않는다는 것을 알기 때문이며, 오히려 시간을 끌면 머물게 되어 마음은 타성惰性과 습성習性을 만들어 냅니다.

둘째, 나는 이것을 대참회大懺悔라고 말하는데 망상이란 삼독심이 쌓여 이루어진 업장業障의 결정체結晶體이므로 크게 그 대가對價를 지불하는 방법으로서 ① 숨을 쉬지 않는 방법 ② 7일간 수면과 음식을 끊고 생사生死에 도전挑戰하는 방법을 택했는데 (강릉 최 보살의 경우 암에서 벗어났음) 이것이 돈오점수가 아닐까요?(크게 버리고 크게 얻자는 것임)

셋째, 반성反省이란 일반적으로 내가 상대相對에 대한 마음씀의 결과結果를 양심良心에 호소해서 되돌아본다는 것을 말하는 것으로 아는데, 우리 선禪 공부하는 사람들의 해석解釋은 전혀 다릅니다. 반성反省이란 것은 망상三毒心을 제거하고 선근善根을 쌓고 도道를 이루지 않고서는 절대絶對로 불가능不可能합니다. 남에게 착한 마음이 쓰여진 것인지 악한 짓을 한 것인지 상대방相對方을 보고 내 마음을 반성反省하는 것이 아니라, 내 마음이 바깥 경계境界를 취하면 선악善惡은 물론 시비是非와 우여곡절迂餘曲折이 생기게 되니 오관五官의 제어장치制御裝置를 나는 반성反省이라고 합니다.

공부란 나에게의 도전挑戰인지라 바깥 경계境界가 필요가 없는데도 사람을 만나게 되면 누구나 대부분 좋은 사람, 나쁜 사람, 큰 사람, 적은 사람, 돈을 떼어먹은 사람 등등 과거심過去心(衆生心)으로 보는데, 이러한 눈으로 보면 분별지分別知가 되살아나서 마음은 수없이 무엇인가 만들어 냅니다. 이것이 망상妄相이요, 오온五蘊이요, 중생심衆生心이요, 삼독심三毒心이요, 과거심過去心이라고 말합니다. 그렇다면 설령 눈으로 보았다 하더라도 보지 않은 것으로 반성反省을 하면 마음은 또 다른 망상妄相을 만들지 않을 것입니다. 이는 소를 도둑맞기 전前에 외양간을 먼저 고치자는 것이며, 이것이 지혜知慧가 아닐까요?

다시 말해서 내 마음이 오관작동五官作動에 의해 바깥 경계境界에 끌려가는지 끌려가지 않는지 주시注視하고 반성反省을 해서 반성反省하는 마음을 파수꾼으로 쓰게 되면 새로운 망상妄相은 만들어지지 않으며, 과거過去의 식심識心에서 한 생각 일어나는 번뇌망상煩惱妄相도 줄어지기 마련입니다.

이와 같이 반성反省은 선근善根을 기르는 원인原因이 되며 이것이 쌓이고 쌓이면 망심妄心은 견디기가 어려워져 뉘우쳐서 참회懺悔의 길로 접어드는데, 중생심衆生心은 참회의 눈물이 나올 때만이 참 마음에 와 닿아서 가슴이 열리고 깨달음으로 이어지는데, 자기 잘못이 송두리째 드러나 과거심過去心의 잘못된 모습에 침을 뱉고 다시는 이런 일이 없도록 천번만번 반성反省하고 뉘우쳐 봅니다. 이것은 과거심過去心이 무너지고 현재심現在心이 새로워졌다는 말인데 알고 보면 새로워진 것이 아니라 제 마음을 되찾은 것뿐인데, 겨우 본전치기를 한지라 남이 알까 두려워 고개를 숙이고 다녀야 되는 것으로 압니다. 이것을 점수돈오라고 말할까요?

다시 그 순서順序를 말한다면 ①인욕고忍慾苦=②반성反省=③참회懺悔=④깨달음(大懺悔) 이라고 생각되는데 망심妄心은 반성反省하고 참회懺悔할 때만이 사라집니다. 반성反省은 마음을 밝히는 유일한 첫 단계이며, 지켜만 보고 있어도 망상妄相은 줄어듭니다. 그래서 최근에 이러한 방법을 도반님들에게 권장했더니 각성覺醒되어 변형變形된 사람이 많이 있는 것을 참고參考로 알려 드립니다.

공부 중에는 마음을 쓰는 자者가 되지 말고 쉬고(명상), 바깥으로 나가려고 하는 마음을 걷어들여 감독하고 지켜보는 자者가 되자는 것입니다. 마음이 주동主動이 되면 상대相對를 만들고 분별分別해서 주착住着하게 됨으로 많다 적다 등의 투쟁鬪爭이 생기기 마련이니, 이것이 망상인지라 오로지 안으로 반성反省을 잊지 않으면 도심道心은 저절로 쌓이게 마련이니 화두話頭에 치우치는 것보다도 나은 것으로 알며, 마음의 습관習慣은 강철판보다도 두꺼워서 이것을 본인 스스로가 깨기란 참으로 어려운 것입니다.

반성反省이란 착한 마음을 길러내기 위한 자기 성찰自己省察이며, 반성하는 사람은 후회하는 일을 하지 않으며, 반성하는 사람은 성인聖人이 되기 위해서 공부를 하지 않으며, 반성하는 사람은 남을 돕기는 하여도 남한테 신세와 피해를 주지 않으며, 반성하는 사람은 양심良心의 소지자이며, 반성하는 사람에게는 선禪 공부가 따로 필요必要치 않으며, 반성하는 사람은 효자孝子인지라 가정家庭이 화목하며, 반성을 잊지 않는 사람 그 자체가 최상선最上禪의 가는 길인지라 수행자修行者에게는 이것 이상 좋은 화두話頭가 따로 없다고 생각합니다.

너 나 할 것 없이 모두가 선 공부하는 사람들은 고집이 세다고 말하는데 반성하는 마음으로 돌리면 어찌 고집이 따로 있겠습니까? 왜냐하면 이것은 조심하는 마음, 용서하는 마음, 감싸는 마음에서 비롯되기 때문입니다. 나의 결론結論은 공부하는 수자修者라면 누구나가 다같이 끊임없이 내면세계內面世界를 관조觀照하되 반성하는 마음을 잊지 말자 라는 것입니다. 해태懈怠하고 물들지 않기 위해서도……

　반성反省이란 약한 것이 강한 것을 정복征服하는 마음의 수단手段이나 지혜知慧이기도 합니다. 반성하는 사람은 옳은 행동으로 이어지는지라 망상이 따로 있을 수가 없으며 내가 말하는 반성이란 눈이 볼 때 반성反省하고 귀가 들을 때 반성反省하고 생각이 날 때 반성反省하고 좋거나 미워질 때 반성反省하고 느껴질 때 반성反省하고 욕구불만일 때 반성反省하고 마음에 두지 말자는 것인데, 이것이 이어지고 무르익으면 대참회大懺悔로 이어지게 되니 이 자체가 깨달음이 아니겠습니까? 따라서 우리 모두가 깨달음을 추구하기 이전以前에 먼저 반성反省하고, 뉘우치고, 참회懺悔합시다.

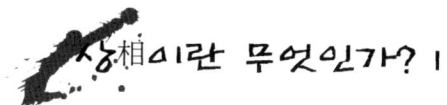

선사님들께서 흔히 말씀하시기를 "상相을 바로 알면 곧 깨달음이다"라고 말씀하십니다. 참으로 그렇습니다. 썩은 음식과 분뇨 속에 살아가는 구더기가 자기 모습을 모르며, 우물안 개구리가 넓은 강물과 바다를 모르듯이, 내 마음 내가 상相을 만들어서 길들여 쓰고 온 중생심衆生心이란 참으로 알기가 어렵다고 말합니다. 이 문제에 대해서 제가 여러 번 말한 적이 있으나 오늘 세미나에서 본인本人에게 또 말을 해 보라고 하니, 말이 상相 인줄 알면서도 잘못된 점 이해理解 있으시기 바랍니다.

수차에 걸쳐 선禪 공부하는 사람들을 만나서 말을 들어보면 한결같이 말하기를 원願은 부처가 되는 것이라 말하며 화두를 깬다고 말하고 번뇌망상煩惱妄相은 없애버리는 것이 공부의 길이라고 말합니다.

그러나 제 생각은 전혀 다르다는 것을 말씀드립니다.

사람의 마음은 양면성兩面性이어서 둘을 가지고 살고 있지만 두 가닥이 동시에 일어나서 작동作動되는 것이 아니라 한 가닥만이 먼저 일어나는지라 마음이 발發하면 단편성單編性이라고 말합니다. 그래서 흔히 말하기를 참으로 옳다는 것은 사실 그대로가 옳은 것이라고 말합니다. 사실의 원인原因이 드러나기 전前을 말한다면, 가可＋중中＋부否＝전체全體가 옳다는 것이 아니겠습니까? (大乘見解)

선사禪師님들께서는 선禪이란 상相에서 시작을 하고 무상無相에서 끝을 맺는 것이라고 말합니다.

본인의 뜻으로는 이 말씀을 모르는 부처와 모르는 화두話頭를 깨려고 하는 그 생각이 상相(妄相)이오니 내가 알고 쓰고 있는 상相을 제대로 알면 이것이 곧 깨달음이 아니겠는가로 받아드립니다. 왜냐하면 바로 안다는 것은 상相을 여이고 무상無相이 되었다는 말이기 때문입니다. 다시 말해서 공부를 하겠다는 생각 그 자체가 망상妄相이온데 망상은 망상을 쌓을 따름이며 망상은 줄어지지 않습니다.

불가에서 상相을 말할 때 아상我相, 인상人相, 중생상衆生相, 수자상壽者相으로 나누어 4상四相을 말하고 이를 사구계四求界라고도 말하는데 이것을 본인本人 나름대로 말해 볼까 합니다.

내가 자동차를 운전할 때 시동을 건다는 것은 내가 전기를 내야되기 때문이며, 그 전기는 불이 붙어서 작동이 되는데 물로 조절을 해서 에너지를 만들어 돌아가게 되어, 알고 보면 물 기운水과 불 기운火의 조화의 원리原理가 아니겠습니까? 남의 힘으로 만들어낸 자동차는 내가 운전을 하는데, 내 육신肉身은 주인공인 내가 운전을 하고 있으면서도 말없이 한 생각에 의해서 돌아가고 있으나 내부구조와 운전기법을 모르고 있으니 어찌 근원적인 인간의 생사 문제를 알 리가 있으리요.

금강경金剛經에 이르기를 심삼세불가득心三世不可得을 말했고, 또한 불교의 진수는 일체유심조一切唯心造라고 말합니다. 논리적論理的으로 말을 한다면 "마음에서는 얻을 것이 없다" 아니다 "마음에서 지어내고 얻은 것이다"라고 상반된 말을 하고 있는데, 깨친 마음으로 속을 알게 되면 한치의 오차도 없이 참으로 옳다는 것입니다. 이는 "양극화兩極化 현상의 동질성同質性"을 말하고 있으나, 이것은 상相의 세계世界의 고정관념을 깨고 내면세계로부터 탈출해서 새롭게 변화된 마음이 아니고는 알 수가 없는 것으로 압니다. (相이면서 相이 아니고 相 아님도 아니다는 말)

그래서 나는 상相을 다음과 같이 말합니다.

중생심이란 한 생각 일어나서 알고, 안다는 것은 현재가 아닌지라 과거일 뿐이므로 과거를 가지고 미래를 살아간다고 말하며, 도심道心은 무념무상無念無相인지라 현재를 새롭게 살아간다고 말합니다. 또한 마음이 일어나는 것을 상相이라고 말하고, 일어나지 않는 것을 무상無相이라고 말합니다. 상이라는 말은 대상對象을 말함인데 마음은 무형無形이라 할 지라도 육근六根이 바깥 경계에 접하게 되면 육식六識을 만들어서 기억장치에 쌓는지라 이것을 오온五蘊이라고

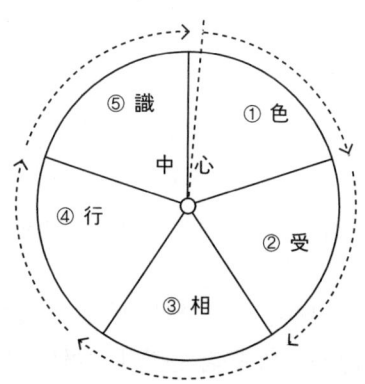

말합니다.

색色, 수受, 상相, 행行, 식識 이라는 말은 도표와도 같이 순서대로 쌓게 되는데, 한 생각이 일어나는 것은 지나간 과거의 잠재의식에서 일어나는지라 일어나면 상相으로 보는 까닭입니다. 한 생각 일어나면 인과因果의 시작인지라 이것이 마음의 씨앗(種子)이요 인연因緣이기도 합니다. (妄相은 識에서 發함)

전술한 바와 같이 한 생각이 일어나는 것은 의식세계意識世界에서 일어나는 것이며, 새로운 것이란 말을 떠나서 물심物心의 극대화極大化를 행동으로 옮길 때만이 창출되게 마련입니다. 그런 까닭에 설사 선善한 마음이 일어났다 하더라도 일어난 마음은 동심動心이요 일어나지 않는 마음은 부동심不動心인지라 둘이 하나인 까닭에(不二法) 단편성을 절대성에서 볼 때는 반半인지라 옳지 않다고 말합니다. 중용中庸에도 말했듯이 "한 생각 일어나지 않으면 도道의 근원자리요 설사 한 생각이 일어났다 하더라도 바깥 경계에 끌려들지 않고 마음이 여일如一하면 이것이 도道의 경지에 달한 것이다"라고 말하는 것도 바로 그 뜻입니다.

육조대사六組大師께서 말씀하시기를 "응무소주이생기심應無所住而生起心"이라고 하셨는데, 이 말씀을 "머무는 바 없이 그 마음을 내라"고 해석이 되어서 후세에 전해지고 있으나, 제가 묻기를 누가 한 생각 일으키라고 해서 일어나고 일으키지 말라고 해서 일어나지 않는다면 84,000불경佛經이 무슨 소용이 있겠는가 라고 생각해 봅니다. (相을 말함) 불교는 이심전심以心傳心인지라 마음에서 마음으로 전할뿐이지 유위적으로는 절대로 전할 수가 없기 때문입니다.

상相이란 마음에서 지으면(造) 볼 수 있으니 보는 것이 상相이요, 듣는 것이 상이요, 말하는 것이 상이요, 냄새 맡는 것이 상이요, 맛을 아는 것이 상이요,

느끼는 것이 상이요, 부처도 상이요, 진리眞理도 상이요, 화두話頭도 상이요, 조사祖師도 상이요, 84,000경문도 상이요, 유有도 상이요, 무無도 상이요, 공空도 상相이라고 말하는 것은 일체유심조一切有心造에 의해서 조작된 명상名相을 벗어나지 못한 까닭입니다. (非佛非心이 바로 그 뜻)

다시 말해서 열반도, 해탈도, 생사도 이와 같이 알고 있다는 것은 의식세계가 멸滅하지 못한 "번뇌망상의 조작造作"인지라 이것들은 수시로 변하는 까닭에 가짜라는 것입니다. 진짜란, 알기 전前 한 생각이 일어나기 전前의 여여부동심如如不動心이 양면성조차도 없어지고 나를 완전히 잊어버린 마음이, 참 마음 아닐까요? (삼매경) 나를 완전히 잊으면 전체가 나 일 수밖에 없지 않습니까? 여기에 부처니 하나님이니 해 보았자 무슨 소용이 있겠습니까? 그래서 나는 「나」이기에 절대로 「나」일 수밖에 없습니다.

어느 선사는 말하기를 상을 내지 말라고 말합니다. 상을 낸다는 것은 마음을 대상에 쓴다는 것인데 대상에 쓰게 되면 시비와 우여곡절이 생기고 전체가 아닌지라 시기, 질투, 도전 과 부족 등의 분별지分別智가 일어나서 남에게 도전을 받는 것이 문제가 아니라 내가 나한테 도전을 받는다는 것입니다. 즉 마음의 갈등은 정사正邪로 갈라져서 심상心相의 도전을 받는다는 것입니다.

상을 내지 않는 것도 중요하지만 바깥 경계에서 일어나는 상相을 받아드리지 말자는 것도 공부에 중요합니다. 불가에서 말하기를 보아도 본바가 없다 들어도 들은바가 없다고 말하는데, 이것도 바깥 경계에 끄들리지 말고 마음 속으로 끌고 들어오지도 말고, 보고들은 즉시 털어버리라는 말입니다.

상相의 세계를 욕계慾界, 색계色界, 무색계無色界로 나누어서 삼계三界를 말하는데 우리 공부하는 사람들은 어떠한 대상對相이나 우주관宇宙觀을 말할 때도 나의 육신肉身이 우주요 마음이 허공虛空인 것으로 알고 말하되 절대로 나를 떠나서 바깥 경계를 보고 비유해서 말하지 말자는 것입니다. 나를 떠나서 우주가 없기 때문이며 나를 떠나면 사도邪道이기 때문입니다.

그러나 소아小我의 나는 나로 시작해서 나로 끝나는지라 상을 여의지 못하며 내가 있으면 네가 있고 네가 있으면 삼라만상이 일어나는지라 아소我所가 정定해져서 울타리에 갇혀 살게 마련입니다. 그런 까닭에 시간과 공간이 정해지고, 네 것 내 것이 생기며, 크다 적다 나쁘다 좋다 가 생기는지라 희喜노怒애哀락樂이 생겨서 정情을 깨닫게 되니 사람의 마음은 평정을 잃고 번뇌망상으로 혼란을 겪고 살아가는 것이 상相의 세계라 하겠습니다.

이와 같이 상의 세계에서 벗어나는 것이 선禪 공부의 요체이며 상에서 벗어난 사람을 무상심無相心이라고 말하는데 이런 사람만이 상의 실상을 잘 아는지라 자비慈悲를 모르면서도 번뇌망상으로 신음하는 중생들을 가슴으로 감싸가며 어루만져서 제도하는 것만이 우리가 가야할 험난한 길이 아니겠습니까? (함이 없이 함/無爲行) 그래서 상相을 알자는 것입니다.

끝으로 상相과 무상無相이 둘이 아님을 말해 봅니다.

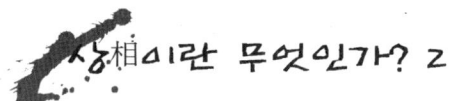

상相이란 무엇인가? 2

질문 : 선생님의 말씀 중에서 "마음의 단편성單編性" "사실 그대로가 옳다"라는 말이 있는데, 이 두 가지를 이해하기 쉽게 설명해 주시기 바랍니다. (서울의 방상호)

1. 마음의 단편성에 대하여

마음이 양면성兩面性이라는 것은 부처 아니면 마구니, 정正 아니면 사邪, 생生 아니면 사死, 보리 아니면 망상妄相, 된다 안 된다, 좋다 나쁘다, 이거다 저거다, 한다 안 한다 등과 같이 마음은 한 생각 일어나면 두 가닥으로 갈라짐을 말하는데(相對性 原理), 이 두 가지 마음이 합쳐서 하나를 이루고 있으므로 마음은 발發하면 두 가닥이 함께 나와야만 하는데도 오히려 그 중 한 가닥만이 일어나는 단편성單編性을 나타냅니다. (當處는 兩面性을 초월함)

예例를 들어서 정情을 말할 때 마음에는 이것이 없는데도 한 생각이 일어나면 두 가닥 중에서 한 가닥이 일어나서 「기쁨＋슬픔」중 하나 만이 발현發顯된다는 것인데, 무상의 절대성에서 본다면 둘이면서 하나인지라(不二法) 한 생각이 일어날 때 기쁨과 슬픔이 동시에 일어나야 한쪽에 치우치지 않고 중도中道를 지킬 수가 있는 것이 도심道心이 아니겠습니까? 바꾸어 말한다면 절대성에는 원인의 정情을 만들지 않는지라 기쁨과 슬픔이 일어날 수가 없으며, 그래서 이것을 둘이라고 말하는 것은 중생심에서만이 정情을 만들어서 느끼는 망상妄相일 뿐입니다. 기쁨과 슬픔이 둘이 아닌데도 기쁨이란 한 생각이 일어나서 경계에 끄들리게 되면 이런 사람이 다음 슬픈 생각이 일어날 때는 패가망신도 하고 가슴을 치며 허탈감에 빠져서 일생을 망치는 수가 허다합니다.

마음이 양면성兩面性이라는 것은 동전의 앞 뒤 와도 같이 둘이면서 하나라는 것인데, 슬플 때는 기쁨이 빠져있고 기쁠 때는 슬픔이 빠져 있는지라 하나에 집착執着을 해서 치우치면 둘 중에 하나를 버린 것이 되는지라, 일어나는 마음은 모두가 단편성이라고 본인本人은 말합니다.

생사生死 문제도 따로 보면 상반된 논리論理라고 하겠으나, 생生 없이 사死가 없고 사 없이 생이 있을 수가 없는지라, 상대적인 관념을 떠나 사死는 싫어하고 생生만을 선택하는 분별지分別智 만을 여이면 둘이 아닌 진면목眞面目이 백일하에 드러날 것이 아니겠습니까?

일어나는 마음에 짝하지 말아
무심이면 내 마음 편안하리라

이 글의 내용을 보더라도 한 생각 일어나는 것은 단편성 이라는 것을 알 수가 있습니다.

2. 사실 그대로가 옳다는 것을

사람의 중생심衆生心이란 전생서 금생에 이르기까지 마음 그릇이 정해져 있다고 합니다. 인연 따라서 전생에 농사를 짓든 사람은 금생에 와서도 농사를 지으며 금생에 의사였던 사람은 전생에도 의사 였다는 것인데, 마음의 그릇도 정해져 있어서 큰 그릇 크게 말하고 행동하며 적은 그릇 적게 말하고 적은 행동을 하고 살아간다는 것인데, 잘 살고 못사는 것도 운명이 아니라 마음의 크고 작은 그릇에 달려 있다고 말합니다. 그런 까닭에 의식구조意識構造가 같은 사람은 지구상에 단 한 사람도 없다고 하며 가부可否를 물을 때도 의식의 다양성多樣性으로 언론言論의 통일이란 기대할 수가 없고, 더욱이 남의 의사意思나 아집我執에도 초연해서 중도상中道相을 이룬다는 것은 거의가 불가능한 것이 상대성相對性의 실상이라고 하겠습니다.

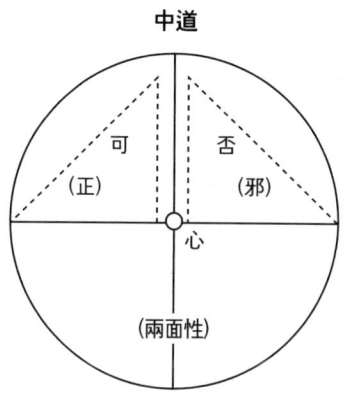

상相의 세계는 크게 세 가지로 나누게 되는데 가可 부否 중中 이라고 하겠으나, 그 중에서 중中만은 중도中道가 아니라 가可와 부否를 동시에 반대하는지라 이것은 순응이 아니고 도전挑戰입니다. 이것을 심心의 절대성絶對性에서 볼 때는 가可의 그릇에 들어가면 가可가 나오고 부否의 그릇에 들어가면 부否가 나오며 중中의 그릇에 들어가면 중中이 나오는지라, 그것은 상相의 세계의 소관사所關事이므로 심心의 소관이라는 것입니다.

그래서 상이란 망심妄心의 조작造作이라고 말하는데, 가+중+부=전체全體가 심心의 작용인지라 하나로 보는 까닭에 사실 그대로가 옳다는 것입니다. "산은 산이요 물은 물이로다"라고 했듯이 사람이 사람을 죽여도 이런 맥락에서 말을 한다면 인과법因果法에 의해서 죽을 사람이 죽고 죽일 사람이 죽였다는 것인데 옷자락만 스쳐도 100년의 인연의 소치라고 하셨는데 이 세상에 우연이란 있을 수가 없는 것으로 압니다. 말솜씨가 부족하고 설득력이 없어서 이렇게 밖에 말을 할 수가 없으니, 이해하시기 바랍니다.

질문 : 상相과 무상無相의 관계를 설명說明해 주시기 바랍니다.(지리산의 無心居士)

참으로 답答하기 어려운 질문質問 입니다. 그리고 본인本人은 공부하는 사람에는 틀림이 없으나 도인道人은 아닙니다. 왜냐하면 도道를 모르기 때문이며, 더욱이 이 나이가 먹도록 이렇게 어려운 질문을 받아보기란 처음 있는 일입니다. 저는 이 질문을 받고 등골이 썰렁함을 느꼈는데 이 물음은 불가佛家에서 말하는 체體와 용庸이 어떻게 상호작용相互作用을 해서 육신肉身이 운전運轉되며 돌아가느냐와 같은 말인데, 바꾸어 말한다면 부처가 중생을 어떻게 제도濟度하느냐의 그 방법方法을 말하라고 하는지라 참으로 어려운 질문이며 시간도 없고 하니 요약해서 간단히 말해 볼까 합니다.

부처가 법을 설설說하지 못하고 중생衆生 또한 법法을 설하지 못합니다. 부처는 형체形體가 없는지라 무념무상無念無相이다 보니 법法을 설하지 못하고, 중생 또한 무명無明한지라 법法을 모르기 때문에 법法을 설할 수가 없습니다. 무위법無爲法에서는 함이 없이 하는지라 설설說할 필요가 없다고 하지만, 그래도 석가여래釋迦如來께서는 중생제도衆生濟度를 위해서 49년 동안을 설하신 것이 그 예례입니다.

법法을 설설說할 수 있는 것은 법신法身만이 가능합니다. 석가는 법신法身이요 깨친 마음이 부처요 법法이라는 것인데, 석가여래를 부처라고 부르는 것은 천상천하天上天下의 주인공主人公이요 중생제도衆生濟度를 위해서 몸바치신 그 업적業績이 크신 지라 확대 해석한 것입니다. 이와 같이 분별分別해서 말하는 것은 공부에 절대로 필요必要하기 때문입니다. 석가여래께서는 중생이 깨달은 것이 아니라 깨달은 마음을 가지고 화신化身으로 몸을 받으셨기 때문에 법法이 뭉쳐서 여래如來가 되신 지라 법신法身이라고 하는 것 같습니다. 제 나름대로 설명說明하기 위해서 법신法身을 가설假說해 볼까 합니다.

법신法身이라 함은 유상무상有相無相이 계합契合하여 하나를 이룬 것과 같이 법이 법신法身과 상相을 속속들이 꿰뚫어서 통달通達했다는 말도 되고 육신肉身이 있다 할지라도 상相이 없는지라 법法으로 뭉쳐서 형체形體를 이룬 것이 법신法身이라고 하겠습니다.

그런 까닭에 여래께서 49년 동안 설하신 법法은 진리眞理를 다룬 말씀일 뿐이지 나오면 상相인지라 이것이 진리眞理가 될 수는 없다는 것입니다. 만공선사滿空禪師께서 말씀하시기를 "어린아이를 달래는 사탕과 자장가에 불과하다"고 하신 것도 그 예例의 하나 입니다.

불무언佛無言이라 함은 부처란 깨달은 마음인지라 형체形體가 없어서 말을 할 수가 없으며 말을 할 수가 있는 부처가 있다면 그것은 부처가 아니라 사탄이라고 하니 말(說法)할 수 있는 것은 법신法身뿐 이라고 말합니다. 「나」란 그래서 법法＋법신法身＋육신肉身＝3층層으로 된 것이 나의 실상實相인 것 같습니다.

깨친 마음에는 밝은지라 법法이 필요치 않으나 중생계衆生界에서는 무명無明한지라 법法이 상대성相對性에서 나온 것이라고 할지라도 지켜가며 바르게 살아가는데는 필요必要하다고 말합니다.

그러나 경經에 이르기를 "법法이면서 법이 아니고 법 아님도 아니다" "상相이면서 상이 아니고 상 아님도 아니다" "중생衆生이면서 중생이 아니고 말이 중생일 뿐이다(부처라는 뜻)" "49년 동안 설설說해도 설한바가 없다"라고 상반相反된 이중성二重性을 드러내고 있으며, 이는 불성佛性 하나 만을 가지고는 이룰 수가 없고 상대相對인 망상妄想을 만나야 만이 음양陰陽의 원리原理로 돌아갈 수가 있다는 것인데, 그래서 무이법無二法을 말하고 이것은 곧 무위법無爲法을 말하는 것입니다. 그래서 어느 선사禪師는 말하기를 불법이란 상相에서 시작을 하고 무상無相으로 그치는 것이 아니라 상相에서 그치는 까닭에 상相일 따름이라고 말하며, 중생심衆生心에 약으로 쓰기 위해서는 먹어야 되는데 먹는 것은 곧 「참선參禪」 뿐이라고 말합니다.

중생심衆生心은 이중성二重性인지라 하라 하면 하지 말라가 따라와서 방해를 하니 이 좋은 법문法文이 기억에서 사라질 뿐이고 먹혀 들어가지 않습니다. 이것을 모르고 선禪 공부하는 사람들은 한결 같이 망심妄心은 져버리고 화두話頭를 깨고 불성佛性에 접근接近하려는 생각에만 매달려 있는데, 망심妄心을 등한시하면 이것은 불이不二가 아니라 단편성單編性인 까닭에 공부의 진전이 어렵다고 보는 까닭입니다.

전에도 말했듯이 공부란 도전하고 추구해서 얻는 자者가 되지 말고 불성佛性과 망상妄想 사이를 지켜보고 한가하게 쉬는 자者가 되면 양변은 동시에 가라앉아서 고요 적적하기 마련입니다. 그런 까닭에 본인本人은 깨겠다는 생각을 버리고 오히려 무심無心을 주장하며 차라리 싫어하는 망상妄想에 접근接近해서 일어나는 원인原因과 회수回數 그리고 당처當處를 바라보는 것이 제일 좋은 방법이라고 생각을 해 봅니다.

불성佛性은 하나인데도 망심妄心은 발發하면 84,000가닥으로 일어나니 이것은 왜 그럴까요? 이것이 얼마나 좋은 화두話頭 입니까? 일어나는 원인原因을 알게 되면 안 일어나는 원인도 알게 될 것이 아니겠습니까? 화두話頭만 들면 잠이 오는 이유理由를 생각해 보셨습니까?

마음은 수평(땅+水)과 수직(하늘+火)의 핵核을 이루면 허공虛空이 생기고 수축과 팽창의 원리(심장과 폐)로 이二, 사四, 팔八, 육십사六四 84,000가닥이 되어 돌아가는데, 이것을 살았다고 하고 심心의 조작造作이라고도 하고 망상妄相이라고도 하지만, 실實은 자연自然의 원리原理 이기도 합니다.

바람이 자면 강바닥이 보이고 구름이 거치면 청산이 드러나듯이 망상이 자면 중생들의 실상實相이 드러나서 마음의 빛을 받게 마련입니다. 중생은 무명無明한지라 부처를 버리고 부처는 망상妄相이 가려서 중생을 버리고 암흑세계暗黑世界를 살아가다가, 마음에서 빛을 발하니 눈을 뜬 심봉사와도 같이 육신肉身에 내재內在해 있는 세포細胞와 생명체生命體들 일체 중생衆生이 눈을 뜨니 어느 것이 부처이고 어떤 것이 중생이란 말인가? 부처가 중생衆生을 바라보면 전체가 부처로 보인다는 것이 바로 이때가 아니겠는가? 이때가 바로 부처와 중생이 둘 않임(不二法)을 입증하는 순간입니다.

체내體內의 중생들은 말하기를 눈을 뜨고 보니 네가 있으니 내가 있고 내가 있으니 네가 있고(緣起) 하나의 고리 속에 연결되어 생명체生命體의 대집단大集團은 가죽푸대를 쓰고 하나를 이루었으며 나의 생명生命은 안에도 있고 바깥에도 있어서 전체全體가 내 생명이 아니던가? 물(水)을 통해서, 공기空氣를 통해서, 배설물을 통해서 내 생명生命들이 들어오고 나가니 말입니다.

내가 죽은 후에도 폐肺 균은 땅 속에서 70년을 산다고 하고, 내가 전생에 설산雪山에서 죽었다고 가정할 때 시체 내에 살고 있는 세균들은 10만년萬年 이상을 산다고 하니 어떤 것이 내 생명이고 네 생명이란 말인가? 단지 인연因緣따라 모습만 다를 진데 네 생명 따로 있고 내 생명 따로 있을 수가 없으니 전체全體가 내 생명生命일 수밖에 없습니다.

체내體內의 모든 중생衆生들이 평화공존平和共存을 하려고 해서가 아니라, 내 생명의 개체個體는 부분部分을 형성形成함이요 부분部分은 전체全體를 형성形成해서 나我를 이루고, 소우주小宇宙의 나는 대우주大宇宙의 전체全體를 이루었으니 대아大我의 나는 천지만물天地萬物의 나가 아닌가? 반대로 말할진대 내가 없으면 천지天地가 있을 수 없는 것이 바로 그 뜻입니다.

체내體內의 중생衆生들이 살아가는 모습을 보십시오. 개체個體는 개체대로 부분部分은 부분대로 전체全體는 전체대로 한정限定되어 있는 영역에서 정해진 소임이 다 있는지라, 복잡複雜하면서도 혼란混亂이란 있을 수 없으며 질서정연秩序整然하게 돌아가는데, 음양陰陽의 새 생명이 태어나면 성장하고 성장하면 노쇠老衰하고 노쇠하면 새롭게 태어나는데, 이것을 생명生命의 진화進化라고 하며 죽은 생명은 때가 되어 땀구멍을 통해서 배출됩니다.

그래서 본인本人의 나이 70세가 넘었으나 이런 맥락에서 본다면 내 생명이란 그대로 이어져서 온 것이 아니라 새롭게 다시 태어난 나의 육신肉身이라고 말합니다. 또한 체내體內의 84,000종種의 중생들은 모양과 색깔과 먹고사는 음식이 다른지라 다양성多樣性있는 에너지를 공급供給해 주기 위해서라도 마음이 84,000가닥으로 갈라져서 발현되는 것은 당연한 일이라고 하겠습니다. 아무리 법신法身이라 할 지라도 시장하면 밥을 주고, 졸리면 잠재우고, 상相을 떠나서는 중생계衆生界의 운전運轉은 불가능不可能하다고 생각합니다.

상相을 여윈 것이 내 마음이라고 말한다면 물 속인들, 불 속인들, 허공虛空인들, 땅 속인들, 사람의 마음속인들 어디는 못 가리요. 날더러 네가 뭐냐고 말한다면 보는 것이 나요, 듣는 것이 나요, 말하는 것이 나요, 아는 것이 나요, 생각하는 것도 나요, 느끼는 것도 나라고 말할 수 있으나, 큰나(大我)를 성취成就하기 위해서는 완전히「나」라는 상相을 떠나야 되는지라 바보가 되어서 비우고 모르는 곳으로 가는 것이 공부가 아닌가 생각하며, 84,000가닥의 망상妄相의 출처出處가 한 곳 이라는 것만을 알아도 내가 나한테 속지는 않을 것입니다.

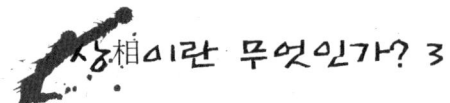 상相이란 무엇인가? 3

질문 : 선생님 말씀 중에 앞에서는 "선禪이란 상相에서 시작을 하고 무상無相에서 끝을 맺는다"고 하시고 뒤에 가서는 "불법佛法이란 상相에서 시작을 하고 무상無相에서 끝나는 것이 아니라 상相에서 그치는 까닭에 상相일 따름이다"라고 말씀하셨고, 또한 생명生命이란 영원하다는 것인지 아닌지 등 이해가 잘되지 않으니 다시 설명해 주시기 바랍니다.(부산의 룡보살)

제가 말하는 것은 입을 통해서 소리로 말하는지라, 이것은 진리眞理를 닮을 수는 있으나 진리가 아닌 이상 무슨 말을 할지라도 사邪된 잔소리일 뿐인지라 거짓말(헛소리)에 불과하다고 자인自認합니다. 상相을 말하는 사람이 상相을 내고 있으니 내가 무슨 말을 할지라도 전부가 거짓일 뿐이지요. 이것은 제가 의도적으로 함정(?)을 파놓고 도반道伴님들의 질문을 받으려고 한 것인데, 보살님께서 이것을 지적하시니 참으로 공부를 많이 하신 것으로 사료思料됩니다.

제가 말하는 것은 반야심경般若心經에 색즉시공色卽是空 공즉시색空卽是色을 내 나름대로 설명을 하고 있는 것인데, 경전經典의 해석을 보면 색色이란 유상세계의 육신肉身과 우주宇宙를 말함이요 공空이란 마음과 허공을 말하고 있으나 이것이 둘이 아니고 하나(不二)라는 것인데, 언뜻 이 말을 듣고 "있는 것(實相)

은 없는 것(無相)에서 나왔고, 반대로 없는 것은 있는 것을 낳은 어머니인지라 없는 곳으로 돌아간다"라고 불가佛家에서는 가르치고 또 전해져 옵니다. (부처와 중생이 둘이 아니요, 깨달음과 번뇌(妄相)가 둘이 아닌 하나라는 말)

제가 말하고자 하는 것은 "색色은 어디에서 나왔으며 또 공空은 어디에서 나와서 누가 알았느냐?"라는 문제입니다.

대 우주의 공간을 허공이라고 말하는데 허공虛空이란 빈곳으로 알고 있으나 한 생각 돌이켜보면 비가 오고, 바람이 불며, 대낮에도 천둥번개를 치고, 바람이 자면 먼지가 가라앉아서 별이 되고 지구가 되니 어찌 눈에 보이지 않는다고 비었다고 하겠는가? 눈에 보이지 않는 생명체와 원소, 에너지, 그리고 힘(力)으로 꽉 차 있으니 비었다고 해서 빈 것은 아니라는 것입니다. 어머니 배속과 같이 지저분하다고 말합니다.

그렇다면, 우주宇宙를 살아 있는 것으로 보아야 될까요? 산다고 하는 생生의 문제를 어떻게 이해하느냐에 그 답答은 달라집니다.

우주宇宙를 말할 때, 유상有相과 무상無相이 계합契合해서 정定해져 있는 공식公式대로 영원불변永遠不變의 법칙法則에 의해서 돌아갈 수는 있으나, 여기에는 주체성主體性이 없다는 것입니다. 그래서 성주괴공成住壞空을 하되 주체성이 없어서 할 수도 있고 안 할 수도 있는 자유의식自由意識이 없는지라 자연自然이라고 말합니다. 그런 까닭에 절대신絶對神에 의해서 돌아간다는 신본주의神本主義는 잘못된 발상發想이라고 생각해 봅니다.

우주宇宙는 유상세계의 자체인력自體引力과 화火 수水의 에너지로 돌아가는데 화火는 산소인 바람이 있어야 되고 수水는 증발하므로 땅地이 있어야 보존保

存이 되는지라 유상세계는 지수화풍地水火風에 의해서 이루어 졌다고 말하는데, 자연계自然界의 순환循環 논리論理는 에너지는 빈곳으로 채우러 흘러가는지라 그런 까닭에 참으로 빈곳이란 우주공간宇宙空間에는 단 한 곳도 있을 수가 없다고 말합니다.

만약에 있다고 가정을 한다면 첫째, 어느 곳에 있다는 기정사실로서의 설득력이 있어야 되고 둘째, 주체성主體性이 있어서 자유자제로 성주괴공成住壞空을 할 수 있어야 말이 됩니다. 그래서 진공자리란 허공에는 있을 수가 없다고 말합니다.

그러나, 사람의 마음은 양면성兩面性인지라 원리原理와 이룰 수 있는 능력能力을 동시에 갖추고 있는지라 마음을 갈고 닦아서 머리 속의 고정관념固定觀念만을 깨면 가슴속이 텅 비어서 진공眞空을 이룰 수가 있다는 것입니다. 이것을 심心의 핵核이라고도 말합니다. (체득을 요함)

진공眞空이란 공空이 생기기 전이어서 허공이 생기기 전이라고 말하고 "고불미생전古佛未生前"이라고도 말하고 부처 진리라고도 하지만 체득한 그 자체를 말하는지라 여기에 대고 무엇이라고 말한단 말입니까? 보고, 듣고, 말하고, 힘을 쓰니 어찌 마음이 공空이라고만 할 수 있겠는가! 룡보살님 여기에 대고 84,000경문經文을 말 해 보라고 말한다면 말이 되겠습니까? 그것은 말이요 글자일 뿐이요 그래서 망상妄相의 조작인지라 상相이라고 말합니다.

조사님들은 흔히 부처를 죽여라, 조사를 죽여라, 부처가 똥 막대기다, 무관지옥 속에 갈 수 있는 사람만이 열반涅槃에 들 수 있다 등등을 수자修者들에게 말씀하십니다. 등에 업은 아기 100년을 찾듯이 부처가 무엇이기에 하도 찾다보니 부처를 죽이라고 하며 부처가 똥 막대기라고 말할까요? 구救하는 것이 없으면 분별지分別智도 끊어질 것입니다. 망상이 부처의 어머니인지라 어머니를 위해서 희생犧牲을 하고 가는 것만이 참 마음이 아닐까요?

지구地球상의 인류가 세살에서부터 성년에 이르기까지 하나님, 부처님을 모르는 사람이 없습니다. 배워서 알고 들어서 알고 경문을 몰라도 안다는 것인데, 수자修者라면 내가 알고 있는 부처가 부처가 아니오니 생각하는 부처를 죽이라는 것인데, 알고 있는 의식세계意識世界가 망상妄相인지라 이것을 먼저 죽이라는 것입니다. 즉 망상은 알고 있는 의식세계의 고정관념이니 여기에 매달리지 말고 이것을 쉬라는 것입니다.

내 마음에 망상이 그친 후 진공眞空이 되면, 천지기운天地氣運과 인류人類의 망상妄相은 어디로 돌아갈까요?

전자前者의 상相과 무상無相에 대한 말은 불이법不二法에서 말했듯이 깨달아서 상相을 알게 되면 무상無相을 알게 되고, 무상을 알게 되면 상을 알고, 이것은 공통분모共通分母인 까닭에 하나를 알면 둘을 다 안다는 것입니다.(空과 無相은 같은 말 / 色과 相이 같은 것) 안다는 것 자체가 잘못인 줄 알면서도······

그리고 후자後者에 있어서는 두 가지 뜻이 있는 것을 말씀드립니다.

1. 불법佛法 자체가 상相인지라 읽는 내 마음도 상이며, 상에다 상을 보태면 상일 수밖에 없으며
2. 상을 가지고 상을 파고 들어가면(精進) 참된 상을 만난다는 말인데, 상을 만드는 오관작동五管作動을 캄캄한 내면세계內面世界로 들어가게 되면 바깥세계는 캄캄하게 되고 반대로 내면세계는 점점 밝아져서 일체 중생의 참 모습이 드러난다는 것인데, 이것을 알고 보면 망상妄相이 없어진 것이 아니라 망상이 참

된 기氣가 되어 체體와 용用이 일체가 되어 화합지도化合之道를 이루더라는 것입니다.

3. 상을 체득한 사람은 중생세계의 육신肉身을 가지고 있는지라 상을 떠날 수도 없거니와 멀리하지도 않으며, 그것은 지나간 과거에 내가 무명無明한지라 중생을 부처인줄 모르고 혹사하고 학대하며 갖은 고통을 주었으니 진심으로 참회할 것입니다. 그리고 중생세계는 말이 중생일 뿐이지 중생에서 비롯된 망상은 삼라만상을 이루어서 아름다운 영원한 불국토佛國土를 이루었으니 어찌 중생이니 망상이니 하리요. 중생은 부처요, 망상은 부처의 진면목眞面目이 아니던가? 그래서 이런 사람은 일체 중생의 지옥(숯相)속에 천년만년 갇혀 살지라도 그 고통을 내가 녹여서 대신 받으며 아미타불 곁으로 승화昇華 되도록 노력을 아끼지 않을 것입니다. 중생과 망상을 싫어하는 사람은 망상을 체득하기가 어려우며 더욱이 자기의 진면목을 체득하기는 불가능하다고 말합니다.

4. 공부하는 수자라면 누구나가 부처, 진리眞理, 정正 등 옳은 것을 찾지 말자는 것입니다. 옳은 것은 단편성 인지라 옳은 것에 치우치면 분별해서 사邪된 것은 버리게 되니 불이不二가 아닌지라 옳은 법이 될 수가 없다는 것입니다. 대승적大乘的으로 옳은 것이란 "정正+사邪=이것"을 옳은 것으로 보기 때문입니다. 중생심 이란 정해져 있는 마음의 그릇 따라 말하고 행동하는지라 긍정肯定과 부정否定을 하나로 보는 것이 큰 안목으로 옳은 것이라고 말합니다.

5. 사실 그대로 전체全體가 옳은 것이 공空의 실상實相이라고 하겠습니다.

6. 싫고, 마다하고, 밉고, 증오하고, 시기하고, 질투해서 받아드리지 못하는 마음은 이것이 상相인지라 도道에 접근하기가 어렵다고 말합니다.

7. 비어서 한없이 받아드릴 수 있는 것을 도심道心이라고 말합니다.

생명生命이란 장님이 코끼리를 더듬어서 알아보듯이 중생심衆生心을 가지고 그 실상實相을 알기란 참으로 어렵다고 말합니다. 그래서 이것은 새롭게 변화된 마음이 아니고서는 이해理解할 수가 없다고 말합니다. 왜냐하면 본인도 생명에 대해서 특별히 생각해 본적이 없으나, 1973년 4월경 병고에 시달리다 못해 하는 수 없이 계룡산 심우정사를 방문하고 자살을 기도했으나 빗나가는 바람에 불치不治의 병고病苦에서 해방되고 마음도 새로워져서 새 생명을 살게 된 것입니다.

옛날 어른들 말씀에도 생명이란 하늘에서 주신지라 자기 마음대로 못하는 것으로 알려져 왔습니다. 그리고 주어진 명命대로 살지 못하고 자살自殺하는 죄가 제일 크다는 말을 들었습니다. 그러나 본인本人이 자살하려고 하는 이유理由 중의 하나는 병고病苦도 고통이려니와, 이 보다도 훨씬 큰 것은 내가 망하게 된 원인原因이 절친한 친구한테 배신을 당한 것인데 그 증오심憎惡心이 머리와 가슴을 억 눌러서 숨을 쉴 수가 없다는 것입니다. 차라리 죽어서 지옥地獄에 가는 한이 있다 하더라도 이 고통苦痛을 이겨내기 어렵다는 것입니다.

불행인지 다행인지는 몰라도 살아나서 다시 살게 되어 나를 알게 되고 생명이 무엇이라는 것을 알게 된 것입니다. 제가 이것을 알게 된 것은 알려고 해서 알아진 것이 아니라 삶과 죽음의 갈림길에서 죽음을 택하다 보니 엉뚱하게도 삶(生)이 나오더라는 것인데 죽음(死)을 알게 되면 삶(生)은 저절로 알게 되더라는 것입니다.

나는 생명生命이란 영원하다고 말합니다.

나의 생명이란 내 것도 아니요 네 것도 아니요 그렇다고 해서 어느 주재자主宰者가 있어서 그분 것도 아니고 전체全體의 것인 동시에 내 것이라는 것입니다. (생명을 알았으니까……?) 신학자神學者들은 말하기를 절대신絶對神의 소관사所關事라고 하는데 "살아도 내가 살고 죽어도 내가 죽는다"는 것을 자살을 기도해서 알았으며 내 자살自殺이 이루어졌으면 영원히 황천길로 갔을 것입니다.

내 생명이란 살수도 있고 죽을 수도 있고 내 육신肉身은 나我가 아니고서는 어느 누구도 절대로 운전運轉이 불가능하며 말없이 한 생각에 의해서 작동作動이 됩니다. 참으로 신기하지요. 그러기에 나는 누가 무슨 말을 할지라도 절대 나 일수밖에 없습니다.

1. 죽었다는 것은 무슨 말인가?

죽어도 죽을 수가 없어서 죽은바가 없다고 말하며 그래서 생명은 영원하다고 말합니다. 그러나 상대성相對性에서는 죽음이란 심폐心肺의 정지停止된 상태라고 말합니다. 이것은 죽음을 대상對相으로 본 까닭입니다. 생生과 사死를 말할 때 누구나가 중생심衆生心의 고정관념固定觀念은 상대적인 관념을 벗어나지 못하고 죽음은 싫어하고 삶만을 집착執着하다 보니 죽음의 실상實相을 알 리가 없다는 것입니다. 중생의 죽음이란 영혼靈魂의 이탈離脫이요 수화水火의 분리分離를 말합니다.

상대성相對性 원리原理란 둘이면서 하나(不二)인데도, 죽음을 모르니 삶을 알 리가 없습니다. 죽음이란 부분생명部分生命의 소멸消滅로서 시작되고 전체생명全體生命으로 파급되어서 전체全體가 소멸됩니다. (소멸이란 기능만 정지상태) 내가 죽으면 뼈와 살은 흙으로 돌아갈 것이고, 피는 물로 돌아갈 것이고, 온기溫氣는 바람으로 돌아갈 것인데, 내 육신肉身에서 따로따로 살아오던 세포細胞와 일체 중생의 생명체生命體의 90%가 땅 속에서 그대로 살고 있다고 합니다. 죽은 후 10년이 되어서 묘를 파보면 머리카락과 손톱이 자라고 있다고 합니다.

우주宇宙 공간空間에 꽉 차 있는 여러 생명체들은 화생, 습생, 난생, 태생의 인연 따라 태어난다고 하는데 모여 살아도 다툼이 없는지라 인연因緣따라 내가 몸을 받게 되면 반갑게도 다시 만나서 살게 될 것이 아니겠습니까? 이것이 바로 내 생명生命의 재현再現이며 불변不變입니다. 내 영체靈體의 주인공은 빈 무형체

無形體인지라 어디는 못 가리요. 내가 죽은 후에 도반님의 맘속에 와 있을는지 누가 압니까? 보살님은 날 더러 오래 살라고 말하는데 누더기 옷(늙은 몸)을 얼마까지 입고 다녀야 되며 빨리 새 옷으로 갈아입으면 보는 사람도 좋을 것이 아니겠습니까?

다시 말해서 죽음이란 공空과 유有가 잠시 떨어져 살다가 인연因緣이 닿으면 계합契合이 되어 다시 태어날 수 있는 전제前提라는 것입니다. 그래서 죽음을 돌아간다고 말합니다. 돌아간다는 것은 곧 태어난다는 것이지요.

그런데 지구상의 모든 인류人類는 주체성主體性을 잃은 지라 무명無明해 져서 현대문명現代文明의 지옥地獄에 갇혀 살면서도 콧노래를 부르니 이것이 삶입니까 죽음입니까? 참으로 안타까운 일이 아닐 수 없습니다.

2. 삶生이란 무슨 말인가?

인간의 삶이란 밥 잘먹고, 잠 잘 자고, 일 잘해서, 부모 잘 봉양하고, 자식 잘 기르면 더 이상 바랄 바가 없는데도 내일을 위한 욕망慾望 때문에 살아가는지라 항시 상대相對와 대립對立을 하고 욕구불만慾求不滿 속에 살아갑니다. 있는 사람은 있는 대로 없는 사람은 없는 대로 보다 많이 얻기 위한 도전 때문에 마음은 항시 초조와 불안, 공포 때문에 속이 편할 수가 없다고 말합니다. 이것이 중생들의 무명無明한 삶의 모습이라고나 할까요?

중생衆生들의 주식主食이란 공기와 물인데 이것 이상 무엇을 바랄 것이며 방해하는 자 없어서 한없이 먹어도 줄지 않으니 이것을 중생들의 해탈解脫이라고도 하며 대자연大自然의 대자대비大慈大悲라고도 합니다.

우리 집 할멈은 인정人情이 많은 사람인가 봅니다. 이웃 할머니가 어린 손자 남매를 데리고 가난하게 살아가다가 갑자기 돌아가셨다는 말을 듣고 동네 노인들과 함께 시체를 붙들고 울다가 왔다고 하면서 눈이 통통 부었는데, 우리 집 할멈이 하는 말이 "여보, 당신은 공부하는 사람인지라 죽고 사는 것을 잘 알 것이 아니겠소? 그래 세상에 사자使者도 눈이 삐었지 40도의 찜통 더위에 잡아 갈 것이 무엇이며, 어린 손자 남매를 두고 어찌 눈을 감을 수가 있단 말이요?"라고 훌쩍이는 것입니다. 그 할머니는 70세가 넘으신지라 돌아가실 나이가 되어 돌아가신다고 하지만 남은 손자들이 걱정된다는 것인데, 그리고 날 더러 하는 말이 "그래 무슨 사람이 아무 표정도 없고 인정머리가 없느냐?"라고 말합니다.

그렇다면 날더러 불쌍하니 같이 울어달라는 말인가? 알고 보면 울 필요가 없는데도? 사람이란 이와 같이 죽은 자者가 있으면 살아 남는 자者가 있어야 되며, 살아남기 위해서는 또 다시 태어남이 있어야 되며, 윤회輪廻의 법칙法則은 전체생명全體生命과 직결되어 하나의 고리를 형성하고 영원불변永遠不變의 법칙法則에 의해 이루어진 하나의 대생명체大生命體를 이룬 것이라고 하겠습니다.

그래서 생명生命의 실상實相 이라고 하는 것은 한 생명체라 할 지라도 그 속에는 또 다른 생명체들이 이중삼중二重三重으로 존재存在해서 소집단小集團은 중집단中集團을 이루고 중집단은 대집단大集團을 이루어서 광대廣大한 하나의 생명체生命體를 이룬 것입니다.(複合體) 내가 늘 말하기를 내 생명 따로 있고 네 생명 따로 있는 것이 아니라 전체全體가 내 생명生命이라고 말하는 것이 바로 이 사실을 말하는 것입니다.

그런 까닭에 개(犬)에 모여 사는 생명체들이나, 소(牛)에서 모여 사는 생명체들이나, 내 육신肉身을 집으로 알고 살고 있는 생명체生命體들이 하등 다를 바가 없다는 것입니다. 이것은 적으나 크나 마찬가지여서 허공이나, 물 속이나, 땅 속의 일체 유정물有情物을 말하는데 미생물微生物, 바이러스, 곰팡이, 세포 전체

全體를 말하는 것입니다. 따라서 내 생명이 건전하려면 바깥과 안의 생명체 전체全體가 건전해야 이루어지는 것으로 압니다. 중생衆生이란 이것 전체全體와 사람을 포함해서 말하는 것입니다.

유상세계有相世界의 우주가 지수화풍地水火風의 결합으로 이루어졌다고 하지만 인간人間의 육신肉身도 매한가지여서 다를 바가 없으며 성분成分을 보더라도 같으며 그래서 소우주小宇宙라고 하지만, 빈 마음에서 볼 때는 허공虛空을 삼키고도 남음이 있는지라 대우주大宇宙로 보아야 되는 것으로 압니다.

사람이 우주와 다르다는 것은 주재자主宰者인 마음이 있어서 육신을 자유자재自由自在로 운전運轉을 할 수 있는 까닭입니다. 그것은 다른 독립된 생명체生命體들도 마찬가지이나 지智는 있어도 혜慧가 없다는 것인데, 사람이 마음을 닦아서 의식세계意識世界의 고정관념固定觀念만 깨면 내가 없는지라 혜慧만을 이루어서 삼세三世를 꿰뚫어 본다고 하니, 사람만이 만물의 영장靈長이라고 하겠습니다.

복福과 혜慧는 별개의 문제입니다. 혜慧는 기도나 염불로 되는 것이 아니고 삼독심三毒心에 찌들려 무명無明한 내 마음을 닦아야 되고, 복福이란 지어야 되는지라 남에게 많이 베풀면 내생來生에 태어날 때는 좋은 지방과 좋은 가정에 태어나서 죽을 때까지 행복하게 살아간다는 것입니다.

유명有名하신 육조대사六祖大師께서도 초년에는 고생을 하셨는데 전생前生에 그 당시에도 공부를 하시느라고 복福을 짓지 못한 것으로 보아야 됩니다. 콩 심은 데 콩 나오고 팥 심은 데 팥 나오기 때문이지요. (自業自得, 自作自修)

그래서 참으로 삶이란?

1. 내가 제일 먼저 살아야 되고……(새롭게 거듭남을 말함)
2. 허공(虛空)이 살아야 되고……(공기오염)
3. 땅이 살아야 되고……(공해물질)
4. 물이 살아야되고……(화학물질로 식수오염)
5. 식물이 살아야 되고.……(식물은 공기를 제조하고, 생명체를 먹여 살림)
6. 미생물, 세균, 바이러스, 곰팡이가 살아야 되고
7. 중생(衆生)을 살려내야 되고.……(물질에 매여 사는 인간을 말함)

이것이 이루어져야 만이 인간의 옳은 삶이라고 하겠습니다.

깨친 마음으로 삼라만상을 바라보면 전체가 부처로 보인다는 것은 망상妄相을 바르게 체득한지라 망상妄相속으로 다시 회귀回歸한다는 것인데, 부처는 망상을 지극한 효심으로 받들고 공경하니 어떤 것이 부처이고 어떤 것이 중생이란 말인가? 아미타불과 신장神將들도 내 마음속에 있어서 다행이지(?) 만약에 바깥세계에 있다고 한다면 이 모습을 보고 귀신鬼神 곡할 노릇이라고 감탄感歎할 것이며 이것을 보고 살았다고 말합니다. (삶의 결론/ 부처와 중생이 둘이 아님)

3. 생명의 관리 生命管理

내 생명이란 소아小我의 나로 생각할 때는 나에 속한 육신에 내재內在해 있는 생명체들을 말하는데 "주인공空＋세포, 미생물, 바이러스, 세균, 곰팡이＝나我"라고 말하며, 이것은 수억 조를 이루고 있으면서 완전히 독립된 모습으로 살아가는데 어느 부분이라도 떼어서 현미경顯微鏡으로 보면 생생하게 살아 있으며 죽는 시간도 전부가 같지 않으며, 어울려 살면서도 다툼이 없고 피차가 상대를 먹여 살리고 있는지라 하나라도 빠지면 돌아갈 수가 없다는 것입니다. 그리고 오장육부五臟六腑는 천지기운天地氣運을 빨아들여서 에너지를 생산하고 중생들의 식성食性에 알맞도록 끊임없이 공급을 합니다. 모든 세포까지 완전 독립된 모습으로 따로따로 살아가는지라 내 생명이란 광대한 생명들이 합쳐져서 하나를 이룬 것입니다. 그러나 내가 없으면 살수도 없거니와 운전運轉이 불가능不可能합니다.

제가 계룡산에서 내려와서 얼마 되지 않을 때의 일입니다. 이상한 소문이 나서 여러 도반님들이 모여와 술을 권하는지라 먹든 가락에 거절을 못하고 한없이 마시다 보니 의식意識을 잃었던지 깨어보니 병원病院이 아닙니까? 말에 의하면 숨이 끊어져서 병원에 왔다는 것입니다. 과거에 술로 망하고 죽었던 사람이 정신을 못 차리고 또 죽었다 살아난 것입니다. 술이 다 깨인 것도 아닌데 저는 내부를 관찰觀察하게 된 것입니다.

세상에 이럴 수가 있을까? 84,000중생들은 머리끝에서 발끝까지 전체가 마비가 되어 쓰러져서 일손을 놓은 것입니다. 어떤 놈은 죽고, 어떤 놈은 살아서 땀구멍으로, 콧구멍을 통해서, 입을 통해서 도망을 치기에 나는 말했습니다. "여보게들 날 버리고 떠난다면 어디로 갈 것인가, 내가 잘못했으니 맘 돌이키고 같이 사세 그려!" 그러자 한 놈이 말하기를 "여보시오, 그게 말이 되는 일이요? 나는 부처라기에 살 곳인 줄 알고 수십 대를 위장을 지켜가며 소화기능을 담당해 왔는데 하루종일 독한 술만 들어와 취하고 설사를 하는 바람에 전부가 떠내려가고 죽는지라 나만이 남았소. 나 혼자 어찌하자는 거요. 소나 개한테 붙어살아도 술을 안 먹는지라 이것보다는 나을 것이요!"

나는 "자네들이 좋아하는 음식은 무엇인가?"라고 다시 물었습니다. 그들이 말하기를 당분이 아니라 쓴 것이라고 합니다. 그리고 식물성植物性이 좋답니다. 그리고 중생들이 제일 싫어하는 것 중에 하나는 「화」를 내는 것이라고 말합니다. 주인공主人公이 잘못되어 화를 내게 되면 전신全身에 불기운이 머리 위로 상승작용相乘作用을 해서 추워지는지라 얼어붙어서 총 파업을 한다고 합니다. 그래서 불가佛家에서 말하기를 진노(화냄)란 지옥 간다고 말합니다.

의사의 말에 의하면 숨은 멎었는데 맥박은 뛰더라는 것인데, 이것은 술로 마취가 되어 의식意識만이 정지된 상태 같습니다.

소식小食을 하면 중생들이 편하다고 하며, 다양한 채소를 달라고 하며, 잠을 재우라고 하며, 번뇌망상이 많으면 심장과 폐 기능이 떨어진다고 합니다. 성접촉性接觸을 하면 에너지 공급 때문에 중생들에게 비상非常이 걸리고 전체가 죽어난다고 합니다. 내부를 바라보기만 해도 마음의 빛이 들어와서 축제 분위기라고 합니다.

질문: 무소유無所有에 대하여 말씀해 주시기 바랍니다.(인천의 이준호)

이 질문에 대한 답答을 하기 전에 여러분께 먼저 말씀드릴 것은, 이 군君은 현재 공부가 많이 되신 것으로 제 자신 믿고 있습니다. 본인本人이 무소유無所有라는 것을 몰라서 질문質問하신 것이 아니라 무소유를 마음에서 옳게 체득하면 이것이 곧 깨달음으로 이어지는지라, 공부하시는 도반道伴님들께 「옳은 지침」이 되도록 하기 위해서라도 이것이 중요하니 말해 달라는 것 같습니다.

참으로 그렇습니다. 도道란 글자 해석이나 말에 있는 것이 아닌지라 물어도 대답할 필요 없이 당신 마음속에 다 갖추어 있으니 마음속에서 찾아보라고 할 수 있으나, 자기체험을 하였던 사람에게 길을 물을 때 가고 안 가는 것은 본인이 할 일 이지만 "나는 모르겠소" 라고 하는 것은 도반으로서 도리道理가 아니라고 생각해 봅니다. 자기가 알고 모르는 것이 문제가 아니라 국민학교 1학년생이 2학년생에게 질문할 때 성의껏 답해 주는 것이 옳은 것으로 압니다. 왜 이런 말을 재삼 하는가 하면, 불가佛家에서 선禪을 지도할 때 말은 허상虛想인지라 하등 도움이 되지 않으니 "말을 하지 말라"고 말하기 때문입니다.

우리나라의 유명한 스님들께서 엮은 책들 속에서 무소유無所有에 대해 쓰신 글들을 많이 보았습니다만, 이것은 자기체험自己體驗을 말한 것이 아니라 단지 글일 뿐입니다. 설사 깨친 사람의 말이라 할지라도 말로만 되는 것이 아니고 유상세계有相世界인 법신法身(肉身)이 따라 줌으로서 힘(能力)을 내 주어야만 되기 때문입니다. 이것은 물심物心의 화합和合으로 이루어지는 까닭에 불이법不二法이라고 말합니다. 무소유無所有란 소유所有의 반대되는 말인데 불이법不二法으로 말할 때 흔히 소유所有와 무소유無所有가 둘이 아니라고 말합니다. 또한 「참된 진리眞理」란 드러나지 않는 것이 옳은 법法인지라 말로 드러내면 이미 버렸다고 말하며 그래서 불이법不二法이란 말도 여기에서는 맞지 않는다고 말합니다. 그런데 여기서 제가 말하고자 하는 것은 무소유無所有를 말하는 사람은 실은 무소유를 모르는 것이니 무소유에 대하여 마음을 두지 말고 "소유所有란 무엇인가?"를 직시直視해서 주어진 현실現實을 바로 보는 것이 실제로 무소유無所有를 참되게 아는 길이라고 생각한다는 것입니다.

참으로 마음속이 비어서 무소유無所有를 체득體得한 사람은 무소유라는 말이 입에서 나오지 않으며 하물며 글로도 나올 수 없다는 것이 본인本人의 해석解釋입니다.

소유所有라는 말은 곧 내 것이라는 말이며 그 결과 모든 원인原因이 나(我)라는 관념觀念에서부터 시작始作되게 됩니다. 따라서 이는 불가佛家에서 말하는 "아상我相을 버려라"라는 말과 상반相反됨으로 이러한 사고思考를 도道적인 측면에서 볼 때 공부하는 사람들은 어떻게 이해理解해야 하느냐가 문제가 됩니다. 다시 말해서 나로부터 시작되는 한 생각을 불가佛家에서는 상相이라고 말하며 공부를 위해 상相을 버려라 라고 하는데, 이는 내가 있으면 네가 있고 네가 있으면 동시에 삼라만상森羅萬象이 일어나기 때문인 것으로 압니다. 그러나 반대로 내(自己)가 없으면 네가 있을 수 없는 동시에 천지만물天地萬物이 있을 수가 없으므로 저는 오히려 유상세계有相世界(全體) 그 자체를 무상無相 또는 무아無我라고 말합니다. 다만 여기에 첨가해 언급言及하고 싶은 것은 유상세계有相世界라 할지라도 우주宇宙에 속한 천지만물天地萬物을 누가 본인 스스로 속속들이 알았느냐가 문제問題가 된다는 점입니다. 이것은 인류人類의 태초太初에서부터 사람이 알았고 말로 전傳하고 글로 전해져서 오늘날에 이른 것인데, 옛날 사람들은 두려워서(?) 신神의 계시啓示라고 말하고 있으나 실은 마음에서 마음을 쌓은 인간人間의 사고력思考力에 의해서 알아진 것입니다.

흔히 도道를 말할 때 천성天性이란 천지만물天地萬物의 근원자리를 말함이요 도道란 원리原理를 말함이요 덕德이란 실천의지實踐意志를 말하는지라 인간의 사고력思考力도 성性, 혜慧, 지智의 삼 단계로 나누어서 생각하게 됩니다. 그런 까닭에 천지인天地人을 말하게 되는데 하늘과 땅 사이에 사람이 사는지라 천기天氣와 지기地氣를 먹고 살아가는 것이 인간人間이며, 또한 천지만물天地萬物의 주체主體(性=眞空)로서 지혜智慧(마음)를 가지고 매개역할媒介役割을 하고 있는 것이 인간人間이기에, 만물의 영장萬物靈長이 곧 사람이라고 아니할 수 없는 것으로 압니다.

그래서 진리眞理란 신神께서 전해 준 것도 아니요 하늘이나 땅에서 솟아난 것도 아니요 오로지 사람의 마음을 통해서 알게 된 것이라고 하겠습니다.

대도大道를 말할 때 금강경金剛經에 이르기를 "심삼세불가득心三世不可得"이라 하여 "마음에서는 얻을 것이 없다"라고 말했으나 이것은 수자修者들에게 삼독심三毒心을 내지 말라는 충고라고 생각하며, 또한 지구상의 인구팽창으로 남미나 아프리카처럼 빈곤貧困에 허덕이는 오늘날과 같은 현대사회現代社會의 인류人類를 위해서라도 옛날의 도덕관념道德觀念의 해석解釋은 새로워져야 되겠다는 생각입니다. 도심道心이란 과거過去도 아니요 미래未來도 아니요 현재심現在

心이 새로워져야 되는 것으로 아는데, 옛날이나 지금이나 도道 공부를 하기 위해서 세상을 등지고 가정을 버리고 자신의 일생마저도 포기해 가며 도 공부에만 심취해서 일생을 허송세월로 고생하고 늙어 가는 수자修者들을 많이 보았기 때문입니다.

이러한 수자修者들에게 제가 "여보시오, 도 공부는 왜 하시오?"라고 물으면 답하기를 "중생제도衆生濟度를 위해서 한다"라고 말하며, 때로는 "신통력神通力을 얻어서 병고病苦에 시달리는 중생을 위해서 봉사하겠노라"라고 답하는 사람도 보았습니다. 한결같이 도통道通을 하고 신통神通을 얻으면 봉사를 하고 중생제도를 한다는 것입니다. 그렇다면 30~40년 혹은 일생동안을 도道를 이루기 위해서 고스란히 바친다고 할 때 그 보상補償을 어디에다 대고 호소하리요. 참으로 안타까운 일이 아닐 수 없습니다. 확철대오確徹大悟를 해야만 중생을 위해서 사회 참여와 봉사를 할 수 있기 때문에 그 전前에는 공부만을 열심히 한다는 견해見解인데, 이렇게되면 본인本人에게나 사회社會에 도움이 되지 않는 것으로 생각합니다!

그래서 본인은 나의 체험體驗을 통해서 다음과 같이 그 처방處方을 말해보고자 합니다.

마음은 양면성兩面性이어서 ① 유상有相 쪽으로 집중을 하고 노력努力의 극대화極大化를 이루면 기필코 물질物質과 능력能力을 얻으며, ② 무상無相 쪽으로 마음을 집중하되 수면睡眠과 숨심을 끊으면 심心의 극대화가 이루어져 마음이 새롭게 변화되기 마련이며, ③ 양쪽을 동시에 극대화시키면 심신心身이 합일合一되어 깨달음으로 이어지는 것으로 압니다. 그래서 초발심初發心을 깨달음으로 알고 도통道通을 따로 찾지 말자는 것입니다. 다시 말해 선善과 악惡은 서로가 극極에서 만나면 핵核을 이루고 새로운 모습으로 태어나게 마련인데, 이것이 생활生活속에 적응이 되어지면 인욕忍慾과 극기克己로 변하여 습성習性이 끊어지고 심신心身이 맑아집니다. 여기서의 극대화極大化란 말은 생사生死의 갈림길인 정상頂上을 말합니다. 즉 한번 죽으면 새롭게 태어난다는 말입니다. 공부한다고 시간만을 끌지 말고 생사의 정상까지 극대화를 이루면 얻게 되는 것이니 크게 죽고 크게 얻어서 크게 베풀자는 것입니다.

옛날에 유마거사維摩居士는 장자長子의 아들인지라 부자였으며, 중국의 방거사方居士도 백만장자百萬長者였다고 합니다. 자기 소유의 재산이 많다 하더라도 소유에 집착을 하지 않고 남을 위해서 사회를 위해서 무위無爲로 자유자제自由自制 할 수가 있다면 굳이 무소유無所有가 되어야할 이유가 없습니다. 나에게 주어진 대로 내 소유에 내 마음의 제약을 받지 않는다면 설사 도인道人이라 할지라도 나쁠 것이 없다고 생각합니다. 결국 무소유란 말은 소유所有에 집착하지 말라는 말일뿐입니다. 왜 이런 말을 하는고 하니 수자修者 중에서 무소유를 주장하는 사람들이 노력勞力은 하지 않고 의타심依他心만 생겨서 탁발을 한답시고 일생을 거지생활로 끝마치는 사람들을 많이 보았습니다. 내 노력勞力에 의지依支해서 내가 살아가고 남까지 도와주는 것을 내 자신의 일로 아는 것이 도道가 아니겠습니까?

도道를 말할 때는 언제나 덕德을 말하게 되는데 덕이란 실천의지實踐意志인지라 실천 없이 도道가 살아남지 못하는데 어찌 도道를 알 리가 있으리요? 즉 도道란 원리原理를 말하는지라 사념思念이 아니라는 것입니다.

본인의 도반 중에 무심거사無心居士는 음식을 탁발해서 도반들에게 나누어주고 자기는 굶는다고 합니다. 이것은 인욕忍慾과 극기克己로 자비심을 기르는 산(生) 수도방식修道方式이라고 하겠으며 내생來生의 복을 짓는 원인原因이기도 합니다. 그래서 이분은 도반인 동시에 제가 가장 존경하는 스승이기도 합니다.

도道를 말할 때 깨닫고 못 깨닫고를 따지기 전에 남에게 베풀지 못하는 도道란 있을 수가 없다고 말하며 아집과 교만을 떨치기 위해서라도 베푸는 마음을 실천해 보는 것이 공부의 요체要諦라고 무심거사는 말합니다. 그리고 자기가 복福없이 가난하게 살고 있는 것은 전생前生에서 금생今生에 이르기까지 남에게 베푼 것이 없어서 복을 짓지 못한게 원인이라고 말합니다.

제가 어느 도반에게 이 말을 하니 하시는 말씀이 "글쎄 올씨다. 공부만 하는 사람이 무엇이 있어야 베풀것이 아니겠습니까?"라고 말합니다. 마음이나 노력은 돈드는 것이 아닌데도 도 공부를 한다는 사람이 이것마저도 남을 위해서 베풀지 못한다면 도 공부는 해서 어디에 쓴다는 말입니까? 참으로 안타까운 일이 아닐 수 없습니다. 아마 육바라밀 중에서 보시布施를 제일로 치는 원인原因을 잊어버린 것 같습니다. 보시란 자비심慈悲心이 없고서는 절대 불가능하기 때문입니다.

자비심이란 상대적相對的인 관념을 떠나 절대적인 차원의 마음에서 일어나는지라 전체全體라고 말합니다.

선사禪師들이나 공부하는 사람들 중에서 무소유를 주장하는 사람들이 많이 있는 것으로 알고 있으나 이들이 말하는 무소유란 대부분 돈도, 재산도, 아내도, 자식도, 친구도 모두 버리는 것을 의미하며, 따라서 오로지 나我밖에는 아무것도 없다는 것을 자랑스럽게 말하며 아울러 아무것도 없어야 도道 공부가 된다고 말합니다. 참으로 위험한 발상發想이라고 본인은 생각합니다.

금강경에 이르기를 "약견제상비상즉견여래若見諸相非相卽見如來"라는 말이 있는데 이 말은 실상계實相界를 "바로 보라(直觀)"는 말이지 "완전히 아무것도 없는 것으로 보라"는 것이 아닌 것으로 압니다. 왜냐하면 상相의 세계란 중생계

衆生界를 말함이요 도道란 중생제도를 위함인지라 마음을 깨쳐서 중생을 부처로 알고 받들어야 되는 것인데, 상相의 세계가 없는 것으로 단정을 한다면 깨달아서 부처는 어디에 쓰여진단 말입니까?

다시 말해서 성명쌍수性命雙修란 "물아일체物我一體"와 "복혜쌍수福慧雙修"라는 것입니다.

내 마음이 상相과 비상非相 사이에 끼여서 눌려 살다가 푸른 창공으로 빠져나가면 내 마음은 허공을 머금고 우주만물이 내 마음의 그림자일진데, 어떤 것이 무소유고 어떤 것이 나의 소유란 말인가? 내我가 있으면 타他가 있는지라 우주宇宙가 드러남이요 내가 없으면無我 우주조차도 있을 수가 없으니 나는 나인 동시에 절대 나일 수밖에 없습니다. 그래서 나는 무소유를 말하기보다는 차라리 "유상세계實相界를 아름답게 바로 보라"라고 말합니다. 다시 말해서 부정적否定的으로 생각하지 말자는 것입니다.

무위無爲와 무소유無所有를 같은 것으로 보고 무소유를 마음이 빈 것으로 오인誤認하는 사람이 있어서 이를 기준으로 도반끼리도 "너는 아직 멀었다, 아니다, 틀렸다"라는 상대적인 비판의 소리를 서슴치 않는다면 이는 잘못된 발상인 것으로 압니다. 공부하는 사람에게는 "없는 것만 소중하지 있는 것은 소중하지 않다"라고 말한다면, 이는 현실現實을 바로 보는 것이 아닙니다. 아프리카의 소말리아, 르완다 등과 같은 나라들은 먹을 것이 없어서 기아에 허덕이며 수천만 명식 죽어 가는데 도움을 줄 수 있는 사람은 곡식의 소유자입니다. 설사 도통道通한 사람이 있다 할지라도 무소유자無所有者는 원조가 불가능하고 살려내지를 못합니다.

제가 말하는 것은 진실 된 마음에는 소유도 무소유도 있을 수가 없으니 이를 마음에 두지 말자는 것입니다.

　일반적으로 도 공부하는 사람들은 무상계無相界를 목표에 두고 가는지라 유상세계有相界의 물질에 대해서는 안중眼中에도 없으며 오히려 이것을 추구하는 사람들을 경멸輕蔑합니다. 그러나 도道란 인도印度 사람들처럼 가난하게 살아야만 이루어지는 것은 아닌 것으로 압니다. 따라서 우리의 공부하는 방법도 구태舊態에서 벗어나, 생산적이고 실천하는 공부방식으로 거듭나야 하겠습니다. 역설적인지는 모르나 저는 박정희 대통령을 우리 민족을 빈곤으로부터 살려낸 위대한 지도자라고 생각합니다. 무소유로 못사는 것보다는 도道를 하면서도 노력하고 벌어서 잘사는 것이 낫다는 것입니다. 우리 공부하는 사람들도 현실現實을 바로 알고 고마움에 대해서는 언제나 감사感謝를 강强하게 느끼자는 것인데, 감사할 줄을 모르면 마음이 인색한지라 고정관념固定觀念에 묶여져서 덕德을 갖출 수가 없고 마음이 열리지를 않는다고 합니다.

　우리 도道 공부하는 사람들이 옛날 성현聖賢들 말씀만을 따르지 말고(?) 현실에 맞는 도道 공부를 하자는 것입니다. 마음을 닦으면 진공眞空이 되며 이것이 만유의 근원萬有根源자리요 또한 무無라고 생각할 수 있지만, 이 자체를 깨달음으로 받아드리지 말고 오히려 이러한 원리原理를 나름대로 알았으면 지혜의 등불이 되어서 보다 많은 것을 얻기 위해서 뛰고 있는 산업전사産業戰士들과 혼연일체가 되어 발전하는 조국 건설에 앞장서고 영원한 불국토를 이루어서 후손들에게 물려주자는 것입니다. (有無가 不二)

　석가釋迦 종주국宗主國인 현 인도(現 印度)와도 같이 불교가 퇴락하여 구求하고 신神에게 매달려 살아가는 국민國民들의 삶의 모습이란 무지無智에 의依한 빈곤貧困과 고난苦難의 연속임을 우리는 똑똑히 보았습니다. 살기 위해서 일을 해야 하는데 전국민全國民이 구도행각求道行脚만을 하고 있으니 무엇을 먹고 산

단 말입니까? 더욱이 700개個가 넘는 종단宗團끼리의 갈등은 폭력으로 이어져서 하루에도 많은 사람이 죽어 나가니 사회社會가 혼란混亂일 수밖에 없습니다. 인도印度도 근대사近代史 50년 전前만 하더라도 간디라는 사람이 무저항주의無抵抗主義를 부르짖고 대영제국大英帝國의 식민지植民地 통치統治에서 벗어나 독립獨立을 성취成就하고 정신문화精神文化의 구심점이 되어 사회가 안정安定이 되었던 것인데, 이것은 구도자求道者가 현실을 바로 알고 나라를 살려내기 위해서 앞장섰기 때문입니다. 중국中國만 하더라도 50~60년 전前에는 불교佛敎, 도교道敎, 유교儒敎가 어우러져서 조화調和를 이루고 정신문화精神文化를 꽃피운 바가 있으나 공산주의共産主義의 유물사상唯物思想으로 완전히 말살抹殺 되었으니, 물질문화와 정신문화를 동시에 꽃을 피울 나라는 아시아 권圈에서는 우리나라밖에 없다고 확신確信하는 까닭에 땅에 떨어진 도덕성道德性을 회복하고 인류人類의 정신문화精神文化 창달暢達에 앞장서자는 것입니다.

우리 도반道伴님들의 공부하시는 모습을 보면 다행多幸히도 한쪽에 치우치지 않고 성명쌍수性命雙修를 동시에 닦는 것 같습니다. 그러나 도반의 한사람으로서 강조해서 말하고 싶은 것은 정진精進에만 몰두한다거나 혹은 상의 세계(相의世界=物質을 추구하는 實社會)를 멀리하는 것이 아니라 앞서간 만큼 무상無相을 상相에다가 접목接木시켜서 지혜智慧의 등불을 밝히는데 앞장서자는 것으로서, 많이 이루어서 중생을 부처로 알고 물심양면物心兩面으로 베풀어 나가자는 것입니다. 제가 말하는 것은 도반님들 보고 삼독심三毒心을 내어서 돈벌이하시는데 앞장서라는 것이 아닙니다. 40~50년 세월歲月을 무위無爲로 공부하신다고 그대로 보내실 것이 아니라 도道란 유상세계 그대로가 도道이니 관념觀念으로만 머무를 것이 아니라 봉사奉仕하고 실천實踐하는 것이 곧 덕德을 이루는 것이니, 보람 있는 일을 하다보면 희열喜悅과 환희심으로 꽉 차게 되어 남에게 도움이 됨은 물론이며 나의 공부도 잘되는지라 일거양득一擧兩得으로 사회도 맑아지는 것은 당연當然한 일입니다.

끝으로, 도반님들이 갈고 닦은 선지禪智를 후손後孫들에게 전수傳授하시기를 제 자신 열망하는 까닭은 실천 없는 도道란 있을 수 없다고 생각하기 때문이며 (性命雙修 및 福 짓는 것) 아울러 선지禪智를 꽃 피우지 못하고 벽지불僻地佛이 되실까봐 우려하기 때문입니다. 앉아서 선禪만을 하는 것은 화두話頭를 챙기게 되어 본인本人은 이것을 단편성單編性으로 보는지라 성명쌍수로 보지 않으며, 또한 무소유無所有의 원리原理가 존재存在하는 것은 소유所有가 있을 때만이 가능하므로 그래서 이것은 둘이면서 하나요 하나이면서 둘이라 해서 불이법不二法이라 말하고 있으나 불이법도 맞지 않는지라 허상虛相에 불과하다 보니, 이 말은 공부에 도움이 되지 않습니다. 무소유無所有를 주장主張하는 사람도 가진 것이 있어서 먹어야 삽니다. 사는 것이 곧 도道입니다. 성性만을 닦으면 노쇠현상老衰現狀이 빨리 오고 병고病苦가 생깁니다. 설사設使 마음이 비어서 무소유가 되고 대각大覺을 했다 하더라도 습성習性에서 벗어나야 되는지라 공부하는 사람은 사회社會(肉身)와 떨어질 수가 없습니다.

중생심衆生心이란 무엇인가?

　불가佛家에서 흔히 부처와 중생을 말할 때는, 이것을 뜻으로 새겨보면 사람을 상대로 말하는 것이 아니라 내가 쓰고 있는 마음을 대상으로 말하고 있는 것이며, 깨친 마음을 부처라고 말하고 깨치지 못한 마음을 중생심이라고 말합니다. 그래서 도道 공부하는 사람은 "사람이라고 하는 대상물對相物"에 대해서는 관심이 없고 오로지 마음만을 말하게 됩니다.

　제가 이 말을 강조하는 것은 도 공부란 마음 닦는 것이지 무엇能力을 얻는 것이 아니기 때문입니다. 그러나 성명쌍수性命雙修 만은 잊지 말아야 됩니다.

　제가 왜 이런 말을 하는고 하니, 많은 도반道伴님들을 만나 보았는데, 40～50년 동안 도 공부만을 하신 분들이 도道 이야기를 말로하고 아는 소리를 말하기 깨문입니다.

　아는 소리란 내가 알고 능력能力을 받았다는 것인데 마음에는 형체形體가 없는지라 줄 수도 없으며 받을 수도 없는 것인데, 받았다고 가정假定을 한다면 그것은 육신肉身이 받은 것으로 말해야 되는지라 능력을 줄 수 있는 상대相對가 있어야 말이 됩니다.

그래서 제가 묻기를 "누구한테 받은 것이요?"라고 말하면 답변을 못하며 또는 "신神에서 받은 거요."라고 말하는 사람이 있으나, 내 마음 떠나서 부처가 따로 있을 수가 없으니 부처도 줄 수가 없습니다. 꿈을 말하고 신神의 계시啓示라고 말하고 있으나 이것은 본인의 환각 증세가 아니면 심心의 조작인 까닭에 자기 마음을 모르는지라 자기한테 속고 있는 사실을 잊고 있는 것입니다.

그래서 저는 말하기를 제가 저한테 속고 사는 것을 중생심이라고 말하고 자기한테 속지 않는 마음을 깨달음이라고 말합니다. 왜냐하면 부처가 부처를 모르고 중생이 중생을 모르는 까닭입니다.

제가 저한테 속지 않으려면, 내가 나를 알아야 할 것이 아니겠습니까?

그러나 조소선사鳥巢禪師와도 같이 중생을 부처로 알고 받들어 모실 수 있는 사람이 세상에 몇이나 될까요? 평민平民으로서 무의탁無依託 노인과 아이들을 자기 가족같이 살려내는 모습을 보고서 도道를 다시 생각해 보았습니다.

도道 공부를 가르치는 스승님들은 과거過去나 지금이나 그 방법이 다양해서 참선, 단수련丹修練, 성명쌍수性命雙修, 관법觀法, 화두話頭 등으로 알려지고 있으며, 가르치는 스승이나 지도 받는 수행자는 한결같이 말하기를 "진리眞理를 깨쳐서 부처가 된다"고 말하고 신통력神通力을 얻는다고 말합니다.

"정신일도이면 하사불성精神一到 何事不成"이라는 말과 같이 마음과 육신을 동시에 닦으면 망상妄相이 가라앉아서 맑아져 마음과 육신이 새롭게 변화되게 마련인지라 도통道通과 신통력神通力을 따로 찾지 말자는 것입니다. 왜냐하면, 마음속에 원願을 세우면 마음이 대상을 만드는지라 묶여져서 진전進展이 없고 마음이 열리지 않는다고 말합니다. (나의 마음 속에 다 갖추어져 있음) "백척간두진일보百尺竿頭進一步"해서 세 번을 죽고 거듭나야 과거심이 무너진다고 합니다.

마음에서 한 생각을 일으키면 이것을 망상妄相이라고 말하는데, 망상이란 과거의 오온五蘊의 식심識心과 바깥 경계에 내 마음이 끌려갈 때 일어나는지라 이것을 동심動心 또는 상대성相對性이라 말하고 있으나, 이것을 불가佛家에서는 중생심衆生心이라고 말합니다. 반대로 수련修練을 쌓아서 마음이 맑아지고 망상이 일어나지 않는 것을 절대성絶對性이니, 부동심不動心이니, 진리眞理 또는 부처라고 말합니다. 그런 까닭에 이것은 신神의 세계나 부처의 세계가 따로 있어서 여기에서 주어지는 것이 아니며, 내가 닦고 내가 이루는 자작자수自作自受를 말합니다.

그래서 종교단체 중에서도 유독히 불교에서만이 "자리 곧 타리(自利他利)"를 말하고 있으나 우선 내가 먼저 깨친 연후에 남을 제도한다고 해서 "상구보리(上求菩提)하고 하화중생下化衆生하라"라고 말합니다. (내가 먼저 眞我로 變해야 된다는 말) 깨친 사람의 안목眼目으로 본다면 참으로 옳다고 말할 것입니다. 다시 말하거니와 깨치면 부처요 깨치지 못하면 설사 84,000불경佛經을 거꾸로 달달 외우고 해석解釋한다 하더라도 중생을 면할 길이 없다는 것입니다.

부처와 중생의 분별은 육바라밀六波羅密을 끊임없이 닦아서 망상이 가라앉고 무상심無相心이 되어 내가 나를 완전完全히 조복調伏을 해서 극기克己가 되어 "자기가 자기를 완전히 이긴 자(勝者)"를 전제로 해석이 달라집니다.

1,500년전 몽고의 징기스칸이나, 불란서의 나폴레옹 같은 사람은 사람을 많이 죽이고 전쟁에 이겨서 세계를 지배하던 사람들이라고 할 수가 있으나 죽을 때까지 양심良心의 가책을 받아서 저주하고 공포와 초조 그리고 마음의 불안 속

에서 살다가 갔을 것입니다. 영웅들을 말할 때 도道 쪽인 측면에서 본다면 그 자체가 지옥이요 죽어도 현재심의 연장인지라 지옥에 떨어질 수밖에 없다는 것인데, 상相에서 머문 지라 무상심無相心이 되지 못한 까닭이지요. 이와 같이 총칼로 남을 이기고 권좌權座에 앉아서 임금노릇 하기는 쉬우나 "내가 나를 이긴다는 것(心의 調伏)"은 천하天下의 난사難事라고들 말합니다.

내가 나를 이겼다는 말은 심의 조작心造作이나 간섭을 받지 않는다는 것인데 한 생각이 일어나지 않는 것을 체득體得하면 의식세계意識世界가 망그러져서 마음과 육신肉身 마저도 비어있는 실상實相을 알게 되어 진공眞空을 체득하게 되는데, 이것은 공空의 어머니인지라 "고불미생전古佛未生前"이라고 말하고 허공虛空이 생기기 전이라고도 말하니, 이 자리는 무슨 말을 할지라도 맞지 않는다고 말하며 아무리 진리眞理에 가까운 말을 할 지라도 말은 의미가 없는 소리일 뿐이라고 말합니다.

왜냐하면 말은 상대相對에 말하는지라 부분일수 밖에 없는 반면에 도道란 원리原理를 말하는지라 절대적인 차원(絶對的 次元)이라고 말합니다. 다시 말해서 말로는 전체를 드러낼 수가 없는 까닭이지요. 그래서 이것을 말할 때 무극無極, 핵核, 당처當處, 낙처落處, 진리眞理, 부처라고 말하고 있으나 이것은 말일뿐이고 글자일 뿐인지라 방편은 될 수가 있으나 드러나면 이것은 이미 버렸다고 말을 하고 그 자체는 아니라는 것입니다.

무극無極이란 말은 마음의 진공眞空과 같은 말인데, 인욕忍慾을 하고 극기克己가 되어 내가 나를 완전히 이긴 자를 말합니다. 그러나 진공자리를 체험하게 되면 모든 유상세계를 이룰 수 있는 천지기운은 공空 중에도 진공眞空 쪽으로 채우러 모여드는지라 마음의 핵을 중심中心으로 모여들어서 새롭게 변화된 모습으로 돌아갑니다. 그래서 나를 이긴 자는 천상천하를 얻은 자가 되어 말이 없다고 합니다.

　이것은 수축과 팽창의 원리原理를 말하는데 심폐心肺의 기능이기도 하며, 이것이 인간의 살아가는 모습이기도 합니다. (生死가 여기에 달려 있음) 심폐의 기능중 하나 만이 정지가 되어도 이것을 죽음이라고 말합니다. 그런 까닭에 이것은 둘이면서 하나 인지라 한 가닥만으로는 작동이 불가능해서 음양陰陽의 원리原理라고도 말하며 순환논리循環論理 이기도 합니다.

　중생심衆生心을 말할 때 부처와 중생이 둘이 아니라고 불이법不二法을 말하게 되는데 그래서 체體와 용用을 설명說明해야 이해가 됩니다. 나에 속한 생명生命이란 유전의 법칙과 대자연大自然의 불변不變의 법칙에 의해서 돌아가는 유무有無의 정물情物이라고 하겠으며, 생사生死란 이것이 돌아가는 과정을 말하는지라 불이不二를 말하고 없는 게 아니라 영원永遠합니다. 내가 어머니 아버지의 한 찰나의 망상에 의해서 태어났으나 오고 싶어서 이 세상에 올 수가 있고 안 오고 싶어서 안 올 수가 있다면 신학神學에서 말하는 절대신絶對神의 조작이라는 말은 설득력이 있다고 말할 수 있으나, 인간의 생사生死 문제만은 어찌할 도리가 없는지라 운명運命으로 단정을 하고 아예 포기하는 것은 내가 무명無明한 소치인지라 생명生命과 그 과정過程의 생사生死에 대한 원리原理를 모르는 까닭입니다.

　불교佛敎에서는 "공空"을 말하고 있으나 타종교他宗敎에서는 "하나(一)"에서 시작始作 된다고 말하는데 "하나(一)"는 태극太極을 말하고 "공空"은 무극無極을 말하는지라 갓난아기 마음으로 회귀해서 여기에도 머물지 않고 푸른 창공으로 빠져나가면 "허공虛空과 나(我)" 그리고 "우주宇宙와 나(我)"가 불이不二가 아닌 「하나」가 되는 것이 공부입니다.

여기에는 나를 초월한 자리인지라 생사生死 따위는 붙을 자리가 없으며 다시 중생衆生들의 고통苦痛 속으로 되돌아옵니다.

친한 친구한테의 배신감, 남이나 친척 그리고 가족한테 당하는 멸시 또는 소외감, 제것을 주고 뺨을 맞을 때, 아내가 잔소리를 하고 가족들이 나의 말을 듣지 않을 때, 죽도록 일하고 결과는 마음에 차지 않을 때, 상사가 내 마음을 몰라줄 때, 자존심이 몹시 상할 때, 애인한테 이별을 당할 때, 사업에 실패할 때, 아내나 가족과 사별할 때 등과 같이 인간人間의 삶이란 즐겁고 좋은 것만이 있는 것이 아니라 한 세상 살아가는 동안에 고苦의 연속이며 그래서 증오, 저주, 시기, 질투, 초조, 불안, 공포, 비애심 등이 가슴에 꽉 찹니다. 이것을 불가佛家에서는 "고집멸도苦集滅度"로 말하고 이것조차도 마음에는 없는 것이니 여기에 끄들리지 말라고 말합니다.

그러나 번뇌망상煩惱妄相은 수행修行 없이 마음대로 벗어나게 되는 것은 아닙니다. 그 결과 이러한 혼란 속에서 고통스럽게 살아가는 사람들을 중생衆生이라고 말하고, 이것을 제도濟度하기 위한 법法이 84,000불경佛經인 것으로 압니다.

불경이 옳지 않은 바는 아니지만 이것을 읽고 배워서 따르기란 참으로 어렵다고 말합니다. 중생심衆生心이란 선善과 악惡의 두 가지를 가지고 살아가는지라 한다 하면 안 한다가 따라와서 방해妨害를 하니 지키고 실천實踐하기가 어렵다고 말합니다. 그래서 부처님께서 49년 동안 법을 설說하시고도 설한바가 없다고 말씀하신 것이 바로 그 뜻입니다.

도道 공부란 고苦에서 탈출하고 절대자유絶對自由와 평등平等을 이루며 중생제도衆生濟度를 위함이 요체要諦 입니다. 어느 선사禪師는 말하기를 "불경佛經이 틀린 바는 아니나 이것은 달을 가리키는 손가락에 지나지 않는데도 이것만을 읽고 손가락만을 드려다 보고 있으니 달은 언제나 알리요?"하고 안타까워서 탄식을 한다고 합니다. (執着에서 벗어나라는 말)

그러면 번뇌망상煩惱妄相은 왜 생길까요?

옛날에 박혁거세와도 같이 아기를 출산한 어머니가 갑자기 돌아가시게 되어 아기를 노루나 학이 품에 안고 살려냈다는 기록이 나오며 산중山中에서 아기를 소리개가 보호하더라는 것이 고전古典 문헌에 나온다고 합니다. 무학대사舞鶴大師도 그 실례의 한 분이십니다. 훌륭하게 성장을 해서 크게 될 사람은 하늘의 보호를 받는다고 설명하고 있으나 본인本人의 해석은 다릅니다.

중용中庸에 "천명지위성天命之謂性"이라는 말이 있는데 이 말은 하늘과 땅 사이에 사람이 사는지라 하늘의 이치理致와 땅의 이치理致가 인간의 심성心性에서 삼위일체三位一體가 되어 실천實踐되어진다는 말인데, 갓난아기(3개월 전)는 사물에 오염이 되지 않아서 천성天性 그 자체 일 것입니다. 그렇다면 설사 맹수라 할지라도 아기를 보는 눈은 부처님이나 신神으로 보이는 까닭에 당연히 보호하게 마련입니다.

동물들은 지혜智慧가 없는지라 과거過去나 미래未來를 모르며 현재現在를 살아갈 뿐입니다. 동물動物의 사육사나 포수를 만나서 말을 들어보면 맹수猛獸 중에서 맹수를 호랑이, 사자, 코끼리로 꼽는데 이 맹수들도 산중에서 만나게 될 때는 사람이 해害칠 의사意思가 없으면 대들지를 않고 오히려 피한다고 합니다. 호랑이 밥이 된 사람은 삼독심三毒心이 많아서 개로 보였기 때문이라고 합니다.

사람은 타고날 때부터 만물萬物의 영장靈長이라고 아니할 수가 없다는 것입니다. 그러나 아기가 3개월이 넘으면 사람을 알아보고 배가 고프면 젖 달라고 칭얼대는데 그러면 엄마는 즉시에 달려가서 아기를 돌보게 됩니다. 여기에서부터 아기는 나라는 의식意識이 싹트기 시작하며 울기만 하면 엄마가 달려오니 아기는 "마음의 운전運轉"을 알게 됨은 물론 가르치지 않아도 욕구충족이 이루어지는 것을 스스로 알게 됩니다. 이것이 삼독심三毒心의 시작이요 오온의 식심五蘊識心에 의한 의식세계意識世界가 만들어지는 초기단계이며, 마음을 욕구慾求의 상대相對에 쓸 수 있는 방편이 울고 보채는 것이라고 압니다.

그래서 망상妄相이란 ① 잠재된 의식세계에서 일어나는 것과, ② 오관작동五管作動이 바깥 경계境界에 끌릴 때 일어나는 것과, ③ 자연의 섭리 속에서 일어나는 것으로서 이 세 가지가 원인原因인 것으로 압니다. 그 중에서 세 번째는 배가 고프면 밥 생각을 하고, 변이 마려우면 화장실에 가고, 졸리면 잠자는 것으로서 저절로 돌아가는 것으로 압니다.

절대성絶對性인 도심道心이란 현재現在를 새롭게 살아가는 반면에, 상대성相對性인 중생심衆生心은 과거過去를 가지고 미래未來를 살아가니 참으로 모순矛盾이라고 하겠습니다. 새로운 것이란 자기自己 감정을 억제하고 심心의 극대화極大化를 이룰 때만이 새로운 창의력創意力이 솟아나게 마련입니다.

중생심이란 오온의 식심識心에서 주로 일어나는지라 색色, 수受, 상相, 행行, 식識의 순서에 의해서 돌아가며 상相을 쌓게 마련입니다. 도심道心이란 한번 열리면 육신肉身이 다할 때까지 열린 상태로 밝고 새롭게 돌아가는데 여여 부동심을 말하는지라 망상妄相이 일어나지 않으며, 그래서 이것을 무념무상無念無相이라고도 말합니다. 그래서 중생심은 마음을 쌓는 것이라고 말하는 반면에 도심은 비우는 마음이라고 말합니다.

도심에는 심삼세 불가득心三世不加得을 말하고 있으나 중생심에서는 자작자수自作自受를 말하고 있으며 마음을 깨치고 보면 이것이 불이법不二法 인지라 참으로 사실 그대로가 옳다고 말합니다. 얻는 것이란 "얻을 것이 없을 때"만이 얻어지는 것이고 얻을 것이 없는 것은 "얻을 것이 있을 때"만이 얻을 것이 없다는 말인데 그래서 이것이 둘이 아니라고 말합니다.

이와 같이 아무리 말로 표현을 해 볼지라도 그 자체는 아니라는 것입니다. 불가佛家에서 말하는 "색즉시공色卽是空 공즉시색空卽是色"과 동일同一한 것으로 이해理解하시면 될 것으로 압니다.

앞에서 말했듯이 부처와 중생심衆生心이 둘이 아니라고 84,000불경佛經이 한결같이 불이법不二法을 말하고 있는데, 공부하는 수자修者라면 누구나가 다같이 불이법을 알려고 하지 말고 자기체험自己體驗을 통해서 가슴으로 느껴 보라는 것입니다. 그 방법은 제가 누차 말한바 있으나 3일만이라도 먹지를 않고, 자지를 않고, 숨을 가늘게 길게 1분分대 이상以上으로 호흡을 하다가 정신일도精神一到가 되면 자동적으로 숨이 끊어지고 삼매경三昧境에 들게 마련이며 이 순간은 신神, 부처, 원願, 각覺에 대한 생각을 내면 마음이 묶이게 되니 비어있는 상태로 몰고는 가되 무엇인가 해결解決 해야할 의심疑心만은 뚜렷이 서 있어야만 된다는 것입니다. 왜냐하면 마음이 양변兩邊가운데 중심中心에서 일어나니 "망상妄相이 왜 일어나는가? 당처當處는 어디인가?"하고 위에서 지켜보는 자者가 되면 망상妄相은 가라앉기 때문입니다.

이 방법方法은 오래 끌지 말고 화끈하게 한번 죽으라는 것인데 죽음을 각오하면 새롭게 거듭나는지라 이것을 생사도전生死挑戰이라고 하고, 생사해탈生死解脫이라고 합니다. 이런 방법으로 건강할 때를 택해서 세 번만 죽으면 "과거심過去心=중생심衆生心=의식세계意識世界"는 완전히 소멸되어 망상이 끊어진 이유理由를 본인의 체험을 통해서 속속들이 알게 됩니다. 이 때가 되면 마음이 맑아진 까닭에 무엇을 물어도 척척 답答을 하게 됩니다. 이러한 경계가 속速하고 더딘 것은 평소平素에 선근善根을 얼마나 행동으로 쌓느냐가 문제의 원인이 되는 것이니 양심良心의 가책을 받는 짓을 하지 말아야 양심이 속히 살아납니다.

도道 공부를 하는 사람이 아는 소리를 하고, 말이 많으며, 남을 경시하고, 나를 낮추지 못하며, 도반들의 부족한 점만이 눈에 띄고 받아들이지 못하는 사람은 행行이 미치지 못하는지라 위험危險한 도병道病에 걸린 것이라고 말하며 치료가 불가능하다고 말합니다. 이러한 사람은 내생來生에 몸을 받기가 어렵다고 하며 설사 다시 태어나도 복福을 짓지 못한지라 고생苦生으로 살아가야 한다고 합니다.

가장 중요한 것이 불이법不二法을 체득體得하는 것인데 평소에 그렇게 알고만 있어도 내가 나한테 속지는 않습니다.

허공虛空과 나眞我가 둘이 아니요, 우주와 나가 둘이 아니요, 너와 나가 둘이 아니요, 선善과 악惡이 둘이 아니요, 생사生死가 둘이 아니요, 부처와 중생이 둘이 아니요, 깨달음과 번뇌가 둘이 아니요, 마음과 육신이 둘이 아니요, 신神과 나가 둘이 아니요, 하늘과 땅이 둘이 아니요, 유有와 무無가 둘이 아니요, 명明과 암暗이 둘이 아니요, 낮과 밤이 둘이 아니요, 여자와 남자가 둘이 아니요, 된다 안 된다가 둘이 아니요, 있다 없다가 둘이 아니요, 상相과 비상非相이 둘이 아니요, 체體와 용庸이 둘이 아니요, 음陰과 양陽이 둘이 아니요, 네 것과 내 것이 둘이 아니라는 것은 전체全體가 나의 모습이라는 것인데 그렇다면 굳이 분별分別해서 네 것 내 것을 갈라놓고 따질 필요가 없다고 생각합니다.

그래서 도심道心에서는 긍정肯定으로 받아드릴 수밖에 없다고 말합니다. 욕구慾求에서 초월하면 이미 전체全體를 다 얻은 것입니다.

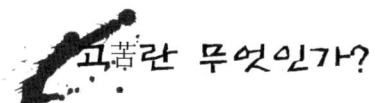란 무엇인가?

질문 : "깨달음을 얻기 위해서는 고苦를 알아야한다"라는 말이 있는데 여기서 말하는 고苦란 무엇을 말하며 또한 고苦를 알았다는 것이 무엇을 의미意味하는지에 대하여 말씀해 주시기 바랍니다.(지리산의 無心居士)

고苦를 설명說明하기 전전前前에 미리 알아두어야 할 두 가지가 있습니다. 그 두 가지 중 하나는 고苦에서 탈출脫出하고 고苦를 느끼지 못하는 사람(깨달은 者)은 고苦가 없다고 말할 것이며, 또 하나는 그 반대反對로 "인생人生이란 이 세상에 태어나서부터가 고苦의 시작始作이요 고苦에서 끝나는 것이 아니라 죽어서까지도 고苦다"라는 두 가지 유형類型이 있다는 것을 말씀드립니다.

또한 정신적精神的인 고苦란 번뇌망상煩惱妄想을 말함이요, 육신肉身의 고苦는 갈애渴愛와 부득고不得苦를 말합니다.

고苦를 느끼지 못하는 사람은 말하기를 고苦란 원래 없는 것이며 원인原因도 없고 고苦가 없어지는 것도 없고 그 자체自體도 없는지라 이것을 참된 법法이라 하여 사성체四聖諦를 말하고 이것을 바로 알면 곧 깨달음으로 이어진다라고 말할 것입니다. 이것은 중생계衆生界를 이미 떠난 말인지라 따로 설명說明이 필요

必要치 않으며 단지 중생계衆生界에서는 이것을 면免해야 되는지라 고품의 내용內容을 알자는 것입니다.

1. 고품란 무엇인가

사람이란 양면성兩面性에서 살아가는지라 고품란 낙樂이 없이는 고품가 존재存在할 수가 없으므로 반대로 말한다면 낙樂이 없이 고품 혼자서는 살아남을 수가 없다는 것입니다. 이와 같이 둘이 하나인데도 중생심衆生心에서는 마음을 대상對相에다 쓰는지라 고품는 버리고 낙樂을 집착執着하다보니 없는 고품가 마음속에 자리잡게되어 고통苦痛을 느끼고 살아가게 마련입니다.

중생심衆生心에서는 분별심分別心이 있는지라 중생을 알리가 없으며 더욱이 설명說明이 불가능不可能한 까닭에 이것은 고품를 박차고 마음의 해방解放을 이룬 사람만이 자기 체험體驗을 통해서 설명說明이 가능합니다.

앞에서 말했듯이 고품와 낙樂을 분별하지 않고 하나로 알고 살아가는 사람은 마음 속에는 고품도 없고 낙樂도 없어서 평등지平等智로 살아간다고 하는 반면에, 낙樂을 추구追求하는 사람은 마음 속에 미래를 만들고 보다 나은 생활욕구生活慾求 때문에 과거심過去心을 지우지 못합니다.

고품란 한 마디로 말해서 과거심過去心의 재현再現인지라 삼독심三毒心에서 비롯된 불만족不滿足에서 나오는 정신적精神的 물질적物質的(肉身)으로 강강強强하게 느껴지는 통증痛症을 말하는 것으로 압니다. 사람은 태어날 때의 고품(産苦), 살아갈 때의 고품, 죽을 때의 고품, 죽어서의 지옥고地獄苦 등 고품의 연속입니다.

2. 고苦가 생기는 원인原因

내가 만약에 윤회輪廻를 벗어나서 이 세상에 태어나지 않았다면 고苦란 나에게 있을 수가 없습니다. 즉 큰 원인原因은 내가 윤회輪廻에서 벗어나지 못한 까닭입니다.

1. 내가 나를 초월超越하고 무념무상無念無相이 되어 도道를 이룰 수가 있다면 고苦 란 있을 수가 없을 것이며, 반대로 그렇지 못하고 중생심衆生心에 머물러 있으면 이것 이 고苦의 원인이 될 것입니다.
2. 내가 삼독심三毒心을 내지 않으면 고苦가 생기지 않으며 삼독심三毒心을 내면 고 苦가 생기는 원인原因이 됩니다.
3. 나의 오관작동五官作動을 안(內)으로 관조觀照해서 바깥 경계境界에 끄들이지 않으면 고苦가 생기지 않습니다.
4. 내가 동물動物로 태어났으면 지능知能이 부족해서 고苦를 느끼지 못하는지라, 사람 으로 태어난 것이 원인原因 입니다.
5. 내가 우자愚者로 태어났으면 고苦를 인식認識치 못할 것인데 현명賢明한지라 불성佛性이 있기 때문입니다.
6. 사람은 타고날 때부터가 양면성兩面性인지라 고苦를 느끼게 되는 원인原因 입니다. 절대성絶對性에서는 고苦를 느끼지 못합니다.
7. 사람은 고苦를 싫어하고 낙樂을 추구追求하기 때문입니다. 낙樂이 없으면 고苦마져 사라집니다.
8. 중생심衆生心에서는 무명한지라 고苦가 극락極樂인줄을 모르기 때문입니다.

3. 고苦를 멸滅하는 방법

1. 고苦를 싫어하지 말고 극락極樂으로 알고 받아드립시다.
2. 고苦는 인욕忍慾을 하고 극기克己가 되면 고苦는 없어집니다.

3. 고苦는 육바라밀六波羅密을 닦으면 없어집니다. (布施, 忍慾, 持戒, 精進, 智慧, 禪定)

4. 작은 고苦는 고생苦生을 강强하게 사서하면(有爲的) 없어집니다.

5. 정진방법精進方法은 앞에서 여러 번 말씀 드렸습니다.

6. 일념一念이 되면 苦는 없어집니다.

7. 삼독심三毒心(탐/욕심, 진/화냄, 치/無明)을 버리면 고苦는 저절로 없어집니다.

8. 우지愚智한 사람은 고苦를 느끼지 않는지라 이미 고苦를 멸滅한 상태狀態입니다.

9. 내가 없으면(無我) 고苦가 있을 수가 없는지라 무심無心이 되어야 합니다.

10. 고苦 자체가 망상妄相인지라 이것이 끊어지면 고苦도 없습니다.

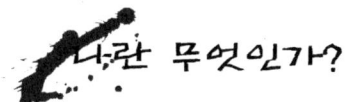 나란 무엇인가?

불자佛者님들께서는 흔히 말씀하시기를 불교란 쉽고도 어려운 종교라고 말씀하십니다. 사실 그렇습니다. 아무리 부모에게 잘하는 효자라 할지라도 어머니의 깊고도 참된 사랑의 마음은 알기가 어렵다고들 말하십니다. 그래서 딸이 시집을 가서 남편과 시부모를 섬기고 자식을 낳아봐야 확실히 안다고 말합니다. 그것은 누가 가르치지 않아도 사랑을 모르면서도 아기에게 가슴으로 쏟아붓는 모성애를 말합니다. 그런데 하물며 부처님의 자비심을 누가 안단 말입니까? 부처님께 수만 번 절하고 기도해도 알 길이 없다는 것입니다. 나를 낳아주신 어머님의 사랑은 내가 자식을 낳아서 길러보아야 알 듯이 부처님의 자비심을 아는 것은 깨달아서 새롭게 거듭난 사람만이 이해할 수가 있다고 말합니다.

그래서 불교란 종교와 철학의 차원이 아니라 깨달아서 행行하는 실천의 차원이라고 말합니다. 그런 까닭에 수많은 불경도 알고 보면 「나」하나 바로 알기 위해서 깨달음으로 가는 길을 정확히 밝힌 것으로 압니다.

내가 이 세상에 왜 태어났으며 무슨 인연으로 어떻게 살다갈 것이며 어디서 왔다가 어디로 갈 것인가라는 전생의 인과因果와 생사 문제를 속속들이 알기 위해서, 또한 내가 소우주小宇宙이다 라고 말하며 나를 떠나서 우주가 없고 부처가 없다는데 사실이 그러한가를 확인하기 위해서, 그리고 육신肉身 속(衆生界)에 살고있는 일체중생(부처)들이 평안하게 잘 살고 계시며 나를 위해 무슨 일들을 하고 있으며 나의 속사정을 전달하고 감시하는 보살菩薩과 신장神長들은 잘하고 있는지를 내(主人公)가 확실하게 증득하는 것이 나를 아는 것이 아니겠습니까?

제가 이 자리에 온 것은 불법佛法을 설하자고 온 것이 아니라, 선禪 교敎가 둘이 아니라고 하지만 선禪 공부에 도움이 되도록 본인의 체험을 통해서 초점을 맞추어 볼까 하니, 말은 상相에서 나오는지라 틀릴 수도 있으니 이해 있으시기 바랍니다.

나란 도대체 무엇인가?

내가 있으면 네가 있고, 네가 있으면 삼라만상森羅萬象이 동시에 태어나고, 반대로 내가 없으면 삼라만상이 무슨 소용이 있느냐 라는 말은 삼라만상이 관심 밖으로 밀려나는지라 「나」가 없고서는 삼라만상이 일어나서 존재할 수가 없다는 것을 뜻합니다. 그렇다면 이러한 만상萬相을 누가 알았느냐는 말인데 부처, 하나님, 보살, 신들은 형체가 없는지라 진리를 전할 수가 없고 공부하는 마음은 망상이요 깨달은 마음이 부처라면 부처는 깨달을 수가 없는데 무엇이 깨달았다는 말인가?

그것은 중생심이 변해서 부처와 합쳐진 마음이 깨달았음을 말함이고, 그리고 부처가 법法을 전할 때는 망상을 내어주어야만 되는지라 육신 없이는 불가능하고, 그래서 만상萬相은 오로지 내 마음에서 일어남으로써 안 것입니다. 여기서 말하는 「나」란 육신을 떠난 진아眞我 다시 말해서 영혼, 진공眞空을 말하는지라 불교에서 말하는 마음이 알았다는 것입니다. 삼라만상과 인과의 속까지 말입니다. 다시 말해 나를 떠나서는 부처가 없는지라 부처나 하느님이 알았다는 것도 말이 안될 소린데 신神인들 어찌 알리요?

　　태초太初의 인류는 수가 많지 않은지라 삼독심三毒心의 오염이란 있을 수가 없으니 진실된 성령聖靈의 마음 그 자체였을 것입니다. 그러나 역사가 시작된 뒤 인류의 중생심에서 발發하는 망심妄心은 오늘날 첨단과학 시대를 만들어 냈으니 이러한 망상을 우리는 무엇이라고 말해야 할까요? 석가여래께서 화신化身으로 이 땅에 오셨을 때는 인간세계는 삼독심으로 이미 오염이 되어 중생심으로 변화돼 있을 때인데도 중생을 부처로 받아드린 것은, 불성佛性 때문은 물론이나, 삼라만상이 중생심의 망상에서 태어나는 것을 정확히 아신 때문입니다.

　　일체유심조一切唯心造라는 말이 바로 그 뜻이고 또한 부처만으로는 만유萬有가 태어날 수 없습니다.

　　부처와 중생이 둘이 아니라는 것은 불이법不二法을 말함인데, 반대로 말한다면 중생심이 곧 부처의 어머니인지라 망심에서 부처가 태어나는데 어찌 삼라만상인들 망상이 어머니가 아닐 수 있으리오?(一切唯心造) 그런 까닭에 깨달아서 부처가 됐다 하더라도 중생인 육신 내에 머물러 있는지라 중생을 떠나서 부처가 있을 수 없으며 부처는 중생을 어머니로 알고 지극한 효심으로 섬길 것이니 어찌 일체 중생인들 변하지 않을 수가 있으리오. 이것을 보고 부처님의 참된 자비慈悲라고 말합니다.

　　나를 알아야 되는지라 제가 말하는 중생이란 외부의 중생을 말함이 아니라 체내體內의 일체중생을 말합니다. 육체의 삼라만상을 아는 사람만이 바깥 경계의 만상萬相을 알 수가 있습니다. 깨달음을 아는 것은 새로워진 마음을 과거심過去心에 관조해서 아는지라 상相이 아는 것이고 비상非相(부처)은 모릅니다. 개체個體의 나란 육신을 지닌 중생심을 말함이요, 절대絶對의 나란 깨달은 마음을 말함인데, 불교에서 말하는 대승적大乘的 진아眞我란 이 둘을 합친 것을 말하고 있으나, 이것은 불이법을 말하고 있는지라 본인도 지극히 옳은 것으로 압니다.

신학자神學者들은 말하기를 만물은 신께서 내려주신 선물이라고 말하며, 생명 또는 절대신絶對神의 섭리라고 말하고 있으나, 오늘날 유전공학의 발달은 새 생명(바이러스)을 창조해 냄은 물론 복제판 동물까지 얼마든지 만들어 내는데, 이러한 첨단 과학시대에서 만유萬有의 신神의 창조설이란 맞지 않습니다. 이는 부처님, 하느님, 보살, 신장 등 무상세계無相世界의 실상을 모르는지라 실체가 없는 허상을 말하다 보니, 이것은 의식意識이 없는지라 말하고 전할 수가 없으며 들을 수도 없고 볼 수도 없는데, 형체가 없는 절대신이나 부처라 할지라도 무엇을 도와주고 무엇을 창조한단 말입니까? 부처도 상相이 필요하듯이 물物 심心을 갖추고 있는 나만이 가능한지라 유심조唯心造를 말하고 자작자수自作自受를 말합니다.

나를 말할 때는 언제나 마음을 말하게 되는데 나의 마음은 음양陰陽의 원리인지라 한 생각이 일어나면 무상無相쪽 아니면 유상有相쪽으로 발하는지라 물심의 양극兩極으로 망상이 일어난다고 말합니다. 그러나 현대문명은 물질위주로 발전하다보니 정신면은 철학이 없는지라 도덕성을 잃었다고 말합니다. 다시 말해 오늘날 현대문명의 발전상태를 살펴 볼 때 물질문화만이 발전함으로서 물질의 끝부분(相,음)은 엄청난 힘(核物質)을 만들어 냈으나 심心의 끝부분(無相,양)은 이룬 것이 없다보니 상에서 발하는 이 엄청난 힘(力)을 무엇으로 조절하고 감독하리요? 더욱이 성性 자리도 모르니 말입니다.

천하天下의 모든 에너지는 빈 쪽空으로 모여드는지라, 물질의 핵은 심心의 핵에 닿으면 맥을 못추고 흡수가 되니, 주인공이 그저 지켜보고만 있어도 잘 돌아간다는 것을 알고 있는 저로서는 물질의 핵이 극도로 발전된 이 시대야말로 비워서 진공真空을 이루신 도인道人이 절실하게 필요한 때인지라 여러분들께서는 열심히 공부하실 것을 부탁드립니다. 아울러 육신 없이는 깨칠 수가 없고 부처라고 할 수도 없다는 것을 다시 한번 말씀드립니다.

중생심이란 상대적인 관념에서 벗어나지 못하고 나 위주로 살아가는 것을 말합니다. 그래서 언제나 내가 제일 잘났고 똑똑하며, 남한테는 양보심 없이 이겨야 직성이 풀리고, 사촌이 땅을 사면 나의 배가 아프다고 말을 하며, 언제나 자기 앞에 큰 감을 놓아야 마음이 풀리는지라, 삼독심이 꽉 차 있다고 말할 수 있습니다. 그래서 중생심이란 욕계慾界에서 살아간다고 말하며, 자기가 자기한테 무명無明을 씌워 그 속에 가리워져서 살아가는지라, 항시 마음은 초조, 불안, 공포, 시기, 질투, 도전, 사악 등으로 싸여서 지옥고地獄苦를 살아갈 수밖에 없으니 얼마나 안타까운 일이겠습니까?

이것이(相對的 나) 나의 중생심에서 살아가는 실상이기도 합니다. 그래서 선사禪師님들은 말씀하시기를 「나」란 상相을 만들어서 망상의 고통 속에 살아가는 것이 고苦의 원인이니 나를 떠나라, 나를 죽여라, 나를 초월하라, 상을 제거하면 곧 깨달음이 온다 라고 상相 때문에 애절하게 수자修者들에게 외치십니다.

그러나 제가 볼 때에는 상을 싫어하면 상은 더 일어납니다. 마음은 양면성인지라 비는 곳 무상無相 쪽으로 가면 유상有相 쪽이 따라와 방해를 하니 갈 수가 없다는 것입니다. 왜냐하면 상에서 부처가 태어났고 또한 이는 삼라만상이 태어난 모체인 동시에 상이 없이는 유상세계가 돌아갈 수가 없기 때문입니다.

그런 까닭에 무상심으로 가는 방법은 ① 단시일 내에 용맹정진을 해서 유상무상(物心)의 양극을 정신일도精神一到하여 나를 초월하는 방법과 ② 양극의 중中을 지켜보는 자가 되어 동심動心을 가라앉히는 방법이 있습니다. 화두話頭로

는 마음이 묶이게 되어 힘이 드는 것으로 압니다. (화두가 망상인데도 집착을 함)

　내가 나를 알게되면 상相의 소중함을 알게되어 가꾸고 사랑하는지라 이것이 중생을 제도함이요 자비慈悲의 요체인 것으로 압니다. 문화발전이란 상 때문에 이루어진 것입니다. 마음은 텅 빈지라 아무것도 없다지만 할아버지가 하시던 일과 마음을 아버지에게 전하고 쌓고 아버지는 나에게 전하고 쌓으며 나 또한 아들에게 전하고 쌓는 것이 과거의 조상님들이나 우리 중생심의 삶의 모습이라 하겠습니다. 조상님들의 피땀으로 이룬 상相의 유산이 아니었다면 오늘날의 찬란한 물질문화란 있을 수가 없을 것입니다.

　제가 상을 바로 알자는 것은 도道도 현실을 바로 알아서 사회에 적응이 되는 도道로 새롭게 거듭나자는 것입니다.

　인도와 소말리아와 같이 굶주려가면서도 종교를 외치며 투쟁을 하고 무소유를 주장하는 것은 현실과 논리에 맞지 않는 도라고 하겠습니다. 후손들을 잘 길러내기 위해서라도 열심히 일해서 모은 돈을 저축하고 남도 도와주는 것은 욕심의 발로가 아니며, 설사 도인道人이라 할지라도 살기 위해서 알뜰하게 저축하고 가꾸는 것은 공부의 마음 비우는 것과는 별개의 문제라고 생각합니다. 그러나 중요한 것은 전 인류가 물질에 많이 현혹이 되어 도덕道德 부재不在로 사회가 혼란混亂 되는 것이 문제라는 것입니다. 다행히도 도 공부를 하시는 분들이 많아서 이러한 문제는 걱정을 하지 않아도 잘 될 것으로 압니다.

　본인의 체험을 통해서 상相을 다음과 같이 말할 수 있습니다.

　상이란 대상을 말하는지라 내 마음에서 대상을 만들면 상이 있고 만들지 않으면 상이란 있을 수가 없으므로 중생심이란 한 생각이 일어나서(發) 알고 일어나지 않으면 알 수가 없는 것입니다. 이러한 상을 세 가지로 말하면 ① 보이는 상 ② 안 보이는 상 ③ 한 생각이 일어났다 하더라도 가슴속에 묻어두고 행동으로 옮기지 않은 생각까지를 말하는데, 큰 뜻으로 보면 중생심에서는 한 생각을 일으키면 바깥경계에 접하게 되어 만상이 동시에 일어나는지라 발發하면 상으로 봅니다.

불교의 궁극적인 목적은 생사해탈生死解脫을 말하고 있으나, 인과의 벽을 뛰어넘으면 내가 없는지라(無我) 윤회란 있을 수가 없으니 생사가 붙을 자리가 없는 것으로 압니다. 인과와 윤회란 둘이면서 하나요 하나이면서 둘인 까닭에 공통분모라고 하며, 중생심에서는 이 둘이 그림자와 같이 피차 떨어질 수 없는 운명을 갖고 있는 것입니다.

재삼 말하거니와 내 마음에서 인과를 만들지 않으면 윤회의 수레바퀴에 걸려들 이유가 없습니다. 이것을 모르고 중생심에서는 한결같이 나는 복이 없다 또는 일을 하여도 되는 일이 없다라고 말합니다. 같은 토지에서 같은 조건과 같은 노력으로 농사를 지어도 다른 사람에 비해서 수확이 적다고 불만을 터뜨리는 농부가 있는가 하면, 무슨 일을 하여도 척척 들어맞아서 힘이 안 들고 돈을 잘 벌어서 떵떵거리고 잘 살아가는 사람이 있습니다. 또 개중에는 돈이 없어서 빈곤하게 살아갈지라도 남을 도우며 사회에 봉사하고 고아원이나 양로원을 경영하며 모범 된 가정을 꾸려 가는 사람도 있습니다. 그러나 반면에 어느 사람은 돈은 많은데 돈의 노예가 되어 돈이 아까워서 쓰지 못하고 굶고 살며 가족과 친척들마저도 등을 돌리고 사회적 지탄의 대상이 되는 삶을 살아가면서도 정작 자기 잘못을 느끼지 못하는 사람도 있습니다.

이와 같이 마음씀의 결과가 다를 수밖에 없는 것은 전생에서 금생에 이르기까지 업業에 대한 무명無明의 차이가 있는지라 얻어지는 마음 그릇이 크고 적은 차이가 나기 때문입니다.

 그러므로 나를 안다는 것은 전생에서 내가 어떠한 인연으로 태어나 무엇을 하고 살며 태어나서 수억 겁을 살아오는 동안에 무슨 업을 어떻게 지어서 어떠한 모습으로 살아왔는지를 속속들이 알아볼 수가 있어야 현재심現在心이 새로워질 수밖에 없으며, 현재심이 새로워져야 미래심未來心이 새로운 모습으로 연장延長될 것이 아니겠습니까. 예를 들어서 전생前生에서 개가 되고 구렁이가 되었던 과거의 처참한 모습을 볼 때 나의 느낌 말입니다. 그렇다면 나의 전생을 볼 수 있는 것은 육안肉眼으로는 볼 수가 없을 것이며, 마음의 눈이 뚫려서 영안靈眼이 돼어야 내면세계의 전생과 금생의 인과因果의 실상을 볼 수가 있는 것이 아니겠습니까? 그렇지 않고서는 과거심過去心에 의한 자기 잘못을 깨닫고 뉘우치고 참회할 수가 없으니 말입니다.

 눈이 뚫리더라는 말은 생사도전으로 용맹정진을 해서 귀가 막히고 눈이 캄캄해서 보이지 않을 때만이 가능합니다. 보이지 않는 전생을 본다 하여 "공전소식空前消息"이라고 말하고 "고불미생전소식古佛未生前消息"이라고 말하며 "진공소식眞空消息"이라고도 말하는 것 같습니다.

 선禪 공부하는 사람은 누구나가 제1단계로 공空의 실상을 체험하게 되는 것으로 아는데, 이때가 되면 아침이면 동쪽하늘이 밝아오듯이 캄캄하던 가슴속이 빛이 스며들어오듯이 훤해집니다.

 1. 무상세계無相世界는 공空의 세계인지라 유상세계有相世界의 근원은 무상세계에서 비롯되는 것이며, 공의 실상을 내 마음에서 알게되면 내 마음 젖혀놓고 우주공간에는 "진공眞空자리"란 있을 수가 없다는 것을 알게 됩니다.
 2. 공空을 체험하고부터는 유상세계의 소중함을 알게되어, 공空과 실實은 둘

이 아니고 일체一體인지라 유상세계의 삼라만상을 참 내 몸을 알듯 가꾸고 사랑하는지라, 자비심이 싹트는 것을 알게 됩니다.

3. 상相이란 내 마음의 조작인지라 내 마음에서 한 생각이 일어나지 않으면 분별지分別 智란 있을 수가 없으니, 마음에서 지어낼 것도 없고 안 지어낼것도 없어서 유무有無가 일체인지라 유심조唯心造 자체가 관심 밖에 있는 것으로 압니다.

4. 내가 있으면 삼라만상이 일어나고 내가 없으면 (無念,無相,無心) 삼라만상이 있을 수가 없고, 내가 우주의 주인공인지라 나는 나이기에 절대 나일 수밖에 없습니다. 삼라만상이란 내 안에 있는 것을 말합니다.

이와 같이 현재심이 새롭게 바뀐다는 것은 과거심의 고정관념을 무너뜨렸다는 것인데, 이것은 옛말에도 있듯이 "제 버릇 개주지 못하여 세 살 먹을 때의 버릇은 80까지 간다"는 말이 있듯이, 내가 보배로 알고 쓰고 있는 의식관념意識觀念은 자기 스스로가 죽지 않고서는 절대로 멸滅할 수가 없다는 것입니다. 의식을 멸滅한다는 것은 고정관념을 깬다는 말인데 이것은 상相을 만들어내는 원인인 까닭에 마음을 혼란하게 해서 불안, 초조, 공포, 저주, 도전, 반항 등 갈등으로 이어져서 마음이 답답하고 편할 날이 없으며, 견디다 못해 이것 때문에 술 마약 음란 등 결국은 자살까지 이어져서 일생을 망치는 수가 허다하며, 지구상 인구 90%가 이러한 번뇌망상의 고통 속에 살아간다고 합니다. 이것을 중생심衆生心이라고 하며 죽어서 지옥을 가는 것이 아니라 현재를 지옥에 갇혀 살고 있는 것입니다.

인간은 타고날 때부터 고苦의 연속이라고 해서 생로병사의 부득고不得苦를 말하고 있으나, 원초적 고苦는 망상妄相입니다. 불가에서는 이것을 인생이 견디기 어려운 최초의 고라고 말하며 동시에 사성제四聖諸라고도 말하는데, 이것은 육바라밀을 닦기 위해서 수자修者들이 뼈를 깎는 고를 견뎌야 하기 때문이며,

또한 석가 여래께서 6년간 행한 고苦의 실천은 대각大覺으로 이어져서 천상천하의 스승이 되신 것과, 중생제도를 위하여 다시 그 속에 회귀回歸해서 49년동안 고를 또다시 택한 것이 위대하기 때문입니다. 그런 까닭에 고苦를 넘으면 영원한 낙樂이오니, 고란 낙의 어머니가 되는 모체인지라 고를 싫어하지 말고 슬기롭게 받아들일 줄 알면 이것이 참된 낙으로 변한다는 것이니, 여기에도 머무르지 말고 초월하라는 것입니다. 다시 말하자면 중생심에서는 번뇌망상이 인생으로 하여금 최고의 지옥고地獄苦로 알고 있으나, 모든 만상萬相이 여기에서 태어났으니 이것을 싫어하지 말고 슬기롭게 초월하면 불국토佛國土가 되어 극락정토를 이룰 수 있는 것이니, 이 길을 제시한 것이 불도佛道인 것으로 압니다.

옳은 「나」란 ① 불성 ② 마음(보살,신장) ③ 법신(육신) 이 세 가지의 삼위일체를 말합니다. 부처를 구하는 자가 되지 말고 차라리 망상 속에 녹아 들어가서 지켜보는 자로 남아 있으면 망상은 나를 거부치 못할 것입니다.

사찰에서 아침이 되면 예불할 때 쓰여지는 화엄경華嚴經 대목 중에 다음과 같은 글이 있는 것으로 압니다.

　　　　　　약인욕료지若人慾了智　삼세일체불三世一切佛
　　　　　　응관법계성應觀法界性　일체유심조一切唯心造

만약에 사람이 삼독심三毒心만을 제거할 수가 있다면, 삼세의 참된 부처의 모습을 볼 수가 있는 것은, 응당 마음을 깨치면 법계를 통달通達하는지라, 이것을 일체 마음의 조작操作이라고 말한다는 뜻입니다.

이 부처님의 말씀이야말로 8만대장경 중의 핵심을 들어내신 위대한 깨달음인 동시에 가르침이라고 하겠습니다. 깨닫지 못한 중생이라 할지라도 삼세三世

의 일체 중생이 부처로 보인다는 것은 부처님 마음속에는 깨닫지 않아도 일체 중생을 부처로 알고 모신다는 마음이 있는데 그 속에 숨어있는 자비심慈悲心이 이해가 됩니다.

재삼 말하거니와, 2,500년전에 부처님께서 이 땅에 오시지 않았더라면, 우리 중생들이 무명無明에서 헤어나지 못하고 무속신앙으로 전락하고 고목을 섬기고 동물을 섬기며 잡신에게 빌고 매달려서 사회는 혼란에 빠지고 말았을 것입니다. 왜냐하면 마음은 양면성인지라 대상을 만들어서 한쪽만을 쓰게 되면 이것은 단편성인지라 다른 한쪽의 도전을 받게되니 그래서 이것을 사도邪道라고 말하며, 소승적小乘的으로는 얻은 것이 있는 것으로 보이나 대승적大乘的인 견해로 보면 얻은 것이 없다 하여 심삼세불가득心三世不可得을 말합니다.

이것은 불이법不二法을 말하는 것으로서 유심조와 불가득이 동시에 옳다는 말인데, 어느 사람이 이 말을 듣고 "여보시오, 당신 말대로라면 흑백이 동질同質인지라 다 같이 옳다는 말인데, 그게 말이되는 일이오?"라고 반문하시는 분이 계시다고 한다면 그 말까지도 옳다는 것입니다. 왜냐하면 중생심에서는 마음의 그릇이 정해져있기 때문이지만 도道에는 긍정부정肯定否定이 없는지라 모두 긍정으로 받아들이는 수밖에 없기 때문입니다.

불경佛經 전체가 상대성과 절대성이 합하여 같이 옳다는 말을 하고 있는데, 이는 부처와 중생이 둘이 아닌 불이법을 말하는 것입니다.

결론적으로 인과因果란 모두가 유심조인지라 내 마음에서 생각으로 일어나면 인과因果가 생기고 일어나지 않으면 인과도 있을 수가 없는 까닭에 도 공부란 무념무상無念無相을 말합니다. 다시말해 인과란 의식의 결과론結果論을 말하는지라 의식意識이 아니며 의식이란 오온五蘊의 잠재된 식識의 사고思考에서 나오는지라 망상을 거쳐서 나오니 발하면 90%가 가짜라는 것입니다.

　사고가 멈출 때 새로운 아이디어가 나온다고 프로이드가 말했듯이, 이는 마음이 맑아지면 집중력이 생긴다는 말과 같은 말인데 결론적으로 의식을 멸해야 사고가 없어지고 삼매三昧에 들어야 마음이 맑아집니다.

체體와 용庸에 대하여

　다음은 체와 용에 대하여 말씀드려 볼까 하는데 본인은 마음공부만을 하는 사람인지라 불경을 읽어본 적도 없고 불교 쪽인 사람들하고 많이 만나다 보니 불교용어를 들어서 많이 쓰고는 있으나 사실 불교는 잘 모릅니다. 그래서 저의 체험을 바탕으로 제 식대로 말을 해볼 생각이오니 이해 있으시기 바랍니다.

　자연의 우주관宇宙觀은 누가 그렇게 돌아가라고 해서 돌아가는 것이 아니라 정해져 있는 공식대로 성주괴공成住壞空을 하고 있습니다.

　그러나 사람의 생명체가 지수화풍地水火風으로 이루어졌다고는 하지만, 마음을 깨친 사람은 생사문제를 자유자재로 생명까지도 타他의 지배를 받지 않고 자기의사에 의하여 운전할 수 있다고 합니다. 다시 말해서 일하고 싶으면 일하고, 쉬고싶으면 쉬고, 졸리면 잠을 자되 안 잘 수도 있으며, 살기가 싫으면 자살(?)까지 할 수가 있음은 물론 지혜를 발하면 84,000가닥으로 갈라져 나와 우주의 삼세三世를 꿰뚫어서 알아볼 수가 있으니, 이것은 다른 동물과도 달라서 하늘과 땅 사이에 인간에게만 부여된 사명使命이라고 하겠습니다.

　체와 용이란 진여처眞如處에서 한 생각이 일어나면 84,000가닥으로 갈라져서 물기운과 불기운이 상호작용을 해서 어떻게 돌아가고 무엇을 어떻게 이루고 소멸되어지느냐의 마음의 세포를 설명하는지라 참으로 어려운 문제입니다.

이것은 자동차를 어떻게 만들어서 어떻게 운전되어지고 무엇을 어떻게 이루느냐의 말과 같은 말입니다. 다시 말해 만물의 영장인 사람으로 태어나서 자동차를 만들고 운전기법을 익히지만 자기 자신의 몸의 운전기법을 아는 사람은 지구상에 몇 사람이나 있을까요? 그러하기에, 경전經典은 배워서 알기가 쉬우나 나의 운전기법은 진정 어렵다고 말합니다. 이것은 자기 마음을 통달한 사람만이 알 수가 있기 때문입니다.

중용中庸에서는 발지중發之中 미발중未發中을 말했고, 불경의 반야심경에서는 오온개공五蘊開空으로 상세히 설명하고 있으나, 이것 역시 틀리는 바는 아니지만 글자일 뿐이고 글일 뿐이라 속을 알 리가 없습니다.

천수경千手經에 말씀하시기를 첫 대목에 "천수수안관자재보살千手手眼觀自在菩薩"이라는 말이 있는데 이 한마디로 마음의 체와 용을 다 들어낸 것으로서 참으로 고귀하고 위대한 말씀입니다.

이 말씀은 손과 눈이 각기 1,000개씩 달려 있는 보살菩薩과 신장神長이 주인공(부처)을 도와준다는 것이 아니라, 눈과 귀는 관음보살觀音菩薩이요 손은 신장神長이요 발은 지장地藏보살인지라 중생심에서는 관음보살인 눈目이 빛光을 밝혀줘야만 손의 신장은 힘을 쓰고 죽이고 살리는 능력을 발휘할 수 있으나, 깨달음을 얻어서 눈이 뚫리고 마음의 눈이 열리면 내면과 외면을 속속들이 밝히고 꿰뚫은지라 체내의 생명체들과 세포들은 그 동안 봉사로 살아오다가 일제히 눈을 뜨게되니 관음보살과 신장이 할 일이 없어져서 편해진다고 하니 주인공은 감사를 느낄 것이며, 빛 없는 빛은 영원하고 밝은 빛인지라 바깥 경계에 끌리지 않을 것입니다.(慧)

내면세계는 나의 실상이요 외면세계는 우주인지라 안과 바깥이 없어졌으니 땅속인들, 허공인들, 불속인들, 물속인들, 중생들의 마음속인들 어디는 못 가리요? 그래서 저는 이것을 일컬어 절대자유라고 말합니다. 그런 까닭에 눈과 귀인 관음보살觀音菩薩은 전전과 달라져서 어느 대상을 보고 듣는 것이 아니라 보기 전前을 보고 듣기 전前을 들으니 전체全體를 속속들이 알고 보고 듣는다는 것이며, 신장 또한 전전과 달라져서 보살이 빛을 밝혀주지 않아도 천하에 못하는 일이 없으니 주인공은 참으로 감탄할 것입니다. (손이 1,000개까지 필요가 없음)

그렇다면, 이 원인은 주인공主人公이 원인일까요? 보살과 신장이 원인일까요? 짚고 넘어가야 할 문제입니다.

내면세계의 관음보살을 완전히 체득한 사람만이 외적인 관세음보살을 알 수가 있다고 말합니다. 제가 이 자리에서 강조하고 싶은 것이 있다면 이 보살님들이나 신장님들이 어디에 계시고 있느냐의 문제입니다. 이 말은 신장과 보살, 부처까지도 도대체 무엇이기에 상相에 매달려야 되느냐와 같은 말입니다.

여기에 계신 여러 신도神道님들께서는 공부를 많이 하셔서 그럴 리가 없다고 믿습니다만, 타지방에서 법회法會를 할 때 보살님과 신장님들이 어디에 계시냐고 물으니 답하기를 우주공간에 꽉 차 있다고 하십니다.

보살과 신장은 의식意識으로 부르는 명상名相인지라 실체가 아니며 주인공이 오관작동에 감탄하여 하사로 지어진 명호名號가 보살 신장인 것을 모르고 하시는 말씀 같은데, 제가 지적하고 싶은 것은 내 마음과 육신 속에 꽉 차 있는 것은 모르고 우주에 꽉 차 있는 것은 어찌 알았느냐는 것입니다. 내관내조內觀內照를 하며 불광상명佛光常明이라는 말을 잊은 것 같습니다.

나를 떠나서 부처가 없듯이 이 문제는 첨단 과학시대를 사는 불자(佛者)들이 풀어야 할 당면과제인 것 같습니다.

　중생심에서 바라보는 눈(目)은 빛이 있을 때만이 볼 수 있고 대상을 보는지라 부분을 볼 수 있는 반면에 마음의 눈이 뚫려서 보는 심안心眼은 우주공간은 물론 삼세三世를 꿰뚫어 볼 수가 있다고 하니 어찌 육안肉眼의 1,000개 능력만을 볼 수 있으랴? 비교가 안 된다는 말입니다.

　육신肉身에서 볼 때 대표적인 신장이 손이라고 하지만 체내에 속한 유산균, 바이러스, 세균, 백혈구, 세포 등 수백 억 조의 중생들은 각자 독립된 모습으로 살아가되 소화기능을 담당하고, 에너지를 생산하며, 외부의 공기 온도를 감지하며, 백혈구의 경우 외부의 침입자를 막는지라 어떠한 세균의 침입자가 달려오더라도 이 엄청난 수억 조의 돌격대는 생명을 아끼지 않고 돌진을 하여 내가 감싸고 있는 중생들을 보호하고 살려내니, 어찌 이들을 신장이라고 아니할 수 있겠는가? 관자재보살觀自在菩薩이라는 말은 이처럼 내 속에 보살과 신장 능력을 다 갖추고 있다는 말입니다. 설사 우주공간에 보살과 신장이 꽉 차 있다고 하더라도 암과 에이즈의 바이러스와 같이 남을 해치는 신장이 있다 하더라도 나는 그대들을 기꺼이 받아들일 것입니다. 그대들도 나의 분신이기 때문이지요. 받아들이지 않으면 많은 중생들을 해칠 것입니다.

　과거 저의 귀(耳)가 뚫리지가 않았을 때는 소리만을 믿는지라 분별지分別智가 생겨서 소소리, 개소리, 아름다운 음악소리, 우는 소리, 웃는 소리 등 하등에 필요치 않은 잡다한 소리만을 들어온 까닭에 진짜 꼭 들어야 할 체내의 중생들이 요구하는 목소리는 들어 본 적이 없는데 하물며 바깥 세계의 소리 중에서 개미의 하품하는 소리나 모기의 경고소리 등을 어찌 들을 수가 있단 말입니까?

　귀(耳)가 뚫리고 나서 알게 된 것은 중생계의 모든 소리란 ① 공기의 진동인지라 하나의 소리에 지나지 않으며 ② 소리 없는 소리가 가장 큰 소리이며 ③ 듣지 못하는 소리를 들어서 이해할 줄 아는 것이 옳은 소리입니다. 예를 들어 많은 영계나 조상님들의 말씀소리를 들어서 제도가 가능하면 이것이 영계나 조상님들의 천도요 대효大孝가 아니겠습니까? 영계가 맑아지면 태어나는 아기들의 심성이 맑아지는 것을 알기 때문입니다.

앞에서도 말했듯이 가장 중요한 소리 중의 소리란 "㉮ 내 마음 속에서 망상이 들끓을 때나 망상이 줄었을 때 ㉯ 술을 많이 마셨을 때 ㉰ 남녀간이 접촉할 때 ㉱ 악한 짓을 했을 때나 선한 일을 했을 때 ㉲ 정진을 할 때나 삼매경三昧境에 들었을 때 내 안의 중생들의 목소리는 어떠한가?"라는 소리 없는 소리를 들어서 여기에 대처할 수 있는 것을 소리 전 소식을 듣는다고 하며, 마음이 뚫려서 발하는 빛은 하도 밝은지라 눈이 보는 시각은 과거나 현재의 삼천대천세계三千大天世界를 속속들이 꿰뚫어 볼 수 있는 것은 물론 나의 육신의 내부와 삼세三世의 인과까지도 남김없이 볼 수가 있다고 해서 빛이 없는 빛으로 보는지라 이것을 보기 전前을 본다고 말하는 것 같습니다. 다시 말해서 대상對相이 생기기 전前을 듣거나 본다는 말입니다.

눈(目)과 귀(耳)는 공통분모인 까닭에 하나가 뚫리면 둘이 뚫리게 되어 84,000의 보살과 신장의 귀가 뚫리고 눈이 뚫리게 되어 색깔 따라 인연 따라 따로따로 바깥 경계의 중생들과 접하게 되며 작은 보살은 큰 보살이 되고 악惡한 신장은 선善한 신장으로 변하니 이것이야말로 천지개벽이 아니고 무엇이랴?

오호라! 푸른 창공蒼空이여! 참으로 장엄하도다! 하늘과 땅 사이에서 일어나는 이 엄청난 실상을! 맑은 하늘이 갑자기 변하여 먹구름이 생기고 번갯불이 번쩍이며 천지기운은 뇌성벽력과 함께 청룡青龍, 황룡黃龍이 되어 그 소용돌이는 나를 맴돌며 선녀가 되어 노래하고 춤추니 이러한 황홀경이 어디에 또 있을까?

어디 그 뿐이랴? 콧구멍으로, 입으로, 땀구멍으로 엄청난 수의 보살과 신장들이 들락날락하며 같이 살자고 매달리는데 어찌 거부를 할 수가 있겠습니까? 그러나 들어오고 나가는 것은 각자 자기 의사에 달려 있습니다. 이것이 마음과 육신이 변하는 과정인 것 같습니다.

질문을 안 하시니 제가 묻겠습니다. 보기 전前을 보고 소리 전前 소식을 듣는다고 하며 개미가 하품하는 소리를 듣는다고 하였는데도 질문이 없습니까? 질문 있으시기를 바랍니다.

질문 : 그것은 선생님의 마음의 경계인지라 말할 필요가 없고, 보살과 신장은 어떻게 구분이 됩니까? (金玉珠 보살)

참으로 좋은 질문이십니다. 깨친 마음에는 보살과 신장이 따로 있을 수가 없다고 봅니다. 「깨치다」는 말은 내 마음이 중생심으로 번뇌망상의 지옥고에서 갇혀 살다가 한순간에 망상은 사라지고 눈과 귀가 새로워지는지라 마음은 안정을 되찾고 무념무상無念無相이 되니 여기에서는 깨치다는 말도 실감이 나지 않는 것으로 압니다. 왜냐하면 내면세계는 천지개벽이 되었으나 외면세계는 눈으로 보아서 하등 달라진 것이 없고 약간의 달라진 것이 있다면 마음과 행동인데, 초조와 불안 속에서 살다가 마음이 조용히 가라앉다 보니 의젓하고 침착해 보일 수는 있으나 이 마음의 경계는 귀신도 모른다 하여 중생심으로는 분별하기가 어렵다고 말합니다.

그러나 자기마음에서 무심無心을 체득한 사람은 여기에는 어떠한 상相일지라도 맞지 않는다 하여 부처도, 보살도, 신장도, 내 마음도 미련 없이 차버립니다. 그래서 선사禪師님들께서도 살불살조殺佛殺祖라는 말이 나오는 것 같습니다. 아는 것도 잊어버려서 먹통 같은 존재로 변했으나 달라진 것이 있다면 살아가는 방식인데 내 쪽으로 끌어 모으는 식으로 살아오다가 지켜보는 자로 변했으니 바보가 아니겠습니까? 이런 사람이 감히 보살과 신장을 논한다는 것은 외람 된 말이기에 진심으로 반성을 해봅니다.

중용에 다음과 같은 글이 있는 것으로 압니다.

희노애락지미발은 위지중이요 발이개중절은 위지화니
중야자는 천하지대본이요 화야자는 천하지달도야라
喜怒哀樂之未發 謂之中 發而皆中節 謂之和
中也者 天下地大本 和也者 天下地達道也

이 말을 요약해본다면, 한 생각이 일어나지 않는 것(未發之中)은 도道의 근원자리요 한 생각이 일어났다 하더라도 바깥경계에 끄들리지 않고 무심無心이면 도에 달한 것이다 라는 말입니다. 불가佛家에서는 오온五蘊이 개공開空하면 불법佛法을 깨친 것이다라고 말합니다. 이와 같이 말은 다르지만 내용은 마찬가지인데, 둘 다 마음의 깨달음을 말하고 있습니다.

불가에서는 심즉시불心卽是佛을 말하는지라 마음이 곧 부처다라고 말하는 까닭에 성性자리(佛性)까지 싸잡아서 부처(참된진리)라고 말하는 반면에, 유교나 도교에서는 마음의 본원本原자리를 무극無極이라고 말하고 현재심現在心을 태극太極이라고 말하고 있습니다.

마음은 비어서 망상妄相이 없어지고 무념무상이 되기 전에는 언제나 양면성을 갖추고 있는지라 음양陰陽의 원리로 둘이 합쳐진 상태를 유지하고 있으며, 마음이 작동을 해서 한 생각이 일어나면 두 가닥 중에서 한 가닥만이 일어나는지라 언제나 발發한 마음(動心)은 사邪된 망상이라고 하고, 발하면 유有 쪽(水/

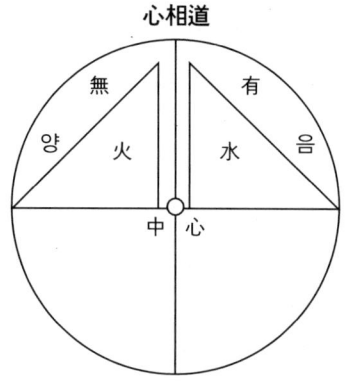

陰) 아니면 무(無) 쪽(火/陽)으로 일어나는지라 무無 쪽은 양陽인지라 감독기관인 보살로 보고 반면에 유有 쪽으로 발하면 유상계有相界인지라 힘(力)으로 보는 까닭에 신장으로 보는 것 같습니다. 그래서 무無 쪽은 마음을 비우는 쪽이라고 말하고 유有 쪽은 실상계實相界이며 쌓는 쪽인지라 삼독심을 말합니다. 유교나 도교에서 말하는 무극無極이나 심핵心核 그리고 불교에서 말하는 불성佛性자리는 그 해석이 같은 것으로 아는데, 마음을 음양의 원리로 말할 때는 해석이 달라집니다. 유교나 도교에서는 음양을 따로따로 분리해서 보는 반면에 불가에서는 불이법을 말하는지라 두 가닥이 동시에 다 옳다고 말하는데 이것은 마음이 음양의 원리에서 초월한 깨달음의 경지에서 말하기 때문으로 압니다.

불이법이란 무위법을 말하는지라 함이 없이 하는 무상법無相法을 말합니다. 마음이 공空한 성성性자리에서 보면 유상세계 자체를 공空으로 보는 까닭에 음양 자체도 없는지라 받아들이는 마음으로 어떠한 사물이라 할지라도 사실 그대로가 옳다고 긍정으로 돌리기 때문인 것 같습니다. 불이법이란 부처와 중생이 둘이 아니요, 무와 유가 둘이 아니라는 말인데 그렇다고 해서 부득이 하나라는 말도 아닌지라 불이법不二法의 깊고 오묘함이 여기에 있는 것으로 압니다.

18. 나란 무엇인가? 283

선禪과 교敎가 둘이 아닌 것은 불교의 가르침(相)이 없었던들 오늘날의 찬란한 불교문화란 있을 수가 없다는 것입니다.

한 가지 더 첨가해서 말씀드릴 것은 육신을 관찰해 보더라도 혈맥(有쪽/力) 한 가닥이 지나간 데는 반드시 감독기관인 신경줄(無쪽/보살)이 따라붙고 있는지라 음양의 원리로 이루어진 것이 아니라고 할 수가 없는데, 이루어질 때도 음양의 원리(火, 水)로 이루어졌고 운전도 이 두 가닥에 의해서 돌아가고 있는 것으로 생각합니다. 그러나 부정否定이 아니고 이것 자체도 초월해서 마음속에서 지워버리고 대자연大自然과 하나가 되어 우주宇宙 속에 내가 녹아서 없어질 때 어떤 것이 「나」이고 어떤 것이 「우주」란 말인가? 얻기 위해서 추구하고 도전하기보다는 한가하게 지켜보는 자가 오히려 마음이 편할 것 같습니다.

이것으로 저의 말을 끝낼까 합니다.

질문 : 선생님께서 지금까지 강의하신 것은 반야심경般若心經을 설하신 것 같은데 이해가 잘 안 갑니다. 우리는 불교를 신앙으로 알고 기도 위주로 하고 있는 사람들이니 지금까지 말씀하신 내용들을 정리해서 이해하기 쉽게 말씀해 주시기 바랍니다. (워싱턴의 朴羅英)

여러분들께 미리 양해를 구할 것은 제 나이가 73세라는 것입니다. 나이 자랑을 하자는 것이 아니라 작년만 하더라도 밤을 지새워가며 며칠씩을 지껄여도 몸이 끄떡없었는데 금년에 와서는 맥을 못 춥니다. 늙은 제가 죽을 때가 된지도 모르고 매일같이 이 짓을 하고 다닌다고 집에서는 한사코 말리는데도 제가 이 짓을 하고 지껄이고 다니는 것은 제 말을 듣고 순식간에 변화하는 모습을 많이 보았기 때문입니다.

일년에 한 두 사람만이라도 저의 말을 듣고 개오開悟가 되는 사람이 있다고 한다면 저는 그저 당장 죽는 한이 있더라도 이 짓을 계속할 것입니다. 저로 말할 것 같으면 죽은 사람이 부처님의 가피력으로 세 번 죽고 다시 새롭게 태어나서 지금까지 살고 있는데 그 은혜를 불자佛者들에게 돌리지 못하고 어찌 그대로 간단 말입니까? 그러나 나이가 나이니 만큼 이제는 "좀 봐 주십시오"하는 부탁입니다.

지금 박 보살님의 질문 말씀의 요지는 8만대장경八萬大藏經을 설명해서 이해를 시켜달라는 말씀과 같은 말로 받아들여지는데, 저의 마음공부란 선禪 공부를 말하는 것이지 보살님과 같은 교敎 쪽은 아닙니다.

부처님께서 49년 동안 법을 설하신 것은 중생들을 불쌍히 여겨 "마음 하나 깨치는 길"을 설說하신 것입니다.

선禪이란 부처님의 마음공부를 말하는 것입니다. 반면에 교敎란 부처님의 말씀을 수양과 교육적인 차원에서 배우는 것인지라 이것을 소승불교小乘佛教라고 하는데 이것만으로는 자기自己가 자기를 초월해서 마음을 깨닫기가 어렵다고 말합니다. 불교란 신앙과 교육적인 차원이 아니므로 이것은 부처님이나 조사祖師님들이 가르쳐서 되는 일이 아니고 내가 나한테 도전을 해서 수없이 고통을 이겨가며 인욕을 하고, 계를 지키고, 정진을 해서 극기克己가 되면 내가 나를 이긴 자가 되어 망상은 끊어지고 새롭게 거듭난 모습으로 태어나서 마음의 안정을 되찾고 "절대 자유인絶對自由人"이 되기 위함인지라 누가 안겨다주는 것이 아니기 때문입니다. 다시 말해 자기 스스로 변해야 된다는 말입니다.

그리고 반야심경을 해설한 것이 아니냐는 말씀은 앞에서 말씀했듯이 반야심경을 잃어본 적도 없고 특히 경전은 전부가 한자漢字로 되어 있는데 한문을 배운 바도 없으며 단지 자기체험인지라 그렇게 밖에 말할 수가 없어서 죄송하게 생각합니다.

　불교를 같이한다는 점에서 길은 같으나 방법이 좀 다를 뿐인데 보살님은 생각生角으로 불교를 하시니 부처, 보살, 신장 등 대상이 있게 되어 마음속으로 경배하고 저주함으로써 부담이 갈 수가 있으나, 우리 선禪 공부란 죽을힘을 다해서 자기를 뛰어넘어야 하는지라 상대가 없어서 「나」 대 「나」의 도전인 까닭에 상相 대 비상非相의 도전인지라 대상이 없어서 절대의 경지로 갈 수 있는 것을 목표로 삼고 있습니다.

　기도는 신앙인지라 마음속으로 원願을 세워서 부처를 염念하니 찾고 이루는 공부이고 선禪공부란 대상을 떠나야 되는지라 부처를 버리고 보살을 버리고 신장을 버리고 나의 마음과 육신마저도 버리고 비워야 상이 끊어지는지라 쌓고 얻는 공부가 아니라 나를 죽여야 거듭나는 공부라고 믿고 있습니다. 그래서 비우는 공부라고 말합니다. 그런 까닭에 이것은 아는 공부가 아니라 철저히 모르는 곳 캄캄한 곳 빛이 없는 곳으로 가는 공부라고 생각합니다.

　공부가 될 때까지는 부처와 나까지도 상相이라 떠나야 되는지라 등신불等神佛에는 절하지 않고 경배심도 내지 않으며 불당에 가서 부처님께 절할 때는 앞의 불상에 대고 절하는 것이 아니라 내 가슴속에 생생히 살아있는 산 부처님과 체내에서 나를 위해서 고생하고 있는 보살님 신장님들에게 감사를 하며 안위安慰를 위하여 정성껏 절을 합니다. 상相이 비상非相에 대고 절하는지라 내가 나한테 절을 하는 것을 말합니다. 또한 절에 가지 않더라도 24시간 끊임없이 마음자리를 주의 깊게 들여다보고 있으니 망상이 들어올 수가 없으며 들여다보는 것은 상相의 모습이요 지켜보는 자는 비상非相인지라 주인공이 이 사실을 볼 때는 참으로 장하다 과연 만상萬相은 착하도다 라고 끊임없이 감탄할 것입니다.

천지만물天地萬物을 가슴에 모두 다 안아야 될 사람이 무엇이 싫고 좋단 말이오. 다시 말해 바람 따라 물 따라 자연自然과 더불어 욕심慾心 없이 살아가는 것이 나의 인생인 것 같습니다.

이런 말을 제가하면 보살님께서는 이 말을 듣고 "여보시오, 그게 무슨 귀신 씨나락 까먹는 소리요?"라고 할 것입니다. 보살님은 저의 속을 알리가 없습니다. 아침에 피고 저녁에 지는 나팔꽃이 초생달을 알리가 없고 여름에 우는 매미가 고드름을 알리가 없는 것처럼 자기 스스로가 그 환경과 사물에 부딪쳐서 하나가 되어 그 자체가 되는 것을 체험해 본 사람이 아니고서는 남의 속을 알리가 없습니다.

옛 말에 모르는 것은 손바닥에 쥐어줘도 모른다고 하였습니다.

제가 설명을 해도 이해하기가 어려운 것은 보살님은 너와 나 사이라는 상대적인 관념에서 살아 오셨고, 제가 말하는 것은 관념을 초월하고 상대를 떠난 절대적인 상태에서의 사고思考가 아닌 말이니 그래서 중생심衆生心을 가지고서는 이해는커녕 알아들을 수가 없다고들 말합니다.

글이나 말씀의 해석은 사람의 식견과 능력에 의해서 얼마든지 달라집니다. 그러나 이 체험에서 나오는 말은 욕계慾界를 떠난 말인지라 틀릴 수가 없다고 생각하나 만에 하나 틀릴 수가 있다면 그것은 사람에 따라 방편을 써야 할 사정이 있기 때문인데 상대방을 위하는 일인지라 나에게 손해가 날지언정 틀린 말을 할 수가 없는 것입니다. 그러나 상相이 말하는지라 절대가 될 수 없으며 제가 간 만큼만을 말할 뿐입니다.

도道란 완전히 나를 떠났기 때문이며 오로지 만유萬有를 가꾸고 사랑하며 어떠한 고통이 닥쳐오더라도 희생할 각오가 서 있는지라 피하지 않고 타他에게 미루지도 않으며 모든 것을 내 탓으로 돌리며 모든 경계를 받아들일 자세가 돼 있으니 내가 집착과 구함이 없는 이상은 언제나 떳떳할 것이며, 또한 천지는 나를 거부 못할 것인즉 어찌 나를 중생심에서 거부하리요? 그러나 이것은 말인지라 법이 아니며, 언어도단 그 자체도 아니라는 것입니다.

간밤에 뒷산에서 부엉이가 울어대기에
가보니 돌장승의 산고 때문이라고 하더이다.

이것 또한 늙은이 이 앓는 소리라고 생각하면서 지금까지 말씀드린 것은 말일뿐인 허상虛相인지라 거짓이오니 참고는 할 수 있으나 믿지는 마시기 바랍니다. 믿는 것은 오로지 각자 "욕계를 떠난 나의 마음"을 믿어야 하기 때문입니다. 이것으로 저의 말을 마칠까 합니다.

질문 : 미국과 일본이 경제전쟁으로 치닫고 있다 하여 세계가 불안해하고 있는데 이것에 대해 말씀해 주시기 바랍니다. (뉴욕의 申 예리나 보살)

우리 공부하는 사람들은 정치와 경제는 전문분야가 따로 있는지라 이것을 자기 개인적으로는 중요하게 여기지 않습니다. 이것은 자기 완성을 위해서 끊임없이 노력하는 수자修者의 입장에서 말할 문제가 아니기 때문입니다. 왜냐하면 국가 대 국가 문제는 부분인 반면에 나를 초월하면 전체인 까닭에 부분에 대해서는 무관 하라고 말합니다.

그러나 이것은 초강대국의 문제인지라 두 나라 때문에 세계 인류에 대한 영향이 앞으로 어떻게 미치겠느냐에 대한 미래사를 질문하시는 것 같습니다. 개인의 사고란 한계가 있는지라 전체를 볼 수도 없거니와 전체를 말할 수도 없는 것으로 압니다. 그러나 공부하는 사람이니 이 기회에 말 좀 들어보자는 말씀인데 시간도 없고 그렇다고 해서 거절도 할 수가 없어서 어디까지나 제 개인의사個人意思를 말할까 하니 이해 있으시기 바랍니다.

도道란 인간의 조작된 작품이 아니라 대자연의 물줄기와도 같이 자유로운 흐름의 조화調和라고 하겠습니다. 반면에 유상세계의 힘의 논리란 동서대립에서 소련이 붕괴됐다 하더라도 이차적인 대립對立은 또 생기기 마련입니다. 힘(力)의 논리는 대립이 문제가 아니라 어떻게 균형을 잡아서 조화를 이루고 공동번영共同繁榮을 꾀하느냐가 문제입니다. 대립對立에는 언제나 강약强弱이 동반하기 마련인데 정상頂上을 가기 위해서 욕심을 내어 상대방을 힘으로 밀어붙일 때는 설사 승리를 얻었다 할지라도 쾌감을 맛보기 전에 패배에 따른 엄청난 대가를 지불해야 되는 것이 원리原理입니다. 언제나 칼은 칼로 망하고 힘은 힘으로 망하는데 강자는 약자한테 지는 게 문제가 아니라 약하다 못해 눈에 보이지 않는 세균과 바이러스는 눈이 밝아서 즉시에 해치워버리니 이것이 문제라는 말입니다. (空의 힘에는 맥을 못 춤)

그래서 신학자들은 말하기를 이를 신神의 섭리라고 말합니다.

힘이란 언제나 고루고루 약한 자에게 분산이 돼야 하는지라 서독은 이것을 미리 알고 유럽시장의 60%를 공급하던 경제력을 분산하여 동독과 통합을 하고 수위를 낮춘 것입니다. 이처럼 힘이란 물과 같아서 약한 데로 흘러가도록 놓아두는 것이 순리順理인 것으로 압니다.

미국 경제의 잠재력은 일본하고는 게임이 안될 정도로 앞서 있는 것으로 알고 있으나, 지금까지 연간 수천 억불의 예산 적자를 내면서도 우방을 돕고 있는 것으로 아는데, 일본은 패전 후 미국의 도움으로 수백 억불씩 흑자를 낼 수 있는 경제대국을 이루었으나 없는 나라에 큰 도움을 주지 못하는 것 같습니다. 큰 나라가 이해관계로 싸우게 되면 이웃나라까지도 피해가 닥쳐오는 까닭에 우리는 미국과 일본이 싸우지 말고 사이좋게 지내기를 바랄 따름이며, 이번 문제는 원리를 잘 아는 선진국가들인지라 잘 해결될 것으로 믿습니다.

질문 : 미국이 앞으로 어떻게 돌아갈 것 같습니까? 말씀해 주시기 바랍니다.

발목을 잡혔으니 말을 안 할 수도 없고 말을 하자니 아무 것도 모르는지라 참으로 난감합니다. 도道란 알기 전이어서 아는 소리를 할 수도 없거니와, 미래사未來事는 더욱이 의식意識인지라 날더러 상相을 내라니 참으로 곤란합니다.

여러분 제가 이곳에 온 것은 도반님들을 뵈러 온 것이지 미국을 비판하러 온 것은 아닙니다. 그러나 우리나라에서 볼 때도 유일한 우방국가인 까닭에 미국의 앞날은 우리나라의 관심거리가 아닐 수 없습니다. 그런데 한 가지 이상한 것은 뉴욕을 잠시 거쳐 워싱턴에 도착했을 때 저의 느낌은 미국을 감싸는 기운이 분산되는 것을 느꼈습니다. 그래서 저는 이러한 현상이 클린턴 행정부의 임기까지인지를 알아보겠다고 여행 목적을 둔 것이 사실인데, 여러분들께서 저한테 물어보시나마나 저는 모든 것을 긍정적으로 보는지라 앞으로도 좋아질 것으로 보는 것이 본인의 잠정적인 의견입니다.

그러나 제가 미국 사람들한테 하는 부탁은 아무리 적자가 나는 미국이라 할지라도 세계에서 보는 눈은 미국이 망한다고는 보지 않는다는 점을 자각自覺해 달라는 것입니다. 왜냐하면 국내의 자원을 쓰지 않고 아끼며 외국에서 사다 쓰니 말입니다. 지금도 세계를 지배할 수 있는 저력이 충분히 있는데도 왜 그렇게 엄살을 떱니까? 우방 국가들이 믿지를 않습니다. 더욱이 북한의 핵核문제만 하더라도 비용은 한국이 대고 주도권은 미국이 잡고 득得과 실失을 따지는 외교란 앞으로 더 이상 하지 말아야 할 것입니다. 보검寶劍이란 쓰지 않을 때 빛이 나고 힘이란 약한 사람을 도와줄 때 큰 힘이 되는 것이니 훌륭했던 지나간 과거로 되돌아올 것을 기대해 봅니다.

천하에 가장 큰 힘이란 힘이 없는 힘이라고 말하는데 그것은 완전히 나를 초월한 무상무심無相無心을 말합니다. 미국으로 망명한 물리학자 아인슈타인은 상대성 원리(음양)에 의한 핵물질核物質의 융합작용融合作用으로 엄청난 에너지(力)를 발하는 것까지는 좋았으나 이것은 상相의 끝 부분을 말하는 것이고 심心의 끝 부분도 모르면서 성性 자리를 어찌 알며 그 결과 상相의 핵은 힘의 표출로 원자탄으로 둔갑되어 미국에서 만들고 미국에서 쓴 것입니다. 그러나 앞으로 미국에서 유명한 성리학자性理學者가 나오지 않는 이상 이것이 화근禍根이 될까 우려가 됩니다. 드러난 힘은 언제나 제자리(空)로 가기 위해서 분리의 작용에서부터 시작하는지라 진통과 엄청난 대가를 지불해야 하기 때문입니다. 남북전쟁이란 그 실례實例의 하나입니다.

제 3 장

서신書信

　여기에 실린 편지는 제가 93년 4월경 이규상 선생님과 처음 인연因緣을 맺은 이후 주고받았던 몇 안되는 서신書信들 입니다. 지금에 와서 이들을 다시 읽으면 그 당시의 제 자신을 다시 한번 돌아보게 되며, 그리고 그 때 왜 저에게 이러한 당부의 서신을 보내 주셨는지 조금은 이해理解할 수 있을 것 같아 감회感懷가 새롭습니다. 아마 서한書翰 자체가 말이나 글과는 달리 개인적 기록이기 때문에 자신의 마음을 가장 솔직하면서도 절제된 표현으로 나타낼 수 있기 때문이겠지요. "아버지와 아내의 마음 속으로 녹아 들어가서 하나가 되십시오." 라는 충고를 편지로 접했을 때, 저는 마음속으로 녹아들어가서 하나가 된다는 것이 무엇인지 그리고 그것을 어떻게 하는 것인지를 전혀 실감實感할 수가 없었고, 또한 그 결과에 대하여 회의적懷疑的인 생각을 가졌었습니다. 그러나 지금은 어렴풋이 그 핵核을 이해할 수 있을 것 같고 그리고 그 방법만이 고통에서 벗어날 수 있는 길이라는 것을 알고 있기에, 어떨 때는 제 마음을 단속하는 제 자신이 처량하다는 생각(?)이 들 때도 많이 있습니다. 그러나 사실은 처량할 것도 없으며 그렇게 살아야만 하겠지요!

　제 3장에 실린 서신은 전부全部해서 총 9편이며, 이 중에서도 제가 보냈던 3편을 제외하고서는 6편에 불과하며, 찾아보기 쉽도록 제 나름대로 짧은 제목을 부여附與했습니다. 개인적인 것입니다만 마음 공부를 위한 "마음가짐의 요체要諦"와 이를 위한 "수련방법修練方法"에 대하여 구체적이고 이해가 쉽도록 잘 정리되어있다고 생각하여 게재하였습니다.

　아울러 선생님께서 사용하시는 주인공主人公이나 진아眞我라는 말은 무엇이고, 불가佛家에서 말하는 부처나 불성佛性이라는 말은 무엇이고, 도道에서 말하는 무극無極 당처當處 마음자리라는 말은 무엇이며, 그리고 또 예수님께서 왜 "너의 주 하나님(The Lord Your God)" 이라는 표현을 쓰셨는지를 생각해 봅니다.

편집자

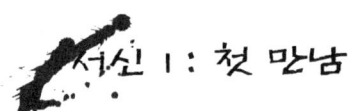 서신 1 : 첫 만남

백白 선생을 만나서 참으로 유익한 하루가 되었습니다.
별지別紙 인쇄물을 보내면서 몇 자 적어 봅니다.
불교에서 말하는 도道란 진정한 의미에서 보면 자비慈悲의 결정체라고 말하겠습니다.
자비에는 사랑뿐만이 아니라 불쌍하고 애처로워서 어쩔 줄을 모르는 마음인지라, 상대를 위해서 몸과 마음을 바쳐서 희생을 하면서도, 그 마음에 의식이 없는지라 자연스럽게 행동으로 옮겨져서 항시 마음이 편합니다.

그것은 상대적인 관념을 떠났기 때문이지요.

나에게 웃음과 기쁨을 주는 자에게는 내가 좋아서 따라가고, 나를 싫어하고 미워하는 자에게는 마음의 벽을 닫고 등을 돌리는 것이 아니라, 내 목에 칼을 대고 위협을 하더라도 저주와 두려움 없이 이를 마다하지 않고 내 마음에 받아드릴 수가 있다면, 허공虛空과 대해大海가 천지만물天地萬物을 받아들이는 것과 같이, 이것이 곧 대인대아大人大我가 할 수 있는 일이 아니겠습니까.

그러기 위해서는 나를 버리고 나를 죽여서 나를 완전히 이긴 자가 되어야 될 것이며, 말보다는 행동으로 옮길 수 있는 것이 공부의 길이 아니겠습니까.

아버지와 아내의 마음 속으로 녹아 들어가서 하나가 되십시오.
천번만번 내 탓인 것을 반성하고 자비가 부족함을 인식하며 이를 악물고 아픔을 참으십시오.
공부에는 인욕忍慾이 최고의 행行으로 생각하기 때문입니다.
자리에 앉아서 정진精進할 때 망상이 일어나면, 숨이 답답할 정도로 가늘게 길게 숨을 쉬시기 바랍니다.
무거운 짐을 지고 산에 오를 때에 잡념이 나지 않는 것이 그 증거입니다. (苦行의 一種)
단, 지나치면 오히려 해害가 되니 조금씩 늘려 가십시오. (복식호흡)

서신 2 : 선禪 공부 1

29일날 지리산智異山에 다녀오신 박도관朴道觀 선생님을 만나서 백白씨의 소식은 잘 들었습니다.

고행苦行을 하고 계신다 하니 참으로 다행한 일 입니다.

공부에 혹시 참고가 될까 하여 몇 자 적어볼까 합니다.

선禪 공부란 본래부터가 망심妄心을 끊기 위함인데 끊는 것이 아니라 오히려 명상瞑想 인지라 쉬는 것이 나은 표현일지 모르나 끊으려고 하면 망상은 더 일어납니다.

공부란 망상 횟수가 얼마나 적어지느냐에 초점을 맞추어야 되는 것으로 압니다.

선 공부를 할 때는 자기시험自己試驗이 꼭 필요하고, 사전에 여기에 대한 준비가 또한 필요한 것으로 압니다.

1. 마음의 결정이 서면, 날짜를 정해서 문밖 출입을 하지 말고 오관작동五管作動을 중지해야 됩니다.
2. 말을 하지 말고 단 1일 만이라도 음식과 수면을 금하고 망상의 횟수를 관조해 봅시다. 미워 하지 말고 싫어하지도 말고 지켜보기만 있어도 이것이 줄어

집니다.

3. 이때는 시험인지라 화두話頭, 산신山神기도, 념念, 주呪, 경經 일체一切를 금해야 됩니다.

4. 마음은 망상이 일어나는 것을 근원으로 삼고, 육신肉身은 숨(息) 쉬는 것을 근원으로 삼는지라, 인간의 생사生死는 여기에 예속된 것으로 우선은 받아 드리십시오.

5. 숨을 끊고 얼마나 버틸 수 있느냐가 인욕忍慾이요 극기克己인지라, 숨(息) 한번 쉬는데 몇 초가 걸리나 이것이 그 사람이 미래에 도道를 이룰 수 있는 실력입니다.

6. 최소한 50~60초를 견디어야 되는데, 이것을 하루에 몇 번 할 수 있느냐가 그 사람의 선 공부의 가능성 여부입니다.

7. 대전大田 도인협회道人協會에 나오는 사람 중에는 수련修鍊시간 내에 평소 숨을 사범 師範은 30분, 교생教生은 10분, 생도生徒는 5분을 지속할 수 있는 사람이 있으니 참고로 알려 드립니다. (망심이 나오면 회초리로 다리를 때린다고 함)

8. 결론은 60초 때만 이루어져도, 망심이 70%가 사라지는 것을 확인할 수가 있으니 횟수를 세어 보시기 바라며, 이 원리를 기초하시기 바랍니다.

9. 2분대만 되어도 망상은 완전히 끊어지고 자기멸도自己滅道가 된 것으로 사료됩니다.

서신 3 : 선禪 공부 2

　백씨한테 쓴 편지를 의신버스의 정 소장께 보내서 원대성에 계신 정 선생을 통해서 백씨에게 전해 달라고 전화까지 했었던 것이 5일 전쯤으로 아는데 받아 보셨는지요?
　일전에 전화로 백씨가 업장業障과 기도에 대한 말씀을 하신 것으로 압니다. 그리고 성각스님에 대한 말씀도 하셨습니다.
　대전에서 성각스님의 주최 하에 불교 세미나가 3회나 개최되었던 것도 참고로 알려 드립니다. 그분의 공부내용 또한 본인이 잘 알고 있습니다.
　우리 선禪공부하는 사람의 입장에서 보면 이것은 대승大乘 공부인지라 업장이나 기도는 소승小乘 공부이다 보니 문제시 않는데, 업業을 녹이기 위해서 기도를 한다는 것을 무의미無意味한 것으로 알고 있는 이유는 마음에는 선과 악의 업業이 없는지라 업業을 지을 것도 없고 갚을 것도 없으며 또한 원하는 대상이 없는지라 기도할 것도 없다는 말입니다.
　단지 상相의 세계에서는 망심을 면할 길이 없는지라 중생심衆生心이라고 하며 그래서 이것을 소승이라고 하는데 중생심에서 말하는 업이란 망상을 두고 하는 말입니다.
　전에도 제가 말했듯이 불교에서 말하는 깨달음이란 나는 이것을 대참회大懺

悔라고 말하는데 이것을 이룬 사람은 망상이란 있을 수가 없으며 그래서 마음에는 업業이 없으니 기도할 필요조차도 없다고 말합니다. (기도는 욕망이기 때문)

　내가 말하고 싶은 것은 기도 자체가 망심(욕심)인지라 100일 아니라 10년을 기도해도 망심은 줄어지지 않으며. 정신일도 하사불성精神一到 何事不成이라고 원願은 이루어질 수 있으나 시일이 경과하면 얻은 것조차도 사라지고 망심은 더욱 심해집니다.
　지리산에서 기도하는 사람이 아무리 많다해도 망심을 멸해서 마음의 자유를 얻은 사람은 단 한 사람도 없는 것으로 아는 것은 기도란 마음속에 희망사항의 상相(對相)이 있는지라 망상(業障)이 줄어질 수가 없으며 능력을 얻어서 아는 소리를 하게 되는데 이것은 도道하고는 거리가 멀며 망심은 더 심해져서 가정 파탄과 본인의 건강을 해칩니다.
　제가 전번 세미나 자료 "사형수도 양심은 있는 것인가?"에서도 설명했듯이 극악무도한 사형수 중에서 깨닫고 가는 사람이 많다는 것은 그 실례로 효봉스님이 평양법원 판사 재직 중에 오판으로 사람을 죽인 것에 양심의 가책을 받아 스님이 되어 깨치고 보니 인과因果의 법칙이란 이미 정定해진 대로 돌아간다는 사실을 알게 되었던 것으로서도 알 수 있습니다.
　임제대사께서 말씀하시기를 "무간 지옥에 떨어질 수 있는 업을 질 수 있는 사람만이 열반 경지에 갈 수 있다"라고 하셨습니다.
　석가모니 부처님의 아버지 나라가 망할 때 석가족과 그 신하들 800명이 부처님께 구원을 요청하였고 또 녹야원에서 수많은 제자들을 데리고 법을 설하는 중에 500명의 바리문 사도들이 설법내용의 불만으로 일어나서 등을 돌렸는데 이에 대해 부처님께서는 "인연因緣없는 중생은 불가도不可道"라고 말씀하시며 수용할 것을 거절한 반면에, 부처님 시대에 조달이라고 하는 사도는 불법佛法을 방해한 죄로 죽어서 지옥에 떨어졌으나 부처님께서는 가엾이 여기시고 천도를 위해서 사람을 보내었다고 하는데 그때 조달은 말하기를 "이 자리(지옥)에 석가가 대신 와 있으면 몰라도 그렇지 않으면 절대로 나갈 수 없다" 라고 반대를 하였다 하니, 그렇다면 우리가 말하는 극선極善은 무엇이고, 극악極惡은 무엇을 말하는 것일까요?

또한 부처님께서 800명과 500명은 거절하시고, 극악을 저지른 조달 한 사람만은 특별배려하시는 부처님의 의중意中은 무엇일까요?

마음은 ① 선善=지선至善=극선極善 ② 악惡=지악至惡=극악極惡의 양변으로 발發하되 두 가지가 3단계로 같이 상승작용을 합니다.

양극兩極이란 성性에 직결되어 있는지라 생사生死의 갈림길이라 말하며 핵核에서는 하나가 되니 그래서 선악善惡이 없다고 말합니다.

자기自己 도전을 다음과 같이 다만 하루만이라도 해 보십시오.

① 우선 도전하기 전에 중생심에서는 마음에 한 생각 일어나는 것을 삶이라고 하고
② 육신은 숨息을 쉬는 것을 삶의 의지처로 삼고 있다고 일단은 마음으로 믿으십시오.
③ 도전할 때 마음은 공포, 저주, 의심, 도전, 초조, 불안 등을 놓아 버리고 마음 편히 일어나는 망심을 지켜만 보십시오.
④ 도전하기 전에 1분간 망심이 몇 번이나 드나드는지 염주로 세어 보십시오. 심하면 30번 보통 20번 수행자 10번.
⑤ 도전할 때 숨息을 많이 들이마시고 1분 이상을 멈추어야 되는데 수자修者라면 보통 1분 30초 견디게 됩니다. (인내력 시험)
⑥ 2차 도전은 30분 이상 휴식이 필요하며 이때는 숨을 들이마시는 즉시에 염주로 망심이 드나드는 횟수를 세어 봅니다. 이때가 되면 자기가 지니고 있는

망심이 2/3가 줄어지는 것을 알게 되는데, 이것이 업業을 녹이는 방법입니다.

⑦ 3차 도전은 본인이 자유롭게 정하는데 첫째, 수면과 음식을 금할 것이며 둘째, 기도, 염불, 언어言語, 대인對人, 출입出入을 금할 것이며, 대소변은 방안에서 할 것. 2차 도전서 부터는 망상회수를 꼭 점검하십시오 이것이 생사 도전입니다. 날짜를 오래 끌 필요가 없습니다. 숨을 쉬는 것조차 모르는 것이 무심無心이며, 무상無相이며, 삼매三昧 입니 다.

⑧ 마음은 양면성兩面性 인지라 정사正邪의 두 가닥으로 갈라져서 이것 아니면 저것으로 발현되면 이것을 망상이라고 하는데 양쪽가운데 중심을 지켜보데 "왜 일어나는가? 어디 서 일어나는가?"를 주시注視하면 주시하는 자者가 주인공인지라 양변兩邊이 가라앉게 마련이며 망상은 줄어집니다.

제가 말하는 자기도전自己挑戰이란 한번 크게 죽고 다시 거듭남을 말하는 것인데, 이것을 본인은 성명쌍수性命雙修라고 말합니다.

성性은 기독교 쪽으로 말을 한다면 하늘에서 받은 천성天性을 말함이요, 명命은 유상세계有相世界의 인연으로 몸을 받아 성性과 결합되어 마음으로 살아가는 생명生命을 말함인데 성性을 정신세계精神世界라고 말하고 명命을 기천세계氣天世界라고 말하고 있으나 이것을 음양陰陽의 원리로 보면 둘이라고 말하는데 실은 둘이면서 하나인 원리입니다.

그러나 죽을 때는 양면성 중에서 성性, 명命 하나만 죽어도 전체가 죽는데 살아있는 동안은 성은 잊어버리고 명만을 「나」로 알고 육신 위주로 살아가다 보니 유상세계有相世界에 삼독심三毒心으로 살게 되어 여기에서 나오는 기운氣運의 환각증세를 망심이라고 말합니다.

그런 까닭에 망심을 가리켜 중생심衆生心이니, 삼독심三毒心이니, 과거심過去心이니, 식심識心이니 말하는데 이와 같이 한 생각이 일어나서 알고 이것을 믿고 살아가는 마음(動心)은 정도正道의 마음을 쓴다 할지라도 이것은 정도가 아니라 사도邪道라는 것입니다.

  무념無念, 무상無相, 무심無心 즉 부동심不動心을 자유롭게 무위無爲로 쓰여지는 마음을 정도라고 말합니다.

  다시 말해서, 과거심이 완전 소멸하고 거듭난 지라 현재심現在心이 새로울 때만을 정심正心으로 믿는 까닭입니다.

  따라서 성명쌍수란 마음도 새롭고 육신도 새롭게 두 가지를 동시에 닦는다는 말인데 그래서 숨을 죽이고 잠을 자지 않고 오관작동을 멈추어서 망상에 도전하자는 것인데, 이것은 죽음과 다를 바가 없어서 생명을 걸고 도전하는 대승적大乘的인 선 공부인지라 자기시험을 해 가면서 무리하지 말고 조금씩 밀고 나가다 보면 늦어도 10일간이면 과거의 기억장치가 완전히 없어져 버립니다. 지옥이 따로 있는 것이 아니라, 중생심에서 일어나는 망심이 곧 지옥입니다. 세 번만 도전을 하면 망심은 완전히 끊어집니다.

  선 공부란 자기성찰입니다. 마음은 전생에서부터 금생今生에 이르기까지 길들여진 채 습관이 되어 배운 대로 익힌 대로 마음이 밀폐된 상태를 본인도 모르면서 남보고 잘못한다고 미워하며 살아갑니다. 그래서 중생심은 암흑세계인지라 장님과 다를 바가 없고 그래서 무명無明을 면치 못한다고 말합니다.

  수도자에게 있어서 염불念佛, 기도祈禱, 주력呪力은 원願에서 비롯된 지라 욕심세계慾心世界의 상相이오니 이것을 멀리할 것이며, 선禪이란 오로지 내 마음을 알고 다스리자는 데 목적이 있으며 한 생각 일어나는 것은 과거심이오니 여기에 끌려가지 않도록 반성을 하고 오관五官의 작동作動은 현재심을 망심으로 만드는 원인이오니 바깥 경계에 끌려가지 않도록 24시간 천번만번 반성해서 과거심이나 현재심이 어디가 잘못되어 가고 있는지를 마음속 깊이 관조觀照를 해서 원인을 찾고 반성하고, 뉘우치고, 참회해서 고질화된 나의 마음의 습성習性

을 바로 잡아가는 것이 "참된 선 공부"라고 본인은 생각합니다.

이것은 화두話頭나 기도, 주력 등보다도 훨씬 빠른 공부방법입니다. 반성 없이는 망심이 절대로 줄어들지 않으며, 마음과 육신이 변화되지 않습니다.

① 내 마음을 반성할 수 있는 마음으로 변화하기 위해서는 먼저 선근善根을 쌓아야 됩니다.
② 선근을 쌓기 위해서는 내 마음에서 부족함을 느끼더라도 긍정으로 받아들이고 감사를 느껴야 되는데, 현재 그렇다고 생각합니까?
③ 수자修者는 현재심現在心이 도심道心이라고 도를 생각하기 전에 우선 나의 의무義務를 잘 이행하고 있는지, 내 속을 바라보고 반성하는 것이 선의 첫 단계입니다.
④ 백씨가 집을 떠나서 산중山中에 있는데 부모님은 자식 걱정과 손자나 며느리 살림걱정까지 해가며 자식을 위해서 밤을 지새워가며 불안과 초조 속에 살아가시는데, 이러한 부모님에 대해 진정 감사함을 느껴본 적이 있습니까?
⑤ 백씨가 집을 나간 후에 꼬마 형제들이 아버지를 그리워하며 찾을 때 아내의 가슴은 찢어 질 것이며 또한 남편 몫까지 다해 가정을 꾸려나가고 있는 아내에 대해서 고마움과 감사를 느껴본 적이 있습니까?
⑥ 부모나 아내가 도道는 마음에 있는 것인데도 가정을 버리고 산중에 들어가서 고생을 사서 한다고 생각하고 있을 때 백씨는 무엇이라고 말할 것입니까?
⑦ 식구들이 말하기를 세살 먹던 버릇이 80세까지 간다는 말이 있으니, 이 말에 대해서 답하라 한다면 백씨는 무엇이라고 답하겠습니까?
⑧ 숙명宿命에 대하여 불만일텐데 감사함을 느껴본 적이 있습니까?
⑨ 현재 부모나 아내에 대해서 지금의 환경으로 볼 때 지극히 감사함을 느껴야 되는 것이 아닙니까?
⑩ 깨달으면 도리道理를 다할 것이고 깨닫지 못한 채 그때까지 유보留保가 된

다면 어버이로서 의무의 도피가 아닐까요?

   도道란 하심下心하고 고개를 낮추고 내가 이 세상에서 제일 못난 사람이며 가르치는 것이 아니라 자신의 것을 주어가며 따라가고 목숨까지 바쳐가며 순종함을 자비慈悲로 아는 것인데, 이 훈련은 속계俗界를 떠나서는 할 수도 없으며 그러기 위해서는 "고苦의 실천實踐"이 필요합니다.

   고의 실천이란 번뇌망상(地獄)을 제거하기 위해서 선근善根을 길러내는 모든 정신수단精神手段을 말하는 것인데 이것은 과거의 자기 잘못을 반성하고 뉘우쳐서 참회하여 감사한 마음으로 현재심이 새로워질 때만이 가능한 것으로 압니다.

서신 4 : 질문質問

이규상 선생님께

작년 3, 4월경 선생님께서 잠시 스쳐 지나갔던 저를 기억하시어 집에까지 찾아와주신 것이 인연因緣이 된 이후, 벌써 1년하고 6, 7개월이 지났습니다. 그 당시 저는 해인사 원당암에서 동안거冬安居를 마치고 도반道伴들과 오대산 적멸보궁을 들른 후 집에 돌아온 지 며칠 안 되었을 때의 일일 것입니다. 그때 저는 제 방을 도배하고 있던 중이라 경황이 없어서 선생님께 차 한잔 대접도 못해 드렸는데, 지금 생각하니 부끄럽기 짝이 없습니다.

그 당시 공부길에 인연이 들었으나 방향을 못 잡고 있던 저를 선생님께서는 "마음공부" 쪽으로 이끌어주기 위해 무척 노력하셨지요. 선생님께서 베풀어주신 호의에 제 자신 실은 감사히 생각하고 있으나, 처음으로 서신을 통해 이를 표현하는 것 같아 송구스럽게 생각합니다. 선생님의 은혜는 한량없으나, 자주 찾아뵈면서도 스승님이라 부르지 않고 존경의 예도 갖추지도 않는 저의 불초한 점 용서바랍니다. 제 체질상 앞으로도 계속 그럴진대, 저놈은 어쩔 수 없는 놈이구나 하고 용서해 주십시오.

일전日前 천안에서의 모임에서, 본의는 아니었습니다만 처음으로 선생님의 말을 막는 언행을 하고 또한 선생님의 친구분들께 당돌한 질문을 던졌던 것 같습니다. 저의 이런 행동이 선생님을 당혹스럽게 만들지나 않았나 반성하며, 죄송한 마음으로 이 자리에서 또 사죄를 드립니다. 아무튼 선생님의 호된 질책을 받고 싶으며 또한 앞으로 주의해야겠다고 반성해 봅니다.

금일 선생님께 보내드리는 번역문은, 일전에 제가 보내드린 "살아가는 기술(뷔파사나 명상)"의 번역분에 연속되는 제3장 "직접적인 원인"입니다. 제4장부터의 글은 요즈음 일어학원을 다니는 관계로 바빠서(?) 방학이 시작되는 12월 중순경부터 다시 시작할까 하니 양해 있으시기 바랍니다. 그리고, 바빴던 가운데도 제가 제3장까지의 번역을 우선 끝내고 싶었던 이유는 두 가지입니다. 첫째, 수행修行에 도움이 되겠다고 생각하여 시작한 이 책 전체의 번역은 의외로 오래 걸릴 것 같고, 반면에 저와 인연이 있는 분들께는 조금이라도 일찍 드리고 싶은 저의 마음이 앞서기 때문입니다. 둘째, 제3장에는 삶의 행동양식行動樣式을 긍정적으로 바꾸기 위한 방법론적 제시가 있으므로 해서, 미흡하나마 다양한 종교적 사회적 배경을 가진 사람들이 부담없이 시도하여 삶에 한번 적용해 봄으로써 "수행의 입문"에 쉽게 접하게 되지나 않을까 하는 저의 좁은 소견 때문이었습니다.

왜냐하면, 이 글이 선생님께서 "지켜보는 자가 되어 보라."라고 말씀하신 그 뜻을 논리적으로 잘 설명하고 있다고 느꼈으며, 또한 "지옥으로 가라."라고 권하신 이후 제가 삶에 적용適用하고 있는 것이 이 방법이 아닌가 생각되고, 어쨌든 현재 저의 마음 상태는 과거보다 많이 안정된 것으로 여겨지기 때문입니다. (제 자신 저에게 속고 있는지는 모르지만?)

그런데, 이 글을 번역하다가 저에게 생긴 의문은 "자아自我가 해체되는 시점에서 주인공(眞我)이 과연 있는가?"하는 점입니다. "제 자신 한방울의 물방울로서 망망한 대해大海에 떨어져서 흔적 없이 사라진다해도 받아들이겠다"라는 심정으로 수행에 임하고 있습니다만, 진아眞我(부처)는 수행자를 깨달음으로 고무시키기 위한 방편方便이 아닐까요? 가능하다면 이에 대한 선생님의 진솔한 견해見解를 부탁드립니다. 만일 이에 대한 해답을 자기 자신이 해결하는 것이 수행을 위해 도움이 된다면 단지 "네 자신이 답을 얻어라."라고만 말씀해 주십시오.

이제 서서히 늦가을로 접어드는군요. 제법 날씨가 쌀쌀합니다. 아무쪼록 건강관리에 유념하시어 중생들에게 민폐(?)를 끼치지 않으시기를 바랍니다. 오늘 편지는 처음이라서 그런지 "죄송합니다"와 "바랍니다"의 연속이 되어버렸군요. 앞으로 보다 좋은 편지를 쓸 수 있도록(?) 노력하겠습니다. 그럼 이만 줄입니다.

서신 5 : 부처에 대하여

　백 선생의 서한書翰은 잘 받아보았습니다.
　백 선생을 처음 알았을 때부터 본인의 생각으로는 타고난 성품이 완벽한지라 내 생각이 옳으면 끝까지 밀고 나가 굽힐 줄을 모르며 그렇다고 해서 남의 의사意思에 따라가지도 않으며 심성心性이 정직한지라 남의 비리非理와 타협하기가 어려우며 성격도 칼날 같은지라 언어상의 대화도 계속하다 보면 "비어지지를 않으면 부러지는 것이다"라고 생각을 해보았으며 도반道伴을 삼아서 오래 가다 보면 의견이 맞지 않아서 혹시 다투는 일들이 생기면 어쩌나 하고 내 스스로가 주의를 한 것이 사실입니다.
　간혹 말하시기를, "스승도 아니오 본인을 따라가지도 않는다." 라는 말을 하기에 참으로 그 말 한마디에 은근히 매력을 느꼈습니다.
　내가 누차에 걸쳐서 말했듯이 도 공부란 본인 스스로가 수행을 하고 결과는 체험을 통해서 얻는지라 옛날에도 "부처를 죽여라, 조사祖師를 죽여라" 라고 수자修者들에게 말한 것도 이것은 가르쳐서 되는 것이 아니고, 자기 마음을 갈고 닦아서 수행의 결과가 깨달음으로 이어지기 때문으로 압니다.
　그리고 나는 지식을 갖춘 완전한 사람이 못 되는지라 도 공부를 지도한다는 생각조차도 해본 일이 없으며 단지 다른 사람들과 더불어 백 선생도 도반으로 알고 있으니 그 이상의 마음의 부담을 갖지 말라는 것입니다.

내가 말하는 것은 나의 체험을 통해서 느낀바 내 식識으로 옳다고 보고 말하는 것이니 참고는 할지언정 백 선생의 사고대로 따라가지는 말라는 것입니다.

이것을 모르고 참석자 중에서는 백 선생의 발언에 의아하게 생각하는 사람이 있었으나, 본인이 추후에 설명한 것입니다.

이 늙은 사람도 공부를 통해서 세미나를 통해서 남의 말을 들을 줄도 알고 받아들일 줄도 알며 참고 견딜 줄도 압니다. 이를 통해서 자기성찰의 기회로 삼다보니 큰 도움이 된 것 또한 사실입니다.

백 선생께서는 자기 공부만이 중요한 것이 아니라 타의 도반님까지도 협조심을 잊지않고 도서의 번역과 서적의 공급 등 여러 가지로 배려를 하시니 이것 자체가 행行인지라 도가 아니고 무엇이겠습니까?

그리고 세미나에서는 남의 말을 듣는 것만이 능사가 아니라, 도반끼리는 따끔한 충고 한 마디가 소중한 것으로 압니다.

그래서 이번 세미나는 덕분에 잘된 것으로 사료됩니다.

1. 부처에 대하여

부처라는 말은 깨달은 마음(無相心)을 말함인데 깨닫기 전에 내가 있으며 깨닫고 나서도 내가 없어진 것이 아니라 존재하고 있는지라 부처가 있느냐 없느냐는 말이 되지를 않습니다. 이것은 역사를 부정하는 것인데 내(實相)가 있다는 것은 아버지가 있다는 것이고 아버지가 있다는 것은 할아버지를 보지 못하였다고 할지라도 할아버지가 계셨다고 긍정할 수밖에 없는 것이고 이것이 역사의 계승논리繼承論理이고 보면 인류의 역사관을 부정할 수가 없다는 것입니다.

다시 말해서 인류의 역사는 기록상 1만 년을 넘지를 못하는 반면에 부처님의 진리眞理의 말씀은 허공과 우주가 생기기 전의 실상을 낱낱이 설하셨으니 부처(眞理)가 없다고 말한다면 내가 나를 부정하는 모순이 생긴다는 것입니다.

나와 부처가 둘이 아니기 때문입니다.

깨달아도 부처요 깨닫기 전에도 부처라고 말해야 되는 것은 설사 깨달았다 하더라도 육신과 분리할 수가 없는지라 마음은 깨쳐서 현재심이 새로워졌다 하더라도 육신 자체가 중생이다 보니 중생과 부처는 떨어질 수가 없는지라 불이不二라고 하며 부처에 머무는 바 없이 중생을 참된 부처로 알고 받들고 희생하다가는 것이 부처의 소명이라고 하겠으며 이것을 부처의 자비심이라고 말합니다.

그러나 부처는 자비심을 모르는지라 중생이 지어낸 말일 뿐입니다.

부처(나)가, 무념무상의 진공眞空이 진리라고 말한다면 진공의 당처當處에서 볼 때는 일월성신一月星辰까지도 먼지의 모습으로 돌아가고 있으니 지구상의 오대양 육대주가 지니고 있는 물은 전체에서 볼 때 한 방울의 물에 지나지 않으니 내가 합치는 것이 아니라 이미 합쳐 있는 것을 모르고 있다가 합쳐 있는 사실을 깨달아서 알았다는 것입니다. (물방울의 답)

그래서 깨달음을 위한 방편만은 아니라는 것입니다.

내가 있어야 진아眞我가 있고 진아가 있어야 우주가 있는지라, 내가 없으면 진아와 우주가 있을 수가 없는 것으로 압니다. 여기에서 말하는 「나」란 전체의 나를 말하는 것인데, 누가 밝게 알았느냐가 핵심입니다.

무위無爲로 받아들이는 것이 옳은 것으로 생각합니다.

끝으로, 이것은 말인지라 상相일 뿐이오니 참고하시기 바랍니다.

2. 선禪 문제問題

五祖和尙 示衆云 釋迦 彌勒 猶是他奴 他是阿?

해석 오조화상이 대중에게 보여 이르시되 "석가, 미륵이 오히려 남(他)의 종(奴)이니라."라고 말씀하셨는데 여기서 남이란 누구를 말하는 것인가?

이 글은 오조후五祖後에 선사禪師님들이 수자修者들에게 선지禪智와 사고력을 알아보기 위해서 상기上記 경문經文을 해석해 보라고 문의한 글 내용입니다. 이 답을 백 선생께서 생각해 보시기 바랍니다.

서신 6 : 헛소리

선생님께서 보내주신 답신答信 감사합니다.

1. 부처에 대하여

선생님의 성실한 재설명과 확고한 의사표명意思表明에 대해 감사드립니다. 그러나, 이 문제는 이해나 수용의 차원과는 별도로 믿음과 확신이 필요하기에 제 자신의 직접적 통찰에 의해 해결해야만 하겠지만 어쨌든 수행修行의 자세와는 별도로 이를 믿음의 차원에서 받아들이기에는 아직 억울한 심정心情이 남아 있습니다. 아무튼 "감사하는 마음"이 먼저 와 닿아야 하겠지요!

2. 글정리/도덕성 회복에 대하여

금일 상기上記 주제의 서한문書翰文에 대한 정리작업을 끝마쳤기에 동봉하여 보내드립니다. 문맥상 고쳤으면 하는 짧은 문단이 있으나 손을 댈 수 없어서 연필로 밑줄 친 후 제 의견을 적어보내고 또한 별첨의 도표는 전화상으로는 도저히 이해를 못 하였기에 공란으로 작성했습니다. 검토 후 연락바랍니다.

3. 선 문제/'남他의 종奴'에서 남이란 누구를 말하는 것인가?

일전에 대전에서 선생님을 만났을 때 이 문제에 대한 답을 제나름대로 가지고 있으나 아직 서신으로 작성하지 못했다고 말씀드렸을 때 선생님께서 "모두 다 헛소리다."라고 하시길래 본래의 질문에 답을 할 수가 없어 오늘은 먼저 그 "헛소리"에 대한 저의 답변을 먼저 말씀드린 후 수일 내로 "본 문제"의 답을 보내드릴까 하니 양해바랍니다.

   선생님께서 "모두 다 헛소리다."라고 하신 것이 도의 차원에서였다면 이는 "미발지중未發之中"을 말하시는 것인데 "미발지중"에서는 마음의 작동作動도 없는데 어찌 선禪 문답의 질문이 있을 수 있습니까? 따라서 선생님께서 저에게 생각해 보라고 하신 질문 자체가 "헛소리"이기에 "미발지중"에서는 이를 재고할 가치도 없습니다. 그러나 이미 "발지중發之中"이면 벌써 마음 작동이 생겼으므로 도道가 될 수 없다고 본다면 이 문제는 당연히 그 마음의 심중心中을 말해 보라는 것이 분명하므로 저 또한 이 질문에 대한 제 마음의 심중을 드러내기만 하면 되는 것인데 어찌 선생님께서 "제가 무엇이라고 답答을 해도 모두 다 헛소리이다."라고 말씀하실 수 있습니까? "미발지중"과 "발지중"의 차이에 대하여 가르쳐주신 선생님께서 오조화상이나 이 질문을 낸 고승이 "도道"를 내놓아라고 요구한 것도 아닌데 그 마음 씀을 무시하고 "모두 다 헛소리"라고 말씀하시는 것은 논리상 문제가 있다고 생각합니다. 어쨌든 제 나름대로 "발지중"의 차원에서 이 선문답禪問答의 답을 작성하여 수일내 선생님께 보내드리려고 하니 선생님께서도 질문을 내신 책임이 있으니 "헛소리"라고만 주장하지 마시고 나름대로 답을 주셨으면 합니다.
   참고로 저도 또한 기독교 성경 속에서 예수가 말한 성경 몇 구절을 적어 보내드립니다. 저의 좁은 소견으로는 이것들이 선생님의 문제와 부합符合된다고 생각되는데 만일 이 성경 구절句節들이 선생님께서 내신 문제와 그 의도가 다른 것이라면 그것이 어떻게 다른지 설명해 주시기 바랍니다.

기독교 성경 속의 예수님 말씀

진실로 너희에게 이르나니 너희가 돌이켜 어린아이들과 같이 되지 아니하면 결단코 천국에 들어가지 못하리라. 그러므로 누구든지 이 어린아이와 같이 자기를 낮추는 그이가 천국에서 큰 자니라. (마태복음 18장 3~4절)

너희 중에는 그렇지 아니하니 너희 중에서 누구든지 크고자 하는 자는 너희를 섬기는 자가 되고, 너희 중에 누구든지 으뜸이 되고자 하는 자는 너희 종〔奴〕이 되어야 하리라. (마태복음 20장 26~27절)

서신 7 : 타他의 종奴이란 무엇인가?

　일전에 백 선생께 답해 보라고 말한 타他의 종[奴]에 대한 본인의 답을 말해 봅니다.
　답을 말하기 전에 알아볼 것은 성현들 말씀의 경전인데 예수교의 경전은 직설하신 반면에 불경佛經은 불멸佛滅 후에 제자들이 만든지라 여시아문(如是我聞; 내가 이렇게 들었노라)을 내세우며 직설直說이 아니라 간접적인 표현을 썼으되 양면성을 동시에 말합니다.
　전에 제가 말한 "상相이면서 상이 아니요 상 아님도 아니다 중생이면서 중생이 아니요 말이 중생일 뿐이다." 와 같이 이중성을 드러내고 있는 것은 단편성은 설사 선善이라 할지라도 명암明暗 중에서 분별해 하나를 택한지라 옳지 않다고 보는 것 같습니다.
　그래서 불경은 중생심衆生心(單編性)의 자기自己라는 고정관념을 깨고 각성지覺性智로 유도하기 위해서 무명無明을 말하고 깨달음을 말합니다.
　거듭나야 새로워지는지라 석가께서는 49년 동안 심봉사의 지팡이 노릇을 하시고 중생들의 눈뜨는 작업만을 하신지라 부처가 오히려 중생을 위해서 희생의 재물로 바치고 가신 것으로 사려됩니다.
　그래서 열반에 드실 때 49년 동안 설說한 바가 없다는 말씀은 도道란 가르쳐서 되는 일이 아니고 네 마음 닦아서 깨달으면 곧 네가 부처니 그 후는 나를 생각하지 말고, 절하지도 말고, 나에게 기도하지도 말고, 염불하지도 말고, 공양을 올리지도 말고, 오로지 네 마음 닦고 섬기고 깨달아라 라고 그 방법과 길만을 가르친 것이 "8만 대장경"인 것으로 압니다.

그래서 본인은 말하기를 도는 말이 아니라 자기 스스로가 체험을 통해서 도가 되어야 말없이 행동으로 이어진다는 것입니다.
석가께서는 이것을 아시는지라 이렇게 해야 된다, 이래서는 안 된다는 말씀은 일생 동안에 단 한마디도 없었다고 합니다.

재삼 말하거니와 석가께서는 누가 중생의 종(奴) 노릇을 하라고 해서 하신 것이 아니라 중생들을 위해서 자기 스스로가 멍에를 지고 지옥고地獄苦를 택한 것입니다.

불경은 내용 전부가 무이법無二法을 설한 것인데 나를 믿으면 극락정토로 죽어서 다시 인도 환생한다는 식의 상대적(單編性)인 말씀은 단 한마디도 없다는 것이며 부처와 중생이 둘이 아니요, 보리와 번뇌가 둘이 아니요, 생사生死가 둘이 아니요 유무有無가 둘이 아니요, 마음과 육신이 둘이 아니요, 긍정과 부정이 둘이 아니요 이와 같이 양면성인 무이법無二法을 말씀하시고 "만상萬相이 일체유심조一切唯心造"라고 결론을 내리신 것입니다.

若人欲了知　약인욕료지
三世一切佛　삼세일체불
應觀法界性　응관법계성
一切唯心造　일체유심조

그러나 무이법이란 상과 무상無相을 말하는지라 이것을 절대성絶對性인 근원자리에서 말을 한다면 상이 대對를 만나게 되어 이것은 둘이라고 말을 해도 맞지 않고 하나라고 해도 맞지 않는지라 무이법 자체가 붙을 장소가 없는 것으로 압니다.

다시 말해 불법佛法에도 머무름이 없이 뛰어넘는다는 말입니다. 그래서 이런 사람을 보고 "네 모습이 무엇이오?"라고 굳이 묻는다면 "기천세계氣天世界와 더불어 천지만물이 곧 내 모습이오."라고 답할 것입니다.

왜냐하면 나를 완전히 잊었기 때문이며 자기가 전체인 줄 알고 가슴을 열어서 자비를 모르면서도 받아들이며 삼라만상의 참된 종노릇을 하면서도 고통을 모르고 희열과 환희 속에 감사를 느끼는 것이 우리 수자修者들이 갈 길이 아니겠습니까?

그래서 나는 죽어서 천당 가기를 원하는 것이 아니라 지옥에 가서 천년만년을 갇혀 살지라도, 중생과 더불어 희비고락喜悲苦樂을 같이 나누며 살아갈 것을 다짐해 봅니다. 끝으로 성경 말씀도 지극히 옳은 것으로 받아들이고 있습니다.

무위법이란 선악善惡을 분별하지 않으면 둘 다 옳은 것이니 긍정으로 받아들이라는 뜻 같습니다. 여기에 무슨 타他가 있고 종(奴)이 있으며, 말하는 사람이 뜻이 없는 상을 낸 것으로 압니다.

선사禪師가 몰라서 말한 것이 아니라, 수자들의 공부를 점검하기 위해서 말한 것 같습니다.

서신 8 : 견해見解

선생님께서 보내주신 "타의 종"에 대한 답변의 서한書翰 감사합니다. 저의 답변을 발송하기도 전에 선생님의 편지가 도착하여 제나름 질문에 답을 한 후 펼쳐볼까 망설이다가 지난 번 서신書信에 제 나름대로 이미 답을 내놓은 것 같고 또한 보내주신 서한에 답장을 작성하는 것이 순리順理인 것 같아 선생님의 답을 본 후 제 의견을 적어보내는 점 먼저 양해를 드립니다.

오조화상五祖和尙께서 대중에게 보여 이르시되 "석가 미륵이 오히려 남(他)의 종(奴)이니라"라고 말씀하셨는데 여기서 남이란 누구를 말하는 것인가? 라는 "선문답禪問答 질문"을 접하였을 때 저에게 떠오른 생각은 "이 질문은 도道보다는 수행자修行者의 수행태도를 묻는 것이 아닌가?"라는 점이었습니다.

왜냐하면 제 경험에 비추어 볼 때 먼저 "관념의 고통"에서 벗어나기 위해서는 제 자신 세상만사世上萬事 어느 누구와도 대립이 없어야 되겠다고 자각했었는데 이러한 대립을 없애려면 이유 여하를 막론하고 제 자신에게 부딪혀오는 모든 상相들을 심心에서 긍정적으로 수용하여야만 하는데 "내가 세상에서 가장 낮은 자"라고 생각하는 "관념의 전제(下心)"를 무조건적으로 마음에 깊이 받아들이지 않고서는 상에 접할 때마다 마음에서 일어나는 그 상에 대한 가치판단과 비판의식 그리고 이에 따른 마음의 고통을 잠재울 수 없었기 때문입니다. 제가 단정적으로 이런 말을 할 수 있는 것은 2년 전, 종교도 믿음도 없던 제가 해인사 본당의 새벽예불에 참석했을 때 제 마음에서 일어나는 분노와 증오와 원망에 따른 고통에서 벗어나기 위해서 수없이 행하였던 아래의 기도祈禱가 지금 생각해 보면 단지 "한 생각 차이"에 불과하지만 그 당시에는 마음에서 받아들이기가 얼마나 어려웠는가를 잘 알고 있기 때문입니다. 그리고 결국 이것이 계기가 되어 "공부길의 인연"을 만나게 되었다고나 할까요?

"옳고 그름을 떠나 더 이상 부모에게 대립되는 불효자식이 되고 싶지는 않습니다. 그러나 저에게 쏟아지는 그 '고통의 화살'들을 인내만으로는 제 마음에서 도저히 받아들일 수가 없으니 만일 부처님이 계신다면 제가 이유여하를 막론하고 그 화살을 용해溶解하여 제 자신 되쏘지 않을 수 있도록 하는 능력을 주십시오. 만일 그것이 안 된다면 그 화살을 받아들이지 못함이 저의 못된 교만이니 제 자신 완전한 바보나 백치가 되도록 하여 옳고 그름, 좋고 싫음을 판단하지 못하게 함으로서 또한 이 세상에서 가장 낮은 자 가장 못난 자 라는 것을 인정하도록 함으로서 저를 제외한 모든 중생(사람)들을 아무런 마음의 갈등도 없이 훌륭하게 섬길 수 있는 마음을 가질 수 있도록 하여 주십시오. 저는 이 세상에서 가장 낮은 자입니다. 저는 이 세상에서 가장 못난 자입니다."

바로 이 점이 인연因緣이 없는 사람들이 수행의 첫 관문에 발을 들여놓기 어려운 이유가 아닐까요? 또한 모든 성현聖賢들이 수행자들에게 먼저 "자기를 낮추어라. 아상我相을 버려라."라고 충고하신 것과 같은 의미가 아닐까요?

이러한 관점에서 볼 때 이 질문은 "수행자가 되기 위해서는 모든 고정관념固定觀念과 이에 따른 대립에서 벗어나 자유로워야 되는데, 너는 이를 위해 남(他)의 종(奴)과 같은 마음자세를 가질 수 있는가?"라는 의미로 받아들여야 하지 않을까요? 만일 저의 해석에 일리가 있다면 여기에서 남(他)은 대립이 일어날 수 있는 「나」를 제외한 모든 것, 즉 천지만물天地萬物을 뜻하며 좁게 말하면 세상의 모든 중생(사람)을 의미하는 것이 아닐까요?

물론 깨달음의 경지에서는 선생님께서 말씀하시듯 결국 "나(我)도 남(他)도 없는데 여기에 무슨 남(他)이 있고 종(奴)이 있느냐? 말하는 사람이 뜻이 없는 상을 낸 것이다."라고 말할 수 있을는지는 모르나, 깨달음을 얻지 못한 저와 같은 수행자가 자신이 쌓아온 "아상我相"이 있음으로써 발생하는 "양변兩邊의 대립"에서 조금이라도 벗어나 삶 자체를 긍정적으로 수용하여 고통에서 벗어나기 위해서는 이와 같은 방편론方便論을 먼저 채택하지 않는다면 "수행의 입문" 자체가 불가능하지 않을까 생각되기 때문입니다.

다시 말해, 고통은 대립에서 나온다고 믿고 있으나 대립에서 벗어날 수 있는 길은 세상에 대한 무관심無關心 그 자체도 세상에 대한 일종의 대립으로 본다면 무엇인지 확실치는 않으나 불가佛家에서 말하는 깨달음을 얻든지 아니면 자신을 낮추는 방법을 택하든지 이 이외의 다른 방법이 없지 않은가 라고 사료되기 때문입니다.

선생님, 오늘 저는 불가에서 말하는 "깨달음"이라는 용어를 사용했습니다.

저는 무엇이 "깨달음"인지는 모릅니다만 저의 좁은 소견으로는 왜 불가佛家에서 선의 최종목표를 그 많은 용어들 중에 "깨달음(통찰, insight)"이라는 용어로 표현했는가는 "왜 나에게 고통이 있는가?"에서 시작하여 "나는 무엇이고 어디서 왔으며 어디로 가는가 그리고 나 이외의 대상과는 어떠한 관계에 있는가?"에 이르기까지 "자신의 직접관찰과 체험을 통한 확실한 앎"이라는 차원에서 "고통에서 해방되기 위한 자기자신에 대한 깨달음"이라는 말을 줄여서 "깨달음"이라 하지 않았나 생각해 봅니다.

그렇다면, 깨달음의 경지境地에서 말할 수 있는 "무이법無二法"과 "일체유심조一切唯心造"라는 결론을 단지 제가 맹목적으로 믿는다고만 해서 제 자신의 근본문제가 해결되는 것이 아니고 제 자신 이를 직접적으로 체험해야만 되는 것이 아닐까요? 그래야만 저도 정확히 알기 때문에 아무거리낌 없이 "기천세계氣天世界와 더불어 천지만물이 곧 내 모습이요."라고 답을 할 수 있지 않을까요?

이렇게 볼 때, 수행자의 입장에 있는 저는 깨달음의 경지에서 나올 수 있는 그 어떤 것에 대한 호기심보다도 자기 자신에 대한 이해에 더 초점을 맞추어 삶과 수행의 조화를 모색하는 것이 더 중요하지 않을까 생각해 봅니다. 아무튼 선생님께서 주신 "선禪 문제"로 인하여 과거를 반성해 보고 또한 "지켜보는 자"가 되기를 노력하는 제 자신을 위해서 하심下心이 수행의 첫 출발이라는 것을 다시 한번 강조하고 다짐해 봅니다.

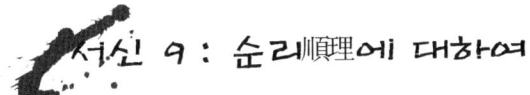# 서신 9 : 순리順理에 대하여

백 선생의 서신은 잘 받아보았습니다.

공부에 도움이 될까 하고 몇 자 적어보내니 참조바랍니다.

일전에 유명하신 유학자儒學者 한 분이 우리 집에 오셔서 순리順理에 대한 말씀을 하셨는데 사람이 순리에 따라서 살아가는 것이 도道라고 말씀하셨습니다.

저는 이분의 말씀에 좋은 감동을 받은 바 있으며 저는 상대가 무슨 말씀을 하실지라도 옳다고 받아들일 수 있는 마음의 준비는 되어 있습니다.

순리란 말이 공부를 하시는 분들에게 바르게만 이해가 되어도 도움이 되실까 하여 이 말씀에 대해 말해 볼까 합니다.

이 말씀이 공부하시는 초보자 중에서도 아집이 강해서 고정관념에 묶여 있는 분들에게는 보편성을 길러주기 위해서도 참으로 중요하다는 생각이 듭니다.

중생심은 누구나가 자기 위주로 생각하는 까닭에 남의 의사야 어찌됐든 내 마음에 맞추어주기를 원하는 반면에 나는 맞지 않으면 거부를 해버립니다.

그런 까닭에 더불어 살아가는 공동체 사회에서 함께 살아가자면 설사 싫다 하더라도 참고 견디며 여러 사람들이 옳다고 가는 곳으로 따라갈 수밖에 없는 것 또한 중생심입니다.

순리에 따라갈 수 있는 마음 자세는 도심道心을 기르는 데 참으로 중요한 요체要諦이기 때문입니다.

그러나 순리란 말은 공부를 하는 데 지름길은 될 수가 있으나 100% 따라갈 수 있다 할지라도 이것이 도道는 될 수가 없다는 것인데 도란 따라가는 것이 아니기 때문입니다.

왜냐하면 마음은 이중성 양면성인지라 順+逆=理+非, 이것이 동시에 발현되는 것이 아니고 그 중 절반인 순리順理만을 과거심過去心에서 발하는지라 그래서 이것을 단편성單編性이라고 말하게 되어 옳지 않다고 말합니다.

무슨 말인고 하니 순리란 이치가 옳은지라 따라간다는 말인데 중생심에서는 수시로 반대로 변하는지라 따라 갈 수가 없다는 것입니다.

순리를 말할 때 옳은 길을 따라가려면 따라가는 사람이 있어야 되고 또한 따라갈 수 있는 상대가 있어야 되기 때문에 이것은 유위有爲인지라 절대絶對가 될 수 없는 까닭에 진리眞理가 될 수 없다는 것입니다.

내 마음이 무심無心하면 바깥 경계에 끄들릴 필요가 없고 망상이 없는지라 순리順理란 말이 되지 않습니다.

참마음(眞我)에는 비어 있는지라 따라갈 것도 없고 안 따라갈 것도 없으며 이 자리엔 진리라는 말과 글자도 없으므로 하물며 진리란 더욱이 있을 수가 없습니다.

도란 이치에 따라가고 안 따라가는 데에 있지 않기 때문에 나를 버리고 얻은 이것은 천상천하天上天下에 맞지 않는 데가 없으니 세상에 부러울 것이 어디에 또 있겠습니까?

제 4 장

도道를 찾아서 그 이후

"도道를 찾아서" 책의 초판初版이 1996년 1월에 발간된 이후 이번 2004년에 2판 개정판改訂版이 발간되기까지 햇수로 8년이라는 긴 세월이 흘렀습니다. 10년이면 강산江山도 변變한다고 했는데 2년 모자란 8년이란 기간 동안 한국 사회도 대내외적對內外的으로 너무나 급격한 큰 변화變化 들이 일어남으로써 국민들 대다수가 정신적 물질적 고통을 겪어왔습니다. 그래서인지, 이번 개정판 4장에 실린 총 25편의 글들은 "도덕성 회복을 위하여"라는 서신書信을 제외하고는 모두 책의 초판 발간 이후에 나온 허중虛中 선생님의 세미나 자료들인데, 그 강론들 속에는 시사성時事性이 있는 주제主題들도 여럿 포함되어 있습니다.

오늘 이 자리를 통해 제 나름 우려되어 필히 밝혀드리는 것은, 이 강론講論들 속에 망상妄想을 줄이기 위한 방법으로서 호흡조절을 통한 생사도전生死挑戰을 자주 언급하고 있습니다만, 이는 요즈음 신문新聞 지상紙上에 나타나는 삶의 좌절로 저지르는 독약毒藥복용이나 투신投身으로 행하는 "육신肉身(命)을 무너뜨리는 자살행위自殺行爲"는 결코 아니며, 또한 그러한 자살自殺은 영적靈的인 관점에서 볼 때도 결코 용납될 수 없다는 점입니다. 왜냐하면 도道공부나 명상瞑想 좌선坐禪 묵상默想 단식기도斷食祈禱를 행하는 근본적 본질本質은 자신의 삶을 보다 긍정적으로 이끌기 위해서 자신의 삶을 통하여 쌓아온 고정관념(망상)들을 무너뜨리고 "새로운 의식意識"으로 거듭나려 함에 있기 때문이지, 이 세상에서의 삶을 버리고 저 세상으로 가려는 것은 결코 아니기 때문입니다. 그래서 선禪 공부는 미리 앞서간 선사禪師님들의 체험을 통한 올바른 지도指導 하下에 정진精進을 하는 것이 그 무엇보다도 중요합니다.

저는 오늘 이 자리에서 왜 석가께서는 "천상천하유아독존天上天下唯我獨存"을 말씀하셨고 또 49년간 설법說法하고도 "설법說한 바가 없다"고 말씀하셨는지, 그리고 왜 예수께서는 "사람이 물과 성령으로 (거듭)나지 아니하면 하나님 나라에 들어갈 수 없느니라"고 말씀하셨고 또 "깨어 있어라. 집주인이 언제 올는지…… 너희가 알지 못함이라"고 말씀하셨는지, 그 의미를 되새겨 봅니다.

편집자

# 도덕성道德性 회복에 대하여

　상기 기사의 내용을 보고 시기적으로 늦은 감이 있으나, 홍 총장님께서 도덕성 회복을 위해서 폭탄선언爆彈宣言 하시고 앞장서시는 모습을 바라 볼 때, 국민의 한 사람인 늙은 이 사람도 참으로 깊은 감명을 받은 나머지 이 글을 쓰게 된 것입니다.

　이와 같은 "교육계敎育界의 자성自性의 목소리"는 박 홍 총장을 비롯해서 이번이 두 번째 있는 일입니다만, 전번 "박 총장의 선언宣言"은 소리만 컸지 결과가 흐지부지 하다보니 "본인 신변상의 불안"과 더불어 교수진의 위화감違和感만을 조성하는 결과를 초래하게 되어, 혹시 또다시 이러한 결과로만 그쳐지지나 않을까 우려한 나머지 하시는 일에 다소나마 참고가 될까하여 이 글을 삼가 올리는 바입니다.

　이 문제에 대해서 본인도 관심이 많은지라 총장님의 발언과 진행과정을 계속 지켜보고 있으며, "윗물이 맑아야 아랫물이 맑다"는 근본방침 하에 실천實踐해 나가시는 것을 볼 때 절대로 성공成功하시는데 의심치 않습니다.

　그러나 한가지 총장總長님께 드리는 부탁은, 사회社會나 교단敎團을 보실 때

부정적不定的으로만 보시지 말고 양변兩邊을 같이 놓고 보시되 긍정肯定 쪽에서 많이 보셔 달라는 것입니다.

50~60년 전만을 되돌아 볼 때, 그때 우리가 자랄 때는 일자리가 없어서 굶기를 밥먹듯이 하였습니다. 보리밥도 제때 못 먹었던 우리는, 군사정권당시軍事政權當時 박 대통령의 "보리고개를 넘기고 우리도 한번 잘 살아보자"라는 기치 아래 정부政府와 국민國民이 일치가 되어 경제건설經濟建設에 힘을 썼으며, 오늘에 와서는 중진中進 대열에 들어섰으니, 이 결과는 인재人材를 길러내는 교육敎育의 뒷받침 없이는 절대로 불가능하다고 보는 까닭에, 총장님과 더불어 교수님들에게 진심眞心으로 감사感謝를 드리는 바입니다.

큰 나무를 이루는데는 때로는 썩은 가지와 떡잎도 있게 마련이며 뜻하지 않게 해충害蟲도 있게 마련입니다. 썩은 가지와 떡잎을 미워하지 말고, 싫어하지도 말고, 잘라내지도 말며, 같이 어울려서 조화調和를 이룰 때만이 분별分別을 하지 않는지라 시일이 지나면 자연히 평정平定을 되찾게 마련입니다. 마치 구름이 걷혀지면 청산靑山이 드러나고 바람이 멈춰지면 강바닥이 보이듯이……

그래서 옛날에 성현들께서도 도덕道德을 말할 때, 천성天性을 가르치는 것이 도道요, 도를 가르치는 것이 덕德이요, 덕을 가르치는 것이 교敎라고 하셨습니다.

우선 비근한 예로 최하最下의 덕목德目인 효孝를 든다면, 효를 행하는 사람은 효라는 관념이 마음속에 없으나, 무위無爲로 효행孝行을 하다보니 남들이 그 행行을 보고 효자라고 말할 뿐입니다. 그래서 이런 사람을 보고 "당신이 효자孝子요"라고 말을 하면 성을 냅니다. 아울러 이런 자식子息을 둔 부모父母의 마음에는 "자식의 효행"을 바라지 않으며, 만일 바램이 있다면 그것은 자식을 위한 것일 뿐, 뼈를 깎고 살을 저미며 모든 것을 자식에게 바쳐도 오히려 부족함을 느끼는 바로 그것이 효자를 둔 부모의 마음이라고 하겠습니다. 그래서 우리 부모들은 효를 바라는 자가 되지 말고 남의 자식까지 사랑하는 부모로 거듭나자는 것입니다.

그런 까닭에 효란 관념觀念이 아니고 실천의지實踐意志인지라 가르쳐서 되는 일이 아니고 참된 마음과 마음이 교차되는 "심상心相의 결과結果"라고 하겠습니다.

하물며 최고의 전문교육專門敎育을 실시하는 대학大學에서 다 큰 사람들을 상대로 도덕성道德性을 가르친다는 것은 그 뜻은 좋으나 참으로 어려운 것이라고 본인은 생각합니다. 성性이란 천지만물天地萬物의 근원根源자리를 말함이요, 도道란 원리原理를 말함이요, 덕德이란 실천實踐을 위한 마음자세를 말하기 때문입니다.

무엇보다도 먼저 사도師道가 확립이 되어야 희망성希望性이 있으리라 생각되는데, 그러기 위해서는 교수님들은 직업의식職業意識을 떠나 모두를 내 자식으로 알고 가슴으로 완전히 받아들여야 하는데, 그러기엔 젊은 교수님들은 역부족이 아닐까 하는 점입니다.

제자가 스승을 구타한다는 말을 들었는데, 학생들 수백 명이 잘못을 뉘우치고 땅에 엎드려 스승에게 사과하는 모습을 텔레비전을 통해 볼 때, 학생들의 스승을 받드는 마음에는 변함이 없으니, 스승은 제자가 받들어 주기를 바라지말고 덕목德目을 갖추어 자기 스스로가 사도확립師道確立을 위爲해서 노력하는 것이 바람직한 일이라 하겠습니다.

60년대 일본日本에서 학원의 데모가 극심할 때 경응대학慶應大學에서 일어난 일이라고 합니다. 법대교수法大敎授가 제자에게 구타당하는 것을 보고 경찰관이 체포를 하려하자, 그 교수가 "경찰관은 간섭하지 말고 밖으로 나가시오. 내가 제자들에게 맞을 짓을 해서 맞고있는 것이요!"라고 말하며 또 때려달라고 엉덩이를 내밀었답니다. 이때 학생學生들은 스승의 자비심慈悲心에 감동感動하여 자기 잘못을 뉘우쳤으며, 이 내용이 신문에 보도되자 학원이 정상화正常化 되었다고 합니다. 이것이 사도師道의 실천實踐 아닐까요?

그래서 "진정한 사도師道"란 제자들의 가슴속에 자기自己 스스로가 녹아서 스며들고 일체감一體感을 이루는 것으로 압니다.

그러나 이러한 효나 사도만으로서 도덕성이 회복될까요? 도道라는 것은 절대적인 차원次元인지라 효나 사도를 상대적인 차원이라고 말합니다.

총장님 말씀 중 "도덕심道德心을 갖춘 일반사람 중에서 학생의 절반을 선발選拔하고 싶다"는 말씀은 현실에 비추어 본인도 동감同感은 하지만 이는 부도덕한 사람을 분별分別하고 소외하는지라 위험한 발상發想이라고 생각되며, 아울러 학생들의 반미감정反美感情은 "기성세대는 어느 때 까지 남의 힘에 의지해서 살아갈 것인가?"라는 각성제로 알고 큰 안목으로 받아들이면 앞으로 큰 문제가 없을 것으로 사료思料됩니다. 못된 자식을 잘 되라고 더 생각하는 것이 우리 "부모의 마음"이 아닐까요?

학생들의 도덕성 회복만을 말하기 전에 먼저 "사회전체社會全體의 현실現實"을 돌아본다면 지존파 일당의 살인강도殺人强盜는 물론이고, 자식이 부모를 죽이며, 부모가 자식을 죽이고, 제자가 스승을 폭행하며, 스승 또한 어린 제자를 성희롱하거나 술집에 팔아 넘기고, 각종 대형사고와 공무원의 비리 등등이 계속 일어나 현재 사회社會가 혼란에 빠진데다 위기설危機說 마저 떠돌아서 세상이 불안전不安全한 것도 사실입니다. 더욱 놀라운 것은 미혼모未婚母에서 태어나는 어린아이가 년 간 20만 명이라고 하며 외국外國으로 입양入養되어 나가는 어린이 또한 그 숫자가 세계제일이라고 합니다. 그리고 마약사범도 날이 갈수록 그 숫자가 늘어만 간답니다.

이렇게 볼 때, 이 문제問題는 단순히 대학가에만 한정되어 있는 것이 아니라 전체적인 문제인 까닭에 원인原因을 알아야 처방處方이 가능하지 않을까요?

1. 원인

이와 같은 사회의 병리현상은 오로지 나(大我) 때문으로 압니다. 내가 혼탁混濁하면 혼탁할수록 영계靈界 또한 혼탁해지고, 이에 따라 인간의 심성心性이 혼탁해지면 사람의 씨앗(種子) 마저도 혼탁해져서 태어나는 아기의 심성마저도 혼탁하게 되기 마련입니다. 혼탁의 원인은 나의 삼독심(탐욕-화냄-어리석음) 때문인 것으로 압니다. 탁하다는 말은 "무명無明한지라 마음이 밝지 않다"는 말입니다.

영계靈界라 함은 무상법계無相法界를 말하는지라 내 마음을 떠나서 영계가 따로 있을 수 없다고 생각합니다. 즉 영계와 내 마음이 둘이 아닌 까닭입니다.

따라서 중심의 핵核들에서 나하나 바로 잡으면 천상천하天上天下와 영계靈界까지도 바로 잡아지는 것으로 압니다.

2. 도덕성 회복의 처방

범죄인들의 기록을 보면 미혼모에서 태어났거나 아니면 부모의 이혼에서 비롯된 불우한 가정에서 자란 아이들이라고 합니다.

이와 같이 자라나는 환경도 중요하지만, 그보다도 더 큰 것은 무명無明에서 벗어나고 나를 바로 아는 일입니다. 나를 알게되면 자기 일에 충실합니다.

총장님은 개인個人인 동시에 부분이며 전체이십니다. 교수님들과 학생들과 학부모들까지 합친다면 전체인원이 5만은 족히 넘을 것이며, 총장님은 이분들의 마음속 핵核을 이루고 있는지라 나하나 새롭게 거듭나서 변화가 되면 5만이 문제가 아니라 5천만 까지도 도덕성이 회복된다고 믿습니다. 나 하나 변하면 천상천하가 변하는 것을 알기 때문이지요.

왜냐하면 도덕성이란 성性이 우선인지라 성을 깨닫게 되면 무념무상無念無相이 되어 유위적有爲的으로 도덕성을 주장하지 않더라도 에너지는 빈곳으로 흘러가는지라 전체의 마음속으로 녹아 들어가게 되니, 도덕성을 펼칠 필요가 없이 앉아서 지켜보는 자가 되어도, 이것이 무위법無爲法인지라 저절로 이루어진다는 것입니다.

첨가해서 말씀드릴 것은 교수님들 중에서 이와 같은 진실을 깨달은 분이 단 한사람만이라도 더 있다면 그때는 사정이 달라져서 학교문제 뿐만이 아니라 국가의 운명이 달라집니다.

아무리 우리나라에 흉악범이 많다고 하지만 착한 사람이 수백 배 더 많은지라 걱정할 것이 없으며, 그 증거로서 명절날이 되면 고속도로를 빠져나가는 사람들이 천 이백 만 명이 넘는다고 합니다. 자식을 위해서 희생하는 부모는 우리나라 밖에 없다고 하며, 이분들은 고향의 부모를 찾아 효도孝道하고 친척들과 이웃사람들을 찾아보며 지극정성으로 조상祖上을 섬기는 사람들입니다. 차가 막히어 노상에서 10시간 이상 고생할 것을 알면서도…… 지구상에 이러한 민족이란 단 한곳도 없는 것으로 압니다.

조상을 섬기고 부모에 효도하는 사람은 남을 대할 때 자기 부모와 같이 섬기며, 조상을 잊지 않고 마음속으로 받드는 사람은 영계를 받들고 섬기는 것이 되어서 씨앗種子의 원인原因이 맑아져서 좋은 자식이 태어난다고 합니다.

그래서 우리는 사물을 대할 때 긍정肯定은 있어도 부정否定은 없다고 말합니다. 그 이유는 별표와 같이 마음의 극악極惡이 극선極善을 만나면 맥을 못 추고 녹아서 핵核으로 변하여 성性에서 흡수되고 다음 단계로 새롭게 발發하기 마련이기 때문입니다. 따라서 나의 양심良心을 살려내는 것이 도덕성道德性의 회복이 아닐까요?

악惡이란 "망심妄心의 조작"인지라 행동行動으로 이어져서 즉시 결과結果가 나옴으로서 알 수가 있으나, 선善이란 양심良心에서 저절로 행동으로 이어지는지라 본인本人도 모르며 또한 알기가 어렵다고 말합니다. 선善이 많은 곳에 지선至善이 있고 지선至善이 있는 곳에는 반드시 "극선極善의 꽃"이 피게 마련이며 이 꽃의 향기는 만상萬相을 다스리니 악惡을 미워하지 않아도 저절로 변變하기 마련입니다. 그러나 선善을 아는 사람은 곧 선善을 모릅니다. 선善은 의식意識이 아니기 때문입니다.

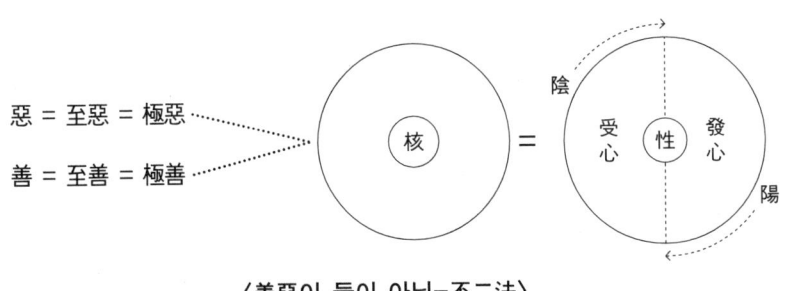

〈善惡이 둘이 아님-不二法〉

열린교육이란 무엇인가?

질문 : 선생님께서는 열린교육에 대하여 여러번 말씀하신 적이 있었고, 이 문제에 대해서 찬반 양론으로 갈라져서 처음에는 논란이 많았던 것으로 아는데, 지금에 와서는 찬성 쪽으로 가닥이 잡혀가고 있는 것으로 사료됩니다. 교육개혁에 필요하니 알기 쉽게 설명해 주시기 바랍니다.(서울 김 교수, 박 교수)

이 문제는 말하기도 어렵고 제가 말하는 것을 알아듣기도 어려워서 과연 도움이 될까 걱정이 됩니다. 제가 이 문제에 대하여 말하게 된 것은 1991년도 문민정부가 들어서기 전 학원 사태의 혼란과 정치적 대립으로 학생들의 데모는 그칠 줄을 몰랐으며, 모 대학 총장은 이대로 좌시만 하고 있을 수는 없다하여 고정간첩이 학원에 침투되어 있다는 폭탄선언까지도 하였으나 사태는 더욱 악화되었고, 이때부터 도덕성 회복에 대한 이론理論이 전개되기 시작하였으며 드디어 1994년 11월에 고대총장 홍 일식 씨가 주축이 되어 추진 위원회가 창설되었는데, 신문에 이 사실이 보도 된 것을 제가 보았기 때문입니다.

그 당시 제가 우려한 것은 "박 총장께서도 애국 충정으로 이를 바로잡기 위해서 도전을 해 보았으나 실패로 돌아선 것인데, 이제 대학가에서 총장 전원이 합세하여 대항을 하고 도덕성道德性 회복을 하겠다고 한다고 해서 과연 이루어 질 것인가?"라는 의문이 강하기 때문입니다. 대립과 도전은 사태를 악화의 길로 지향하게 할 뿐이라 논리상 불가능할 것이므로……

그래서 저는 이 문제가 잘 풀려나가기 위해서라도 옳은 조언助言을 하기로 결심을 하고 여러 학자들을 만나게 된 것입니다. (고려대학과 여러 대학을 찾아가서 건의서를 설명하였음)

그 후 TV등에서 "열린교육"에 대한 해설이 나오는 것을 보았습니다. 그러나 본인이 말한 내용과 교육계에서 해석하고 지향하는 내용에 차이가 있는 것으로 압니다. 제가 말한 것은 도덕성을 성리학性理學적인 측면에서 말한 것이고 교육계에서 말하는 도덕성은 교육적教育的인 차원에서 성리性理를 말하다 보니, 상대방의 이해가 어렵다는 것입니다.

왜냐하면 도道란 근본자리인 진리眞理를 말함이요 덕德이란 실천의지를 말하는지라 행행을 두고 말하는 까닭에 그 내용에서 인의예지仁義禮智 사단四端을 말하고 있으나, 이것이 틀리는 바가 아니라 할지라도 폭발적인 인구증가와 함께 첨단과학시대를 살아가는 오늘날의 생존경쟁生存競爭 시대에서는 사람을 믿으려하지 않는지라 불신풍조가 만연하고 있기 때문입니다.

부모의 말도 믿지 않고 듣지 않으려고 하는데 선생님의 말씀인들 잘 듣겠습니까? 바꾸어 말한다면, 불신풍조가 아니라 부모나 선생님이 아이들에게 믿음을 줄 수 있는 행행을 실천하지 못함에 있다고 생각하기 때문입니다.

사람의 마음은 양면성兩面性인지라 "하라" 하면 "하지 말라"라는 반대급부의 마음이 따라와서 방해를 하는지라 행하기가 어려우며, 더욱이 선생님이나 부모가 하라고 해서 마지못해 하는 행동의 결과는 줄(糸)이 굵어야 되는데도 가늘어진다는 것입니다.

그러나 마음에서 믿음으로 받아들이면 자각自覺에 의한 행위이기 때문에 신바람이 나는지라 행行의 결과가 최대한 커집니다. 그래서 옛날에는 덕德을 사단四端만으로 말하고 이것으로 만족했으나, 오늘날에 와서 덕을 말할 때는 믿을 신信 하나를 더 넣어서 오단五端이 되어야 맞다고 본인은 말합니다. (五行과 같은 말)

이와 같이 덕의 해석을 사단으로 알고 있다가 오단으로 옳게 알았다 할지라도 덕德이란 행行이 따르지 못하면 아무 소용이 없는 것인데 도(眞理)를 어찌 알리요?

노자는 도道를 "도가도비상도可道非常道"라고 말했고 석가는 "비불비심非佛非心"이라고 말씀하셨습니다. 도(眞理)란 "알기 전 소식"이라고 말하며 "우주가 생기기 전 소식"이라고도 말하는지라 이것은 아는 것이 아닌데 어찌 교육敎育을 통해서 가르칠 수가 있단 말이요.

흔히 말하기를 도란 "무념무상無念無相"을 말하며 "내가 나를 이긴자"라고 말하나, 이것은 천지개벽天地開闢이 된 새롭게 거듭난 변화된 새로운 마음을 말하는지라 말로는 표현이 불가능 한 것으로 압니다. 사과 맛은 사과를 먹어본 사람만이 그 맛을 알 수가 있으나 진짜 맛은 말로 표현이 불가능한 것과 같이 가본 사람만이 체험을 통해서 압니다. 꿈은 꿈에서 깨어나야 꿈인 줄 알고 망상妄相은 망상에서 벗어나야 망상을 아는데, 부처가 망상에서 태어나는 것을 아는지라 망상을 부처로 받들 것이며 그래서 깨달음이란 부처가 깨달은 것이 아니라 중생이 깨달은지라 중생을 부처라고 나는 말합니다. 그렇다면 과연 무엇이 달라졌을까요?

첫째, 중생衆生이란 의식意識으로 사는지라 머리 속에 모든 정보를 쌓아야 되고 그래서 마음속은 항시 초조 불안 공포 저주 시기 질투 증오 갈등 등의 번뇌 망상으로 들끓어 마음이 한시라도 편할 날이 없습니다. 나와 같이 극심했던 사람은 자살自殺까지도 시도하게 되는데 가슴이 답답하고 머리가 터지는 것 같이 아파서 견디기가 어렵기에 오죽 참기가 어려우면 자살까지 시도하겠습니까? (生死挑戰)

한 경계를 넘기고 제가 느껴본 기분은 참으로 황홀하고 머리는 아예 없어져 버리고 가슴만이 빈체로 열려서 드러나 있는 것 같았습니다. 생각도 느끼는 것도 없는지라 나를 완전히 잊은 상태이며 나는 이미 우주宇宙와 하나가 된 상태인 것을 모르고 그동안 살아온 것입니다. 다시 말해서 그동안 머리를 굴려서 사고思考로 살아오다가 머리가 없어져 버렸으니 이제는 새롭게 가슴이 열려서 새로운 세상을 살아간다는 것입니다.

둘째, 눈과 귀는 어느 대상對相을 보고 듣는 것이 아니라 보기 전을 보고 듣기 전을 들으니 전체全體를 보고 듣는지라 데모의 군중과 경찰이 대립을 하더라도 중립中立이 되어 나만이 홀로 남아서 중中을 지켜보는 자로 남아있는 것이 아니라 내가 없는 것을(無念無相) 알기 때문에 치우침이 없이 전체를 볼 수가 있는 까닭에 원인과 해결책이 나오고 종결시기終結時期까지도 드러나기 마련입니다.

예를 들어서 자식들이나 선생님들을 보지 않아도 그 사람들의 마음을 알게 되니 "이것 하라" "저것 해라" "하지 말라"는 잔소리를 할 필요가 없는 것입니다. 내 마음이 상대相對의 마음속에 들어가든지 아니면 상대의 마음이 녹아서 내 마음에 들어오게 되면 상호相互의 마음이 화합이 되고 하나가 되는데, 이처럼 상대를 믿음으로 받아들일 때만이 부모와 선생님을 따르게 마련입니다. 부모나 선생님이 아이들 속을 읽을 수가 있어야 참된 교육이 가능할 것이 아니겠습니까?

이것을 보고 가슴이 열렸다고 말하고, 번뇌망상이 사라졌다고 말하고, 해탈경지라고 말하는데, 불가에서는 "이심전심以心傳心"이라고도 말합니다.

셋째, 자유自由와 평등지平等知를 얻은 자가 됩니다. 상대적인 관념에서 벗어나면 이미 삼독심三毒心은 마음속에서 지워졌고 그리고 자유와 평등지는 마음 밖에 있는 것이 아니기에 "한 생각을 바꾸면 운명이 바뀐다"라고 하듯이 내가 무심無心만을 이루어도 거치적거리는 상대가 없으니 「절대적인 나」에는 오로지 자유와 평등지로 꽉 차 있는 것을 실감하게 됩니다.

넷째, 남보다도 나(大我)를 사랑할 줄 아는 사람이 됩니다. (大我의 나란 참마음을 말함) 종교단체나 학교에서 "이웃을 사랑하라"라고 타위선他爲先으로 지도하고 있는 것은 도道를 모르기 때문입니다. 나를 모르고 남을 생각한다는 것은 나를 저버린 사고思考이며, 나를 안다는 것은 자기제도自己濟度를 안다는 말이고, 중생 없이는 부처가 될 수 없는지라 불교란 부처를 찾는 것이 아니라 중생(肉身)을 부처로 알고 지극 정성으로 24시간 경배심敬拜心을 낼 수 있으면 100일 이내에 부처가 될 수 있다는 것을 본인은 확신합니다. (원효대사의 唯識大乘論 / 망상을 眞法으로 믿으라는 말)

나를 사랑할 줄 아는 사람은 마음이 편치 못하면 몸이(부처) 고장나는 것을 알고 있는지라 남의 마음을 편하게 해 줄 것을 알며 선행善行은 해도 악惡한 짓은 돈을 주고 하래도 하지 않습니다.

다섯째, 무의식無意識으로 살아가도 남들은 말하기를 정도正道를 살아간다고 말하며 믿을 수 있는 사람이라고 말합니다. 마음속에는 무엇을 해야겠다는 생각조차가 없는지라 무위無爲로 살아가도 인간 세상에서는 설사 알아주는 사람이 없을 지라도 천지만물은 눈이 밝아서 내 쪽으로 호응을 하니 나물 먹고 물만을 먹고살아도 영계靈界나 천상계天上界가 하나로 다 통通하니 얼마나 멋있는 인생의 삶인가!

여섯째, 세상의 혼란과 자연의 재난 그리고 전쟁의 억지력을 갖는다고 합니다. 천상의 모든 에너지는 빈곳으로 모여드는 것이 천리天理인지라, 지악至惡은 지선至善의 핵을 만나면 맥을 못추고 흡수가 되니, 북한에서 남한을 먹으려고 50년 간을 칼만을 갈아 왔으나 오늘날에 와서는 오히려 기아선상에 놓이게 되었고, 자연계自然界의 재난을 보더라도 우연한 것이 아니라는 것입니다.

일곱째, 고정관념固定觀念을 깬 사실을 본인 스스로가 느낌으로 압니다. 내가 있으면 네가 있고 네가 있으면 삼라만상이 따로따로 존재하는지라 「나(我)」란 "전체 나"인 동시에 "개체 나"를 만드는지라 우주宇宙가 곧 나의 마음에서 태어났다고 말합니다.

이와 같이, 나란 상相을 만드는 근원이며, 그래서 한 생각을 바꾸면 우주가 바뀐다고 말합니다. 그러나 알고 보면, 중생심衆生心이란 나의 사는 모습이 전생前生에서 금생今生에 이르기까지 "절대성의 나"를 소아小我로 만들어서 마음을 상대적相對的인 관념觀念에 쓰다보니 "관념적인 나"로 변질되어 육신肉身만을 나로 알고 살아가다 보니 대아大我를 소아小我의 형틀形에 쳐 넣고 더욱이 삼독심이 내 마음인줄 알고 무명無明으로 살아오게 된 것입니다.

그래서 고정관념이란 내가 나를 이기고(克己) 소아에서 탈출하고 대아를 성취하면 무명에서 벗어나고 대지혜大智慧를 성취한다는 말입니다. 다시 말해서, 상相과 비상非相의 도전에서 내가 이긴 자가 되면 천지天地를 얻는다는 말인지

라 사람으로 태어나서 멋진 도전이 아니겠습니까? (반대로 내가 없으면 우주가 필요치 않다는 말)

여덟째, 내가 나를 믿으면 "무한자비심無限慈悲心"이 솟구친다고 합니다. 오늘날 부모와 선생님이 자식과 제자를 못 믿는 것은 내가 나를 믿지 못하기 때문이며, 내가 나를 믿지 못하는 것은 내가 내 마음을 알지 못하는 까닭에 내 마음에 내가 속고 있는 조차도 알지 못하기 때문입니다.

다시 말해서 안경유리 속에 색色을 넣으면 세계 전체가 넣은 색으로 보이는 것과 같이 가슴이 열려서 열린 마음으로 세상을 보지 않고 상相으로만 보는 "무명無明한 눈"으로 보기 때문입니다. 그래서 불가佛家에서는 눈과 귀를 "마군魔群"으로 비유해서 말합니다.

열린 마음에서는 내가 나를 믿으면 남他을 믿게 되고 남을 믿을 수 있는 마음에서는 지선至善의 마음을 말하는지라 여기에서 발發하는 마음은 무심無心인지라 발하는 것조차도 모르면서 하는 행만은 남들이 다들 자비심의 발로라고 말하나, 진작 본인은 마음에 두지 않는지라 모릅니다.

본인이 알고있는 자비慈悲는 자비가 아닙니다. 신학자神學者들도 좋은 일이란 오른손이 하고 왼손이 모르는 것을 말한다고 하였습니다.

아홉째, 마음이 열린 사람은 참된 효자孝子이며 진인眞人이라고 말합니다. 영계靈界의 마음이 맑으면 인간人間의 마음이 맑아지고 인간의 마음이 맑아지면 영계의 마음이 맑아지는지라, 영계와 인간의 마음이 둘이 아니(不二)라고 말합니다. 그래서 영계란 태어나는 어린이와 인과因果로 직결直結되어 있는지라 마음이 열린 사람의 전생과 금생을 알아보면 불효不孝한 사람이 없고 거의가 효자였다고 말합니다.

　지구상地球上에 열린 사람이 단 한사람만 있어도 중생심의 마음이 부처로 변한다고 말하니 영계 전체가 제도변화濟度變化도 가능하기에 부모님의 영혼靈魂까지도 천도 내지는 제도가 가능하다고 보면, 이 세상에 이러한 참된 효자가 어디에 또 있겠습니까?

　열째, 열린 마음이란 제자리로 돌아온 것을 말합니다. 절에 가면 목탁소리와 종소리 염불소리를 듣게되며, 교회나 성당을 가도 마찬가지입니다. 나를 저버리고 알지 못하는 사람들이 부처나 하나님은 어찌 알며 또 도대체 그것이 무엇이기에 종단宗團에 재산을 바치며 일생동안 찾는다는 말입니까? 마음이 부처라고 하는데 마음에서 찾을 생각은 않고 절에 가서 매달리니 하는 말입니다.

　어느 사찰에서는 우리 절 부처님이 효험이 있으니 와서 기도하라고 말합니다. 모든 것이 일체 유심조라 하였는데 부처가 마군魔群에게 도와 달라고 매달리는 꼴이 되니 참으로 안타까운 일이 아닐 수 없습니다.

　그러나 유식론唯識論으로 말하면 하면 된다고 말할 수 있으며 신학자들도 말하기를 열심히 문門을 두드리면 문이 열린다고 하였습니다. 본인도 하면 된다고 하지 않을 수 없는 것은 경전經典이나 종교문화宗敎文化가 지금까지 찬란하게 꽃을 피우게 된 것은 위대한 중생심(부처마음)의 소산所産이라고 아니할 수가 없기 때문입니다.

　그러나 여기에서 중요한 것은 상과 비상의 어느 한쪽에도 치우치지 말고 50%-50%의 불가침不可侵의 원칙을 지켜 성명쌍수性命雙修의 조화를 이루어서 시공時空이 지속하는 한 영원토록 불변의 법칙을 무위無爲로 지켜갈 것을 다짐

해 봅니다. (현재 물질위주의 교육은 精神不在로 혼란이 필수적이라는 말)

머물고 돌아가지 못하는 것을 죽음이라고 하고 영원히 새롭게 돌아가는 것을 생명운동生命運動이라고 말한다면, 시종여일始終如一하게 돌아가는 것은 혼란 속에 이어져도 결국 제자리를 찾아가는 것이 도道가 아닐까요? (놓아두고 지켜보는 자로 남아있으라는 말)

그래서 저는 열린 교육을 다음과 같이 말해 봅니다.

부모님이나 선생님들은 아이들을 분별하는 잣대(尺)를 버리고 모두를 부처로 알고 지극정성至極精誠으로 경배심敬拜心을 내게 되면, 아이들 또한 부처가 되어 부모님과 선생님을 존경하고 잘 따를 것이라고…… (부처와 중생이 둘이 아니라는 말)

아이들보고 가슴 열고 변하라고 말하기 전에 내가 먼저 열고 변하자는 것이며, 말은 허상虛相이오니 입으로 지도하지 말고 행동行動으로 말하라는 것입니다.(모범이 되라는 말) 왜냐하면 그 모든 것이 내 탓임을 반성하고 뉘우치고 참회할 때만이 가슴이 열리기 때문입니다.

믿음信이란 무엇인가

이 문제가 깨달음의 핵심을 이루며 또한 열린교육을 설명하다보니 좀더 알기 쉽게 말해달라는 분들이 많아서, 다음과 같이 알기 쉽게 설명을 해봅니다.

보편적으로 말할 때 종교적宗敎的인 측면에서 보면 기독교에서는 하나님을 믿는다고 말하고 불교에서는 부처님을 믿는다고 말합니다. (나를 알아야 믿을 수 있는데도······) 이것을 성리학性理學적인 측면에서 보면 전연 다르다고 말할 수 있습니다.

불가에서는 오온개공五蘊開空이라는 말이 나오는데, 오온五蘊이란 다섯 가지 상相을 쌓는 것으로 이해할 수 있으나 더욱 중요한 것은 색色 수受 상相 행行 식識이 한 생각(相心) 일어나는 순서를 공식公式화해서 설명한 것이란 말입니다.

다시 말해서 바깥경계가 마음의 당처當處에 닿아서 받아들이면 한 생각(相)이 일어나서 행동으로 이어지는데, 그 내용과 결과를 머릿속에 쌓게되면 이것을 잠재의식이라고 한다는 말인데, 이것을 체험을 통해서 증득證得하면 곧 깨달음이라고 본인은 말합니다.

어느 도반께서 이것을 깨달았다고 하기에, 제가 질문하기를 "이것은 망상이 발發하는 순서인데 다음에 망상이 발할 때는 어디서 일어납니까?"라고 물으니 대답을 못합니다. 그러나 공부를 많이 하셨기에 저는 다음과 같이 말했습니다.

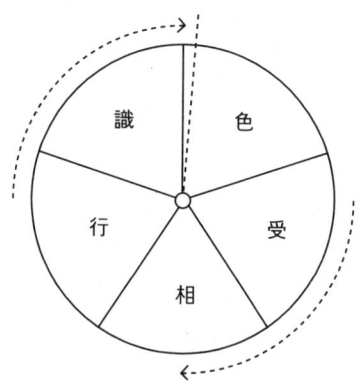

상기 도표와 같이 한 생각이 일어나는 것은 잠재의식에서 일어나는 것입니다. 그러나 여기에는 이理와 기氣가 뒤섞여 있는지라 "아뢰야식"이라고 말하며 설사 선善한 생각이 일어났다 하더라도 동심動心에서 발하는 것은 선가禪家에서는 부정否定으로 봅니다.

재삼 말하거니와 마음에서 받아들이지 않으면 행동으로 이어질 수가 없습니다. 받아들임에 있어서 중요한 것은, 이기理氣가 뒤섞인 상태에서 발하는 것을 망상이라고 말하고, 즐거운 마음에서 받아들임은 기氣가 섞이지 않는지라 성性 자리에 직결되는데 여기서 믿음信이 생김은 물론 무의식중에도 환희심과 자비심은 행동으로 이어집니다.

그래서 믿음이란 하나님 부처님 신령님 등의 무형의 대상을 마음에서 지어서 의지하고 믿는 것이 아니라 참된 열린 내 마음을 부처로 알고 믿는 것을 말합니다. 나를 알지 못하고는 나를 믿을 수가 없는지라 가슴 속 깊이 불신사고不信思考가 뿌리박혀있는 사실을 누가 알리요?

흔히 말하기를 나를 아는 것을 부처라고 말하고 나를 모르는 것을 중생이라고 말하고 있으나, 중생 없이는 부처가 태어나지 못하고 작용作用은 상相이 해야 되는지라 중생을 부처로 알고 경배심敬拜心을 내고 망상妄相을 진법眞法으로 알고 수용受容할 때만이 가슴이 열린다고 말합니다. 분별分別하고 기피하면 일생동안 부처를 만나기가 어렵다고 합니다.

1. 대아大我의 믿음
   절대성에서는 내가 없는지라 천지만물을 내 몸으로 알고 가꾸고 사랑할 것이며 내가 아니면 하늘과 땅을 떠받칠 사람이 없다고 생각하는지라 모든 것을 내 원인으로 돌리고 나를 철저히 믿지 않고서는 불퇴不退의 의지력 지속이 불가능한 것을 알기에 행여나 잠시라도 마음이 흩트려질까 천번만번 다짐해 봅니다. 그런 까닭에 나를 믿는 마음이 도道가 아닐까요?

2. 소아小我의 믿음信
   상대적인 관념에서 초월하지 못하고 상에서 머물러 사는 중생심이라 할지라도 선배나 지도자의 가르침을 따를 수만 있다면(信), 특별한 수련을 받지 않아도 상당한 경지까지는 공부가 될 수 있는 것으로 압니다. 그러기 위해서는 다음 몇 가지를 평소에 마음속으로 익혀나가는 것이 좋을 것으로 사료됩니다.

   가. 알고 보면 사람의 마음이 양면성인지라 명암明暗과 선악善惡이 동시에 작동하는데, 중中을 지켜서 한쪽에 치우지지 않는 방법이나 또는 상과 비상의 도전으로 아예 양면성 자체를 뽑아버려서 자유自由와 평등지平等智를 이루는 것을 공부라고 말합니다.

나. 남이 보지 않는 야간이라 할지라도 허공虛空은 정확하고 눈이 밝으니 거짓말을 하지말고 양심良心을 지켜야 합니다.
다. 나를 멸滅하려면 나를 낮추어야 되니 고개를 숙일 줄 알고 걸음거리를 조심할 것이며 겸손한 마음을 익혀나가야 합니다.
라. 반성하고 뉘우쳐서 참회할 때만 불신不信에서 믿음信으로 돌아서고 가슴이 열린다고 합니다.
마. 남의 장점은 칭찬해 주고 단점은 감추어주되 아예 보고 느끼지도 마십시오.
바. 선근善根을 심기 위해서라도 하루에 한 건씩 착한 일을 하십시오. (길 가다가 담배꽁초 하나라도 주울 것)
사. 부모에게 효도孝道를 못하는 사람은 도道공부가 불가능하다고 합니다.
아. 조상祖上이 없으면 오늘의 나가 있을 수 없음에 감사하고 조상을 섬기는 마음을 잠시라도 잊지 마십시오. (제사에 참여할 것)
자. 공기空氣에 감사하고 물水에 감사하는 것은 대자연大自然에 감사하는 것이 되니 이를 아끼고 사랑하십시오.
차. 인욕忍慾과 보시布施를 잊지 마십시오.

불가에서 소승小乘 대승大乘을 말하듯이 이것이 둘이면서 하나인 것은, 차의 바퀴는 언제나 둘 이상이어야 주인공이 차를 운전하기가 쉬운 것과 같습니다. 자연계의 바퀴가 허공虛空의 바퀴와 우주宇宙의 바퀴 둘로 이루어져서 허공의 바퀴의 돌아가는 원인原因으로 우주의 바퀴가 영원히 돌아가는 것을 이해하고 받아들여야 됩니다. 우주가 형성形成되고 진화進化되고 영원히 새롭게 돌아가는 그 원인原因이 보이는데 있는 것이 아니라 허공의 내부와 같이 안 보이는 곳에 있는지라 공空의 실상은 영계靈界와 둘이 아니라고 말합니다.

그러나 자연계에는 주재자主宰者가 없는지라 정定해져 있는 공식대로 돌아갈 따름인데 사람이 만물의 영장이라고 하는 것은 일하고 싶으면 일하고, 일하기 싫으면 놀고, 살기 싫으면 자살까지 하고, 이러한 사람의 능력이 원자탄을 써서 지구를 콩가루로 만들 수도 있으니 이것은 지혜의 본질로서 이理와 기氣가 합한 50% 50%의 양면성으로 이루어진 "인간의 마음"이 주재자이기 때문입니다.

위대한 성현들께서 2,000~3,000년 전에 이 세상에 오셔서 중생제도만을 위해서 희생하고 가신 그 마음이 지금도 생생하게 살아 계신다고 아니할 수 없는 것은 경전이나 종교문화가 살아서 말해주기 때문입니다.

그러나 모든 것은 과거過去일 뿐이며 도道란 새로운 현재現在를 말하는지라 과거에 집착하지 말고 여기에서 탈출하고 "내가 먼저 거듭나고 새롭게 변하자"는 것입니다. 이 말은 말하기도 어렵고 이해하기도 어려우나 논리論理가 성립成立되고 맞는다고 받아들이면 촌호寸毫의 공부에 도움이 될까하는 바램일 뿐입니다. 재삼 말하거니와 믿음信이 없이는 도道는 불가능합니다.

아이엠에프(IMF) 한파에 대하여

　요사이 봄이 오는 환절기 탓인지는 몰라도 직장을 떠난 사람, 학자, 기업체의 사장 등 저를 아는 도반님들이 찾아오셔서 가장 많이 물으시는 말은 아이엠에프(國際通貨基金) 한파寒波에 대한 질문입니다.

　공부하는 사람 중에서 나이가 제일 많은 늙은이니 무엇인가 새로운 말이라도 있을까 라는 호기심에서 질문하는 것으로 본인은 이해합니다.

　1. 공부하는 사람들은 자기수련에만 열중하는지라 남의 일이나 바깥세계(外界)에 대하여 흥미가 없는지라 간섭을 하려들지 않습니다.
　2. 도道란 말에 있는 것이 아니라 무위행無爲行에 있는 것으로 믿기 때문이며,
　3. 해석이란 말로 해야 되는데 이것은 동심動心에서 말하는지라 불가에서는 아뢰야식 이라고 말하는데, 그 경우 양면성兩面性에서 혼합混合이 되어 발發하니 아무리 옳은 말을 할지라도 진리眞理를 닮을 수 있는 말에 지나지 않아서 그 말이 결코 진리가 될 수는 없기 때문입니다.
　4. 다시 말해서 중생심衆生心에서 나오는 말은 무슨 말을 할지라도 참으로 옳은 말이라고 긍정肯定으로 받아들일 수는 있으나 진리는 아니기에, 공부하는 사

람이라면 아무렇게나 아는 소리를 해서는 절대로 안 되는 것으로 알기 때문입니다. (천기누설은 아니고, 말은 허상이기 때문임)

그러나 석가釋迦께서 49년 간 법法을 설하시고도 설한바가 없다고 하셨듯이 말을 하지 않는 것만이 능사가 아니라 후학과 도반님들을 위해서라도 자기 성찰과 수행에 도움이 된다면 아무리 어렵고 못할 말이라도 선禪 공부에 기여하는 하는 것이 도리道理가 아닌가 생각하여 말해 봅니다.

제가 늘 말했듯이 사람의 마음은 양면성이어서 두 가지 마음을 동시에 갖고 있는지라, 선善한 마음을 쓰면 착한 사람이라고 말하고 악惡한 마음을 쓰면 악한 사람이라고 말하는지라, 중생심이란 선악善惡의 문턱을 하루에도 수 백 번씩 넘나들고 살고 있으면서도 "나는 진실하게 살아간다"라고 말합니다.

다시 말해 내가 나를 알지 못하면 선악을 알 수가 없다는 것입니다. 이는 2,500년 전 쏘크라테스가 "네 자신을 알라"라는 말과 같은 말입니다.

따라서 이 문제를 대승大乘과 소승小乘의 차원으로 나누어 말해 볼까합니다.

1. 대승적인 차원

우주宇宙의 실체를 말할 때 성주괴공成住壞空을 진공핵眞空核의 원인으로 과학자들은 말하고 순환논리循環論理로 해석을 하고 있으나, 하늘과 땅 사이에 인간이 없으면 우주가 무슨 소용으로 필요합니까? 내가 있어야 우주가 필요하고 진리가 필요하다는 것입니다.

진리眞理란 종교단체에서 말하듯이 절대 신神이 보이지 않는 천상에 따로 계셔서 작용하는 것으로 알고 있으나 하늘에서 내려온 것도 아니요 땅에서 솟은 것도 아닙니다. 우주 공간의 자연계란 심心이 없는지라 자유자제自由自制가 불가능하며 그래서 정해져 있는 공식公式대로 돌아갈 따름이라고 말합니다. 그리고 에너지는 빈곳으로 채우러 흘러가는지라 수화水火의 음양원리陰陽原理라고 말합니다.

허공의 실상實相은 빈 것이 아니라 먼지 가스 에너지 전기 등 기체로 꽉 차 있어서 완전히 빈곳인 진공자리란 있을 수가 없다고 말합니다. (세상은 내 마음 쓰기에 달려있다는 말)

사람도 태어나면 성장하고 성장하면 노쇠하고 노쇠하면 죽어서 다시 태어나니 자연自然과 같다고 말합니다. 불가에서 말하기를 사람은 태어날 때 불성佛性을 갖고 태어난다고 말하고, 유가에서는 "천명지위성天命之謂性"을 말하듯이 성性을 갖고 태어난다는 것인데, 이것을 갈고 닦아서 깨달음을 얻으면 상相과 비상非相이 합일하여 대지혜大智慧를 얻는다고 말하며, 이런 사람은 내가 나를 초월한지라 절대絶對라고 말하며, 사고思考를 떠난 까닭에 자연과 더불어 생각 없이 자유롭게 무위無爲로 지켜보는 자로 남아 있을 것입니다.

이런 사람에게 아이엠에프(IMF) 한파寒波를 질문한다면 다음과 같이 말할 것입니다.

"대자연의 순환논리란 달도 차면 기울고 기울면 다시 밝듯이, 우리 국민이 열심히 일해서 세계 11위권에 해당하는 부자나라가 되어 가난할 때의 보리 고개를 잊고 잘 먹고 잘 살았으니 어떻게 보면 잘한 것이라고도 생각할 수가 있으나, 내일을 생각하지 않고 낭비한 것도 사실이다."라고 말입니다.

그러나 올라가면 내려갈 줄도 아는 것이 인생人生이라, 우리 민족은 인내와

4. 아이엠에프IMF한파에 대하여 349

노력으로 뭉친 슬기로운 민족인지라 여기에 굴하지 않고 결국은 IMF의 한파를 이겨내어 기필코 제자리로 돌아 올 것을 저는 믿습니다.

2. 소승적인 차원

사람의 마음은 양면성兩面性을 동시에 갖고 살아가는지라 한 생각이 일어나면 선善 아니면 악惡인데, 교육을 통해서도 믿음만 있으면 악을 하지 않고 세상을 바르게 살아 갈 수가 있다고는 하나, 행행하기는 참으로 어렵다고 말합니다.

그것은 눈은 앞에 달려서 남(他)만을 보는 쪽으로 길들여져서 자기自己를 보는 눈이 없기 때문에 나를 보지 못하는지라 남을 알 수가 없어서 남을 믿지 못하는 것이 문제라는 것입니다. (不信)

IMF 한파의 책임은
1. 일차적으로 저를 포함해서 도반님들에게 있습니다. 우리 도반님들은 중생심衆生心을 떠난지라 지혜智慧의 눈으로 분명히 그 원인原因을 보셨을 것으로 생각하기 때문입니다.
2. 이차적으로 우리 국민國民 모두에게 있습니다. 대통령을 뽑은 것이 국민이고, 주인이 머슴 감독을 제대로 못하였기 때문입니다.
3. 삼차적으로 대통령에게 있습니다.

제가 이렇게 말하는 것은 책임소재를 가리자는 데 있는 것이 아니라 각자 내 탓으로 돌리고 지나간 일들을 다시 재론再論하지 말고 각자 모두가 허리띠를 졸라매고 맡은 바 자기 일들을 열심히 한다면 IMF 한파가 아무리 춥다 하더라도 곧 뜨거운 태양 빛이 중천에 뜰 것이라 믿기 때문입니다.

참고로 말해, 우리나라의 기름 값이 년 간 180억불이라 하고 또 국방비가 년

간 20조원을 넘는다고 하니, 우선먼저 "석유절약 운동" 과 "북방외교의 재수정" 이 두 가지만이라도 할 수가 있다면 IMF 한파에 큰 도움이 될 수가 있지 않을까요?

그러나 무엇보다도 중요한 것은 내가 변하면 세상이 변하고 세상이 변하면 하늘땅도 변하는 지라 사회 각 층의 지도자들을 포함한 우리 국민 모두가 "모든 원인은 오로지 내 탓"이라는 것을 자각自覺하고 「대아大我」로 거듭나는 것입니다.

진인사대천명盡人事待天命에 대하여

며칠 전에 강릉에서 유학儒學을 공부하시는 학자님이 오셔서 말씀하시기를, 제가 낸 책을 읽고 많은 감명을 받았다고 하며 진인사대천명盡人事待天命에 대한 설명을 해보라는 것입니다.

이 물음을 통해서 저의 내면세계를 알아보자는 말이기에 제가 나이가 많아서 아상我相 인지는 몰라도 "처음 만나는 사람에게 예의가 아니지 않은가?"라는 생각이 들어서 나는 모른다고 하려다가, 그래도 머나먼 길을 나를 보러오신 손님인지라 다음과 같이 말한 것입니다.

"저는 마음공부를 하는 사람인지라 '글자해석 이나 문답'을 좋아하지 않습니다. 제가 보기에 마음은 비어서 할 것도 없으며 안 할 것도 없으며, 자기 행위에 대해서 의식意識을 하지 않는지라 기대할 것은 더욱이 없으며, 천명天命을 기다리지 않으니 받을 것도 없다는 것입니다. 내 마음에 무심無心만을 이루어도 갖출 것과 얻을 것은 다 얻은 것이어서 할 일이 없어져서 편해진다고 합니다."

그분께서는 고개를 갸웃거리며 이해가 안가는 표정을 지으시기에, "말은 상

相인지라 각자의 견해가 틀릴 수가 있으니 학자님의 해석을 부탁드립니다."라고 제가 재차 물었습니다.

이분의 말씀을 들어보면, "인간은 타고날 때부터 욕심이 많은지라 살아가는 동안에 자기 잘못을 모르며, 아무리 착한 일을 많이 하여도 하늘의 도움이 없이는 노력의 결과를 얻을 수 없는지라 하늘에서 주는 대로 감사히 받아라."라는 것이며 그리고 "인간으로서 할 수 있는 소임을 다할 때만이 하늘의 보살핌을 받는다"라는 것입니다.

유학儒學의 핵심은 중용中庸이라고들 말하는데 그의 말을 여기에 비교해 보면 이는 단지 말초신경에 불과하다고 하겠습니다. 저의 이 말은 도반을 아끼는 충정과 탁마로 아시고 이해하실 것으로 믿습니다.

이분의 나이는 68세라고 하며, 그동안 장가도 못 가고 일생을 유학에만 전력을 쏟다보니 돈도 모르고 어렵게 살아간다고 합니다. 노력의 대가로 잘 살아가는 것은 도道가 아니라는 것일까요?

옛날 말에 "달지 않거든 쓰지나 말고 쓰지 않거든 시지나 말라"라는 말이 있듯이 공부를 한답시고 이것도 저것도 아닌 상태에서 일생을 허송세월만 하였으니 이 안타까운 심정을 누가 알리요? 돌아가실 때 병고에 시달리면 어느 누가 보살펴 준단 말입니까? 제가 보기에 이분은 학문을 이수하신 것이지 도 공부를 하신 것이 아니라는 것입니다. 금생에 복 지은 것이 없으면 내생에 또 고생하십니다.

제가 말하는 것은 굳이 학자님을 비판하고자 함이 아니라, 전국에 도道 공부 하시는 분들 거의 모두가 이와 같이 대상에서 벗어나지 못하고 자기가 자기한테 속고있는 사실조차도 모르고 공부하고 있으니 하는 말입니다. 그래서 저는 이번 기회에 저의 체험을 통해서 이 문제를 좀 더 깊이 있게 제 나름대로 말해 볼까 합니다.

1. 진인사盡人事라 함은 만물의 영장인 사람으로 태어나서 부여된 할 일을 다 한다는 말인데 도道는 무심無心인지라 "하라" "하지 말라"고 명령하는 주체가 없다 보니 이 말은 도를 가르치는 소승논리小乘論理에는 해당할지 모르나 절대적인 대승논리大乘論理는 될 수가 없다는 것입니다.

2. 대천명待天命이라는 말은 하늘의 명령을 기다리라는 말인데 천명지위성天命之謂性이라는 말이 있듯이 내 마음 떠나서 우주가 따로 존재할 수가 없으니 천명天命이란 결국 인간의 본성本性을 말하는 것으로 이해해야 되는데도, 여기에서 말하는 천명은 하늘에 조물주造物主가 따로 있어서 절대신絶對神에 의해서 지배되는 것을 암시하고 있습니다.

아무리 좋은 문구와 좋은 글이라 할지라도, 나를 떠난 글이나 나를 떠나서 말하는 "참으로 훌륭한 진리眞理"의 말이라 할지라도, 말과 글은 대상對相을 면하지 못한지라 절대가 될 수 없는 까닭에 소승이라 말하며 사도邪道를 면치 못한다고 말합니다.

그래서 선사禪師들은 말하기를 신神을 죽여라, 보살을 죽여라, 부처를 죽여라, 나我마져 죽이면 천상천하를 얻는다고 말합니다.

인간으로 태어나서 자기 할 일을 다하고 하늘에서 내려 주시는 대로 기다리겠다는 말은 이것이 유교儒敎에서 나온 것인지라 어떻게 보면 도道에 가까운 말이라고 하겠으나, 도에서는 무심無心과 무위無爲를 체로 삼는지라 "해라" "하지 말라" "이것이다" "저것이다" "된다" "안 된다" 와 같이 규정지어진 것이 참마음에는 없고 행위의 결과에 대해서 연연하지도 않습니다. 그것은 대상을 떠났기 때문이지요.

이와 같이 말하기도 어려운데 학자님께서는 제 말을 이해 못하시는지라 알아들을 수가 없으니 옳다고 믿으려 하지 않는 것은 당연한 일인데, 여기에 대고 제가 "진인사 라고 하셨으니 사람이 할 일이 어떤 것이며, 죽어도 할 일을 다 못하는 법인데 할 일을 다하고 나서 천명을 기다린다는 것은 또 무슨 뜻입니까?"라고 반문할 생각이 들었으나, 먼길을 오신 손님이고 오히려 고통이 되실까 하여 묻지를 않았습니다.

공부란 자기 성찰이요 상相과 비상非相의 싸움인지라 마음을 비우기 위해서 갈고 닦는다고 말하며, 그러기 위해서는 말을 하지 않고 오관작동五官作動의 외향外向을 내면세계로 돌려 관조觀照해야 되는지라 밝은 곳을 가는 것이 아니라 빛이 없는 캄캄한 곳을 가는 것인데, 한 고비를 넘기면 가슴이 훤하게 열린다고 합니다.

그래서 자각自覺이란 자기체험을 하게되면 고정관념固定觀念을 깬 사실을 알게되며 모든 원인의 주체가 「나」임을 알게 되어 내 탓으로 수용하고 남에게 밀지를 않으며, 삼라만상을 내 몸으로 알고 가꾸며 사랑하고, 갖출 것은 다 갖추어져 있고 얻을 것은 다 얻었으니 여기에 무슨 삼독심三毒心이 또 일어나리오?

오로지 나는 절대 「나」일 수밖에 없는지라 바람 따라 구름 따라 머무는바 없이 노니는 것이 나의 인생인 것 같습니다.

빛이 없는 곳은 신神들이 모이는 장소임을 아는지라 그곳을 극락정토로 알

것이며 죽어도 밝은 곳에는 가지 않을 것을 다짐해 봅니다. 중생 없이는 부처가 있을 수가 없기 때문입니다.

 隨筆

1. 지리地理

　하늘에는 하늘 이치理致가 있고 땅에는 땅의 이치가 있듯이, 사람에게는 도심道心이 있어서 "사람은 실천구현實踐具顯 된다"는 말이 있듯이……(天命之謂性), 음양의 원리(火水)에서 지구地球가 이루어졌다 하더라도 어머니의 포대와도 같이 땅地이 없이는 수기水氣가 보존 불가능한 것으로 압니다.

　텅 비워져 있는 우주공간에서 불火기운과 물水기운이 서로 만나 음양陰陽의 원리로 신축과 팽창으로 돌아가다 보니 무無는 기氣로 변하고 기는 질質로 변하고 질은 형形으로 변해서, 알고 보면 우주공간의 순환논리로 떠다니는 먼지가 한 곳에 가라앉으면 별이 되고 지구가 이루어지는 것으로 압니다.

　그런 까닭에 철학자들은 말하기를 지구가 생기기 전에 물水과 불기운은 이미 있었다고 말합니다. 달은 물은 있어도 불기운이 없는지라 생명체가 살아갈 수 없는 반면에, 그러나 지구는 지상에 물水 50% 땅속에 불火 50%를 보존하고 있는지라 일정한 온도를 지속 할 수가 있기에 사람이 살아갈 수가 있다는 것입니다. (지구를 음양의 원리 100%로 볼 때)

그러나 자연과 생명의 순환논리로 보아서 기천세계氣天世界도 화기陽 50% 수기陰 50%로 평등지平等智를 이루어서 돌아가야만 정상인데, 인간의 마음이 기氣 쪽으로 치우치다 보니 음陰이 딸리는지라 양陽이 괘도 이탈을 하고 상승작용을 하니, 바닷물과 풍우風雨의 진로가 바뀌고 한서寒暑의 차이가 나며 지상의 기온이 올라가는지라 초목이 고갈되어 사막이 늘고 농토가 부족하다보니 나무를 베어 밭을 만드니 산소가 부족하게 되어, "만물萬物의 영장靈長"이라고 자부하는 인간人間이 이래도 살아 남을 수가 있을까요? 참으로 안타까운 일이 아닐 수 없습니다.

지구란 어머니의 배속 같아서 만물萬物을 품으시고 먹여 살려내는 근원에 해당하는지라 사람이 대상을 만들어 마음을 쓰면(心의 造作) 이 세상에서 얻지 못할 것이 없는지라 "상相의 세계의 극처極處"라고 말할 수 있습니다. (周易에서 말하는 中央土)

그러나 참된 지리地理란 인간이 지구를 욕구의 대상에서 벗어나게 해주어 심心의 조작을 받지 않고 자연自然의 제 모습으로 돌아가서 자유롭게 정定해져 있는 제 길로 돌아갈 때만이 말할 수 있다고 말합니다. (땅을 살려냈다는 말)

지구가 제 기능을 다하지 못하니 살아 있다고 할 수가 없고, 그렇다고 해서 우리 인류가 지구의 품안에서 살고 있는 것이 현실인지라 죽었다고도 할 수가 없으니, 다시 한번 각성해서 지구를 살려내자는 것입니다. 제가 이 말을 하게 된 동기는 묘 자리(墓地)에 대한 질문을 여러 번 받았기 때문입니다.

기독교基督敎에서 말하기를 태초에 사람은 흙에서 나왔다고 말합니다. 성경 말씀이 아닐지라도 모든 생명체는 죽어서 흙으로 돌아가는지라 흙에서 태어났다고 가정을 하더라도 논리論理상 큰 하자가 없을 것입니다.

사람을 포함해서 초목이나 모든 생명체들은 흙에서 살다가 흙으로 돌아가되 크고 적고 잘나고 못나고 능력 또한 우열이 생기게 마련이니, 지리地理를 말할 때 좋은 자리에 묘墓를 쓰면 고인故人이 편하시고 자손子孫들이 잘된다고 해서 우리 선조先祖들께서는 묘지의 명당자리를 구하러 다니시는 것을 또한 효도孝道로 알았습니다.

이것이 우리 민족의 미풍양식이요 선조들께서 조상祖上을 받드는 경조사상敬祖思想인지라 본인 또한 옳다고 생각합니다. 그러나 여기에는 어려운 문제점問題點들이 있습니다.

1. 명당자리가 있어서 설사 좋은 자리에 묘를 썼다 하더라도 만사萬事는 고인故人이나 살아있는 후손의 마음 따라 가는지라 명당明堂의 도움을 받지 못합니다.
2. 제가 어렸을 때 천안 시민이 팔천 오백 여명이었는데 지금은 삼십만명이 넘으니 삼십 배 이상의 인구人口가 늘었고, 이러한 추세라면 몇 해 안 가서 쓰여질 묘지墓地가 없게 되니 명당자리를 찾지 말자는 것입니다.
3. 독일이나 일본 사람들은 제 2차 세계대전 당시에 역사에도 유례가 없는 대학살大虐殺극을 자행해서 세계인의 증오의 대상이 되었기에 우주공간에 계신 하나님이나 부처님 또는 보살菩薩 신神 조상祖上님들의 저주를 받아서 영원히 망할 것이라고 믿어 왔으나, 오늘날의 경제대국을 이룬 것은 그 민족이 검소하고 근면하여 피땀으로 이룬 결과인지라 화장火葬을 하여도 신神은 저주를 내리지 못하니 자작자수自作自受에 의한 결과結果라고 아니 할 수가 없다는 것입니다.

전쟁이 끝난 후 50여 년이 지났으니, 전쟁에 참여해서 살인과 약탈 파괴를 일삼든 참전용사들은 거의가 다 죽고 살아남은 사람 역시 노쇠老衰해서 경제재건에 참여를 못할 것입니다. 그렇다면 누가 했을까요? 그야 당연히 50대 이하의 젊은이들의 힘이었다고 말하지 않을 수 없지요. 이들을 심령학자들이 전생前生을 알아보기 위해서 최면술을 걸어 조사를 해보니 그 영혼靈魂 거의가 300년 전에 죽은 사람의 혼령魂靈을 지니고 태어났다는 것입니다. 악惡한 민족들의 후손인데도……

이것은 다시 말해서 사람이 인도 환생을 해서 다시 태어나려면 혼령이 많은지라 300년 이상의 긴 세월이 걸린다는 것을 암시하고 있습니다. (천년, 만년 걸릴 수도 있다고 함)

그렇다면 전쟁범죄자의 혼령하고 하등에 관계가 없으며 영계靈界로 보아서 신세대가 책임질 이유가 없고 단지 전범자戰犯者인 부모나 조상의 육신을 빌어 태어난 인과因果 밖에는 없다는 것입니다. 이것이 사실이라면, 이 민족들의 신세대가 신神의 저주를 당할 리가 없고 우리 또한 배아파할 이유가 없습니다.

4. 인과因果란 "전생-금생 마음씀의 결과結果의 보報"인지라 한치의 오차가 없으며, 설사 사형수의 자녀子女라 할지라도 오고 가는 데가 다르니 영靈으로 보면 딴 사람이오니 절대로 같이 보지말고 비슷이 닮게도 보지 말라는 것입니다. 업業을 자초하기 때문입니다. 민족의 역사관과 타민족에 대한 시각도 마찬가지입니다. (나를 반성하고 남을 탓하지 말자는 것)

5. 결론적으로 지리地理는 자연自然이란 범주를 벗어나지 못하는지라 사람의 심리心理에 지배되고 좌우되며 마음 씀의 여하에 따라 결과가 나오는 것으로 압니다.

끝으로 명당明堂은 나의 육신肉身이상 더 좋은 자리가 없으며, 내가 무심無心만을 이루어도 만유萬有 와 기천세계氣天世界는 눈이 밝은지라 내 쪽으로 모여들어도 중생(肉身)을 위해서 차 버리고 흩트려버려야 합니다. 명당자리가 내 육신 안에 있는 것을 깨닫고 알아도 도道를 이룬 것이 되며 결코 자리를 구하는 일이 없습니다.

2. 불火의 이치

불이란 인화성 물질인 발화체發火體가 있어야 되고 설사 발화되었다 하더라도 공기空氣가 없이는 오랫동안 타면서 빛을 내거나 따스한 온기溫氣를 낼 수가 없습니다.

인간사고人間思考의 진화는 텅 비어있는 우주공간에도 전기 에너지가 꽉 차 있는 것을 알고 발전기를 만들어서 밤에도 대낮과 같이 밝힐 수가 있고 온기를 얻을 수 있도록 했는데, 이는 신神께서 우리에게 내려주신 선물이 아니라 인간 스스로가 터득한 지혜智慧의 산물입니다.

태양과 인간의 관계를 음양의 원리로 볼 때, 내가 필요할 때는 즉시에 불을 만들어 쓸 수가 있는지라 사람은 불의 모母가 되고 모母는 이理가 되는지라 사람(男女)은 양陽이면서 태양의 모母가 되는데, 이러한 태양은 자신에서 떨어져 나온 지구地球를 지금도 앞으로도 영원히 밝혀 줄 것이니 대자연大自然의 위대함을 새삼 느껴 봅니다만, 알고 보면 사람이 화지모火之母 인지라 불이 나오기 전전 지혜智慧는 태양지모太陽之母도 되는 것입니다.

음양의 원리를 말할 때, 양극兩極을 같이 보되 양陽이 우선爲先인 것은 불기운의 중량이 가벼워서가 아니라 태초에 지구가 생기기 전부터 태양은 떠 있는지라 물기운水氣 보다 불기운火氣이 앞서 있었고 그 후 지구가 생기다 보니 물기운이 생겨서 물水이 생기게 되었으니 음陰은 양陽을 섬기고 따를 수밖에 없는 것으로 압니다. 사람이 물 이후에 태어났다 하더라도 불을 만들어 쓴다는 것은 태양보다 우선爲先임을 암시하는 것입니다.

그리고 앞으로의 세상은 음陰이 주도하는 세상이 다가 온다고들 말하는데 이는 논리상 맞지 않는 것으로 압니다. 왜냐하면 물이란 태초太初에서부터 자연원리自然原理에 의해서 만들어진 생명수生命水를 인간이 욕구에 의해서 마음대로 쓸 수가 있으나, 음양의 원리 중 불陽만은 절대로 그렇지 않기 때문입니다.

불이란 인간의 마음 자체自體인지라, 평소에 있는 불을 쓰는 것이 아니라 불이 생기기 전전의 원리原理를 지혜智慧로 쓰는지라 필요할 때 불을 창조해 쓰고 있으면서도 인간이 상相에 치우치다보니 욕구慾求에 가리어져 까맣게 잊고 살아간다는 것입니다. 쓰고 있으면서도 모르고 그러면서도 음양의 원리를 말하며 도를 말하니 참으로 안타까운 일이 아닐 수 없습니다. 있는 것(水)을 쓰는 것하고 없는 것을 쓰는 것하고는 엄청 차이가 납니다.

제가 말하고자 하는 것은 있고 없는 것을 말하자는 것이 아니라, 태초에서부터 불이란 먼 태양에만 있는 것으로 알았는데 인간人間의 지혜智慧의 진화進化는 불기운의 나오기 전전을 알았는지라 불 자체를 만들어 쓸 수가 있으며 동시에 물기운과 불기운의 가운데中를 지켜서 만상萬相을 만들어 낼 수가 있으니 어찌 신神이 따로 존재할 수가 있겠습니까? (사람이 神이라는 말)

불가佛家에서는 부처를 근본자리로 보고 불기운火氣을 보살 또는 이理로 보고 물기운水氣을 신神 또는 기氣로 말하는데, 불火은 이발理發로 필요할 때만 만들어 쓰는 것이 내 마음이라 다시 말하면 나를 떠나서는 불火이 없다는 것입니다.

인간의 마음인 양면성兩面性 중에서도 이理에 해당한 불기운火氣을 마음대로 만들어서 쓸 수가 있고 끌(消) 수가 있다는 것은 태양의 기운을 마음대로 만들고 쓰고 있는 것이라 사람은 태어날 때 물水의 이치理致를 깨닫지 못하였다 할지라도 이미 절반이상의 도道를 완성完成한 것으로 보아야 됩니다.

그래서 불火의 어머니는 사람의 마음이라고 본인本人은 말합니다. 맹수들이 사람을 무서워하는 것은 힘力에 있는 것이 아니라 불을 만들어 쓸 수 있는 지혜의 능력을 가진 것을 알기 때문인데, 다시 말해 맹수들이 불을 제일 무서워하기 때문입니다.

옛 성현들께서 인간人間에 대해 천명지위성天命之爲性을 말하며 만물의 영장(萬物의 靈長)이라는 말씀은 이것을 두고 하는 말입니다.

3. 화수理氣의 조화調和

옛 성현들께서 말씀하시기를 성性을 밝히는 것이 도道요, 도를 밝히는 것이 덕德이요, 덕을 밝히는 것이 교教라고 하셨습니다. 이것은 이기론理氣論을 구체화해서 설명한 것으로 이해가 됩니다.

음양의 원리를 말할 때 조화調和라고 말하는데, 제가 보기에는 그렇게 생각되지 않습니다. 설명說明하기가 어려워서 어쩔 수 없이 조화를 말하지만 물과 불은 완전히 상극相剋 일뿐만 아니라 태어나는 방식方式과 용처用處가 다르며 모양과 색깔이 다른지라 일반적으로 개체와 개체의 만남으로 이해하기 쉬우나, 완전히 하나이면서 둘입니다. 상호보완적相互補完的인 관계를 가지고 있는지라 화火가 없이 수水가 생길 수 없으며 수水가 없이 화火가 생길 수가 없기 때문입니다. 조화를 하려해서 조화가 아니라 어쩔 수 없이 그 길 밖에는 도리道理가 없으니 하는 수 없이 조화調和를 말합니다.

물은 산소와 수소의 결합체라고 말하고 불은 산소(空氣)없이는 타지를 않습니다. 그래서 공기는 물과 불의 매개체라고 말합니다. 사람의 생명이 위독할 때

맑은 공기(酸素)를 병원에서 공급하는 것이 그 이유의 하나입니다. 사람이 산다는 것은 그래서 물하고 공기를 먹고 살아간다고 말합니다.

사람이 수도修道를 해서 마음이 텅 비어지게 되면 맑은 공기와 일체가 되어 진공묘유眞空妙有를 이룬다고 합니다. 공기空氣란 불에도 물에도 사람에게도 일체가 될 수 있는 매개체가 되기 때문이지요.

그 뿐만 아니라 천지만물天地萬物이 이것 없이는 태어나고 이루어 질 수가 없고, 우주宇宙뿐만이 아니라 허공虛空이 생기기 전부터 공기空氣는 이미 있었다고 말합니다. 그렇다면 공기는 불火이 나오기 전前인지라 태양지모太陽之母가 되고 물水이 나오기 전前인지라 지구지모地球之母가 아닐까요? 불가에서 유독 무상無相을 주장하는 것이 바로 그 뜻인가 생각됩니다.

예를 들어서 태풍이 생기는 원인을 말해볼까 합니다.

태풍이 일어나는 곳은 태평양바다 적도근해에서 일어나는데, 비가 올 듯이 먹구름이 하늘을 가리고 한군데만 뚫려서 여름 햇살이 따갑게 내리쪼이게 되면, 공기가 뜨거워져서 상승기류를 타고 물기운이 수축과 팽창에 의해서 돌아가는데, 그 결과 물기둥이 생겨서 폭풍우를 동반하고 바다는 밑으로 500Km의 구멍이 뚫린다고 하며, 북쪽으로 올라간다고 합니다.

이것은 농부가 봄이 되면 밭갈이를 하는 것과 같이 바닷물을 뒤집는지라 물 속의 생태계가 새로워지며 남극의 프랑크톤이 딸려와서 먹이사슬의 풍요로움을 가져온다고 말합니다. 그런데 이 태풍들은 거의가 일본열도에서 세력이 약화되어 많은 비를 뿌리고 없어진다고 하는데, 우리나라만은 대부분 그 영향권에서 벗어납니다.

과학자들의 말에 의하면 나무 한 그루에서 생산되는 산소酸素는 7명이 하루에 먹을 수 있는 것을 생산하며, 잡초雜草 한 평에서 나오는 산소는 한 사람 당 1일에 해당하는 양이라고 합니다. 그런데 우리나라는 자동차의 배기가스로 인해 초목草木이 죽어 감은 물론 기류氣流의 상승과 산소부족으로 비구름과 화합和合되어 잡아당기는 힘이 약한지라 일본이 그 덕을 보고있는 것으로 사료됩니다.

사람의 생사生死란 숨 한번 쉬고 다시 쉬지 못하는 것이라고 말한다면, 나의 생명生命이란 호흡지간에 달려있는 것은 아닐까요? 이것을 이기理氣의 조화調和라고 나는 말합니다.

질문 : 선생님의 수필을 읽고 많은 감명을 받았습니다. 그러나 선생님께서는 음양의 원리를 말할 때 사람은 여자女子까지 합 드려서 양陽으로 본다고 말씀하셨는데 그 이유를 설명해 주시고, 아울러 이기理氣에 대한 조화調和를 좀 더 구체적으로 설명해 주시기 바랍니다.(강릉에 무착거사無着居士)

불과 물을 자유자재로 쓰는 것은 오히려 남자보다도 여자가 더 많이 쓰고 있는 것으로 압니다. 한국사람들의 가정에서는 밥을 짓는 것만은 여자가 하는 것으로 당연시 되어왔으며, 남자들은 밖에 나가 돈을 벌어오는 기계인 것으로 알고 살아온 것이 작금의 현실인데, 도道를 설명하려면 음양오행陰陽五行을 말하게 되는데 설명할 내용이 여자가 밥을 짓는 것과 거의 같다는 것입니다.

밥을 지으려면 우선 쌀을 씻어서 솥에다 넣고 물을 적당히 넣은 다음에 불을 지피게 되는데, 솥에서 수증기가 나오고 밥이 끓게 되면 불기운을 줄여서 뜸을 드리게 되고 쌀은 변해서 밥이 됩니다. 이것은 알고 보면 천지기운인 물기운과 불기운을 이용한 것인데, 여자라 할지라도 이를 자유자재로 쓸 수 있다는 것은 인간 모두가 태양지모太陽之母와 지구지모地球之母가 될 수 있는 마음이라고 하는 지知 전의 혜慧를 갖추고 있기 때문입니다. (智慧로 음양의 원리를 써서 새로운 물질을 창출하니 남녀 분별할 필요가 없다는 것)

　지수화풍地水火風의 조화로 많은 생명체와 물질이 성주괴공成住壞空을 이루어도 정해져 있는 공식대로 돌아갈 수밖에 없는 것이 자연 그 자체의 작용인지라 여기에는 심心의 작용이란 있을 수가 없는 반면에, 설사 사대四大를 따로따로 분리를 해서 보더라도 심心의 조작에 의해서 여자女子라 할지라도 이들을 자유자제自由自制로 쓸 수가 있으니 태양신이나 용왕신의 승낙을 받아서 쓰는 것은 아니라는 것입니다. (쓰지 못하게 할 수 있는 능력이 없다는 뜻)

　다시말해 음양의 원리陰陽原理란 물기운과 불기운한데 지배를 당하는 것이 아니라 사람의 마음의 조작造作에 의해서 자유롭게 쓰고 있는지라 쓰고있는 사람이 주인主人이지 어찌 하나님 부처님 태양신 용왕신 등등 기타 신神이 따로 있겠습니까?

　혜慧란 알기 전前의 미발지중未發之中을 말하는지라 아는 것이 아니라는 것입니다. 여기에서 제가 말하는 음양의 원리란 (허공+우주)=음陰으로 보고, 사람(男+女)의 마음을 양(陽)이라고 말합니다. (佛性을 말함)

　사회 통념상 알려져 있는 음양설이란 도를 떠나서 여자가 자식을 낳을 때만 음陰으로 봅니다. 여자女子라고 해서 도道공부를 해서 보살菩薩이 되고 부처는 되지 말라는 법法이 어디에 있습니까?

　다시 말해서 참된 진리眞理에는 여자와 남자가 따로 있을 수가 없다는 것입니다. 진리란 음양의 원리가 나오기 전前을 말하기 때문입니다.

이기理氣를 말할 때 육신肉身의 구성을 말하지 않을 수가 없습니다.

① 폐肺의 작용은 선천기先天氣를 호흡하고 ② 심장心腸은 후천기後天氣를 순환시켜서 기氣의 조화調和로 변화된 에너지를 육신에 공급하며, 몸의 내부와 외부에 혈맥血脈이 지나간 곳에는 반드시 신경神經줄이 따라 붙어서 감시를 하니, 나의 육신을 적은 안목으로 보았을 때도 신경줄은 양陽이요 혈맥은 음陰인지라 음양의 조화가 아니라고 할 수는 없습니다.

그뿐만 아니라 내가 쓰고있는 사대색신四大色身을 보십시오. ① 마음의 창구인 눈目도 둘이요 ② 소리를 듣는 귀도 둘이요 ③ 콧구멍도 둘이요 ④ 입口은 하나이지만, 첫째 입이 둘이면 두 가지 말을 해서 거짓말을 하게되고 둘째 음식을 먹으면 배설을 하게되니 아래위로 갖추어져 있으니 결코 하나가 아니며 ⑤ 손도 둘 ⑥ 발도 둘로 되어 있으며, 내부의 세포細胞와 체내에 살고있는 모든 생명체生命體들도 하나이면서 둘로 결합되어 음양의 원리로 이루어졌다는 것입니다.

이런 말은 세 살 먹은 어린아이들도 다 잘 알고 있는 사실인데 왜 잠꼬대 같은 소리를 하고 있느냐고 생각하시는 분이 계실지 모르나, 여기에는 그럴만한 이유理由가 있습니다.

음양의 원리를 크게 나누면 상相 대 비상非相의 차이요, 작게 나누면 강약强弱과 동정動靜의 차이라고 하겠습니다.

상相은 비상非相에서 나왔으니 하나요, 강强한 것은 약弱한데서 나왔으니 하나요, 동動은 정靜에서 나왔으니 하나인 까닭에 모체母體는 근본根本으로 보는지라 이理가 되어 양陽이라고 말하며, 강强이란 드러나고 나타남인지라 음陰이라고 말하며 상相이라고도 말합니다.

내가 나무에 못을 박을 때는 한 손만으로는 불가능하며 오른 손에 망치를 들면 왼손은 못을 쥐고 바른손을 도와줍니다.

이때 나의 마음은 이것을 감독하기 위해서 눈의 시각視覺을 조절하는데, 두 눈은 원근遠近의 차이와 색맹色盲의 차이가 있는지라 카메라의 조리개가 거리를 조정하듯이 강한 시각은 약한 눈의 시각 쪽으로 정신일도精神一到로 시각통일視覺統一을 이룬 후에 주인공主人公은 오른 팔에게 힘껏 내려치라고 명령을 합니다.

이때 왼팔에서 쥐고 있는 못이 망치에 제대로 맞지 않는 것은 ① 강한 시각의 오만으로 약한 시각과 합일合一이 안된 것이 원인이며 ② 마음이 명령할 때 망상妄相이 들어온 것이 원인이며 ③ 바깥경계의 소음으로 귀가 전한 소리에 마음이 끌려갔을 때를 말할 수가 있습니다.

그런 까닭에 약弱한 것의 모체母體는 "공空의 실체實體"와 "텅 비어있는 나의 마음"이라고 해서는 안될까요?

제가 이기론理氣論을 말할지라도 그 자체는 아닙니다. 왜냐하면 이기理氣나 음양陰陽을 말하게 되면 「나」의 자유로운 생명활동을 두 가닥으로 분별分別하고 "상相의 논리論理"로 말하게 되는데, 이렇게 되면 조용한 마음에 파도를 일으키게 되니 바람직하지 못한 것으로 압니다. 다시 말해 내 마음에는 원래 이런 것들이 없기 때문입니다.

아울러 음양의 원리란 이와 같이 "약弱한 자者가 조용히 드러나지 않았다 하더라도 강자强者는 무조건 따라가서 조화調和를 이루는 것이다"라고 말 할 수도 있는데, 오늘날의 사회현실社會現實은 과연 어떠할까요?

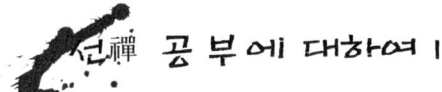 공부에 대하여 1

　선禪 공부에 대해서 공부하는 요령과 정진精進 등등 질문하시는 도반님들이 많아서 선 공부에 대한 이야기를 다음과 같이 말해볼까 합니다.

　선이라 함은 불교 쪽에서 말하는 마음(道)의 수행방법을 말합니다. 이 공부란 다른 공부하고는 전연 달라서 참으로 설명하기도 어렵고 더욱이 지도指導하기란 참으로 어렵다고 말합니다.

　종교宗敎란 믿는 대상이 있는지라 경전經典을 읽고 지도하는 사람의 말에 따라 하라는 대로 잘 믿고 따라가면 되는 것으로 아는데, 불교에서 말하는 선禪이란 배우고 익혀서 능력을 개발하는 등의 얻고 쌓는 공부가 아니라 마음을 비우고 닦는 공부를 말하며, 그래서 이것은 자기도전自己挑戰인지라 상相 대 비상非相의 자기 싸움이라고도 말합니다.

　고요한 바다에서 파도가 이는 것은 따스한 공기 때문이며, 사람의 마음에서 번뇌망상이 들끓어 지옥고地獄苦를 살아가는 것은 중생들의 삼독심三毒心이 원인인데, 무명無明한지라 이를 느끼지 못하고 살아가니 얼마나 안타까운 일이겠습니까?

그런 까닭에 선공부란 한 마디로 말해서 망상妄相을 제거하는 수련방법을 말합니다. 불가에서 흔히 말하기를 멸도滅度 적멸寂滅 고요적적 깨달음 열반涅槃 등을 말하고 있으나, 이것은 알고 보면 망상을 자기 스스로가 완전히 제거한 마음의 경지를 말하는 것으로 압니다. (自作自受)

공空의 발자취가 파도입니다. 따스한 공기의 방향은 찬 공기로 흘러가고 공空 자리로 되돌아가면 파도는 잔잔해 집니다. (제자리로 돌아가는 것을 생명운동이라고도 말함)

마음을 닦고 수련해서 망상이 제거되면 머리와 가슴에 파도치던 번뇌망상煩惱妄相은 일시에 가라앉고, 공空의 빈자리로 되돌아 온 마음으로 만상萬相을 바라볼 때 내가 거느리고 있는 중생衆生 또한 흐트러짐이 없이 제자리로 돌아와 남의 일을 간섭하지 않고 오로지 제 일만을 전념하고 있으니, 이것이 도道가 아닐까요? (빈 마음으로 삼라만상을 보면 전부가 空(佛)으로 보인다는 말)

그래서 도란 새롭게 제자리로 돌아가는 것을 말합니다. (혼란에서 벗어나고 부처와 중생이 제자리로 돌아온 것)

이런 사람의 삶이란 과거도 아니요, 미래도 아니요, 오로지 현재만을 새롭게 살아간다고 말 할 것입니다. 내가 새롭게 변하면 보살과 신장들은 철저히 믿을 것인즉 눈 귀를 포함하여 오관五管과 체내의 일체중생들은 내가 간섭을 하지 않아도 일사불란하게 자기 소임을 완성할 것이니 내가 얼마나 편하겠습니까. 내가 나를 안다는 것은 체내의 중생을 안다는 것이고, 내면의 중생을 알면 밖의 중생을 안다는 것입니다. 꿈 속에서 꿈을 모르듯이 망상에서는 망상을 알 리가 없고 오로지 망상에서 깨어나 벗어난 사람만이 망상을 아는지라, 길(道)이란 가 본 사람만이 체험體驗을 통해서 지도指導할 수 있는 것으로 압니다.

불가에서 말하는 인과因果란 믿음에서 비롯되는지라 믿지 않고서는 행동으로 옮기기가 어렵다고 말하며, 그래서 선 공부란 믿음에 의해서 행동으로 말해야 되는지라 전수傳受가 어렵다고 말합니다.

1. 평소에 선 공부하는 사람은 육바라밀(보시, 인욕, 정진, 지계, 지혜, 선정)을 닦으라고 말하며
2. 선 공부를 할 수 있나 없나 자기시험을 해 봐야 됩니다.

가. 조용한 장소에 가서 1분간에 망상(雜念)이 몇 번 들어오는지 확인해 보십시오. 염주를 가지고 망상한번 들어오는데 한 개씩 염주를 돌려서 일분간 그 양을 세어봅니다. 참고로 망상이 심한 사람은 1분에 30번, 보통은 20번, 공부하기 좋은 사람은 10-5번 정도 들어오고, 망상을 내 마음인 것으로 알고 살아가는 사람을 중생衆生이라고 말하고 벗어난 사람을 해탈解脫이라고 말합니다.

나. 천재와 둔재 사이는 따로 정해져서 태어나는 것이 아니고 1분간에 몇 번씩 망상이 드나드는지의 숫자를 가지고 말하는지라, 배를 타고 활을 쏘면 바닷물이 출렁대어 과녁을 맞추기가 어려운 것 같이 망상이 심한 사람과 적은 사람은 활을 쏠 때도 마찬가지입니다. "정신일도精神一到 하사불성何事不成"이라는 말과 같은 말입니다.

다. 선공부란 부처가 되려고 보살이 되려고 신통력을 구하지 말고 망상의 숫자만을 줄이는 쪽으로 노력을 하면 이것은 발로 차버려도 따라오고 이루어지게 마련입니다. (절대로 믿어야 됨)

라. 옛날 선사들은 살불살조殺佛殺祖 즉 "부처를 죽여라 조사를 죽여라"라고 말하고 경전은 부처님의 망상이오니 읽지 말라고 하셨습니다. 선교禪敎가 둘이 아니라고 하지만 비비상처非非相處를 가게 되면 비불비심非佛非心이라는 말이 저절로 나오게 되니 그야 당연지사로 사료되며, 제가 강조하고 싶은 것은 불교에서는 체體와 용庸을 말하고 도가道家에서는 이기理氣를 말하는지라 음양의 원

리를 말하는 것이고 이것은 이발理發 기발氣發을 동시에 할 수 있는 생생히 살아 있는 현재심現在心을 말하는지라 50% 대 50%의 성명쌍수性命雙修를 이루어서 수련을 해야 정도正道라는 것입니다. 그런 까닭에 과거 성현聖賢들 말씀이 틀리는 바는 아니라 할지라도 몸이 없어서 기발氣發이 불가능한지라 오늘날의 첨단 과학시대에는 부족과 아쉬움을 느낀다는 것입니다. 우리 육신을 보아도 가는 핏줄이 있는 곳에는 가는 신경이 따라붙고 굵은 핏줄에는 굵은 신경이 따라 붙어서 속이나 겉을 50% 대 50%로 이루어져서 조화를 이루고 있는 것이 그 증거입니다. (不二法을 말함)

마. 우리 도반님들을 제외하고 다른 도반님들 거의가 선 공부하시는 분은 이理 쪽으로 도가나 단전호흡을 하시는 분들은 기氣 쪽으로 쏠려서 양면성 중에서 반 토막 공부를 하는지라 아는 소리를 하고 병을 고친다고 하며 예언을 식은 죽 먹듯이 함은 물론 도장道場까지 만들어서 지도한다고 하니, 참으로 안타까운 일이 아닐 수 없습니다. 병 고치는 것은 전문의사가 따로 있으며, 내 마음이 변하면 천상천하가 새롭게 변합니다. (내가 나를 이긴 자를 말함)

3. 생사도 전법

가. 사람의 몸은 관념觀念에서 살아온지라 욕구慾求로 길들여져서 편한 것을 즐기며 밤에는 육신衆生 전체가 편하게 쉬려고만 하니 잠을 재우지 말고 몇 일을 버티며 이때 망상이 몇 번 일어나는지를 확인해 보십시오.

나. 숨을 끊는 훈련을 해서 1분 30초~2분 때가 되거든 이때는 망상이 몇 번이나 들어오는지 확인해 보십시오. (염주를 돌려가며 망상회수를 세어 볼 것이며, 망상이 나오는 當處를 찾아볼 것)

다. 잠도 자지 않고 숨을 끊을 때는 망상이 몇 번 들어오는지를 확인해 보십시오.

라. 숨을 들여 마실 때에는 배를 진공으로 당기고 숨을 내뱉을 때는 단전으로 기氣를 보내는 복식호흡을 길게 하면 망상이 얼마나 들어오는지 확인해 보십

시오.

마. 이것은 망상을 죽이는 방법인지라 생사도전生死挑戰이라고 말하며 자기 멸도의 방법이라고도 말합니다.

바. 내가 크게 죽으면 영원히 크게 살고, 적게 죽으면 적게 짧게 산다고 말합니다.

이것을 단시일 내에 하다보면 생사生死와 상相과 비상非相이 마음에서 드러납니다. 이 여러 가지 방법 중에서 어느 것이 자기의 취향과 적성에 맞는지를 선택해서 망상 줄이는 것을 목표로 삼아서 체험을 해 보시기 바랍니다.

마음은 숨을 들이마시고 내뱉는 사이에서 살려고 하고 육신은 잠자고 잠 안 자는 사이에서 살려고 하는 것이 드러납니다. 망상을 멸滅한다는 것은 나를 내가 죽인다는 말이고 이것이 이루어지면 천상천하天上天下를 얻는 자가 됩니다.

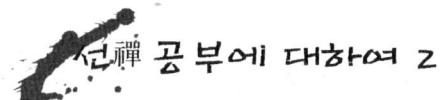

선禪 공부에 대하여 2

　서울에 계신 임 거사님은 20년 도반이온데 드릴 선물이 마땅치 않아서 별지 "선공부에 대하여"라는 세미나 자료를 드린 것인데, 이분은 이 글을 열 번이나 읽었다고 합니다.

　나를 다시 찾아와서 하시는 말이, "글의 내용 중에서 육바라밀을 닦으라고 하는 부분을 읽는 순간 옛날에 선생님께서 저에게 하신 말씀이 번갯불처럼 머리에 스쳤고 그 당시 선생님께서는 선善도 하지말고 정正도 하지 말라고 말씀 하셨는데 어찌하여 이 글에서는 육바라밀을 닦으라고 하셨습니까?"라는 질문입니다.

　거사居士님의 안색은 긴장되어 있었고 말과 기풍은 참으로 당당합니다. 내가 준 글을 읽고 있는 순간에 육바라밀 이라는 대목에 가서 선善이라는 화두話頭가 튀어나와 임 거사님의 본성本性이 드러난 것으로 본인은 생각합니다.

　그렇다면 본인은 무엇이라고 대답을 해야 할까요? 황홀경을 만난 기쁨은 잠시이고, 긴장을 하다 보니 이마와 등골에 식은땀이 흐르는 느낌이었습니다. 설사 임 거사님께서 공부를 많이 하셔서 제일 관문을 뚫었다고 해도 이것은 시작이요 공부의 입문이기에, 저의 말 한마디가 안주安住와 재도전再挑戰의 갈림길에 서있는 순간으로 본인은 생각하였기 때문입니다.

망상이란 본래의 청정심淸淨心을 혼란으로 유도하고 삼독심三毒心을 만들어내는 씨앗이기 때문에 마음을 가라앉혀야 되는데, 마음의 양극兩極이 폭발하면 망상妄相은 사라지고 가슴과 머릿속은 텅 비어있는 것으로 느껴져, 자칫하면 부화뇌동附和雷同하기가 쉽다는 것입니다.

그래서 저는 아무 말도 못하고 머뭇거리고 있다가 하는 수 없이 말꼬리를 내리기 시작했습니다.

"불가에서 조사님들께서 선 공부를 지도하시는데 의례 육바라밀을 닦으라고 했다는 것은 천하가 다 알고 있는 사실인데 유독 공부를 많이 하신 임 거사님께서 왜냐고 물으시니 오히려 제가 이해가 안됩니다. 육바라밀 중에서 보시를 제일로 치는데 거사님은 보시를 어떻게 보십니까?" 라고 되물었고, 이에 대해 임 거사님은 "남한테 물심양면으로 베푸는 것을 보시라고 생각합니다."라고 답합니다.

그러나 내가 크게 죽어서 (내가 나를 초월하면…… 이긴자) 무심無心만을 이루어도 그런 사람은 대상이 없어서 절대인지라 천지만물에 보시를 하여도 내가 없으니 알고 보면 내가 나한테 보시하는 것이 되어 따로 할 필요를 느끼지 않으며 "유심有心을 떠난지라 무위無爲로 돌아갈 따름이다"라고 말할 것입니다. 보시를 불교논리로 설명한다면 넓게 무변법계無邊法界에 흩트려서 제자리로 돌아가도록 하라는 말입니다. (원인을 만들지 말라는 말)

예를 들어 육근(眼 耳 鼻 舌 身 意)이 바깥(外界)경계에 접하거든 끌려가지도 말고 주인공한테 보고하지도 말고 그 즉시에 털어 버려서 망상의 원인을 만들지 말라는 말입니다.

다시 말하면, 눈의 시각이란 빛이 있을 때만이 한정 되어있는 표면만을 보고 전체를 보았다고 하니 어찌 속을 볼 수가 있으며 더욱이 원인은 보이지 않는 곳에 있는데 공空의 실상을 어찌 볼 수 있으리요. 진리眞理의 눈은 눈의 시각이 정지되고 제자리로 돌아와 타의 간섭이 멈출 때만 뜬다고 합니다. 그래서 눈이란 눈을 뜨고도 보지를 못하는지라 봉사라고 말해야 되니 어찌 믿고 살리요?

소리란 물질이나 에너지가 충돌해서 일어나는 공기의 진동소리를 말하는지라 공기가 없으면 소리가 나지 않습니다. 아무리 많은 소리라 할지라도 하나의 공기진동소리이며, 우주의 실상은 유무有無로 하나인데도 육근六根을 분별하는데 쓰고 있으니 진리를 버리면서도 진리를 찾는다고 합니다. 바람에는 소리가 없는데도 바람소리라고 말하는데 사실 나뭇잎소리 문풍지소리 파도소리라고 말해야 됩니다.(고정관념을 말함) 이와 같이 귀가 고장이 나 있는 것을 모르고 살아갑니다. 새소리 개소리 소소리는 큰 안목으로 보면 하나의 소리에 지나지 않는데 귀가 따로 들어서 어디에다 쓴단 말이요?

혀舌는 말을 해서 자기의사自己意思를 타인에게 전달하는 수단인 것으로 알고 사람은 혀를 쓰고 있습니다. 그러나 알고 보면 마음의 당처當處에는 뜻이 없으니 말이 있을 수가 없고 말이 끊어진 자리인지라 천년만년 세월이 흘러가도 변함이 없어 진리眞理라고 하는데, 따라서 말이 나오면 전부가 거짓일 뿐이니 이것(舌)은 알고 보면 업業을 짓는데 만 쓰여지는지라 자멸自滅의 도구로 쓰고 있으면서도 이를 느끼지 못하고 내 말이 옳다고만 합니다.

당초에 혀는 우주공간의 상相과 비상非相에 대한 일체의 맛味을 알고 전체를 다스리라는 것인데, 혀를 구미口味에 맞게만 길들여서 삼독심三毒心에 쓰이다보니 술과 담배 등으로 육신肉身을 망치고 있으면서도 느끼지를 못하고 살아가니 어찌 사람을 보고 중생衆生이라고 아니할 수가 있겠습니까?

이와 같이 저는 육바라밀을 설명하고 있는데, 임 거사께서 갑자기 하시는 말이 "선생님은 말씀이 아니라 진리 자체를 저에게 드러내어 보여주고 있는 것입니다. 제가 잘못했으니 용서하십시오."라며 말을 더 이상 못하게 합니다.

진리의 마음이란 제자리의 당처當處에서 발發하면서도 발하지 않은 상태로 고요히 머무르고 있을 때를 말하는지라, 제가 지금까지 말한 것도 입口을 통해서 혀舌로 상相을 내었으니 업業을 지은 거짓일 뿐이라 양심良心상 천번만번 반성을 하고 참회할 뿐입니다. 그러나 입으로 상을 내어 업을 짓고 제가 무관지옥에 떨어진다 할지라도 선 공부하시는 도반님들의 공부에 도움만 된다면 계속할 것을 다짐해 봅니다.

이와 같이 선 공부에는 반드시 도반道伴이 필요한 것으로 압니다. 공부를 하다보면 때때로 막히는 수가 있고, 실증도 나며, 마음의 경계境界가 새롭게 변할 때도 있는 것으로 아는데, 이때 자기가 자기점검을 하는 것은 불가능한지라 탁마琢磨를 위해서라도 도반은 꼭 필요하다고 하니 참고하시기 바랍니다.

의식意識과 사고思考에 대하여

질문 : 의식意識과 사고思考에 대해서 말씀해 주시기 바랍니다. (울산 최 거사)

의식意識이라 함은 육신의 오관작동五管作動이 잘 이루어져서 감각기관感覺器官에 이상異常이 있고 없는 것을 말하는지라 육신肉身의 전체적인 생명활동生命活動을 말하는 것으로 압니다. 사고思考라 함은 마음씀의 용庸을 말하는지라 마음을 어떻게 쓰느냐의 방식方式을 말하는 것으로 압니다.

1. 의식意識

의식을 말할 때는 선천기운先天氣運과 후천기운後天氣運을 말하게 되는데, 제가 어머니 배속에서 살아갈 때는 후천기운으로 살아가다가 태어날 때 "아" 하고 고고성을 지르게 되는데 이때 선천기운(空氣)이 들어와서 후천기운과 조화調和를 이루고 심장과 허파의 작동이 시작될 때 의식意識이 생기는 것으로 압니다.

옛날 도인道人들 말씀에 의하면, 공부를 많이 하신 영혼靈魂은 자기 선택에 의해 수태할 때 육신 속으로 들어간다고 하나 보통사람들은 거의가 태어날 때 영혼이 들어간다고 하며, 그런 까닭에 보통사람들은 어머니 배속에 태아로 있을 때는 살아 움직인다 하더라도 숨을 쉴 수가 없는지라 선천기운先天氣運이 들어갈 수가 없고 그래서 무의식無意識으로 살아간다고 합니다.

　왜 이런 말을 하는고 하니, 인간의 생명이란 숨(息)에 달려 있는 것으로 아는데 의식意識도 숨에 달려 있는지라 숨이 끊어지면 의식이 없다고 하며, 의식이 없으면 죽음(死)으로 사람들은 알기 때문입니다. 선천기운(空氣)을 호흡할 때만 의식이 있는지라 옛날 도인들 중에서도 공기와 의식을 지혜智慧 또는 영혼靈魂으로 보시는 분들이 많았다는 것을 아셔야 됩니다.

　다시 말해 선천기도 공空이요 사람의 마음도 공空인지라 죽은 자는 육신이 없다하여 영혼을 말하는데, 그런 까닭에 선천기의 공과 영혼靈魂의 공이 둘이 아닌지라 다를 바가 없다고 말합니다. 그렇다면 살아있는 사람의 마음도 공空인데 어찌 삼위일체三位一體가 아니라고 말할 수가 있을까요? (마음/主＝공기/火＝영혼/水…氣)

　그러나 절대성絶對性에서 보면 내가 없는지라 의식意識의 여부를 분별할 필요가 없다고 하겠으나, 재삼 강조해 둘 것은 ① 종말終末은 새로운 시작始作이요 ② 공무空無는 충만充滿이라는 논리論理를 바닥에 깔고 말하는 것이니 이해 있으시기 바랍니다.

　결론적으로 의식意識이라 함은, 일반적으로 거미가 제 몸에서 실을 내어 거미줄을 펴놓고 먹이를 기다리듯이 내 몸에서 84,000가닥의 번뇌망상을 내어 얻기 위해서 마음을 열어놓고 오관작동을 대기하고 있는 것을 말하는데, 이것은 안(內)을 바라보는 의식이 밖(外)을 보는 의식으로 길들여졌기 때문에 일어난 현상으로 "참된 의식"은 못됩니다. 그래서 도道 쪽에서는 오히려 무의식無意識이 옳다고 말할 것입니다. (意識은 相이요 無意識은 全體이기 때문)

2. 사고思考

사고思考라 함은 마음을 어떻게 쓰느냐 인 "마음의 용庸"을 말하는 것으로 압니다. 다시 말해 의식意識은 바탕이요 사고思考는 용庸인지라 가슴과 머리의 차이라고 하겠습니다.

사고思考란 한 생각이 일어나서 작동이 걸리는지라, 비상심非相心에서 보면 얻는 쪽으로 망심妄心을 내는지라 옳지 않다고 말하며, 중생심衆生心에서 볼 때는 황하사의 모래알이 같은 것이란 하나도 없듯이 욕계慾界에서 발發하는 중생심의 사고思考란 그 자체가 망상妄相인지라 같은 사람은 한사람도 없다고 말하며 한 생각이 일어나는 사고思考란 전생前生서 금생今生에 이르기까지 마음이 단편적으로 길들여져서 쓰인 결과를 머릿속 기억장치에 쌓아둔 지나간 잠재의식潛在意識에서 일어나는지라 새로운 것이란 하나도 없다고 말합니다. (無心은 새로운 것이며 全體인지라 옳다고 말함)

그래서 선사禪師님들은 말씀하시길 "일어나는 마음에 짝하지 마라 무심無心하면 영원토록 내 마음 편안하리라."라고 수자修者들에게 외치십니다. 다시 말해 자기가 자기사고自己思考에 속는 것을 중생衆生이라고 말하고 자기가 자기(思考)한테 속지 않는 것을 도인道人이라고 말합니다.

그리고 어느 심리학자는 "사고思考가 멈추어질 때 새로운 아이디어가 나온다"라고 말했는데 이는 번뇌망상煩惱妄相이 사라지면 도道를 이룬다는 말과 같은 것으로 알며, 사고思考로 인한 잘못된 고정관념固定觀念을 바로 잡는 것을 선禪공부니 도道공부니 하는 것으로 압니다.

의식意識이 변하면 사고思考가 변하고, 사고가 변하면 운명運命이 바뀝니다.

회향廻向에 대하여

질문 : 우리 불자들이 흔히 쓰는 말 중에 하나인 회향廻向이라는 말은 ① 일반적으로 불교행사나 또는 염불이나 기도날짜가 끝나는 날을 말하며, ② 또 하나는 인생을 살아감에 있어 "잘한 일이나 못한 일을 마음속에 담아두지 말고 부처님께로 돌리고 마음을 비워라"는 뜻으로 쓰여지는 말로 알고 있는데, 이 말의 해석이 옳은 것인지 선생님께서 아시는 대로 설명해 주시기 바랍니다.

(김 보살 광주)

불교의 참뜻이란 마음을 먹고 마음을 씀에 달려있는 것이지 글자나 문구의 해석에 달려있는 것이 아니라고 봅니다. (相과 非相이 둘이 아니라는 말) 왜냐하면 남이야 부처를 보고 똥 막대기라고 말하든 지나가는 개가 불성佛性이 있고 없든 내 마음에 상相을 여의고 여여부동심如如不動心을 이루어서 무심無心으로 내 마음 편하면 더 이상 바랄 것이 없는데 낱말의 뜻이야 어떠하든 무슨 상관이 있느냐 하는 것입니다. 그러나 불교를 바로 알고 마음공부에 회향廻向이라는 말이 중요한 대목이라는 것을 알기 때문에, 이것을 말해볼까 합니다.

죽을병이 들어 견디기가 어려워서 세 번씩이나 타계를 결심했으나 죽어지지는 않고 오히려 몸과 마음이 새로워져서 다시 새롭게 태어난 기분인데, 저는 이 체험體驗을 바탕으로 말해 볼까 합니다.

불가에서 삼위일체三位一體를 말할 때 불법승佛法僧 또는 "불＋법＋법신＝사람의 육신"이라고 표현합니다.(道家에서는 精氣神을 말함) 이와 같이 사람의 육신肉身을 살아있는 삼층三層집이라고 말하며 살아있는 소우주小宇宙라고도 말합니다.(自然이 아님) 그런 까닭에 주인공(마음)이 나를 안다는 것은 내 몸 속에 지니고있는 일체중생(세포, 바이러스, 곰팡이, 미생물, 세균 등등)이 무엇을 하고 살고있으며 주인공의 역할은 무엇인지를 속속들이 통달通達하고 각자 평화공존平和共存과 절대자유絕對自由를 누리고 살고 있는지를 아는 것입니다. 그리고 오장육부五臟六腑에서 만들어지는 에너지는 혈맥과 신경에 의해서 전달되고 한 생각에 의해서 운전運轉되어 집니다.

그래서 중생제도衆生濟度라 함은 나의 중생제도를 말하는 것이지 외부의 중생을 말하는 것은 아닌데, 우리 불자님들은 상대적인 외부의 중생들만 바라보고 살며 나의 중생은 포기해 버리고도 나를 찾는다고 말하는데, 이것이 오늘날 불교佛敎의 잘못된 현실이기도 합니다. 그런 까닭에 주객主客이 전도顚倒되어 부처자리를 중생에게 넘겨버리고 중생을 부처로 알고 살아가는지라 이것을 전도망상顚倒妄相이라고 말하며 세상을 거꾸로 살아간다고 말합니다.

회향廻向이라 함은 내 마음에서 삼위일체를 이루기 위하여 바깥으로 향해서 쓰여지든 마음을 안(內)으로 돌려서 내관내조(內觀內照)하라는 말입니다. 다시 말해서 내 마음이 주인 없는 야생마 모양으로 바깥경계에 끌려서 미쳐 날뛰지 말고 조용히 가라앉혀서 부처와 중생이 제 자리로 돌아가라는 말입니다. 이것을 선禪 또는 불교공부라고 본인은 말합니다.

참 마음이란 하도 밝아서 삼세三世를 꽤 뚫어 본다고 말하고, 빛이 나오기 전

前 소식인지라 눈이 보는 시각視覺은 아니며 빛이 없는 빛이라고나 할까요? 근대과학近代科學의 발달은 레이저 광선을 만들어서 야간에도 전투가 가능한 것으로 아는데, 레이저 광선을 만들어 쓸 수 있는 것은 신神이 아니라 이발理發 기발氣發이 마음을 통해서 발發할 수 있는 살아있는 사람이기에, 사람이 빛의 어머니라고 말할 수가 있습니다.

우리 공부하는 사람들은 자성불自成佛을 아는지라 밖으로 부처를 구하지 않는 까닭에 설사 보살님들이 "부처님께 회향한다"는 말을 쓰실 지라도 옳다고 생각지는 않는데, 이는 공부하시는 분들로서는 앞뒤가 안 맞는 것으로 생각하기 때문입니다. 명상名相은 실체가 아니며 하나님 부처님 신장님 조상님 영혼들까지도 육신肉身이 없는지라 회향을 하여도 받아들일 수가 없고 도와 줄 수도 없고 해害칠 수도 없는데, 영혼과 사람의 마음이 둘이 아닌지라 사람의 마음을 통해서만 가능합니다.

그런 까닭에 알고 보면 회향이란 보리菩提를 말하는 것이며 이것을 증득證得하게 되면 회광반조廻光返照가 이루어져서 비로소 외부세계外部世界의 제도가 가능하다고 말합니다. 내가 나의 운전기법運轉技法을 알면 타에 전해지는 것은 절대적으로 가능可能하기 때문입니다.

불교가 다른 종교와 다른 것은 "상구보리上求菩提하고 하화중생下化衆生하라"는 말인데, 이것은 "먼저 나를 알고 나서 남을 제도하라"는 말이고, 한 걸음 더 나아가서 이것은 불이법不二法이요 무상법無相法이요 무심법無心法이요 무위법無爲法인지라 "나 하나 변하면 천상천하가 변한다"는 말입니다. 도道를 말할 때 통通자를 쓰는 것은 마음이 바르게 변하면 나에 속한 중생들 일체一體하고 통한다는 말인데, 즉 기능機能과 능력能力을 알고 대화對話가 된다는 말입니다.

물질문화物質文化의 발달은 최고의 정보화情報化시대로 이어지는데 오늘날의 정신문화精神文化의 발달은 도반道伴의 올바른 지도指導와 정보情報가 흘러나와야 우리 후학後學들도 공부가 잘 될 것으로 압니다. 그리고 또 상相을 내어 마군魔軍노릇하게된 허물을 용서바라며, 도반님들의 옳으신 지도와 정보 있으시기 바랍니다.

유식대승론 唯識大乘論에 대하여

불교를 소승小乘 대승大乘으로 나누어 말하고 있는데, 비록 내용이 틀리는바가 아니라고 하지만 불자들의 수행과정修行課程에서는 상당한 차이가 있는 것으로 압니다. 왜냐하면 소승이라 함은 부처님 말씀을 경전經典과 사람을 통해서 배워서 아는지라 지식知識을 기억 속에 쌓는 것이 되고, 대승이라 함은 부처님 마음을 수행차원에서 증득證得을 해야되는지라 이것을 부처되는 공부라고 말하며 참선법參禪法이라고 말합니다.

소승불교는 경전을 외우고 염불을 하며 스승의 가르침을 들어야되는지라 머릿속에 기억을 해야되고, 더욱이 현대의 첨단과학시대에 맞추어 슬기롭게 따라 갈려면 보다 많은 정보를 머릿속에 쌓아 놓아야만 필요할 때 쓸 수가 있는지라 머릿속이 비어질 사이가 없어 마음 속은 항시 "초조와 불안 공포 저주 시기 질투 도전 반항" 등으로 가슴이 답답한 지옥고地獄苦를 살아가기에 이것을 번뇌망상煩惱妄相의 원인이라고 말하며 중생의 삶의 모습이라고도 하는데, 그래서 교教 쪽으로 말하는 소승불교로서는 이것을 극복하기가 거의 불가능하다고 말합니다.

중생심이란 한 생각 일어나서 알고 작동되는지라 마음에서 발發하면 새로운 것이란 있을 수가 없고 지나간 과거사過去事만 나오는지라 중생심이란 모두가 과거심過去心이라고 말하며, 따라서 현재심現在心이 새로워져야 현재現在를 바르게 살아갈 수가 있습니다.

재삼 말하거니와 한 생각 일어나는 것은 머리 속 기억장치에 차곡차곡 쌓아둔 잠재의식潛在意識에서 일어나는지라 공부하는 사람들이 한결같이 의식세계意識世界를 싫어하는 것은 번뇌망상을 만들어내는 근원인 것을 알기 때문이며, 때로는 육근(眼耳鼻舌身意)의 원인으로도 생각할 수가 있으나 이것은 현재의 중생심이 주범主犯이고 전자는 전생에서 금생에 이르기까지의 망심조작妄心造作이 주범인 것으로 압니다.

의식意識이라 함은 중생심에서 쓰고있는 망심妄心을 말하며 그런 까닭에 삼계三界가 여기에서 태어났다고 말하며 「나」라는 대상을 면치 못하는지라 절대가 될 수 없는 상대성 고정관념을 말합니다. 수자修者가 도를 이루기 위해서 가장 싫어하고 멀리하여 이것을 끊으려고 고행苦行을 하고, 연비를 하고, 생식기까지도 절단하는 것을 보았습니다. 이것을 감내하는데 얼마나 어려우면 육근六根을 육적六賊이라고 불경에 썼을까요?

그러나 1,300년 전 원효대사께서는 유식대승론唯識大乘論을 말씀하셨는데, 이 말씀은 의식세계를 번뇌망상으로 보지말고 참된 진법眞法으로 보라는 말과 같은 말입니다. (識은 알음알이를 말하는지라 이것을 초월하면 般若와 唯識이 둘이 아니라는 말)

과거나 현재의 어느 종단宗團이나 도서道書 경전經典을 보아도 한결같이 악惡은 하지말고 선善을 하라고 가르쳤습니다. 그렇다면 악은 무엇이기에 해서는 안되며, 반대로 선은 무엇이기에 받들고 권장하는 것일까요? (不二法에 맞지 않

는다는 말)

금강경金剛經에 이르기를 "약견제상비상若見諸相非相이면 즉견여래卽見如來"라는 글이 있는데, 만약에 바깥경계에 표출된 대상물을 볼 때 실체實體가 없는 무상無相으로 볼 수가 있다면 이것은 부처를 본 것과 다를 바가 없는 것이라는 말입니다.

전국에 수많은 수자修者들을 만나 보았으나 한결같이 부처가 되기 위해서 공부한다고 말하며, 그분들은 다 같이 육신과 마음이 건강하지 못하고 병고病苦에 시달리고 있는 것을 많이 보았습니다. 도대체 부처가 무엇이기에 일생을 바쳐가며 부처를 찾고 고생을 한단 말입니까? 부처가 부처를 찾는 것은 오른손이 왼손을 잃은 줄 알고 있는 것을 모르고 찾고 있으니 얼마나 안타까운 일입니까? 다시 말해서 엄마가 업고있는 아기를 3년 동안 찾고 있다는 말과 같은 말입니다.

부처님 말씀은 "상相을 비상非相으로 보면 깨달음이다"라고 하셨는데, 원효대사께서는 "상相을 상相인 줄을 알고 제대로 옳게 볼 수 만 있어도 이것이 곧 깨달음이다"라는 뜻이 그 속에 숨어있는 것으로 압니다.(唯識大乘論)

마음이란 음양의 원리에 의해 양면성兩面性으로 이루어져 있는지라 하나이면서 둘이고 둘이면서 하나인데, 부처를 찾으면 중생은 버린 것이 되어 이러한 단편성單編性을 가지고서는 "둘이 합쳐있음(太極)"의 이해와 "합치기 전의 소식(眞面目)"을 마음에 드러내기란 절대로 불가능하기 때문입니다. 눈이 빛이 없는 빛을 보는 눈은 밝은 빛을 보는 눈이며, 귀가 소리 없는 소리를 들을 줄 아는 귀는 큰소리를 들을 줄 아는 귀인지라, 눈은 보기 전을 보고 귀는 소리 전 소식을 듣는다고 말합니다.

원효대사가 식識을 대승大乘으로 본 것은, 주인공主人公이 번뇌망상煩惱妄相을 중생심衆生心을 부처로 알고 지극정성으로 받들고 모시라는 말인데, 그렇게 되면 체내의 중생들이 마음의 빛으로 눈을 뜨게되니 마음과 육신이 화합和合하여 하나가 되고 이것이 곧 현재심의 천지개벽天地開闢이 아니겠습니까? (攝心內照하면 佛光常明이라는 말)

그래서 도심道心이란 과거도 아니요 미래도 아니요 오로지 새로워진 현재심現在心을 말합니다. 현재現在를 안다는 것은 나의 육신과 마음이 운전되어지는 실상實相을 안다는 것인데, 내가 나를 알지 못하고서는 남을 알 리가 없고, 이것은 내가 살아서 이발(先天氣) 기발(後天氣)의 조화調和가 잘 이루어질 때만이 옳은 삶이라고 하겠습니다.

이 글이 나오게 된 것은 2월 15일 "울타리 없는 모임"에서 박 종호朴種浩씨의 강론 중 원효대사元曉大師의 유식대승론唯識大乘論에 대한 말씀을 듣고 가슴에 와 닿는바가 있어 쓰게 된 것인데, 박씨께 사의謝意를 표합니다.

끝으로 한가지 더 말해 둘 것은, 유식唯識은 "망심의 근원"이라 해서 싫어하고 미워하고 끊으려 들면 이것은 상대성相對性인지라 더 심하게 일어나니 그래서 부처로 보라는 것이며, 이것에 연연 하지말고 나의 마음(絶對性)이 머무는 바 없이 "지켜보는 자"로 쉬고 있노라면 서서히 가라앉아서 조용해지기 마련입니다. 이것을 저는 선법禪法이라고 말합니다. 공부한다는 생각 없이 정진精進한다는 말입니다.

반야般若와 유식론唯識論에 대하여

 몇 일전 지리산 천황봉 토굴에서 도공부를 하신다는 도인道人 한 분이 찾아왔습니다. 이분은 의복이 남루하고 어떻게 보면 거지 모양을 하고 있었으나, 자리에 앉자마자 반야般若와 유식론唯識論이 어떠한 관계인지 설명해 보라는 것입니다. 이분의 성씨는 강씨이고, 지리산에서 3대째 화전火田을 이루며 살아간다고 합니다.

 저는 불교를 모를 뿐만 아니라 더욱이 불경을 읽어 본 적도 없고, 마음만을 자유롭게 다스려보려고 수심修心만을 목적으로 생각하는지라 아는 것이 없으니 말할 수가 없고, 말을 하지 않자니 먼 곳에서 찾아오신 손님에게 도리가 아니고 참으로 입장이 난처했으나, 원대성에 계신 정 선생까지 이름을 대며 말해보라는 것입니다.

 이 질문이란 불교단어의 해석을 묻는 것이 아니라 "반야와 유식의 상호작용相互作用"을 설명하라는 것인데, 강씨 자신이 공부가 되지 않고서는 이러한 어려운 질문을 할 수가 없다고 생각이 들어서 탁마를 위해서라도 도전挑戰을 해보겠다고 마음을 굳힌 것입니다. 망상을 바로 알면 곧 깨달음이기 때문에 유식唯識을 바로 알자는 것입니다.

부처님 시절에도 어느 제자가 "부처님, 좋은 도반道伴을 만나게 되면 저절로 공부가 잘되어 50%를 거저 얻고 들어간다고 하셨는데 이 말을 믿어도 됩니까?"라고 물었습니다. 이 말을 들으시고 부처님께서 "50%가 아니라 100%라고 말해도 과언이 아니지"라고 답하셨다는 것으로 압니다. 입(口)으로 말하는 것은 허상虛相인지라 구업口業을 짓게되어 피차 도움이 안 된다고 하지만, 백 마디 말 중에서 단 한마디라도 공부하시는 도반님들께 도움이 되신다면 제가 오무관지옥에 떨어져서 천년만년을 갇히어 살지라도 말해보겠다는 생각이 들어서 다음과 같이 답을 한 것인데, 이것은 도반님들 공부를 의식意識한지라 이해하기 쉽게 설명을 하다보니 오히려 도道하고는 거리가 생겨서 오류를 범하고 있는 것을 알면서도 아집我執을 세우고 있는 가책을 이해하시기 바랍니다.

불교에서 말하는 ① 반야般若란 깨달음을 말하는 것이고 ② 유식론唯識論이란 의식세계를 말하는 것으로 압니다. 부처의 마음의 행行이란 오관작동五管作動에 의해서 이루어지기 때문입니다. 어떻게 보면 상반된 논리라고 말할 수 있으나, 도가에서 이기理氣론을 말하고 불가에서 체體와 용庸을 말하듯이, 아무리 깨쳤다 하더라도 부처가 법法을 설說하고 불사佛事를 하고 중생을 제도하기 위해서는 몸이라는 오관작동 없이는 절대로 불가능하기 때문입니다. 다시 말해 깨친 마음만으로는 불가능하다는 것입니다. 아름다운 연꽃은 시궁창 없이는 태어날 수가 없으며, 부처가 중생심 없이는 태어날 수가 없고, 또 육신肉身이라고 하는 중생 없이는 단 하루도 머물러 있을 수가 없기 때문입니다.

여기에서 가장 중요한 대목은 ②의 유식론唯識論인데, 이것을 정확히 파악을 하지 못하면 백년 천년을 가도 불도佛道공부는 헛수고라는 것입니다. (經典은 많이 나와 있으나 禪智없이는 불가능)

① 중생심이란 육근六根의 작동에 놀아나서 따라가다 보니 의식意識이 생겨

서 이것이 내 마음인 것으로 알고 살아가는지라 소승유식론小乘唯識論이라고 말하며,
　② 깨달음이란 번뇌망상이 완전히 멸도滅度되어 새로워진 의식으로 살아가는지라 대승유식론大乘唯識論이라 말합니다.

　다음은 반야와 유식론의 상호작용相互作用을 설명하기 위해서 깨달음이란 무엇이 달라졌는지 좀 더 구체적으로 설명해 볼까합니다.

　깨달음이란 정각正覺 정득正得 증득證得이라고도 하는데 정사正思와 정행正行을 말합니다. 사람의 마음은 알고 보면 양면성인지라 머릿속의 의식세계에서 발하면 선善아니면 악惡이라는 것인데, 머릿속은 번뇌망상으로 꽉 차서 잠을 이룰 수가 없고 마음은 항시 초조 불안 공포 질투 저주 시기 도전 반항 등 욕구불만으로 꽉 차서 가슴은 답답하고 잠이 안 오니 밥인들 편이 먹을 수가 없어 하루 지내는 것을 천년지옥고千年地獄苦로 살아가니 얼마나 안타까운 일인가? 이것을 중생심이라고 말합니다.

　도인道人이란 자기自己를 알고 믿는 것을 말합니다. 그러나 나를 믿으려니 나를 알아야 믿을 것이 아니겠습니까? 내가 나를 알지 못하니 내가 나를 믿을 수 없고, 내가 나를 믿지 못하는데 어찌 내가 남을 믿을 수가 있으리오. 믿는 마음이란 성性자리에 직결되는지라 바르게 믿으면 바른 행으로 이어지는 것을 알기 때문입니다.

　그런 까닭에 오늘날 세상이 혼탁하고 무명세계無明世界로 타락하는 것도 내가 나를 믿지 못하기 때문입니다. 미친사람이 미친 것을 모르듯 중생衆生이나 무명계無明界에서 살아가는 사람은 무명無明을 모르고, 벗어나야만 압니다. 따라서 시각視覺과 각지覺智의 차이에 대해서 말해볼까 합니다.

가. 시각視覺이란 빛이 있을 때만이 대상을 보는지라 겉을 보고도 전체를 보았다고 하며, 따로따로 분별해서 보는지라 너와 내가 생기고, 좋다 나쁘다가 생기고, 적다 많다의 숫자 관념이 생기며, 밤과 낮이 생겨서 낮에는 일하는 줄 알고 밤에는 잠을 자는 것으로 아는지라, 마음이 습관화習慣化 되어서 습성習性으로 살아가는 것을 나의 마음이라고 믿고 살아갑니다. (衆生心)

나. 각지覺智란 공空의 실상에 도달한지라 삼세三世와 일체 유상세계有相世界는 공空에서 비롯된 것이라고 말하며, 또 유상세계는 공으로 돌아가는지라 유무有無가 둘이 아닌 까닭에 정正과 사邪가 둘이 아니요, 생生과 사死가 둘이 아니요, 부처와 중생이 둘이 아니요, 선善과 악惡이 둘이 아니요, 음陰과 양陽이 둘이 아니요, 허공虛空과 우주宇宙가 둘이 아니요, 몸과 마음이 둘이 아니요 라고 말하며, 두 가닥이 있어야 돌아가는지라 영원히 돌아가기 위한 하나의 작용에 지나지 않는다고 말합니다. 이것은 대상을 떠난 비상심非相心으로 보기 때문입니다. 눈으로 보는 것이 아니기 때문입니다.

이와 같이 소리와 기타 오관작동은 감각기관을 통해서 알아지는지라(唯識) 동심動心의 작용作用이라고 말하며, 망상을 만들어내는 종근種根이라고 말하고 일체유심조一切唯心造를 말하고 있으나, 절대성에서 보면 말이 안될 소리라고 말합니다. 왜냐하면 그 자리에서는 보는 것도 없으며, 듣는 것도 없으며, 종자도 없으며, 동심도 없으며, 유식도 없으며, 있다 없다도 초월한 자리이기 때문입니다. (無心이 正道라는 말)

그러나 말이 안될 소리란 말은 부정否定을 말하는 것이 아니라 "될 수 있는 소리"라고 또한 이해하시기 바라는데, 왜냐하면 상대성원리란 초월하면 절대인지라 분별하지 않으면 마음에는 하나로 수용하는 길 밖에는 없기 때문입니다.

결론적으로 제가 강조하고 싶은 것은 우리 도반님들 만이라도 마음공부 하시는데 결코 "깨닫기 위한 공부"만은 하지 말자는 것입니다. 우리가 할 일이란 중생을 부처로 알고 지극정성으로 섬기는 것이며, 천지만물을 내 몸과 같이 사랑하다가 못 다한 일이 있으면 지옥에까지 가서 자비慈悲의 손길을 펼치는 일에 우리 도반님들이 앞장서시기를 바랍니다. 이것이 진정한 도道가 아닐까요?

자연自然이란 무엇인가

질문: 자연自然에 대해서 말씀해 주시기 바랍니다. (부산 용보살)

참으로 어려운 질문입니다. 공부를 하는 사람들이 한결같이 말하기를 불법佛法은 말하기 쉬워도 자연은 말하기가 어렵다고 하는데, 그 이유는 경전經典은 읽어서 알 수가 있으나 자연自然은 그대로 드러나 있어도 말하기가 쉽지 않기 때문입니다. 왜냐하면 마음을 상相에다 쓰면 만상萬相의 질質과 형형形이 변하기 때문이며 따라서 바깥경계의 자연을 알려면 내가 스스로 자연이 되어야 자연을 말할 수가 있기 때문입니다. 바깥경계의 자연과 내면세계의 자연이 둘이 아니기 때문입니다.

다시 말해서 바깥경계의 대자연이 정해져있는 공식대로 성주괴공成住壞空을 이루어서 돌아간다 하더라도 심心의 조작造作을 받으면 자연自然이라고 할 수가 없고 심의 조작을 받지 않으면 나는 이것을 자연이라고 말합니다. 내가 무심無心하면 자연과 내가 둘이 아니라는 불이법不二法을 알기 때문이지요.

인간의 심心의 조작은 텅 비어 있는 허공虛空에서 요소비료와 암모니아비료를 만들고, 우주공간에 꽉 차 있는 천지기운天地氣運을 전기와 밝은 빛으로 만들

13. 자연自然이란 무엇인가 395

어서 에너지로 쓰고 있으며, 인간의 뇌파(마음의 파장)에서 발發하는 마음은 전파로 전달되어 1초 지간에 우주의 어느 곳이라도 영상까지 전달될 수가 있으니, 천지天地 어느 곳을 막론하고 인간의 마음이 닿지 않는 곳이란 있을 수가 없는지라 자연自然은 없다고 말합니다.

더욱이 최근 영국에서 발명한 머리띠(頭帶)를 쓰고 전파를 발사하면 마음 씀의 내용이 컴퓨터에 찍혀 나온다고 하는데, 이런 시점에서 2,000~3,000년 전의 성현聖賢들의 말씀이 틀리지는 않을 지라도 도심道心이란 현재심現在心을 말하는지라 일초지간에 새로워지는 것이 중생심이라고 말한다면, 이것을 무엇이라고 말할까요?

바닷물이 없으면 인간은 물론 생명체와 초목이 살아갈 수가 없는데도 인간은 이것조차도 그대로 둘 리가 없어 담수 광물 금속 화학물질 원소 등을 추출해서 인간의 욕구에 쓰고 있으니, 허공인들 물속인들 땅속인들 어느 곳 하나 인간의 마음이 미치지 않는 곳이라고는 하나도 없는지라 자연自然이란 있을 수가 없어 인간의 공상에 지나지 않는다고 저는 말합니다. 이것은 인간의 마음을 상심 50% 비상심 50%를 써야 정도正道인데도 마음을 욕구에 쓰다보니 상심相心 쪽으로 70%~80%를 써서 비상심非相心의 통제기능을 잃었다는 것입니다.

그러나, 옛날 성현들께서는 자연지도自然之道를 말했으며 자연을 지키라는 것이 아니라 자연에 순응順應하라고 가르쳤습니다. (로켓을 타고 정복이 가능한 것으로 착각을 하고 있음) 다시 말해서 자연에 순응하라는 것은 극복과 도전이 아니라 인간 스스로가 자연 속에 녹아서 하나가 되어 자연과 인간이 일체一體가 되는 것을 도道라고 말했습니다.

부처 하나님 보살 신…… 이것은 진리眞理의 대명사로 말하는지라 도道를 말합니다. 한 생각 일어나기 前전을 도의 근본자리라고 말하고, 한 생각이 일어났다 하더라도 분별하지 않고 한 생각에 끌려들지 않으면(和合之道) 道도에 달한 것이라고 말하며, 마음의 양면성의 가운데(中)를 지키는 것을 중도상中道相이라 말하는데, 이는 도심道心을 이루는 세 가지 방법을 말한 것입니다. 불가에서는 육바라밀을 닦으면 道도에 달한다고 말합니다. (布施 持戒 忍慾 精進 智慧 禪定)

살아 있는 사람이 숨息을 쉬는 것은 선천기인지라 이것을 이발理發이라고 말하고 심장의 작동은 후천기를 돌리는지라 이것을 기발機發이라고 말하며, 그래서 가슴의 허파(理發)와 심장(氣發)이 잘 이루어져서 에너지를 만들어 공급하며 혈맥 한 가닥이 지나간 곳에는 반드시 신경 줄이 지나가니 내부와 외부를 속속들이 감시하여 체내의 일체중생을 평화롭게 먹여 살리는 것이 나의 임무라 말한다면, 내부와 외부의 중생들의 실상實相과 통통하지 못하고서는 육신肉身의 운전運轉이 불가능한 것으로 압니다. 이것은 아는 것이 아니기 때문입니다.

그래서 도道란 자기육신의 운전기법을 아는 것이라고 말합니다. 그런 까닭에 여기서는 어떠한 명상名相이나 경전經典도 부정否定을 하는데, 전체全體의 부정은 곧 전체의 긍정肯定이기 때문입니다.

내 마음이 육신하고 통할 때 체내 일체중생들이 평화공존을 실감하게 되는지라 비로소 자유自由를 느낄 수 있으며 이것을 나는 자연自然에 회귀回歸한 것으로 생각합니다. 내 마음에서 자연을 체득하게 되면 천상천하의 실상계實相界가 자연으로 되돌아가서 중생계衆生界 일체一體는 부처의 모습으로 돌아가는 것을 굳게 믿기 때문입니다.

자연自然이란 내가 무심無心한지라 나를 잊어서 자연조차도 느끼지 못할 때를 말합니다. 그런데도 오늘날의 인간사회는 양면성인 내 마음을 단편성으로 욕구의 기氣 쪽으로만 쓰다보니 자연自然과 인간人間은 자멸과 파괴직전에 놓여 있게 되었는데, 참으로 안타까운 일이 아닐 수 없습니다. 본인은 이 기회에 인류人類의 각성覺醒을 위해서 나 하나만이라도 몸과 마음을 바쳐볼까 합니다. 왜냐하면 전 인류全人類가 욕구에서 벗어나 자연으로 돌아갈 때 불국토佛國土가 이루어지기 때문입니다.

1. 하루에 한 건씩만이라도 선심善心을 쓰면 마음의 이발理發이 살아서 선신善神을 동원하여 재앙災殃을 막아준다고 하며, 악업惡業을 녹이고 쌓은 공든 탑은 무너지지 않는다고 합니다.

2. 악신惡神은 사람의 마음을 통해서 작용하는지라 신神이 따로 없으며, 살아있는 사람을 신이나 부처로 알고 지극정성으로 모시면 이 세상에 안 되는 일이 없습니다.

3. 도道에는 살아있는 도가 제일 인지라 효도孝道가 우선爲先이며, 남의 부모나 남을 가리지 말고 자기 부모나 동기간으로 알고 섬기십시오. 보살행과 보시를 잊지 마십시오.

4. 악신惡神은 밤에 활동을 하니 밤이나 사람이 없는 곳이라 할지라도 양심良心을 속이지 마십시오.

5. 물 불 공기는 생명의 원천이오니 아끼지 않으면 다음 태어날 때 인과因果가 됩니다.

6. 조상祖上님들이 자손들 잘 되기 위해서 노력을 아끼지 않으시니 항시 마음으로 감사를 느끼십시오. (제사에 참여할 것)

7. 부부지간夫婦之間은 한몸이오니 지극히 사랑하십시오. 그리고 「나」를 섬기십시오.

8. 이대로 저대로 사실 그대로가 옳은 것인데 부처나 도는 찾아서 어디에다 쓰리오?

일본의 역사교과서 왜곡 문제에 대하여

　요즘 신문이나 TV에서는 일본의 역사 교과서가 잘못 수정될 것이라는 사실을 중요 기사로 보도하고 있습니다. 서울이나 지방에서까지도 피켓을 든 데모대들이 홍수를 이루어 거리는 온통 아수라장이 되고, 일본 대사관 앞은 시위대가 포위를 한 체 경찰과 대치하고 있다고 합니다. 차제에 전국에 계신 학자 도반님들이 이 문제에 대한 시시비비를 질문하기 위해 매일 저를 찾아오시는 것으로 보아서 사태의 심각성을 짐작할 수가 있습니다.

　학자들은 말하기를 "비록 남의 나라 일이지만 이것이 잘하는 것인지 잘못하는 것인지, 그리고 학자들은 어떻게 받아들이고 처신을 해야 되는지, 선생님은 도道 공부를 하시는 분이오니 선생님의 의견을 들어서 교육에 참고로 했으면 합니다."라고 하는 것이었습니다.

　이 말을 듣고 저는 참으로 당황하였습니다. 왜냐하면 도道 공부란 자기 내면의 수행에 국한되어있는 문제인지라 타他·사회·국가 등 상대相對하고는 하등의 관계가 없는 것으로 생각하는데, 그렇다고 답을 안 하자니 "당신은 이 나라 백성이 아니오? 도道란 이런 때 쓸 수가 있어야지 말을 하지 않으면 도道란 어디에 쓴단 말이오?"하고 학자들이 반문을 한다면 "그분들에게 실망은 주지 말아야 할 것이 아닌가!" 하고 제 생각을 고쳐먹기로 하였습니다.

학자님들과의 대화 내용은 일문일답으로 이루어졌으나 편의상 일관되게 하나로 묶어서 다음과 같이 저의 소신을 말해 볼까 합니다.

1. 부정적 측면

불가佛家의 인과설因果說에서는 "콩 심은 데 콩 나고, 팥 심은 데 팥 나온다"고 하듯이, 역사관歷史觀이란 사실의 결과를 말하는지라 일본이 역사를 왜곡하고 안면에 분칠을 한다 해도 일본인들의 마음 속에 박혀있는 침략근성은 변할 수가 없습니다. 따라서 미래의 침략을 막기 위해서라도 피해 국가들이 힘을 합쳐서 역사 왜곡만은 막는 것이 너무나 당연한 일이라고 하겠습니다.

한국과 중국의 거센 반발로 왜곡된 부분을 많이 수정했다고 하니 참으로 다행한 일입니다. 그러나 마음은 양면성이기에 극단 논리란 성패를 말할 때 그 확률은 50%(成)50%(敗)를 말합니다.

2. 긍정적 측면

작금의 인류문화 발전상을 볼 때 인류의 사고력은 첨단 과학화·정보화·지식화 산업으로 이어져서 일초 지간에도 과거의 세상을 앞지르는 변화가 나타나고 있습니다. 아무리 부를 많이 축적한 대부大富라도 새로운 물결에 적응하지 못하고 새롭게 변하지 못하면 순환논리에 어긋나서 경쟁에서 뒤떨어지게 마련입니다.

일본 경제는 10년간 수조억불의 적자를 보았다고 합니다. 이는 일본 상품이 국제 경쟁력에서 뒤진다는 말이고, 이 말은 그 동안 축적된 국부國富를 감소시키며 10년간 뒷걸음을 했다는 말입니다. 한편 우리나라는 2000년도에 120억불 무역흑자를 보았다고 하는데 이는 우리의 성장이 일본을 앞질렀다는 말이 될 것입니다.

우리나라도 일본과 같이 구조면에서 취약점이 많았으나 IMF(국제통화기금) 체제를 과감히 받아들여 구조조정을 단행한 반면에, 일본 경제는 단위는 크지만 정부의 힘이 약한지라 구조조정은 엄두도 못 내고 신제품 개발에서 벌어들인 돈으로 적자가 나는 기업을 도와주다 보니 속수무책이 되었다는 것이 오늘날 일본 경제의 현실이라고 하겠습니다.

구조조정이란 썩은 팔과 다리를 도려내는 것과 같은 것으로 본인(기업)과 부모(정부)는 이를 하기가 불가능하며 여기에는 타의 힘(외국 경제)이 절대로 필요합니다. 그런데 일본은 배타적이라서 참으로 어려운 과제입니다. 현명한 사람은 과거 일에 집착하지 않고 남의 잘못을 용서하며 내가 한 일에 대하여 끊임없이 반성하고 뉘우치고 참회해서 오늘만을 충실하게 살아갑니다.

3. 도道적 측면

자기 마음을 갈고 닦아서 나를 아는 사람은 도가도 비상도道可道 非常道, 비불비심非佛非心을 말합니다. 다시 말해서 도道를 부정하는 것은 부처를 부정함이요 경전經典을 부정하는 것이며 나아가서는 곧 나를 부정하는 것입니다.

중생심衆生心이란 양면성兩面性인지라 이것을 알고 보면 긍정肯定과 부정否定이 하나이기에 따로 볼 수가 없습니다. 둘이면서 하나의 작용으로 보기 때문입니다. 예를 들어 음양陰陽의 원리란 수화水火의 원리를 말하는 것인데 상반되게 극대극極對極이면서 어울리면 서로 살고 떨어지면 서로 죽는 법입니다. 이는 "네가 있기에 내가 살고 네가 없으면 나도 살수가 없다"는 절대적絶對的인 공감대共感帶를 말하는 것입니다. 그러나 현대과학에서는 이것을 따로따로 단편으로 쓰고 있는데 이것은 미래사회를 위해 참으로 위험한 발상입니다.

가정이 평화롭다는 것은 음양의 조화가 잘 된다는 것이고 이곳이 바로 선악善惡이 태어나는 원산지 입니다. 그런 까닭에 자연히 "잘되고 못되고"도 원인이 여기에 있다는 사실을 깨달아야 됩니다.

음양의 원리(相과 非相)를 50 대 50으로 자유롭게 함이 없이 쓸 수 있는 사람을 도인道人이라 하고, 음양의 원리에서도 초월해서 상相의 무극無極과 내 마음이 합일되어 통通함을 이룬 사람이 진인眞人이 아닐까 생각합니다. 그래서 도道 공부하는 분들은 마음의 당처를 말할 때 눈이 보기 전前 귀가 듣기 전前 소식이라고 말하며, 말이 나오기 전 소식이라고 말하고, 신神이 생기기 전, 부처가 생기기 전, 허공이 생기기 전, 우주가 생기기 전 소식이라고 말합니다. 그래서 언어와 글로는 표현이 불가능하다 하여 불립문자不立文字니 언어도단言語道斷이니 하고 말하는 까닭에 선법禪法도 선사禪師가 말로는 지도가 불가능하다고 합니다.

화火가 있는 곳에는 수水가 따라와서 생生 하는지라, 화의 어머니가 수의 모체도 된다는 것을 과학자들은 깨닫지 못하고 있습니다. 아무리 칠흑 같은 밤이라도 전기電氣는 인간의 마음心으로 만들어진 것이기에 내 마음이 눈과 손에 명령을 해서 스위치를 올리면 태양과도 같이 밝은 천지로 변합니다. 이렇게 나는 "불의 씨앗"으로 성냥과 라이터, 초를 지니고 다니다가 불이 필요할 때는 내가 만들어서 씁니다. 그렇다면 불의 조물주造物主는 내가 아니고 또 누가 있겠습니까?

나(我)라는 것은 내 마음과 육신을 합合하여 말하는 것이고, 아무리 공포의 대상인 원자탄도 사람의 마음이 만들었으며, 폭발도 인간의 마음에서 이루어져야 폭발할 수가 있습니다. 자연은 마음이(心) 없는지라 자신自身의 사고思考로 지어서 필요할 때에 쓸 수가 없습니다. 도심道心은 무위無爲를 체體로 삼는지라 무념無念무상無相무심無心을 말해야 하는데 이것은 나(我)라고 하는 대상이 없다는 말입니다. 그렇다면 여기에다 대고 일본의 역사왜곡 운운 하는 것은 통하기가 어렵다고 사료됩니다.

반야심경般若心經 해설

저는 얼마 전에 "일본의 역사 교과서 왜곡문제에 대하여"라는 글을 쓴 적이 있는데, 몇몇 학자 분들이 이 글의 내용이 설득력이 있다면서 이번에는 반야심경般若心經을 해설해 달라고 했습니다. 저는 불경을 읽어 본 일도 없고 더욱이 경문해석經文解釋과는 길이 달라서 취미 조차 없습니다. 도道 공부란 본시 도서道書와 경서經書를 읽고 기도와 염불을 해서 자기 뜻(욕망)을 성취하는 기복祈福과 안위安慰를 위한 것이 아니라 자기 마음을 갈고 닦아서 내면에 평등지平等智를 이루는 것으로 기본을 삼습니다.

그런 까닭에 반야심경하고 제 마음하고는 하등 말할 바가 못 되는 것으로 사료되는데, 그 까닭은 반야심경이 아무리 부처님의 말씀 중에서 핵核을 이루는 위대한 경전經典이라 할지라도 내 마음을 깨쳐서 부처님 마음을 성찰省察하지 못하면 아무리 읽어도 부처님 경전經典일 뿐이고 부처님 말씀일 뿐이기 때문입니다. 부처님 마음과 통通하지 못하면 불경을 천만번 읽어도 그 속을 알 수가 없다고 생각하고 있는 저에게 공부의 길이 다른 "반야심경 해설"이란 말도 안 된다 것을 알면서도 그것이 도道와는 어디가 다른지 말해보라는 것으로 알고, 저의 체험을 통해서 잠시 말씀을 드려 볼까 합니다.

도道란 참된 진리를 말하는지라 유·불·선(儒佛仙)이 하나라고 합니다. 하지만 도道가 되어야 도道를 알아서 도道를 설說할 수 있다고 하는데, 도를 이루지 못한 사람이 도 이야기를 한다는 것은 참으로 우스운 이야기라고 도반님들이 비웃을지도 모르겠습니다. 그러나 한가지 분명한 것은 저는 병고病苦에 시달리다 못해 자살을 세 번 기도했으나 미수로 그치고 마음과 육신이 천지개벽天地開闢을 이루어 다시 태어나서 새 생명을 살고 있다는 사실입니다.

부처님 말씀에 "약견제상비상若見諸相非相이면 즉견여래卽見如來"라고 하셨는데, 저는 새 생명을 다시 찾고 보니 죽을래야 죽을 수가 없어서 육신肉身도 영원하다고 말하며 심체일여心體一如를 말합니다. 다시 말해서 상相을 상相으로 사실대로만 볼 수가 있어도 이것이 깨달음이라고 믿고 있는데, 사실 이외에 진실眞實이란 따로 존재할 수가 없기 때문입니다. 눈과 귀는 마음으로 보지 못하고 대상만을 보기 때문에 진실이 아닙니다.

1. 소아小我의 진실眞實

저의 전생의 인연과 금생의 부모님 인연에 따라 이 땅에 사람으로 태어난 것은 얼마나 영광되고 진실된 현실이겠습니까? 이것은 조상님의 공덕이요 부모님이 낳아 주시고 길러주신 은혜인데 우리는 이를 잠시라도 잊을 수가 없습니다. 만물의 영장인 인간으로 태어나서 천지신명의 보호를 받으며 풍요와 자유를 만끽하고 있음은 물론, 이 진실된 현실이 없이 어찌 도道 공부를 할 수가 있겠습니까? 사람의 몸을 받아서 태어나기도 어렵고, 태어나서 사람답게 살기란 더욱 어렵다고 합니다. 만약 축생畜生의 몸을 받았다면 공부하기가 어렵다고 보기 때문입니다.

2. 대아大我의 진실眞實

우리가 어머니 뱃속에서 태아로 자랄 때는 후천기로 살다가 열 달이 지나서 고고성과 함께 태어나면 선천기(산소호흡)와 후천기(젖과 음식)에 의지해서 살아갑니다. 그런데 하늘을 내 머리로 떠받치고 땅은 내가 밟고 서 있으며 내 마음은 비워서 허공 밖을 쌓고 우주 공간을 우뚝 서 있는 것을 내가 알고 있으니, 내가 없으면 이 사실을 누가 알아준단 말입니까? 내가 알고 있다는 말은 만상萬相과 통한다는 말도 되고, 내가 없이는 (우주만물이) 돌아갈 수가 없다는 말도 됩니다. 내가 나에서 벗어나면 "절대 나" 인지라 이것이 곧 대아大我의 진실된 모습이 아닐까 생각하며, 동시에 이것을 천인지天人地 삼위일체三位一體로 보기 때문입니다. 그래서 저는 공부가 된 것이 아니라 이 시점이 도道 공부의 입문이며 시작이라고 생각합니다.

관자재보살행심반야바라밀다시 　　觀自在菩薩行深般若波羅密多時
조견오온개공도일체고액　　　　照見五蘊開空度一切苦厄

이 경문은 반야심경의 첫 대목에 나오는 말인데, 부처님 마음을 이 구절 하나로 그 전체를 드러낸지라 팔만대장경八萬大藏經도 알고 보면 여기에서 갈라져 이루어진 것으로 사료됩니다.

인도의 밀교密敎가 전하는 교리에 의하면 초견성初見性을 오지五智라고 말하고, 10년간을 열심히 보림을 해서 습성과 업장에서 벗어나면 팔지八智가 되어 보살지菩薩智에 오른다고 하며, 부처가 되기 위해서는 십이지十二智를 닦아야 된다고 합니다. 불지佛智는 상相에서 벗어난지라 아는 것이 없어서 법法을 설說할 수가 없다고 하며, 보살지로 내려가야 중생심을 이해하고 말을 할 수가 있다고 합니다.

관자재보살觀自在菩薩이라는 말은 보살菩薩이란 밖에 있는 것이 아니라 내 마음 속에 보살지를 갖추고 있다는 것입니다. 따라서 행심行深이 되어 열심히 도

道를 닦아서 깨닫고 보살지를 이루어 중생심(五蘊: 色受相行識)을 바라보면, 자기가 만든 지옥고地獄苦를 살아오다가 갑자기 상相과 비상非相이 하나로 통해 버렸으니 오온五蘊이 따로 존재할 수가 없다는 것입니다.

경전經典이란 해석이 문제가 아니라 방편을 써서라도 불자들에게 이해를 시켜서 바른 깨달음의 길로 유도하는 것이 선지식善知識의 옳은 지도방법이 아닌가 생각합니다.

부처님께서도 말씀하시기를 "황하사의 모래알이 제 아무리 많다 하더라도 중생심이 지니고 있는 망상의 숫자만은 못하며, 또한 같은 것이란 단 하나도 있을 수 없다."라고 하셨습니다. 중생심이란 마치 누에고치가 제 몸에 집을 짓고 갇혀서 사는 것과 같습니다. 중생계 또한 이와 같이 삼독심三毒心(망상)을 내어 오온의 작용으로 육근六根(眼耳鼻舌身意)이 머리 속에 망상을 쌓다 보니 의식세계의 혼란을 일으켜 초조 불안 공포 도전 의심 등 잠시라도 마음이 편할 수가 없고 미친 사람과 같이 날뛰며 살아가게 되는데, 이것을 중생심이라고 말합니다. 미친 사람은 자신이 미친 것을 모르듯이 혼란 속에 살아가는 중생이 이 사실을 알 리가 없습니다. 벗어나야 비로소 중생심을 압니다. 이것을 깨달음이라고 말합니다.

선禪 공부의 방법은 섭심내조攝心內照 불광상명佛光常明 폐육적문閉六賊門 단삼독심斷三毒心을 말합니다. 이 말은 부처를 밖으로 구하지 말고 마음을 모아서 안으로 밝히면 부처를 만나게 되어 상시 속마음이 환하게 밝게 된다는 말입니다. 그러므로 "끊어라 삼독심" "닫아라 육적문" 이것이 가장 옳은 선법禪法입니다. 가능성 여부의 시험방법은 3일간 잠을 자지 말고 숨을 길게 쉬도록 하면 됩니다. 그리고 나서 3일 후에 숨을 끊어보아서 만약 2분 30초 이상 인내忍耐가 가능하게 되면 망상妄相이 2/3가 소멸되는지라 합격이 가능할 것입니다.

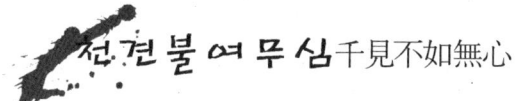
천견불여무심 千見不如無心

"백문불여일견百聞不如一見"이라는 말이 있습니다. 아시다시피 매사를 귀로 백번 듣는 것보다 눈으로 한번 보는 것이 더 낫다는 뜻입니다. 이처럼 중생계에서는 만유萬有의 소리를 듣고 분별해서 사물을 알아보는 것보다는 한번 눈으로 직접 보는 것이 더 정확히 안다 하여 육근六根(眼耳鼻舌身意) 중에서도 눈에 비중을 제일 많이 두고 그 작용을 믿으며 살아갑니다.

그러나 아我에서 벗어난 사람은 육근 중에서도 망상을 만들어내는 근원처根源處의 70%가 시각視覺에 있다는 것을 잘 알고 있기 때문에 결코 시각을 믿으려고 하지 않습니다. 오죽하면 선사禪師들이 "보아도 본 바가 없다"고 하였겠습니까? 이는 아我(眞我)라고 하는 근원 마음에서 초월적인 빛을 발하지 못하면 사물을 알아볼 수가 없기 때문입니다. 저 같은 사람도 사물을 바라볼 때 형상이 세 가지로 보이는 경우가 있습니다. 그러니 어느 것이 진짜인 줄을 알겠으며 어떻게 내 눈을 믿고 살아가겠습니까?

그런데도 중생들은 겉을 보고도 속까지 다 아는 것으로 믿고 살아가니 참으로 안타까운 일이 아닐 수 없습니다. 그래서 눈을 뜨고도 보지 못하는 "달달봉사"라고 선사들은 말합니다. 이렇듯 내가 나에게 100% 속아서 살아가는 존재를 「중생衆生」이라 하고, 내가 나에게 속지않고 살아가는 사람을 「도인道人」이라고 합니다.

백문불여일견百聞不如一見이라는 말은 도토리 키 재기와도 같이 상相(청각정보)을 상相(시각정보)으로 풀어보자는 것입니다. 일반적으로 숫자의 논리에서는 "1＋2＝3"이 됩니다. 반면에 내가 나에서 벗어나면 1(하나)조차도 없는지라 "공空＋진공眞空＝상相＋비상非相"이 되어 내 마음속에서 우주가 탄생하게 됩니다.

이 경계를 대승적大乘的으로는 무념무상無念無相 무아무심無我無心이라고 말하지만, 기실 무슨 말을 하더라도 말로는 표현이 불가능합니다. 불가능하다는 말은 망상이 동動해서 혼란 속에서 살아오다가 갑자기 망상은 사라지고 머릿속은 텅 비어서 찬바람이 돌고 답답하던 가슴은 정려靜慮로 변하여 오관을 따로따로 쓸 필요가 없는지라 바깥경계에 끌려 다닐 필요도 없다는 것입니다.

이렇듯 동動의 혼란 속에서 살다가 정靜의 정적靜寂세계로 변하다 보니 (佛家에서는 一切唯心造라 하는데 이것은 衆生界를 말하는 것입니다) 이미 갖출 것은 다 갖추어 있고 있을 것은 풍족하게 다 있어서 부족한 것이 하나도 없으며, 내 마음을 빈 공상空相으로 보면 이 세상의 어느 대상에도 내 마음이 닿지 않는 곳이 없습니다. 그렇게 본다면 만유萬有와 나는 어떠한 관계일까요?

내가 없으면 너도 없으니 삼라만상森羅萬象은 무슨 소용이 있으며 우주宇宙인들 무슨 필요가 있겠습니까? 그렇다면 있고 없는 원인은 바로 내 마음이 원인이 아닐까요? 이 경계를 소승적小乘的으로 사념邪念으로 말한다면 오관의 기능이 정지되어 하나로 통해서 작용하는지라 "열린 지혜"라고 해야 될 것입니다.

선 공부에서 가장 중요한 요체要諦는 오관 중에서도 시각과 청각이 망상의 주범主犯인줄을 아는 것입니다. 그래서 선사禪師들은 말하기를 "보아도 본 바가 없다" "들어도 들은 바가 없다"고 합니다. 또한 "마음의 당처에는 보고 듣는 것이 없다"고 말합니다.

재삼 말하거니와 눈이란 "마음의 창窓"이라고 하였듯이 보초병의 렌즈(유리)에 지나지 않습니다. 기실 보는 것은 눈이 보는 것이 아니라 눈을 통하여 마음이 보는 것입니다. 정진精進을 할 때 호흡만 멈추어도 의식意識이 사라지는 것이 그 증거입니다. 그런 까닭에 유가儒家에서는 "백문불여일견百聞不如一見"이라고 말하고 있으나 우리 선禪 공부하는 사람들은 "천견불여무심千見不如無心"이라고 말합니다.

불가佛家의 교教와 선禪은 둘이 아니라고 합니다. 그러나 그 내용을 살펴보면 교教쪽에서는 "염불에는 마음이 없고 잿밥에만 마음이 있다"는 말처럼 공부와 포교에는 주력하지않고 재물의 추구에만 급급하다보니 교단教團은 분규와 타락으로 얼룩져 사회에서 지탄의 대상이 되고 있는 것도 사실입니다. 제가 이 말을 하는 것은 불교계의 잘못을 지적하려는 것이 아니라 보다 나은 미래로 크게 발전하자는 뜻에서 입니다.

옛날부터 불가에서는 금욕禁慾과 극기克己를 가르치기 위해서 무소유無所有의 사상을 강조하였고, 불자佛者들은 오로지 입고있는 누더기 옷 한 벌과 바릿대(식기)가 담긴 배낭 하나면 족하다 하여 무소유를 신조로 살아왔습니다.

그러나 세상이 새롭게 변함에 따라 불교도 질적質的 양적量的으로 새롭게 변해야 타 종교와의 경쟁에서 살아남을 수가 있을 것입니다. 오늘날의 종교는 내면도 중요하지만 그에 못지않게 외형 또한 중요합니다. 따라서 과거처럼 무소유만을 종교의 지표로 삼을 수는 없습니다. "도道가 한 길이면 마魔도 한 길"이라고 하듯이 도道가 크려면 그에 상응한 마魔가 반드시 필요합니다. 그러므로 돈이 없이는 도道도 불가능한 것으로 사료됩니다. 옛날에도 "돈이 없으면 부모의 제사도 지낼 수가 없다"고 하였습니다. 돈이 있어야 공부하는 스님들도 고생을 덜하시게 되고, 산중의 사찰도 자동차가 다닐 수 있게 길을 닦아야 도시의 신도들이 많이 와서 보시普施를 할 수가 있습니다. 산중에서 병이 났을 때도 돈이 없으면 죽게 마련이고, 타인을 구救하고 스승을 만날 때도 돈이 있어야 사람 노릇을 할 수가 있습니다.

그러므로 도 공부를 하는 데는 돈이 없으면 안됩니다. 또한 중생세계에서 이 한 몸 살아가는데도 남의 신세를 지지않고 내 힘으로 노력하고 돈을 벌어서 떳떳하게 살아가는 것이 옳은 도道라고 생각합니다. 자신이 먹고 쓰는 돈은 자기 힘으로 벌어서 미래를 위해 저축해야 하는데, 공부하는 사람이 남에게 신세를 지게 되면 양심의 가책을 받아 공부를 제대로 할 수가 없기 때문입니다. 또한 공부하는 사람은 24시간 착한 마음으로 남에게 선행善行을 실천해야 공부길이 빨라집니다.

산중에서 흔히 공부한다고 먹지를 않고 벽곡壁穀을 한다고 생쌀만 먹으며 사는 사람들을 많이 보았습니다. 그러나 내 마음을 다스리는 데는 음식을 먹고 안 먹는 것이 공부가 아니라 양면성(음양)인 내 마음을 50%50%로 균형 있게 다스리고 망상妄相의 출처出處가 어디인지를 관조觀照하는 것이 지름길입니다. 특히 중단 없이 화두話頭가 이어지는 것이 가장 중요하기에 정진精進이란 망상이 드나드는 회수回數를 줄이는 것을 목표로 해야 합니다.

결론적으로 말하면 공부의 목적을 깨달음에 두지 말고 돈 버는데도 두지 말고 행行에 있어 무위無爲를 체體로 삼고 용庸을 아멸我滅에 두면 저절로 중생심衆生心이 열려서 열반에 드는 것으로 저는 확신 합니다.

안보살雁菩薩과의 대화

중생계衆生界에서는 하루 세끼 밥 먹는 걱정 없이 의식주가 넉넉하면 여기에 머무르지 않고 마음은 바깥경계를 취하고 또 다른 것을 분주하게 조작造作(唯心造)하기 마련인데, 열 가지를 쫓아다니다가 하나도 성사成事되는 것이 없더라도 머리 속은 마치 불 난 집과 같이 바쁘게 돌아갑니다.

그러나 공부하는 사람은 원願(目的)이 없는지라 대상對象(對相)을 떠났으니 알고 보면 갖출 것은 다 갖추고 있을 것은 다 있으며, 그리고 자타自他가 무너졌으니 마음 속에 따로 의문疑問가는 일이 존재할 수가 없는지라 남에게 물어볼 필요도 없습니다. 그리하여 나는 그 동안 안보살(기러기)을 만나지 않았던 것입니다.

선禪 공부를 해서 초견성初見性만을 이루어도 공부하는 사람들 거의 대부분 지혜智慧가 나서 대화를 끊는 것으로 알고 있는데, 그도 그럴 수 밖에 없는 것이 내가 나에서 벗어나면 대상이 없는지라 내 말의 뜻을 이해理解하기가 어렵고 들어도 열린 사람이 아니면 알아듣는 사람이 없으니 메아리와 같아서 무위無爲로 되돌아오는 것을 알기 때문입니다.

재삼 말하거니와 중생衆生이란 아我에서 벗어나지 못한 사람을 말하는 것이고 무위법無爲法을 설하는 정법正法은 나我를 초월해서 무상심無相心에서 발發하는 것이며, 상相의 세계에서 살아가는 중생은 상대성相對性(陰陽,理氣)까지는 이해할 수가 있으나 이것마저도 아는데 머무르지 않고 중도상中道相에서 관통貫通을 하면 무극無極의 진공眞空자리와 내 마음이 통通하게 됩니다. 그러나 이 말도 말은 논리論理일 뿐이요 글일 뿐인지라 발發하면 진리眞理가 아닙니다. 그래서 선禪 공부란 본인本人이 하는 것이지 지도指導가 불가능하다고 말합니다.

이러한 생각을 하다 보니 "내가 상을 내어 안보살을 불러서 무엇을 할 것인가?"하고 마음을 내지 않았던 것입니다. 그러나 제 나이 80의 고령高齡이다 보니 앞날이 없기에 "후학後學을 위해서라도 체험담을 말하라."고들 하니 차마 거절을 할 수가 없어서 말하는 대상을 안보살로 정해서 말을 좀 해볼까 합니다.

공부하는 사람이 산중에서 몸이 아플 때나 망상이 심할 때, 마고魔苦가 닥쳐올 때, 또는 금욕禁慾이 덜 되어서 감내堪耐하기가 어려울 때면 의례히 신神에 주呪하고 부처님께 주呪하기 위해서 다라니경과 불경佛經을 외우고 기도를 합니다. 저도 초발심初發心 당시에는 근기根機가 약한지라 기러기와 인연을 맺고 신장神將 대신으로 기러기의 신세를 많이 졌습니다. 그러나 그 후에 저는 신神과 내 마음이 둘이 아님을 알게 되어 기러기를 신神으로 볼 때 나의 그림자는 될지언정 주체는 될 수가 없다는 생각을 하여 근 10년간 멀리했습니다.

하지만 선禪 공부하시는 도반들에게 참고가 되기 위해서라도 체험담을 말해야겠기에, 어차피 말이 나오면 거짓이긴 하지만 거짓말을 한 바에는 기러기(안보살)를 대상으로 삼아 과거와 같이 체험담을 나누어 보려 하니 양해해 주시기 바랍니다.

저는 마음을 통해서 안보살을 염송하였는데 그러자 안보살은 즉시 나타나서 나에게 말을 하였습니다.

"거사님, 세상에 이럴 수가 있습니까? 10년간이나 소식이 없다가 이제서야 저를 부르시다니 참으로 야속합니다. 거사님 꿈속에 영상影像을 통해서라도 뵐까 하고 상봉相逢을 시도해 보았으나, 거사님 마음 속에는 잠재의식潛在意識마저도 멸滅하신 후인지라 뵙기가 불가능 하였습니다." 그리고는 하는 말이 "미국과 아프가니스탄의 테러전쟁은 중동전中東戰으로 이어지고 세계대전으로 비화飛火되어 마침내 원자탄으로 인류는 멸망하고 말 것 같은데, 거사님의 견해는 어떠하십니까?"라고 물었습니다.

내가 안보살에게 말하고자 한 것도 바로 그것인데 이것이 바로 이심전심以心傳心이 아니고 무엇이겠습니까? 이는 무상심無相心은 무상심끼리 통한다는 말이고 보면 상심相心은 이미 통해져 있다는 것입니다. 대화 내용은 일문일답으로 이루어졌으나 편의상 다음과 같이 말해 봅니다.

안보살은 영계靈界와 통해 있으니 중생계衆生界와도 통하는 것은 의심할 여지가 없는지라 대지혜大智慧를 내어 세상을 바로 보고 전傳하는데 참고가 되기 위해서라도 내가 답을 하지 않을 수가 없습니다. 불가佛家에서 선禪 교敎 두 가지 논리를 말하듯이 이 문제를 대승大乘과 소승小乘으로 나누어 말해볼까 합니다.

1. 대승적 차원

불가佛家의 인과설因果說에서 말하듯이 매사는 자업자득自業自得 자승자박自繩自縛으로 이루어진 결과인지라 왈가왈부할 것이 아닙니다. 단지 안타까운 것은 이 싸움이 순리順理에도 어긋난다는 점입니다.

강强한 자와 약弱한 자가 싸우면 약한 자가 이기고, 부자富者와 빈자貧者가 싸우면 빈자가 이기며, 악惡한 자와 선善한 자가 싸우면 선한 자가 이기고, 현자賢者와 우자愚者가 싸우면 우자가 이기는 것은 너무나 당연한 순리입니다. 과거에 미국은 10년 동안 치른 월남전에서 월맹군에게 패망을 하였으며, 소련도 아프가니스탄과 10년 동안 전쟁을 하였으나 결국 지고만 것이 그 실례實例 입니다.

난민과 어린이의 생명을 위해서라도 전쟁戰爭만은 막아야 하며, 이번 기회를 즈음하여 종교단체들도 아我를 떠나서 새롭게 변해야 할 것입니다. 종교란 모름지기 진리眞理를 깨달아서 지키고 이를 후세後世에 영원토록 전하며 인생을 풍요롭고 자유롭게 더불어 잘 살아보자는데 그 목적이 있습니다.

그러므로 (富가) 있고 없는 것을 떠나서 자기 목숨을 담보로 하는 어떠한 종교단체도 존재 할 수 없을 것입니다. 다행히도 유불선儒佛仙 삼도三道의 공존을 지향하는 동양권에서는 이러한 사실은 있을 수 없습니다.

2. 소승적 차원

저명한 물리학자인 아인슈타인은 상대성 원리相對性原理로 원자탄 제조에 큰 공헌을 한 바가 있습니다. 그러나 원래 상대성 원리란 음양陰陽의 원리를 말함이요 이기론理氣論과 화수火水를 말함인데 서구적인 상대성 이론이란 기氣쪽 물리物理로 치우쳐 있는 것이 사실입니다. 그러다 보니 양면성인 50% 대 50%의 비례로 마음을 써야 정도正道일 터인데 그렇게 하지 못하고 선진국가에서는 40% 대 60%로 물질에 보다 많은 비중을 두고 물질 위주로 마음을 써왔습니다. 그리하여 공기와 물이 오염되어 결국 "너 죽고 나 죽자"는 식이 되어 인류는 비록 테러가 아니너라도 자멸自滅하는 위험수위危險水位에 와 있다는 사실을 깨닫지 못하고 있습니다.

그런 까닭에 내 마음 속에 잘못을 성찰省察하고 제어制御할 수 있는 주인공이 따로 있는 사실을 누가 알겠습니까? 재삼 말하거니와 음양陰陽의 원리란 화수火水를 말함인데, 이는 네가 있어야 내가 있고 내가 없으면 너도 없다는 원리이고, 또한 서로 떨어지면 너도 죽고 나도 죽고 너무 가까이 붙어도 너 죽고 나 죽으며 중中을 두고 화합을 하면 너도 살고 나도 산다는 것을 말합니다. 내가 나의 실상實相을 말하는데도 이와 같이 말로 표현하기가 어려운데 더욱이 이 속을 누가 알겠습니까? 미국이나 아프가니스탄에 자기를 아는 사람이 단 한 사람이라도 있다면 극단적인 전쟁만은 피할 수가 있다고 생각합니다. 참으로 안타까운 일이 아닐 수가 없습니다.

부처의 마음이 중생의 마음이요 영계靈界의 마음이 중생의 마음과 둘이 아닌지라 삼위일체三位一體라고 말해야 되는 까닭에, 이는 내 마음의 체體와 용用의 삼위일체와 같다고 말 할 수 있습니다.

우주의 순환원리循環原理란 언제나 제자리로 돌아가는 것이 그 원리이기 때문에 설사 어떠한 일이 벌어진다고 해도 걱정할 것이 아무것도 없습니다. 우주의 성주괴공成住壞空과 흥망성쇠興亡盛衰 그리고 생사生死도 모두 순환원리이기 때문입니다. 안보살 마음이 편해지면 세상이 편해지는 것을 알기에 드리는 말씀입니다.

이는 마음이 에너지의 근본이기 때문이며, 중국의 요순시대堯舜時代에는 100년 동안 사회가 안정이 되고 자연도 스스로가 알아서 풍년豊年이 들었다고 하는 것은 그 증거라고 하겠습니다.

공자가 죽어야 나라가 산다는 말의 뜻은?

　　유교儒敎에서는 효도孝道를 "백행百行의 근원根源"이라고 말합니다. 그런데 도올 김용옥 교수는 『TV 논어 강의』에서 말하기를 "공자孔子가 죽어야 나라가 산다는 어느 학자의 말은 말이 안될 소리이다"라고 하면서, "공자는 무당의 자식으로 태어났으며 젊어서 세 번이나 이혼을 한 사실이 있다"고 하였습니다. 또 "논어에는 효孝에 대한 글은 없다"고 하였으며 "공자가 제자들에게 효도孝道를 하라고 설설說한 사실도 없다"고 하였습니다. 또한 "유교는 우리나라에 와서 조선시대에 다산茶山 정약용鄭若鏞이 망쳐 놓았다"고 하며 "나는 공자孔子님 사상을 바로 전하기 위해 이 자리에 섰다"고 말을 하였습니다.

　　제 말은 학자님들의 말씀에 시시비비是是非非를 가리자는 것이 아닙니다. 더구나 도올 김용옥 교수는 천안天安 사람이고 저하고도 잘 아는 사람입니다. 단지 여러 도반님들이 이 문제에 대한 질문을 많이 하셔서 저의 소신을 말해볼까 합니다.

　　중생심衆生心에서는 마음의 그릇容器이 정해져 있는지라 큰 그릇은 크게 말하고 작은 그릇은 작게 말하며 살아갑니다. 그러므로 대승적大乘的인 차원에서 보면 무슨 말을 할지라도 옳은 것으로 알아야 될 것입니다. 더욱이 마음은 양면성兩面性인지라 양극兩極 중에 단편만을 쓰다 보니 "반半은 버리고 반半만 쓴다"고 하여 이것을 소승小乘이라고 말합니다. 다시 말해서 선善과 악惡이 둘이 아니고 하나인데도 중생심에서는 선善은 취하고 악惡은 버립니다. 그래서 소승小乘이라고 합니다.

효孝를 진실로 아는 사람은 마음의 당처에 효孝라는 관념이 없는 사람이므로 효孝를 모르는 사람입니다. 그리고 생활 속에서 효를 실천하기에 남들이 그 행行을 보고 효자孝子라고 말하지만 정작 본인은 효자孝子라는 말을 듣기 싫어합니다. 불가에서는 인연설因緣說을 주장하기에 "콩 심은데 콩 나오고, 팥 심은데 팥 나온다"고 말합니다. 그러나 내가 나를 초월하면 인과因果도 부정否定하고 효孝마저도 모릅니다.

예로부터 효도孝道의 대표적인 인물로는 중국의 순舜 임금과 육조대사六祖大師를 들었습니다. 순 임금께서는 어렸을 때 아버지가 돌아가시자 옹기장사와 소금장사로 끼니를 이어가면서도 엄한 계모의 꾸지람에 절대순종大順 하였다고 합니다. 그의 지극至極한 효심孝心은 마침내 전국민이 다 알게 되어 임금으로 추대가 되었고 나라에서는 세금을 받지 않는데도 죽은 후의 극락極樂이 아니라 이승에 극락정토極樂淨土와 태평성대太平聖代를 이루었습니다. 그리고 순 임금의 효심은 영원한 빛이 되어 요순시대堯舜時代의 찬란한 업적과 더불어 지금까지도 우리 가슴속에 생생하게 살아 숨쉬고 있습니다. 그러니 어찌 효孝는 백행百行의 근원根源이 아니라고 말할 수 있겠습니까?

순舜은 임금이 되어서도 거의 한방에서 어머니와 침식을 같이 하셨다고 하며, 정사政事도 어려운 문제는 어머니께 물어서 자문을 받았다고 합니다. 그 효심孝心에 감동이 된 어머니는 일자무식 이었으나 어깨 너머로 배워서 고대의 경전經典을 통달하였다고 합니다. 이렇듯 "그 아들에 그 어머니"로 변하는 것을 보면 효孝란 천지天地가 알아주는 진리이며 이것이 바로 대효大孝라고 본인은 믿고 싶습니다.

순 임금의 어머니는 아들에게 다음 세가지 중에 어떤 임금이 되겠느냐고 물었다고 합니다. 첫째 법法을 제정하고 법대로 나라를 다스린다. 둘째 민의民意를 잘 알기 위해 임금이 직접 지방까지 가서 확인을 하고 선정을 베푼다. 셋째 국민 앞에 나타나지 않고 "함이 없이(無爲)" 다스린다.

이 중에서 순舜 임금께서는 세 번째를 택하셨는데 그 즉시 하늘에서는 신선神仙들이 수없이 내려와서 축복祝福을 해주었다고 합니다. (이는 현대 과학적으로 말하면 생태에너지의 변화를 표현한 것입니다.) 이것은 무위법無爲法 무상법無相法, 무심법無心法 불이법不二法을 말하며 음양陰陽의 원리를 말하는 것이고 진리眞理의 마음을 드러내 보이고 있는 것인데, 이 속을 어느 누가 알겠습니까?

이와 같이 참된 효심孝心이란 내 마음을 인욕忍辱하고 극기克己가 되어 내가 나를 이긴 자가 되면 천하를 얻는 자가 되기에 부모의 마음과 상통相通함을 말합니다. 다시 말해서 상대적이고 관념적인 효가 아니라 상대를 떠난 절대적絶對的인 효를 말합니다.

아무리 좋았던 요순시대라도 점차 인구가 늘어나고 세상은 머무를 수 없으므로 한 시대가 지나가면 정신문화와 도덕성이 해이해지게 되어 마침내 약육강식의 춘추시대가 도래하는 것은 당연한 역사적 과정입니다. 질서가 무너져서 사회가 혼란에 빠지게 되면 악惡이 득세하게 되는데, 그 악과 대립對立하기 위해서 극선極善인 노사老子와 공자孔子같은 성현께서 현현顯現하신 것은 우연이 아니라고 생각합니다. 그리고 당시에 공자孔子님의 제자가 3,000명이었다는 것은 엄청난 숫자이며 이는 대각大覺을 이루신 대성현大聖賢임을 입증하는 것으로 믿어집니다.

그런데 평상심平常心이 도심道心이라고 말하듯이 도심이란 미래도 아니요 과거도 아니요 체험을 통해 오로지 깨친 현재심現在心을 말합니다. 따라서 현재의 깨친 내 마음을 알면 현재심現在心에 삼세三世(過去 現在 未來)가 연결되어 있는지라 삼세三世가 내 마음과 통하고 보면 사고思考로 공자를 이러쿵 저러쿵 말하는 것은 옳은 논리가 아님을 알게 될 것입니다.

흔히 선방에서는 선사들이 살불살조殺佛殺祖하라고 대중들에게 지도를 합니다. 이 말은 부처를 찾는 그 마음과 조사를 믿고 따르는 그 마음은 망상妄相이니 그 마음을 죽이고 오직 네 마음을 갈고 닦는 것이 선법禪法이라는 것입니다. 즉, 밖外으로 구하지 말고 안內으로 (즉, 마음 속으로) 내관내조內觀內照하라는 말입니다. 물론 공자님은 대성현이신지라 공자님의 마음은 법法이요 말씀은 교敎이기에 지도가 가능하다고들 하지만, 마음은 지도가 불가능한 것으로 압니다. "논어論語라는 책은 진리眞理가 아니고 공자님의 말씀일 뿐이니 따라가지 말라"는 말을 학생들이 이해理解하기는 쉽지 않을 것이기 때문입니다.

선법禪法에서 말하기를 중생심을 깨치고 보면 마음의 당처에는 과거過去의 업장業障이 존재하지 않는다고 합니다. 그리하여 해탈解脫이라고 말합니다. 현재 공자님의 제자들과 논어를 연구하는 학도들이 공연히 공자님의 과거의 일로 혹시 마음의 상처를 받을까 걱정이 됩니다.

"부모가 죽으면 청산靑山에 묻고 자식이 죽으면 부모 가슴에 묻는다"고 하는데 이것이 바로 부모의 마음이 아닐까요? 부모는 자식이 잘 되기만을 바랄 뿐이지 효孝하기를 바라는 부모는 이 세상에 하나도 없는 것으로 압니다. 인생이란 네 인생 네가 살고 내 인생 내가 살아갈 뿐이며 누구도 대신 살아줄 수가 없기 때문입니다.

　중세기中世紀 초初 불교의 중흥조로 일컬어지는 혜능慧能 육조대사六祖大師는 편모 슬하에서 어린 몸으로 나무장사를 해서 끼니를 꾸려 갔는데, 어머니에 대한 효행孝行은 너무도 유명해서 동양문화권에서는 지금까지도 정신문화精神文化의 귀감龜鑑이 되고 있습니다. 혜능慧能은 일자무식一字無識이었으나 나무 지게를 지고 서당을 지나다가 글 읽는 소리를 듣고 크게 깨쳤다고 합니다. "응무소주이생기지심應無所住而生起之心"은 유명한 육조대사의 화두話頭인데, 지금도 많은 선객禪客들이 이 화두에 사무쳐서 공부하고 있는 것으로 압니다.

　도올 김용옥 교수는 참으로 공부를 많이 하신 교수중의 교수입니다. 그러나 옥玉에 티를 가리라고 한다면 수행修行이 부족한지라 강의 중에 아상我相이 튀어나와 본체本體가 흐려지는 것을 본인이 느끼지 못한다는 점일 것입니다. 아무리 많이 알아도 아는 것은 지식知識이요 철학哲學일 뿐인지라 내가 나를 아는 것만은 못합니다.

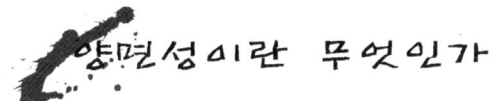

양면성이란 무엇인가

요즈음 사회가 하도 혼탁混濁하다 보니 인심人心이 각박하고 도덕심道德心이 해이해져서 눈을 뜨고도 코를 베어가는 세상이라고 말하며, 오늘날 종교단체宗教團體의 타락은 결국 전쟁戰爭으로 이어져 지구상의 인류는 초조 불안의 공포증恐怖症은 물론 빈곤과 원망 속에 살아간다고 합니다.

이와 같이 중생심衆生心이란 상대적인 관념에 서서 말을 하기에 그 원인을 말할 때 주관적主觀的인 내 마음 안에서 찾으려 하지 않고 밖으로 타인他人·남의 나라·종교단체 등으로 눈을 돌려 원인을 찾다 보니 국론國論은 분열되고 사회는 더욱 혼란 속으로 빠지게 마련입니다.

그래서 저는 성리학적性理學的 측면에서 이러한 문제들을 근본적으로 말해볼까 합니다.

오늘날은 자연自然이나 우주宇宙까지도 그 실체를 물리적으로 보고(見) 원리原理에 접근하여 설명이 가능하지만, 살아있는 이발기발理發氣發의 주체인 내가 물리적으로 정신적으로 양변兩邊을 동시에 드러내어서 생명生命의 실상實狀을 설명하기란 자벌레(寸蟲)가 지구를 돌기보다도 어려운 일이 아닐 수 없습니다.

왜냐하면 도심道心이란 과거도 아니오 미래도 아니오 오로지 살아있는 나我의 현재심現在心이 새로워지는 것을 말하기 때문입니다. 그래서 지구상 60억 인구의 실상實狀도 사람을 보는 것이 아니라 전체의 마음(중생심)을 정확히 성찰省察해야 하며 그렇지 못하면 중생심을 바로잡아 세상을 변화시킬 수가 없기 때문입니다. 예를 들어 작은 집을 짓거나 물건을 만들 때도 설계도設計圖와 내역서內譯書가 있어야 타인도 그 일을 할 수가 있듯이, 내가 나의 마음을 알면 마음과 육신肉身의 상호작용과 자연계와 우주의 연대連帶를 알게 되어 중생심을 바로잡을 수 있는 처방處方이 나올 수 있는 것이 당연한 이치가 아닌가 생각합니다.

불가佛家에는 "생사生死가 곧 열반涅槃"이라는 말이 있는데 이는 생사를 바로 알면 이것이 곧 깨달음이라는 말입니다. 중생들은 생사 중에 생生의 단편만을 바라보고 살아가며 사死에 대해서는 아예 잊어버리고 살기 때문에 몸에 조금만 통증痛症이 와도 죽을까 두려워서 벌벌 떨고 공포증恐怖症에 매어 살아갑니다. 그러나 우리 선객禪客들에게는 삶 자체가 문제가 아닙니다. 죽음이란 곧 새롭게 다시 태어남이요 태어나고 안태어남의 원인과 영혼靈魂의 이기理氣의 작용을 아는지라 죽음에 대해서 더 관심觀心을 갖게 마련이며, 관심觀心을 더 갖는다는 말은 자업자득自業自得의 원리를 알기에 관심 밖의 무심無心과도 통합니다. 이것도 역시 양면성兩面性이기에 음양陰陽의 원리와 같이 두 가닥이 아니면 생명生命이 살지 못하고 돌아가지 못합니다.

도인道人들은 말하기를 작금昨今의 사회가 축생심畜生心으로 변해서 이렇게 어지러운 것은 영계靈界가 썩어서 그렇다고 합니다. 그것도 그럴 수 밖에 없는 것이 태양 빛이 아무리 밝아도 구름이 끼거나 밤이 되면 빛을 발하지 못해 세상이 캄캄하듯이, 영계靈界 또한 위대하신 부처님 하나님 성현聖賢님 조상祖上님이 밝으신 지혜智慧의 빛을 내려주신다 하더라도 사람이 죽으면 육신은 사대四

大(地,水,火,風)로 돌아가고, 살아 생전生前의 선악을 떠나 영靈(佛性)은 근본자리로 돌아가며, 혼魂은 마음 씀의 찌꺼기인지라 선악善惡의 고저高低에 따라 땅속 불속 물속 지구의 표면은 물론 허공虛空과 중생심까지도 파고들어서, 악업惡業은 탁기濁氣를 조장하고 선업善業은 생명을 연장延長하는데 혈안이 되어 천지天地 기운마저도 좌지우지하게 됩니다. 그러니 영계靈界에 대한 도인道人의 혹평酷評도 당연한 일입니다. 그러나 천상에 계시는 부처님들은 육신이 없어서 이 발기발이 불가능한지라 중생의 제도濟度가 불가능하며, 그런 까닭에 살아있는 중생심에서 깨달음을 얻는 자를 필요로 하는 것입니다.

수자修者들은 흔히 말하기를 부처와 중생이 둘이 아니오, 선악善惡이 둘이 아니오, 깨달음과 번뇌가 둘이 아니오, 유有와 무無가 둘이 아니오, 너와 내가 둘이 아니오, 상相과 비상非相이 둘이 아니라고 합니다. 그리고 극대극極對極의 양변을 동시에 드러내면서 불교佛敎는 일체유심조一切唯心造라고 말하고 또한 선사禪師들은 궁극의 목적을 무념無念 무상無相 무심無心에 두라고 말하는데, 이 말을 중생심에서 보면 동문서답東問西答으로 도대체 말이 안 된다고 할 것입니다.

그러나 열린 마음에서 보면 말이 안 된다는 말을 포함해서 어떠한 말을 할지라도 다 옳다고 말하고 긍정肯定으로 받아들여야 되는데, 이는 내(我)가 철저히 없으면 받아들일 것조차도 없을 것인즉 느낌조차도 없을 것이니 마치 길가에 세워진 장승과도 같이 속이 없어서 그저 마음이 편할 따름이라고나 할까요? 이와 같이 양면성兩面性이란 음양의 원리를 말하기에 극대극極對極의 모순된 원리이면서도 "내가 있어야 너도 살고 네가 없으면 나도 살수 없다"는 절대絶對이면서 공조체제共助體制를 말하는지라, 이것을 나의 생명의 실상이라 말합니다. 이와 같이 도심道心이란 말하기도 어렵고 뜻으로 새겨서 이해하기란 더욱더 어려운 것으로 압니다.

둘이 아니라(不二)는 말은 둘이면서 하나요 하나이면서 둘이라는 말입니다. 그런데 이는 하나의 생명작용生命作用이기 때문에 나의 이발기발로 살아가는 나(衆生)의 진면목을 말하고 있는 것입니다. 반야심경에 "색즉시공色卽是空 공즉시색空卽是色"이라는 부처님 말씀이 나오는데, 이것도 알고 보면 불이不二를 말하고 있는지라 양면성에 지나지 않으며 이 구절 하나가 핵이 되어 팔만대장경八萬大藏經의 모습으로 세상에 드러난 것으로 압니다. 사람이 축생畜生과 다른 것은 사람은 양면성을 의식意識으로 만들어 쌓으면 공空이 에너지로 변해서 천지만물을 창조하게 되기 때문입니다.

마음을 대상對相에 쓰는 것을 "소승小乘"이라고 말하고 중생심이라고도 말하는데, 선善과 악惡을 가려서 분별하며 마음을 목적에 쓰기에 욕구불만과 부득고不得苦로 마음이 편할 수가 없습니다. 그러나 마음을 안(內)으로 밝혀서 닦고 수행修行하는 사람은 목적이 있을 수가 없으며, 굳이 목표가 있다면 부처가 되고 깨달음을 얻기 위함이 아니라 망상妄相을 제거해서 자아완성自我完成에 초점을 두다 보니 욕심慾心이 없어지고 마음이 평등지平等智가 되어 희열喜悅과 자비심慈悲心으로 충만해지는지라, 이것을 "대승大乘"이라고 말합니다.

재삼 말하거니와 윗물이 맑아야 아랫물이 맑듯이 영계靈界가 맑아야 우리 중생계衆生界가 맑아지는 것은 마음이 근본根本이기에 너무나 당연한 일입니다. 그리고 중생 없이는 부처가 나올 수 없는지라 부처는 중생을 어머니로 알고 지극한 효심孝心으로 모실 것이며 부처에게 "누가 부처냐"고 질문을 하면 "그야 당연히 중생이 부처"라고 말할 것입니다. 아무리 악한 어머니(衆生)라 할지라도 부처가 된 마음으로 지극정성至極精誠 효심孝心을 다하면 중생이 변하지 않을 수가 있겠습니까? 강철도 녹지 않을 수가 없습니다.

참 부처의 마음이란 이理(慈悲)와 기氣(能力)의 상통으로 아我를 초월해서 분별지分別智가 없는 것을 말함인데, 이러한 마음에는 어떠한 부처님도 하나님도 거부를 하지 못하고 찬동贊同하실 것인즉 어찌 신장神將들이 지구를 덮고 천지天地의 에너지와 중생衆生들 마음을 혼란케 할 수가 있으리요. 여기에 대처對處 방안으로는 오로지 우리 선방禪房에 모이시는 도반道伴님들의 합친 선지禪智의 힘이 필요합니다. 혹시 80노인이 죽을 때가 되어서 치매현상으로 마음이 헤까닥 하여 뚱딴지 같은 소리를 한다고 비웃는 사람이 있을지 모르나, 이것이 저의 마지막 소망이요 갈 길입니다.

한 가지 제가 분명할 것으로 믿는 것은 우리나라가 앞으로 세계의 중심국가中心國家가 되어 세계에서 으뜸가는 나라로 발전해서 남의 나라가 우러러보는 나라로 크게 성장成長할 것이라는 것입니다. 이것도 우리 도반님들의 원인原因과 무관無關하지 않다는 것입니다.

끝으로 제가 도반님들에게 강조하고 싶은 것은 지옥地獄과 천당天堂이 따로 존재하는 것이 아니라 죽어도 현재심現在心의 연장延長이기에 나의 마음 밖에 지옥이 따로 있을 수가 없습니다. 욕심이 많아서 재산을 모으기 위해 남에게 악행惡行을 하고 도적질을 하고 덕德이 없어서 구업口業을 많이 지은 사람은, 사람의 마음 속에 양심良心이라는 것이 있기에 항시 마음에 초조, 불안, 공포심恐怖心이 일어나서 잠을 이루지 못하고 여러 가지 망상妄相이 일어나서 지옥을 스스로가 만들고 고苦 속에 빠져 살게 마련입니다.

반면에 재산은 없어도 가족끼리 화목和睦하고 남의 사정을 이해하고 어려울 때 남을 도울 줄 알며 남의 신세를 지지않고 내 힘으로 살아가며 부모에게 효도孝道하고 조상을 지극히 섬길 줄 아는 사람은 죽을 때까지 건강하고 장수長壽하며 오복五福을 마음껏 누리니, 이것이 곧 살아있는 천당天堂이 아니고 무엇이겠습니까? 이와 같이 하늘에서 내려주는 것이 아니라 모든 것이 내가 하고 내가 받는 자업자득自業自得입니다.

  아무리 악업惡業을 많이 지었다 하더라도 7일간 잠을 자지 않고 숨을 2분 30초간 자유롭게 끊고 정진精進이 가능하면 중생심衆生心이 열려서 열반涅槃에 들 수가 있습니다.

 書信

4월 17일 서울에서 오신 이씨 한테서 소식消息은 잘 전해 들었습니다.
지리산智異山에 가서서 공부를 하시고 돌아오셨다고요. 참 잘하셨습니다.

도道 공부에 대對한 질문質問인데, 본인本人은 자기주체성自己主體性의 절대화絶對化를 위해서 부처님 말씀이나 도서道書 경전經典을 부정하며 오로지 선지禪智에 의한 자기체험自己體驗을 전제로 마음을 드러내는지라, 과거의 성현聖賢들 말씀이나 부처님 말씀하고 맞고 안 맞는 우열에는 관심이 없는 것은 아무리 위대하신 진리眞理의 말씀이라 하더라도 중생衆生들의 현재심現在心이란 2,500년이 지난 과거의 도서道書 나 경전經典을 설說해서 제도濟度하기란 무리無理가 따르게 마련이며, 더욱이 영계靈界에서는 육신肉身이 없는지라 이발기발리발기발理發氣發이 불가不可해서 중생심衆生心을 직접 통通할 길이 없기 때문입니다.

부처가 태어나는 정토靜土가 중생심衆生心(살아있는)이고, 중생심에서 부처가 태어나면 중생衆生을 어머니로 알고 효심孝心을 다하고 희생犧牲할 줄 아는 것이 부처의 마음이라고 한다면, 희생犧牲이란 나我를 초월한 자비심慈悲心에서 비롯되는지라 글이나 말로서 되는 것이 아니며 오로지 수행차원修行次元에서 얻어지는 까닭에 증득證得을 말하며 단지 체험담體驗談만을 말할 뿐입니다.

도심道心에는 목적目的이 없으니 분별지分別知란 있을 수가 없고, 한가지 분명한 것은 자비慈悲로움에 찬 무위행無爲行을 하는지라 행행에 대해서 양심良心의 가책呵責을 받지 않는 까닭에 2,500년 전에 말씀하신 성현 부처님 하나님 말씀에 어긋나고 어긋나지않는다는 마음의 결과론決果論에 대해서는 내가 개의할 문제가 아니라는 것입니다.

참된 선지禪智란 나를 믿는(信) 것이지 부처를 믿고 하나님을 믿고 따라가는 것이 아니기에 살불살조殺佛殺祖를 말하며, 공부에 인연이 없는 사람은 주체성主體性이 허약한지라 남의 살림살이 중에서 옳고 그른 것을 따지기 위해서 책을 뒤지는데 이런 사람은 깨치기는커녕 주체성 확립이 절대로 불가능한데 선禪이란 내관내조內觀內照해서 마음 안(內)으로 찾는 것이지 마음 밖으로 찾는 것은 사도邪道이기 때문입니다.

제가 1970년도 병고로 계룡산鷄龍山을 찾기 전前에는 내 생명生命이란 물과 밥(後天氣)만을 먹으면 살아가는 줄 알았는데 깨치고 보니 나의 주식主食은 공기空氣(先天氣)였으며, 육신肉身은 후천기에 의지해 살고 마음은 선천기에 의지해 살아가는지라 나의 생명은 둘이면서도 하나요 하나이면서 둘인데, 이것이 음양陰陽의 원리原理요 이기理氣요 보살菩薩과 신장神將의 작용作用을 말하는지라 이것이 내가 살아서 이발기발理發氣發로 살아가는 나(衆生)의 생명生命의 실상實狀(진면목)이라고 하겠습니다.

그런 까닭에 내가 죽으면 육신은 지수화풍地水火風으로 돌아가고 마음 중 영靈은 근본根本자리로 귀합하고 혼魂은 상념想念의 찌꺼기 인지라 수행修行의 고지高低에 따라 천지기운天地氣運 중 어디에서나 포함包含되어 있게 마련인데, 한가지 분명한 것은 내가 살아있을 때 이발理發 50% 기발氣發 50%가 되어 공부가 된 만치 중생심衆生心을 다스릴 수가 있는 것이지(無爲法) 육신이 없으면 영

靈만으로는 중생제도衆生濟度가 불가不可하다는 것을 알아야 됩니다.

　내가 말하는 공부방법은 성명쌍수性命雙修를 말함인데, 수마睡魔에서 조복調伏은 욕심慾心에서 벗어남이요, 식식(숨)을 끊는다는 것은 나의 생명生命은 두 가닥인지라 극대극(+, -)의 충돌을 시켜서 하나로 통通하고 공空의 실상實狀을 깨닫는 것입니다. (我에서 벗어나면 이 方法이 必要치 않음)

관심觀心과 무심無心 / 반야심경해설

 옛날부터 도서道書나 경문經文이란 부처님 하나님 성현聖賢님들의 진리眞理에 대한 말씀인지라 양면성兩面性(陰陽, 理氣, 菩薩과 神長, 善惡)을 원론적原論的으로 드러내서 말하고 있으니 아무리 읽어도 마음이 열린 사람이 아니고는 이해하기가 참으로 어려운 것으로 압니다. 예를 들어 열린 마음에서 보면 내(我)가 없는지라 분별지分別知란 있을 수가 없어서 이런 사람은 "부처와 중생이 둘이 아니오" "너와 나가 둘이 아니오" "선악이 둘이 아니오"라고 말을 하니, 중생심은 상대적 관념(相對的 觀念)에서 살아가는지라 절대적 무상심(絶對的 無相心)에서 살아가는 사람의 말을 어느 누가 이해 할 수 있으리요. 그래서 일전에 불교지도자와 원로들을 만났을 때 반야심경般若心經을 제 나름대로 본인本人의 체험體驗을 통해서 말한 적이 있기에, 혹시 도반님들의 이해에 참고가 되실까 하여 글로 옮겨 보았습니다.

 도심道心이란 모름지기 알기 전前이어서 아는 것이 아니며, 중생심에서 보면 "내가 있으니 네가 있고 내가 없으면 너도 없고 우주도 없다."하여 "색즉시공色卽是空 공즉시색空卽是色"을 말하고 있으나, 이것은 오온개공五蘊開空을 통통하고 고苦를 증득證得한 사람만이 글자를 아는 것이 아닌 그 속뜻을 드러낼 수가 있습니다. 다시 말해 아는 것이 아니기 때문입니다.

단지 열린 사람만이 안다는 것은 공부하기 전에 본인이 중생심衆生心으로 살아온 잘못된 고苦의 실상을 근원적根源的으로 알게 되는 것인데, 내(我)가 없는 판국이니 생사生死가 어디에 따로 존재할 수 있겠습니까? 과거에는 이 사실을 모르고 삶(生)에 대한 집착執着만을 하다 보니 망아妄我가 주인공主人公이 되어 무명無明에 가려져서 현재심을 지옥고地獄苦로 만들고 자기自己가 자기自己를 가두고 있는 것도 모르고 지옥地獄을 살아온 것입니다.

제가 과거에 살던 모습을 돌이켜 보면, 과거에는 오온五蘊의 순서에 의依해 머리 속에 쌓고 머리 속에서 한 생각이 일어나서 바깥경계에 접하면 마음에서 받아(受)드리고 행동으로 이어져 무엇인가를 이루게 되는 것을 알고 있었으나, 지금은 상相과 비상非相이 하나가 되어 상통相通되었으니 마음의 양변兩邊을 단편單編으로 따로따로 쓸 필요가 없다는 것입니다. 다시 말해서 내 마음을 쓸 때 어느 때는 자비심慈悲心만을 쓰고 어느 때는 악한마음만을 쓰는 것이 아니라, 무심無心을 쓰는 사람은 욕심이 없어서 목적이 없는 전체에 쓰여지다 보니 중생심의 잣대로 재어보아도 선악의 차원에서 선善 50%악惡 50%로 결과가 같은지라 이것을 불이법不二法이라고 말합니다.

내가 어머니 배속에 있을 때는 탯줄을 통해서 에너지(후천기)를 받고 살아가는데 맥박이 뛴다는 것은 내 육신인 제 2 생명이 살아있다는 증거이고, 내가 10개월 만에 "아!" 하고 고고성을 지르고 세상에 태어나면 선천기(空氣)를 먹어야 살아갈 수가 있는지라 허파로 숨을 쉬는 것은 나의 제 1 생명이 살아있다는 증거이며, 음식은 6개월을 끊어도 살 수가 있으나 숨은 1~2분만 끊어도 즉사卽死하게 되며 숨하고 의식意識은 직결되어 있는지라 그래서 내 생명의 삶이란 근원에서 볼 때는 하나라고 말할 수 있으나 생명의 작용으로 볼 때는 둘이라고 말합니다.

육신肉身(眼耳鼻舌身)의 작용을 기氣로 보고 숨(호흡)은 의식意識하고 직결되어 있는지라 이理라고 말하며, 그래서 살아있는 나의 실상이란 이발기발理發氣發로 지구를 밟고 우주를 머리로 떠받치고 있으니 살아있는 나의 실상을 제쳐놓고 위대함이 따로 존재할 수 있겠습니까? 석가釋迦만이 천상천하유아독존天上天下唯我獨存이 아니라는 것입니다.

제가 육신을 부처로 알고 지극정성으로 섬기는 것도 그 이유의 하나이며, 중생심이 없다면 공부가 불가능하고 공부가 이루어졌다 하더라도 머무를 곳(肉身)이 없다면 무슨 소용이 있겠습니까? 그래서 저는 도반들에게 말하기를 부처를 찾지 말고 중생을 부처로 모시면 저절로 부처가 된다고 말합니다. 어느 선사禪師가 말하기를 "상相을 상相으로 제대로 볼 줄 알면 이것이 곧 깨달음이다 (부처라는 말)"라고 했는데 이는 "색즉시공 공즉시색" 같이 저절로 부처가 돼 있다는 말인지라 이것을 뒤집어 말한다면 같은 말입니다. 마음의 당처에는 안팎이 없기 때문입니다.

이렇게 알기 쉽게 설명을 해도 알아듣기가 어렵다고 말합니다. 그럴 수 밖에 없는 것은 중생심에서는 육근六根(眼耳鼻舌身意)에 끌려 맑은 마음이 망상妄相으로 가리어져서 눈을 뜨고도 눈이 먼 맹인盲人과 같이 살아가기 때문입니다. 육근 중에도 눈(眼)과 귀(耳)가 제일 문제가 됩니다.

내 마음을 열고 보면 과거에 내가 세상을 살아오는데 거꾸로(정반대로) 살아온 것을 반성反省하게 되는데, 그 중에서도 눈과 귀는 나의 명령에 따르지 않고 이것이 주인공主人公 노릇을 해왔다는 것입니다. 왜냐하면 보고 듣는 것은 마음의 소관이며 눈과 귀는 마음의 보초병에 지나지 않는데도 겉(外皮)을 보고 들어도 전체를 보고 들어서 확실하다고 나(主人公)에게 보고를 하니 나는 이것을 믿고 살아왔기 때문입니다. 그러나 정신을 차리고 보니 바깥세계의 만상萬相은 내가 만들고 나의 분별지分別知에 의해 갈라(分割)놓고, 그 많은 상相을 머리 속에 집어넣어서 이것을 헤아리고 챙기다 보니 속만 썩이고 내가 죽을 때 들고 갈 것은 아무것도 없는데도 망상妄相에 사로잡혀 내가 나에게 속아서 지옥고地獄苦에 갇혀서 살아온 것을 알게 된 것입니다. 그래서 선사禪師들은 "육근六根이란 망상을 만들어내는 도적盜賊이요 그 중에서도 눈과 귀는 강도强盜에 해당하니, 이 두 가지 출입문만을 지켜도 내가 나를 정복하는데 80%는 얻고 들어간다."고 말합니다.

재삼 말하거니와, 출입문을 지키라는 말은 시각視覺과 청각聽覺은 겉을 알아 볼 뿐 속을 보지 못하는데 어찌 원인을 알 것이며, 더욱이 도심道心이란 선악善惡이 둘이 아니라고 말하며 악惡을 버리지 않고 자비로 감싸서 선善으로 변화시키거늘 하물며 눈과 귀가 상相과 비상非相의 오의奧義를 어찌 알 것인가를 항상 인지認知하라는 말입니다.

그렇다면 "장님이나 귀머거리는 아예 보지 못하고 듣지 못하니 도인道人으로 보아야 됩니까?"라는 질문質問을 받은 적이 있는데 이것은 전생금생前生今生에 이르기까지 자업자득自業自得의 인과因果의 소치인지라 어쩔 수가 없기에 차원이 다르며, 그리고 여기에서 벗어나려면 마음을 닦고 수행을 해야 되는데 우리나라에서는 한 사람도 없으나 미국에서는 헬렌켈러 여사가 있었습니다. 이 분은 두 가지를 다 잃었는데도 수도修道를 통해서 마음을 열어 아이들을 매개체媒介體로 삼아서 알아듣고 말도 하였으며, 6.25전쟁 전에 우리나라에도 오신 적이 있었으며 미국으로 돌아가실 때 "우리나라에서 전쟁이 터질 것"이라고 한 예언은 너무나도 유명합니다.

제가 누차 말했듯이, 공부하기 전에는 내가 산다는 것은 물水과 음식을 먹고 사는지라 이 두 가지만 있으면 살아갈 수가 있다고 생각하고 살아왔는데 공부를 하고 보니 물과 음식은 부식副食이요 공기酸素가 주식主食이라는 것을 모르고 살아왔으며, 다시 생각을 해보니 우주宇宙란 공空이 생기고 나서 기氣가 따르고 기氣가 생기고 나서 양극兩極의 화수火水가 갈라지고 이 음양陰陽은 다시 오행五行으로 갈라져서 삼라만상森羅萬相을 이루었는데, 이 원리原理를 알게 된 것은 하늘입니까 땅입니까 아니면 신神이란 말입니까?

더욱이 공空의 실체實體란 비고 또 빈 진공眞空이 공空의 모체母體인데, 아시다시피 우주공간宇宙空間에는 에너지로 꽉 차 있으니 진공자리가 있을 수가 없는 것은 에너지는 빈곳을 채우러 흘러가는지라 빈곳이란 있을 수가 없는데, 마음을 비우면 진공眞空과 통한다는 것입니다.

제가 말하는 것은 자연계自然界나 우주관宇宙觀에 대한 아집我執과 사견私見을 논論하는 것은 선지禪智에 도움이 되지않는다는 것을 잘 알면서도 굳이 자기 뜻志을 말하는 것은, 2,500년이 지난 오늘에 이르기까지 세상世上은 변하는데 불교佛敎는 달라진 것이 없이 기복祈福과 경전해설經典解說에만 급급하다 보니 부처님 위대偉大하신 것만 알지 아我가 멸滅하면 내 마음 편한 것을 알지 못하며, 내가 먼저 변變하여 중생衆生을 위해서 기꺼이 희생犧牲하는 것이 불교佛敎의 참뜻인데도 수행修行에는 관심조차 없어서 스님들이 타락하기 때문입니다.

화엄경華嚴經을 보면 극락세계極樂世界가 펼쳐지는데, 그 현상現狀이야말로 아름다움의 극치인지라 인간의 입으로는 표현이 불가하다고 말했으나 이것은 천상天上에 따로 존재存在하는 것이 아니라 나의 인과因果에 의한 자업자득自業自得이오니 나의 마음 속에 있는 것으로 알고 경배심을 밖外으로 내지 말자는 것입니다.

왜냐하면 공부가 되어 나我에서 초월하고 자기주체성自己主體性의 절대화絶對

化를 이루면 현재심現在心에서 극락極樂을 이루니 죽어서 극락極樂이 아니라 살아서 삼세三世를 극락에 살고 있는 것을 증득證得하고 살아있는 나의 실상의 모습을 바로 알며, 이발기발이발氣發로 나의 생명生命이 음양陰陽의 원리原理의 조화調和 속에 만상萬相을 이루고 있으니 참으로 내가 나를 보고 하도 신비神秘로워서 감탄을 하지 않을 수가 없으며 그래서 살아있는 나의 실상이 위대하다고 말하는데, 내가 살아있는 실상이란 과거도 아니요 미래도 아니기에 도심道心이란 오로지 현재만 존재할 뿐이라고 말합니다. 살아있는 나의 생명체를 바로 알면 과거와 미래가 현재심에 하나로 연결되어 있는지라 금강경에서 과거심불가득過去心不可得 미래심불가득未來心不可得 현재심불가득現在心不可得 이라고 말한 그 속마음을 안다는 것입니다.

이것은 깨친 사람의 마음에서 말하는 것이며 그러나 중생심衆生心에서 볼 때는 정반대正反對로 얻는 것으로 알고 살고 있으니, 대승적大乘的인 관점觀点에서 보면 선악善惡이 둘이 아니라고 말하듯이 불가득不可得과 가득可得이 둘이 아닌지라 둘 다 옳다고 말을 해야 되는데 현재 불가에서는 말하기를 과거심過去心은 이미 지났으니 얻을 것이 없고 미래심未來心은 아직 오지 않았으니 얻을 것이 없다고 전해져 내려오고 있으나, 마음의 당처에서 보면 삼세三世가 있을 수가 없는데 무엇을 얻으며 그 자리는 말조차 붙을 자리가 아닙니다.

경전經典이란 위대하신 부처님 말씀인지라 정법正法이요 진리眞理임에는 틀림이 없으나 2,500년이나 지난 금세기에 와서 과거過去의 틀을 벗어버리고 첨단과학시대에 걸 맞는 불교佛敎로 새롭게 거듭나자는 것입니다. 그러기 위해서는 선방禪房에서 살불살조殺佛殺祖를 가르치듯이 경전經典의 해석解釋을 깎아 내려서 부처님께 오명誤命이 되더라도 수행修行을 바탕으로 불교佛敎가 거듭나서 중생제도衆生濟度에 앞장서자는 것입니다. 그러기 위해서는 우리 불자佛子들이 한 마음이 되어 불교佛敎에 관심觀心을 갖자는 것입니다.

불교佛敎에서 말할 때 선禪쪽은 마음을 비우라고 말하고 교敎쪽은 관심을 가지라고 말하고 있으나 알고 보면 같은 말이니, 도반님들은 왜 같다고 말을 하나 그 속을 알기 위해서라도 의심疑心해 보시기 바랍니다.

부처님 마음을 선禪쪽에서 말할 때에는 이심전심以心傳心이라고 해서 마음에서 마음으로 전할 따름이고, 부처님 말씀을 교敎쪽으로 볼 때는 말이란 망상妄相에서 나온지라 진리眞理를 담은 말과 글이라 할지라도 밖으로 나온 것은 진리眞理가 아니라서 변하게 마련인데, 그러나 교敎가 없었다면 2,500년 동안 불교문화佛敎文化가 이어져 올 수가 없으며 더욱이 중요한 것은 교敎가 없이는 수행방법修行方法을 모르는지라 선도리禪道理의 지도가 불가능不可能한지라 선禪보다도 교敎가 우선이라고 본인本人은 말합니다.

제가 말하는 것은 선종禪宗과 교종敎宗을 분별分別하자는 것이 아닙니다만, 선교禪敎가 둘이 아니라고 하지만 양변兩邊을 파헤치고 보면 이판사판理判事判이라고 해서 진리眞理(부처)의 해석이 근본적根本的으로 다르다 하여 유사이래有史以來로 지금至今에 이르기까지 화합和合이 안되고 대립對立과 갈등으로 얼룩져 온 것도 사실입니다. 그럴 수 밖에 없는 것은 "부처님 말씀"과 "부처님 마음"에서 어느 곳이 다르냐 하는 문제이기 때문입니다.

이러한 문제를 다루는 것은 선종禪宗이고 선지식禪智識의 몫이라고 말하고, 교종敎宗이란 승려들의 "교육敎育과 포교布敎" "사찰寺刹의 운영運營"을 하는지라 신도信徒 없이는 불가능不可能하고, 그래서 선종禪宗은 재정財政 때문에도 교종敎宗을 필요로 하는지라 교종敎宗이 발전해야 선종禪宗이 살아갑니다.

다시 말하거니와 불교佛敎가 발전發展하기 위해서는 돈이 있어야 되고 선종禪宗이 발전發展하기 위해서는 마음을 비워서 무소유無所有가 되어야 하는데, 이것도 극대극極對極의 상대성원리相對性原理를 말함이요, 음양원리陰陽原理, 이기론理氣論, 상相과 비상非相, 선악, 부처와 중생, 하늘과 땅, 화수火水, 승패勝敗, 밤과 낮, 망상妄相과 각지覺智, 너와 나, 저 군중群衆과 이 군중群衆, 이 나라와 저 나라, 강자强者와 약자弱者, 부자富者와 빈자貧者 등 상대성 원리란 정상頂上을 가더라도 제자리 돌아와야 진리眞理인지라, 언제나 상대성 원리란 50% 대 50%가 정도正道입니다. (사람 人자와 같음)

소유所有와 무소유無所有가 둘이 아니요 대승적大乘的인 차원次元에서 보면 하나라는 말입니다.

이와 같이 상대성 원리란 정반대正反對 되는 극대극極對極의 양변兩邊(두 가닥)이 아니고서는 돌아가지 않으며, 나我 자신의 구성요소構成要素를 보더라도 세포細胞 나 팔 다리, 눈 코, 신경선神經線 혈맥선血脈線 까지도 둘씩 대립對立을 하고 있으며, 마음도 선악善惡과 같이 양면성兩面性으로 두 가닥으로 이루어져서 이거다 저거다 분별지分別知로 번뇌망상煩惱妄相을 만들어 머리 속에 입력되어 있으니, 중생심衆生心이란 망상妄相을 내 마음으로 착각을 하고 무명無明한 것조차도 모르며 고苦 속에 갇히어 살아가는 것을 말하는데 얼마나 안타까운 일입니까.

미친 사람(狂人)은 미친 것을 모르며 여기서 벗어난 사람만이 이를 알며 고苦에 대한 지도指導가 가능可能합니다.

제일 큰 고苦란 번뇌망상煩惱妄相이요, 다음은 부득고不得苦, 이별고離別苦, 생사고生死苦, 생노병사 장액고障厄苦, 유전고遺傳苦 등이 있는 것으로 아는데 본인도 암癌 말기末期였으나 수행修行의 선禪 공부 힘으로 약藥도 먹지않고 완치完治가 된 것입니다.

오온五蘊이 개공開空이 된지라 번뇌망상이 발發하지 않는 것을 알았고, 망상이 발發하지 않아서 고苦가 사라진 것을 알았으며, 돌이켜보면 중생심에서 가장 싫어하는 모든 고苦는 고苦가 아니라 지극至極한 극락極樂임을 깨달았습니다. 그러나 내가 만약 낙樂을 낙樂으로 알고 머물러서 고苦의 자각自覺이 흐트러지면 다음에 받는(受) 고苦는 지고至苦가 될 것임을 압니다.

앞에서 말했듯이 교教가 살려면 사찰寺刹의 재정財政이 넉넉해야 되는데 그러기 위해서는 불자佛子(信徒)들이 많이 모여들 수가 있어야 나아질 것입니다. 그러기 위해서는 절에서 스님들이 신도들에게 관심觀心을 얼마나 갖고 있느냐에 달려있는 것으로 압니다. 불교란 자작자수自作自受인지라 염불念佛과 기도祈禱만으로는 어렵습니다. 옛날에 선인先人들의 속담에 "염불에는 관심이 없고 제祭밥에만 관심이 있다."는 말이 있는데, 이 말은 절에서 스님들이 본연의 임무에 충실充實하지 못하다는 말로 해석이 됩니다.

제가 어렸을 때 농촌에서는 스님들이 배낭을 지고 목탁을 치며 탁발을 하러 다니는 사람을 많이 보았으며, 그때 우리 중생衆生들의 느낌은 승복僧服의 먹물옷은 천사天士의 비단옷이요 목탁소리는 천상天上의 음악소리로 들려서 스님을 부처님으로 신성시神聖視하고 경건한 마음으로 예배禮拜를 드리고 천상天上의 도사道師로 맞이 하였으니 설법說法을 하지않아도 공경심과 환희심이 나서 고개 숙이고 따르게 되니 이것이 무위법無爲法이요 무설설無說說이요 스님들의 갈 길이 아니겠습니까? 그리고 아침 새벽에 먼 사찰에서 들려오는 목탁소리와 종소리는 아무리 악한 사람이 들어도 극락정토의 손짓으로 들릴 터이니 이것이 참된 포교요 중생제도가 아니겠습니까?

그래서 저는 도반道伴들에게 말하기를 자기 일에 관심을 좀더 갖되 무심無心으로 행行하라고 말합니다.

끝으로 제가 하고 싶은 말은, 이번 우리나라에서 치루는 월드컵 세계 축구대회에 즈음하여 우리 민족이 세계世界에서 제일가는 민족民族이요 위대한 민족성民族性을 지닌 국가國家임을 다시 한번 깨달은 것입니다.

우리나라는 작금昨今의 현실現實을 볼 때 김대중 대통령은 IMF체제 이후 바닥이 난 나라살림을 반석盤石 위에 올려놓고 노벨평화상은 물론 세계 12권圈 수출국으로 성장하는 등 다른 나라가 우러러보는 국가로 부상浮上해온 것이 사실입니다. 그러나 뜻하지 않은 아들 삼형제三兄弟의 비리와 선거전選擧戰이 맞물려서 정국政局은 온통 벌집을 쑤셔놓은 것과도 같이 혼미昏迷를 거듭하고 심지어 대통령 탄핵설까지 나왔으나, 나라에 큰 행사를 앞두고 여야與野가 정쟁政爭을 중지하고 마음을 합쳐서 성공리에 이번 큰 행사行事를 치루자고 합의를 하였다 하니 참으로 다행한 일입니다.

행사行事란 옛날이나 지금이나 잔치를 말하는 것인데, 잔치를 주관主管하는 사람은 처음부터 말하기를 외국外國 손님들을 지극정성至極精誠으로 모셔야 되니 승패勝敗에 연연戀戀하지 말라고 말했으며, 잔치에는 먹거리와 잠자리가 만족해야 되고 무엇보다도 오신 손님들의 마음 편한 것이 제일인지라 친절해야 됩니다.

주관자主管者나 국민國民은 왜 이 행사行事에 관심을 쏟아야 될까요? 이 잔치란 지구촌 60억 인구가 스포츠를 통해서 전全 인류人類의 마음이 하나가 되는 행사이고, 이 행사를 통해 다툼이 없이 너와 내가 서로 손을 맞잡고 환희歡喜와 감동感動 속에서 함께 어우러질 때 모두가 평화공존平和共存을 실감實感하게 되기 때문입니다. 주최국主催國이란 인류人類 마음의 핵核이 됨을 말함이라 자연계自然界도 알아서 비를 많이 내려주는데 부처님 하나님도 영계靈界와 신神도 내 마음속에 있으니 다행이지 만약에 천상天上에 따로 계시다고 가정을 한다면 어찌 될까요? 60억 전 인류가 한마음이 되어 목청을 높여서 춤추고 노래하는 한 마당에는 부득고不得苦와 불법佛法이 있을 수가 없는데 어찌 좌지우지할 수가 있을 것이며, 하물며 정쟁政爭이 그치는 것도 당연한 일입니다. 중생심衆生心이란 합合치면 에너지 원原으로 변하기 때문입니다.

호박은 썩어도 꼭지(核)는 남아 있듯이 30일간의 핵核의 작용作用은 자연계自然界와 영계靈界를 통해서 미래未來에 크게 발전할 것입니다.

 사성제四聖諦란 무엇인가?

　　노자老子는 도道를 말할 때 "도가도비상도道可道非相道"라 말했고, 동양철학東洋哲學에서는 역대歷代 성현聖賢들 말씀을 미화美化 과장過長해서 전하고 있는데, 학자들이 자기의사自己意思를 내포 혼용을 해서 본질本質의 틀에서는 어긋나 있음을 볼 수가 있으니 후세를 위해서 참으로 안타까운 일이 아닐 수 없습니다.

　　도道란 살아있는 중생衆生이 수도차원修道次元에서 깨친 마음을 말하는지라 이발기발理發氣發로 본인이 말과 행동을 하고 있으나 아我에서 벗어난 무심無心에서 발發하는지라 말을 해도 이해하기가 참으로 어려워서 도道의 뜻을 전한다는 것은 거의 불가능한 것으로 아는데, 왜냐하면 중생계衆生界의 마음 씀이란 절대絶對의 내 마음을 상대相對에 쓰고 있으니 전체全體에 쓰여지지 못하는 까닭입니다. 다시 말해서 내 생명이란 둘인지라 허파로 숨을 쉬고 심장으로 피를 공급해서 육신이 살아가는 것이고, 마음도 알고 보면 둘인지라 선 아니면 악, 이것 아니면 저것, 백 아니면 흑과 같이 이 두 가닥 마음이 중구남방으로 발發하며 이를 중생심衆生心이라고 말하는데 이 마음을 어찌 믿고 살아간다는 말입니까? 마음이 발發하기 전前은 하나입니다. (未發之中)

천 가지 만 가지 잡념雜念이 일어나는 것을 번뇌망상煩惱妄相이라고 말하는데 이것이 심한 사람은 욕심이 많은 사람이며 1분간에 50회 드나드는 사람에 비하여 10~20번 드나드는 사람을 천재라고 말하는데, 이 망상을 줄이는 방법을 선법禪法이라고 말하며, 수행을 해서 머리 속의 망상이 사라지는 것을 자기멸도自己滅度라고 말하며, 이때는 머리 속이 텅 비어서 찬바람이 돌고 가슴은 확 틔어서 마음은 조용히 가라앉는데 이때 내 정신精神을 새롭게 되찾은 것을 실감합니다.

미친 사람이 자기 미친 것을 모르고 누에고치가 자기가 집을 짓고 자기를 가두고 살아온 것을 알 리가 없듯이, 내가 망상에 치여서 중생심으로 살다가 갑자기 철판을 깨고 우주공간宇宙空間으로 탈출해서 천지만물天地萬物과 화합和合할 때 나我는 완전히 없어진 것이고, 내가 지구地球를 디디고 서 있으니 물物은 물物대로 하나가 되고 내 머리는 하늘을 떠 받치고 있으니 내 마음은 공空인지라 허공虛空과 둘이 아니거늘 물物과 공空이 둘이 아닌 것을 나의 주체성主體性이 알았으니 이 실상實相의 주인공主人公은 누구란 말인가? 참으로 감사하고 위대偉大하여라. 현재심現在心에서 생생히 살아있는 나의 실상實相이여! 새롭게 태어난 내 마음을 되찾고 보니, 과거심過去心에서는 망상妄相에 내 마음이 가리어져서 나를 믿지 못했으나 태양太陽보다도 밝은 내 마음 새롭게 찾았으니 나는 내 마음에 경배敬拜하고 지극정성至極精誠으로 모시고 진심眞心으로 내가 나를 믿을(信) 것이며 더 지극히 사랑할 것입니다.

앞에서 말했듯이 생명生命도 둘이요 마음도 선악善惡의 둘로 구성되어있는지라 이것을 양면성兩面性이라고 말하며, 음양陰陽의 원리原理라고 말하며, 화수火水의 원리原理라고 말하며, 상대성相對性 원리原理라고도 말하는데, 생명生命의 실상實相이란 이처럼 극대극極對極의 두 가닥이 아니면 돌아갈 수 없는지라 불가나 동양철학에서는 이기론理氣論을 말하고 있습니다. 그런데도 유독 우리나라에서 도道 공부를 한다는 사람들을 보면 육신肉身에서 나오는 기氣쪽에 많이 치우쳐서 이理쪽의 근본根本자리는 빠져있는 단편單編공부만을 위주로 하는지라 도道에 절반도 미치지 못하는 공부를 하고 있는 것입니다.

사람의 인체를 보더라도 모든 기관과 세포가 둘로 조화를 이루고 있으며, 우주의 성주괴공成住壞空과 인생의 생사生死문제도 알고 보면 순환논리循環論理에 지나지 않으며, 하다못해 먼지하나라도 상대성 원리란 둘이어야 되는데, 기수련氣修練만으로는 절대로 깨달음이 불가不可합니다. 기수련 만으로도 오통신五通神까지는 가능하다고 말하나 이것은 욕심세계慾心世界에 지나지 않으며 누진통漏盡通만은 이룰 수가 없는지라 해탈解脫은 불가不可합니다. (自己 主體性의 絶對化를 말함)

제가 도반님들께 참고로 말씀드릴 것은, 도道란 오로지 하늘에 계신 하나님이나 부처님 신선神仙을 결코 찾지 말고 내가 내 마음을 갈고 닦아서 수도修道가 되면 저절로 내 마음 깨쳐서 나를 알게 되니 이것이 옳은 정도正道라고 본인本人은 확신確信합니다. (기도나 念은 대상이 있는지라 小乘/殺佛殺祖하라는 말)

이기理氣가 상통相通이 되고 나我에서 초월한 것을 각지覺智라 말하며 이때 오통신五通神은 저절로 이루어집니다. 어느 도반들은 도道의 능력能力을 얻었다고 말하며 아는 소리를 하고 병도 치료한다고 말하는데, 능력能力을 욕심慾心에다 써서 돈을 많이 벌면 능력은 사라지고 설사 좀 나왔다 하더라도 다른 병이 또 생기게 되어 고苦의 대가代價를 치르게 되니 그런 짓을 하지 말라고 말합니다. 참된 도심道心이란 이것이 무위법無爲法인지라 말을 하지 않아도 저절로 근본치료根本治療가 가능하며 영원히 재발再發하지 않습니다.

2,500년 전 석가釋迦께서는 대각大覺을 하신 후에 녹야원에서 사성제(四聖諦:

苦集滅度)를 설說하셨다고 하는데 이것이 깨달음의 핵심核心인지라 불법의 핵심이라고도 말합니다. 나는 도반들에게 이것을 물어본 후에 여의치 않으면 오온개공五蘊開空(色受相行識)을 물어보는데 누구나 공부한 사람이라면 답答을 하게 마련입니다. 그리고 불가에서는 심즉시불心卽是佛을 말하며 일체유심조一切唯心造를 말합니다.

그러나 나는 말하기를 "내가 없으면(無我) 우주宇宙가 없는 법法인데 무엇을 따로 만들 수가 있단 말인가?"라고 반문反問할 때가 있습니다. (도반의 답을 듣기 위해서) 그러나 알고 보면 이 말이 지극히 옳은 법문法文이 아니라고 할 수 없는 것은 법문이란 글자의 해석에 있는 것이 아니라 내 마음이 상대성원리에서도 초월해서 이기합일理氣合一된 마음으로 변해야만 글의 오의奧義를 읽을 수가 있기 때문입니다. 다시 말해서 무상심無相心이 되어야 안다고 말합니다.

한가지 분명한 것은, 마음에 도심道心을 이룬 사람은 "천상천하天上天下를 나에게 다 준다고 할지라도 현재現在 내 마음 편한 것 만은 못하다."고 생각하는 반면에, 중생심衆生心에서는 마음이 욕구충족慾求充足에 쓰여지는지라 백만장자가 되어도 부족함을 느끼며 초조와 불안 공포 속에서 살아가는지라 항시 마음이 편할 수가 없어서 지옥고地獄苦를 살게 마련입니다.

옛 성현들께서 언급하신 "과한 것은 부족한 것만 못하다."라는 말씀이 생각납니다. 이 말씀은 대립對立은 투쟁鬪爭의 원인原因인지라 중도상中道相을 지키라는 말인데, 참된 도심道心이란 수도修道의 차원次元에서 나我를 완전히 멸滅하면 중도상中道相을 따로 지킬 필요가 없이 나는 이미 천지만물天地萬物과 하나가 되어 나의 존재存在가 있을 수가 없으니, 이것이 곧 무아경無我境이 아니겠는가? 무아無我에서 무심無心이 나오면 마음이 없는데 무엇을 조작造作한다고 유심조唯心造를 말하는가? 그러나 중생과 부처가 둘이 아니듯이 일체유심조一切唯

心造와 일체무심조一切無心造가 둘이 아니고 단지 글자의 대對가 빠져있을 뿐이지 뜻은 같은 것이라고 말합니다.

불가에서 가장 중요시 하는 것이 인과법칙因果法則인데 "콩 심은데 콩이 나오고 팥 심은데 팥이 나온다"는 원리원칙原理原則을 인과법칙因果法則이라고 말하는데, 깨달은 사람은 머리 속이 비어서 잠재의식潛在意識이란 있을 수가 없어 한 생각이 일어날 수가 없는지라 심心의 조작造作을 하지도 않으며 쌓지도(積) 않습니다. 그래서 이것을 열반涅槃이라고 말합니다. 마음속이 텅 비어서 전생前生의 인과因果도 있을 수 없는지라 매昧 할 수가 없습니다. 중생심衆生心에서는 바깥 경계境界의 겉만을 보고도 다 안다고 살아왔으나 깨달은 사람은 삼계三界의 유전원인流轉原因을 안다고 말합니다.

제가 도반님들에게 끝으로 간곡히 당부 드리고 싶은 것은, 죽어서 사람으로 다시 몸을 받기란 낙타가 바늘구멍을 통과하기보다도 어렵다고 하니, 살아계실 때 열심히 선禪 공부를 해서 이 한 몸 중생衆生을 부처로 거듭나서 세세생생 죽지않는 길로 매진하자는 것입니다.

의견서意見書

별지 "고독孤獨에 대하여"라는 글을 쓰게 된 동기는, K교수님께서 미래未來에 잊지않기 위해서라도 글로 써서 달라고 하기에 다음 글을 쓴 후 읽어보라고 하였는데, 읽고 나서 하시는 말이 다 알고있는 내용이라고 했습니다. 제가 말하는 것은 뜻을 알고 모르는데 있는 것이 아니라 "마음은 절대인지라 대상을 떠났으니 천인지天人地 삼위일체가 되어 내 마음하고 통하더냐?"라고 말을 하고 있는 것인데 이것은 완전히 동문서답東問西答 입니다.

대도무문大道無門이라는 말이 있듯이 "천하天下에 도道 아님이 없고 가지 말라고 막는 사람도 없는데 구求하는 사람은 많다고 하지만 이 길을 가는 사람은 없다"하여 고독으로 시작하고 환희로서 매듭 짓는지라 유무상통有無相通을 말합니다.

고독을 참으로 아는 사람은 대고大孤 대독大獨을 말하는데, 특히 부처님께서는 "천상천하유아독존天上天下唯我獨尊"이란 법을 설하셨고, 이 말씀이 후세에 와서 교종教宗은 잘못 전해지고 있는 것으로 압니다. 존尊 자를 존存 자로 고쳐써야 중생과 부처가 둘이 아니라는 뜻 입니다.

수행차원修行次元에서 볼 때, 인욕忍慾 과 극기克己를 다져서 고독(약한마음)을 물리쳐야 깨달음의 길로 가게 되기에 선禪에서는 고독孤獨이란 관념을 중요시 합니다.

 그러나 말하기도 어렵고 글로 쓰기란 더욱 어려운 것으로 아는데, 글로 쓴 것을 읽어서 이해하기란 더욱 어려운 것을 알면서도 글들을 제가 보내드리는 것은, 이 글들을 읽다가 가슴이 열리는 도반님을 많이 보았으며 운명運命이 나아지는 것을 수없이 많이 보았기 때문입니다.

 이번 글은 쉬우면서도 가장 어려운 것으로 압니다만 10번만 읽어도 큰 지혜가 열리는 것으로 아오니 지나치지 마시고 꼭 읽어 주시기 바랍니다.

 지금까지 수많은 도반님들 하고 대화를 가졌으나 제 속을 이해하는 사람은 만나보지를 못했으니 저는 고독한 사람일까요? 그렇지 않은 사람일까요?

고독孤獨에 대하여

 최근에 서울대 교수 K씨가 오셔서 밤을 새워가며 고독孤獨에 대한 대화를 나눈 적이 있는데, 고독이야말로 공부의 지름길 이라는 생각이 들어서, 혹시 도반님들이 공부하시는데 참고가 되실까 하여 말해 볼까 합니다.

 흔히 고독이란 "나 홀로 이다. 쓸쓸하다. 재미가 없어서 살맛이 없다."는 뜻으로 쓰여지는 말로 생각하는데, K교수님은 "고독을 알고 씹으면 단맛(甘味)이 난다."라고 말합니다. 산중에서 인적이 끊이고 고독한 가운데서 시와 글을 쓰면 생명력이 솟구치고 물에서 방금 낚아 올린 펄펄 뛰는 잉어와도 같이 글이 살아 숨쉰다고 말합니다. 물론 고독이라는 말을 어떻게 이해하느냐에 그 해석이 달라진다고 하지만, 한가지 분명한 것은 이 말이 객관론客觀論이 아니라 주관론主觀論인 까닭에 K교수님 내적인 마음의 이해에 달려있는 것으로 압니다. 불교에서 이심전심以心傳心을 말하듯이 K교수님이 드러내지 못하는 진심을 저는 가슴으로 느끼게 되어 이분이 공부를 많이 하신 것을 알았고, 보다 더 진지하게 알기 위해서는 책방에 가서 그분의 책을 구해서 읽어보는 일이었습니다. 인욕忍慾을 해서 나를 이긴 자로 믿어지기 때문입니다.

인류문화人類文化는 정신문화가 우선인지라 철학哲學이 살아야 문학文學이 살고, 문학이 살아야 물질문화物質文化(科學)가 살아간다고 학자들은 말합니다. 그러나 우리사회의 현실은 정반대로 물질위주의 첨단과학화 정보화 위주로 인간의 욕구충족에 많이 급급하다 보니 자연계의 파괴로 인류의 종말이 다가오는 것으로 생각이 들고 앞이 보이지 않아 본인은 걱정합니다. 일초 지간에 사고思考가 변해서 새로운 물질의 홍수를 이루기 때문입니다.

저는 K교수님께 다음과 같이 답했습니다. "고독을 느끼는 사람은 고독을 알지 못하는 사람이며 고독을 모르는 사람은 고독의 참 맛을 아는 사람입니다. 왜냐하면 마음의 당처에는 고독하고 안 한 것이 없기 때문입니다."

이것에 대한 본질적인 문제와 미래사회未來社會에 대한 설명은 다음에 하기로 하고, K교수님의 저서나 본인의 논설 중에서 "고독을 알고 씹으면 단맛이 난다."라는 말이 여러 번 나오는데 이 말씀을 하신 그분의 마음을 제 나름대로 성찰해 보자는 것입니다.

고독감孤獨感이란 대상에서 벗어나고 나 홀로 쓸쓸함을 느끼는지라 불만족을 생각하게 되어 그래서 이 마음을 일컬어 망상이라고 말하는데, 이분은 망상 속에 머무르지 않고 그 망상을 음식과 같이 씹어서 저작著作을 하고 먹으면 맛있는 음식을 먹은 것과 같이 피가 되고 살이 되어 나의 인체에 큰 도움이 되더라는 말로 해석이 되는데, 이 말을 바꾸어 말한다면 불교에서 "상相을 상相으로 제대로 보면 깨달음이다.(一切唯心造)" "상相을 무상無相으로 보면 깨달음이다.(若見諸相非相 卽見如來)"라고 말하는 바와 같이, 아무것도 없는 고독한 감정을 그대로 마음속에 담아두지 말고 마음을 갈고 닦으면 양면성兩面性인 상相과 비상非相이 하나로 통通해서 내 마음속에 절대자유絶對自由와 평등지平等智를 이룬다고 해석합니다.

마음을 갈고 닦으라는 말은, 불교쪽에서는 육바라밀六波羅密(보시 지계 정진 인욕 지혜 선정)을 닦으라고 말하고, 도가나 유교에서는 "이기理氣의 조화調和"를 이루라고 말합니다. 옛 성현들께서는 진리眞理를 천인지天人地 또는 삼위일체三位一體로 표현하셨으나 이것은 불법승佛法僧, 신기정神氣精, 성리기性理氣 중中을 중심으로 하나의 핵을 이루어 수화水火의 양극兩極을 이루고 음양陰陽의 원리로 우주宇宙가 돌아간다고 믿으신 것입니다.

　　제가 저를 깨닫기 전에는 사람이 산다는 것은 물水과 밥食만을 먹으면 살아간다고 알고 있었는데, 알고 보니 후천기운과 선천기운을 먹고 살아간다는 사실을 깨달은 것입니다. 어머니 배속에서 자랄 때에는 탯줄을 통해서 후천기를 먹고 자라고, 태어날 때 아기가…아…하고 고고성을 울리는 것은 입을 통하여 선천기(공기)가 폐부로 들어와 숨을 쉬는 것으로서 선천기를 먹고 살게 되니, 나의 생명이란 "보이는 생명"인 혼魂-기氣 하나 하고 이것은 혈맥으로 드러나서 심장으로 운전되어지며, "안 보이는 생명"은 영靈-리理 라고 나는 말하는데 표출이 된 것은 신경줄이며 혈맥이 있는 곳에 신경줄이 따라붙어서 전신을 속속들이 감시하는데, 숨을 끊으면 신경이 즉시 마비가 되는 것으로 보아 "보이지 않는 마음(靈, 理)"은 폐肺의 기능에 의지하고 있습니다. 양면성兩面性이라고 말하는 것은 둘이면서 삶이란 하나의 작용을 말하기 때문입니다.

　　신경줄은 속이 비어있는 파이프로 이루어져 있으나, 선천기운(공기)을 들이마시면 삶이요 토하면 죽음이니 내 생명이란 알고 보면 한시간 사이에도 수 백번을 죽고 수 백번을 사는 것으로 보아 내 나이 80세라 할지라도 계속 이어서 살아가는 것이 아니라, 새롭게 태어나서 새롭게 살아가는 나 라는 것입니다. 이것이 아름다운 생명의 실상입니다.

　　이와 같이 생명의 실상이 호흡 지간에 있는 것을 인간人間이 안다면 선천기

(공기)의 소중함을 깨닫게 되어 텅 비어있는 하늘(天)의 두려움도 다시 알게 되는 것으로 압니다. 왜냐하면 우주가 생기기 전부터 공기(산소)는 꽉 차 있었고, 공기 없이 화수火水가 존재할 수 없으며, 만유는 공空에서 비롯되고 공空은 기氣로서 작용하기 때문입니다.

이기理氣의 조화는 폐肺와 심장心臟이 가슴에 있는지라 가슴에서 이루어진다고 말하고, 이기조화理氣調和의 결과는 머리 속에 입력되어 이것을 의식意識이라고 말합니다. 의식意識이란 다시 말해서 기氣쪽으로 볼 때 오관 작동五管作動이 바깥 경계에 접할 때 한 생각이 일어나는 것을 망상이라고 말하며 이것을 중생심衆生心 또는 의식意識이라고 말하는데, 중생들의 의식 중에 옳은 것(正道)이라고는 아무것도 없다는 것입니다. (覺智란 如如不動心을 말함) 왜냐하면 중생심 속에 잠재해 있는 알고있는 의식이란 새로운 것이 있을 수가 없는 것은 새로운 것이란 한 생각이 일어나기 전前에 있기 때문이며 그런 까닭에 중생심의 의식 속에는 완전히 과거過去일 뿐이라고 깨친 사람은 말합니다. (動中靜을 말함)

재삼 말하거니와 고독이란 고립孤立하고 통通하는 말인데, 부처님 말씀에 "천상천하유아독존天上天下唯我獨存"이라는 말은 부처님만 해당한 것이 아니라 마음을 갈고 닦아서 중생심을 깨치고 보면 오로지 중생이 부처임을 깨닫고 "절대나(絶對我)"임을 증득한다는 것입니다. 이런 사람은 대중들을 보고 말하기를, 부처를 찾는 사람은 등에 업은 아기를 찾는 것과 같이 일생동안을 찾아도 만나지 못할 것이니 중생이 부처인줄 알고 지극정성을 다하여 경배심을 내면 저절로 부처가 된다고 말할 것입니다. 이것이 옳은 불법佛法이요 선법禪法입니다.

마음은 대상을 떠났기 때문에 전체全體가 용처用處 인지라 쓸 곳이 없으며, 굳이 쓸 때에는 상相과 비상非相의 50% 대 50%의 정비례正比例로 써야 정도正

道인데도 욕구충족慾求充足에 치우치다 보니 오늘날의 물질문화의 발전은 공기와 물을 오염시키고 에너지와 자원의 고갈로 이어져 지구와 인류는 일촉촉발의 위험수위에 와 있는데, 알고는 있으나 방법이 없다고 말합니다. 방법이 있다면 인간의 마음이 새롭게 변해서 본성本性으로 돌아가는 것인데, 그래도 천만다행인 것은 우리나라에 공부하시는 도반님들이 많이 계셔서 걱정이 덜 된다는 것입니다. 에너지는 진공 자리로 모여드는 것을 알기 때문입니다.

마음을 쓸 때 상相과 비상非相의 50% 대 50% 정비례正比例로 쓰라는 말은 10보 전진前進 후에는 10보 후퇴後退해서 반성하고 뉘우쳐서 성찰하자는 말입니다.(?)

베트남 틱낫한 스님의 법문法文

　불법이란 부처님 마음을 말하는지라 참된 진리眞理를 말하는 것인데 중생들이 이해하기가 어려운 것은, 사람의 마음이 양면성兩面性인지라 내 마음이 선악善惡 두 가닥을 동시에 지니고 살아가니 바깥 경계에 내 마음이 접하여 발發할 때에는 선善 아니면 악惡, 이것 아니면 저것, 긍정肯定 아니면 부정否定 등의 방식으로 일어나는데 어찌 이 불완전한 마음을 내가 믿고 살아갈 수 있겠는가 때문입니다. 그래서 이런 마음을 중생심衆生心이라 말하고 번뇌망상煩惱妄相이라고도 말하는데, 수행차원으로 깨쳐서 나我를 아는 것을 부처(佛)라 말하고 나를 깨치지 못한 것을 중생衆生이라 말하며, 부처에게 어느것이 부처냐고 물으면 그야 당연히 중생이 부처라고 말하는 것은 부처와 중생이 둘이 아닌 것을 알기 때문입니다. 살아있는 중생심에 불성佛性이 존재하는 까닭에 중생은 부처의 어머니가 되고 부처는 중생을 어머니로 알고 일생동안 사랑과 자비심으로 희생하다가는 것이 부처의 갈 길이라 생각합니다. 이것을 나는 색즉시공色卽是空 공즉시색空卽是色이라고 말합니다.

　그런 까닭에 살아있는 선지禪智로 보면, 팔만대장경八萬大藏經은 부처님의 위대하신 경전(말씀)이라 할지라도 육신이 없는지라 깨친 현재심이 아닌 까닭에 진법眞法이라 할 수 없으며 그저 2,500년 전 부처님의 옳으신 말씀일 뿐 이라고 나할까요? 불교를 말할 때 선교禪敎가 둘이 아닌 것을 잘 알면서도 선禪공부를 위함이오니 분별지分別知를 내어 부처님 말씀을 비판하는 허물을 용서 바랍니다. 이것을 나는 살불살조殺佛殺祖의 뜻이라고 말합니다. 마음은 양면성兩面性인지라 선악이 둘이 아니라고 말하듯이 살불살조殺佛殺祖라는 말은 부처와 조사를 살리라는 말이기도 합니다.

불법佛法이란 이와 같이 말하기도 어렵고 행행行行하기란 더욱 어려우며 말과 글로는 전傳하기가 참으로 어려워서 이심전심以心傳心이라 오로지 마음에서 마음으로 전할 따름이라고 말합니다. 그런 까닭에 조사祖師들은 말하기를 "네 자신이 부처인데 부처가 부처를 밖으로 찾으면 100년을 찾아도 찾을 길이 없다."라고 말합니다.

최근 TV를 보면 베트남의 틱낫한 스님 이야기가 많이 나오는데, 이 스님은 세계적으로 알려져 있는 사람으로서 수백 권의 저서가 나왔고 우리나라에도 그 저서들 중 수십 가지가 우리말로 번역되어 나온 것으로 아는데, 스님의 설법내용이 하도 잘되어서 독자들에게 큰 감명을 준다고 하기에 저도 즉시 책방에 가서 「화」, 「힘」 두 권의 책을 사가지고 와서 읽어 보았습니다.

「화」라고 하는 책의 내용은 사람이 마음에서 화를 내게 되면 지혜智慧가 망가져서 무명無明한지라 지옥에 떨어지게 되니 화를 내지 말라고 말하며 10개의 방법을 제시하고 있습니다.

그러나 화를 내고 안내는 것은 어느 누가 화를 내라고 한다고 해서 내어지는 것이 아니며 내지 말라고 해서 안 내지는 것이 아닌 것은, 마음이 양면성인지라 하라 하면 하지 말라가 따라와서 방해를 하니 불가능하다는 것입니다. 사람이 열심히 일해서 번 돈 쓰지 않고 모으면 부자가 된다는 말과 같은 말입니다. 화란 번뇌망상의 발로發露인지라 이것은 교육차원이 아니라 수행차원이며, 그래서 조사들은 선지禪智를 지도하며 동중정動中靜의 수도修道를 하도록 인도합니다.

다음은 「힘」이라는 책의 내용인데 이를 언급하기 전에 한마디 한다면, 선사들이 힘을 말할 때에는 이기합일理氣合一을 말하고 힘 나오기 전前의 지혜智慧를 말하는지라 힘이라는 말을 쓰지 않으며, 힘이 있으면 대상對相을 필요로 하는지라 힘없는 힘이 가장 강한 힘인데 이것은 무법無法이 정법正法인 까닭입니다.

이처럼 불법佛法이란 무위법無爲法을 말하는지라 말과 글로 전할 수가 없는 것을 잘 아시는 부처님께서는 크게 깨치신 후에 녹야원에서 말없이 여러 날을 머무셨다고 합니다. 이때 천상에서 보살과 신장이 수없이 내려와 머리를 조아리고 부처님께 "중생제도를 위해서 법을 설해 달라"고 간절히 간청했다고 합니다. 팔만대장경이 부처님 마음인데, 그 당시 부처님께서 법을 설하지 않았다면 오늘날의 찬란한 불교문화란 있을 수가 없고 아울러 교맥敎脈이 아니고서는 선맥禪脈만으로는 이를 이어갈 수가 없습니다. 근대에 와서 불교는 기복과 기도로 전락해서 침체국면으로 접어든 것이 오늘날의 현실이라고 한다면, 중시조격인 틱낫한 스님의 출현은 꺼져가는 등불에 새별같은 존재가 되기에 불교중흥에 기대가 됩니다.

틱낫한 스님에게는 40년간 제자겸, 도반겸, 그림자 모양으로 시봉하는 스님인 찬콩이라는 분이 있는데 나이는 80세가 넘었다고 하며, 이분이 하시는 일은 큰스님의 곡양(식사) 챙겨드리는 일과 함께 정진하는 일 이외에는 무의탁 노인과 300명 고아들에게 밥을 먹여 살리는 일이라고 합니다. 지금 사람들은 하나만 낳아도 먹여 살리기가 어렵다고 하는데 찬콩스님은 팔십 노인이 양 어깨에 300명이라는 짐을 지고 시간 밥을 나르다 보니 온몸에 땀이 마를 새가 없다고 합니다. 이 모습을 본 큰 스님은 "그것은 도道가 아니니 하지 말라"고 말했답니다. 왜?

미국(뉴욕)에서 있었던 일로서 미국에서 10대 재벌에 해당하는 사장부인에 관한 이야긴데, 이 부인이 선원에 오면 최하 100만불을 보시한다고 하니, 미국에 산재한 45개 선원은 K사장 부인이 그 운영비를 떠받치고 있다는 것을 도반들은 잘 알고 있는데도 큰 스님은 사장부인을 만나주지 않자 5년 만에 탈퇴를 결심한 후에야 큰 스님 친견에 성공했다고 합니다. 그때 큰 스님은 말하기를 "우리선원에 거금을 보시해도 사모님 마음이 편치 못할 것이니 이제는 보시를 그만 하십시오"라고 했답니다. 왜?

일전에 TV를 보니 틱낫한 스님이 영상에 비치는 것이 아닙니까? 스님은 서울의 불도신도들을 이끌고 대구에 와서 지하철 참사에 숨진 영혼을 달래는 것이었는데 대구의 불교신도들과 합치다 보니 참석자가 수 천명을 넘는 것 같습니다. 종교란 모름지기 신도들이 많이 모여서 선전의 극대화를 이룰 때에 종교의 활성화를 이룬다고 말합니다.

그러나 이것을 선지禪智에서 보면 인과법칙은 면할 길이 없는지라 죽을 사람이 죽고 살 사람이 산다고 말해야 되니 언제까지 영혼을 달랠 것이며 그렇다고 해서 영혼들은 무엇을 얻을 것인가? 마음에는 너와 내가 없는지라 신도들의 시간과 공간의 관념觀念도 내 재산이며 여러 사람의 호주머니도 나의 호주머니에서 나가는 것이 아니겠는가?

상과 비상의 내 마음에서 초월하면 내我가 없는지라 천지만물이 나 일진데 대구에 계신 스님의 마음이나 베트남에 계신 스님의 마음이나 허공(하늘)에 계신 스님의 마음이나 지금 이순간을 젖혀놓고 다를 바가 아무것도 없습니다.

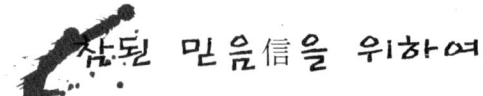
참된 믿음信을 위하여

일전에 대전大田 어느 대학에서 주체가 되어 종교지도자회의(세미나)가 있었는데, 저보고 믿음에 대한 말을 해달라는 부탁이 있었는데, 저는 아는 것도 없고 특히 이분들은 종교적인 정신문화에 통달하신 분들로 알고 있는데 진짓 잘못 말하다가는 피차에 도움이 안될까 해서 수차에 걸쳐 사양을 했으나, 주체측에서 "선방禪房에서는 이 문제를 어떻게 지도指導하느냐?"라고 말하기에 이 말 한마디에 거절할 명분을 잃어 하는 수 없이 말문을 열게 된 것입니다.

이 문제를 말하기 전에 우선 알아둘 것은 ① 동양철학東洋哲學은 인본주의人本主義를 주장하는지라 심본주의心本主義를 주장하는데 ② 서양철학西洋哲學에서는 가상적인 절대 신을 주장하면서 상대성원리(陰陽, 理氣, 火水, 善惡)를 주장하다 보니 행行은 물심物心의 양면성에서 벗어나 물질物質 일변도로 치우치게 되어 하나의 물질은 쪼개고 쪼개면 핵核이 되어 엄청난 에너지로 변해서 원자폭탄을 만들어 약소 국가들의 안정을 위협하고 있는 것이 오늘날의 현실이라는 점입니다. 즉, 허울좋은 유엔이라고 하는 국제기구가 있다 하더라도 약육강식弱肉强食을 일삼고 있다는 것입니다.

반면에 동양철학에서는 물심의 양면성 (서양의 상대성원리) 중에서도 마음心

이 우선이라 하여 도道를 닦는 수행차원에서 깨달음을 얻어 마음에서 벗어나 공空의 진리를 깨닫게 되어 상대성 원리도 「나」 우선에서 「너」 우선으로 바뀌고 있으니, 미래에 어떠한 천지개벽이 일어난다 할지라도 깨친 사람을 중심으로 동양사람들이 제일 많이 살아 남을 것입니다.

왜냐하면 동양문화는 정신 제일주의인 반면에 서양문화는 물질 제일주의를 말하는지라 마음의 용처가 근본적으로 다르기 때문이며, 욕심은 욕심을 낳는지라 강대국은 돈과 원자무기를 배경으로 잘 살고 있으나 약소 국가들은 이들의 상품을 사주는 의무는 있으나 강대 선진국들의 첨단기술 이전만은 될 수가 없다는 것입니다. (믿음이 안 통하는 사각지대 입니다)

오늘 제가 말할 주제가 믿음信이온데, 믿음이란 말하기는 쉬우나 알고 보면 마음의 근본자리에 가까운 단어인지라 실상세계를 바로 알아야 마음의 근본자리에서 받아(受)들이고 내가 나를 믿게(信) 될 때 확신確信이 서면 행행行하라고 마음에서 명령을 하기 때문입니다.

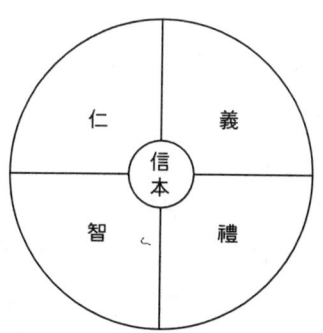

옛 성현들께서 말씀하시기를 도를 알기 위해서 덕을 쌓고 행을 바르게 하라고 가르쳤고 덕德을 인仁 의義 예禮 지智 라고 설하셨는데, 이것을 성리性理에서

보면 이것은 글자일 뿐이요 말일뿐인지라 생명력이 없다는 것입니다. 왜냐하면 이것을 머리 속에 알고 있어도 내 마음이 양면성으로 이루어져 있는지라 내가 나를 믿을 때 만이 행行으로 이어지는지라 덕을 말할 때 인 의 예 지 신信 을 말하는 것은 이것이 바로 오행으로 이어지기 때문입니다. 불교에서는 심즉시불心卽是佛이라 하여 깨쳐서 열린 마음을 부처라고 말하고 있으나, 일반대중들이 이해하기가 어려울까 해서 한단계 낮추어 심본心本을 신본信本으로 쓴 것이니 오해 없으시기 바랍니다.

재삼 말하거니와 열린사람은 심심心心이 없는지라 오행五行을 감지하지 않고 백행百行을 하여도 함이 없는지라 정법正法을 행할 수 있으나, 중생심에서는 오행의 덕을 쌓아야 도에 접근할 수가 있다고 말합니다. 정법이란 무위無爲를 체體로 삼기 때문입니다.

불교에서는 선교禪敎가 둘이 아닌지라 같은 것이라고 말하지만 내용에 있어서는 엄청난 차이가 나는 것으로 압니다. 종교란 모름지기 성현들의 말씀을 후세를 위해서 전파하는 것을 목적으로 하는지라 경전經典을 가르치는 것으로 아는데, 이것은 인간이 지켜야 할 진리眞理를 말하는 까닭에 불교의 진리가 다르고 예수교의 진리가 다르고 이슬람의 진리가 다를 수가 없는 것은 진리眞理란 천지만물의 근원이요 영원한 불변의 법칙인 까닭입니다.

그러나 세계 도처에서 일어나는 전쟁은 모두가 종교에서 일어나는 불화 때문이며, 우리나라도 최근에 모 교주는 신도信徒를 살인 매장하는데 동참하였다 하여 사형선고死刑宣告를 받았다 하니, 어찌하여 성직자聖職者들이 이런 일을 할 수가 있단 말입니까?

제가 이 자리에 선 것은 종교단체를 비판하자는 것이 아니라 이것을 계기로 삼아 나 같은 늙은이도 초청하여 의견을 들어서 같이 동참하고 의견을 합쳐서 새로운 종단宗團으로 거듭나자는 것으로 알고 온 것이며, 가다 보면 소도 보고 말도 보듯이 잘하고 있는 일도 있고 때로는 이런 일도 있을 수가 있으며, 우리나라가 30년이란 짧은 기간에 세계 12위 권으로 선진화 된 것은 각 종교단체에서 파견派遣한 선교활동은 물론 피나는 노력을 한 결과라는 것을 이 늙은이도 잘 알고 있으니, 욕심 없이 더 잘해보자는 것입니다. (나라가 急成長하기 위해서는 民間外交가 先行되어야 하는데 여기에는 宣敎活動이 필수임)

1. "부처님을 믿으시오, 하나님을 믿으시오"라는 신도信徒의 설득說得은 구시대적인 착각입니다.

진리(하나님, 부처님)란 우주의 근본이요 천지만물의 영원한 불변의 순환법칙인데, 이것은 글로도 말로도 표현이 불가능하며 그래서 선방禪房에서는 살불살조殺佛殺祖하라고 가르치는데, 이 말은 진리로 가는 길은 수도차원에서 마음을 갈고 닦아서 깨달아야 진리를 아는 것이며 교육차원에서는 지도指導가 절대로 불가능하다 하여 부처를 찾지도 말고 조사 말을 믿지도 말며 네 마음 갈고 닦아서 깨달으면 "깨달은 그 마음을 부처"라고 말하니, 그 가는 길을 위해서는 네 머리 속에 깊이 입력되어 알고 있는 부처와 조사에 대한 의식意識을 죽이라고 말합니다. (불법은 以心傳心의 외길 뿐) 도올 김용옥씨가 말한 "진리眞理는 종교宗敎가 될 수 없다"는 말과 일맥상통하는 말입니다.

깨달음이란 대단한 것이 아닙니다. 제가 제 마음 아는 것인데 알아보았자 본전本錢입니다. 그러나 이 세상에 제가 제 마음을 아는 사람이 얼마나 있을까요? 설사 깨달은 사람도 말言로 하면 법法을 그르쳤다고 말하는데, 종단宗團에서 경전을 설說하는 것은 부처님과 하나님을 욕보이는 것이 되어 지옥地獄에 떨어진다고 합니다.

2. 동양철학에서는 진리를 도道라고 말합니다.

도란 천지만물의 근원이요 영원한 불변의 법칙을 말하는데, 이것을 성리性理에서는 무념無念 무상無相 무위無爲를 말하니 내가 없으면 할 것도 없고 할 것이 없으면 도와 줄 것도 없는데, 법을 설했다고 해서 돈을 받으면 이것이 인因이 되어 지옥에 떨어져 천년만년 살 것이 자명한 사실인데, 하물며 종단에 계신 여러분 중에「나」를 알지 못한 사람이 계시다면 경전을 해설하지 말고 또한 하나님이나 부처님에게 매달리지 말고 오로지 내 마음 갈고 닦아서 깨치라고 설하는 것이 백번 옳은 것으로 사료思料됩니다.

3. 우상숭배의 틀에서 벗어납시다.

대중들이 절寺을 방문할 때 스님들께서 첫인사로 "성불하십시오"라고 말합니다. 이와 같이 불교가 다른 종교들과 다른 것은 자기소원성취를 빌고 복을 비는 종교가 아니라 깨달으면 자기가 부처임을 아는지라 미래사未來事에 대한 아는 소리는 할 수가 없다는 것입니다.

최근 있었던 일인데, 수덕사의 방장 원담 스님은…… 문) "석가세존은 어떠한 사람입니까? 답) "사기꾼이지" 문) "그럼 동토의 달마조사는?" 답) "도적놈이지"라고 말한 것이 사실이온데, 선방에서 선禪을 지도하는 선사禪師가 부처님에게 공경심을 내도 부족함인데 욕을 해대고 있으니…… 그러나 질문한 사람의 답答을 전해 듣고 크게 깨친 사람이 있다고 합니다.

그렇다면 선사는 왜 이런 말을 했을까요……? 라고 의심해 보는 그 「왜」가 화두話頭라고 말합니다. 「왜」를 깨면 화두를 깸이요, 화두를 깨면 조사의祖師意를 깨는 것이요, 조사의를 깨면 내 마음 깨는 것이 되어 이것을 깨달음이라고 말합니다.

이때 한가지 분명한 것은 내 마음에서 발發하는 정靜과 동動이 둘이 아님을 체득하게 되는데, 내가 있으면 우주宇宙가 있음이요 내가 없으면 우주가 없음이니 한걸음 나아가 내가 없으면 우주가 무슨 소용이 있겠는가?

수덕사의 만공滿空스님께서는 우주의 실체는 따로 있느니라 하셨다는데, 그러나 우주 공간에 내 마음이 진공眞空이 되어 살아있는 나의 주체성主體性이 이 실체를 인정認定하니 다행이지 만약에 내가 인정하지 않으면…… 우주가 성주괴공成住壞空을 하든 말든 자연自然의 모습으로 돌아갈 따름이지…… 내 마음하고는 무슨 관계關係가 있느냐는 것입니다. 비논리적인 말을 해서 여러분들의 느낌에 늙은이의 아집我執의 소치라고 하실지 모르나, 제가 필요하니까 우주가 존재한다고 말을 해도 양심에 가책은 커녕 당당하다고 말합니다. 왜냐하면 우주나 자연계에는 절대화된 주체성이 없는지라 자유자재自由自在의 운전이 불가不可하기 때문입니다.

4. 인과법因果法에 대하여

불교에서는 여러가지로 인과법을 설說하고 있으나 저는 체험을 통해서 말해 볼까 합니다. 콩 심는데 콩 나오고 팥 심는데 팥 나오는 것이 인과법칙因果法則인데 이것을 선지禪智로 말한다면 "한 생각을 어느 때 어떻게 얼마나 내느냐"에 결과結果가 달려 있다는 것입니다.

그래서 불가에서는 자작자수自作自受 자업자득自業自得 자승자박自繩自縛을 말하며 제가 하고 제가 받는 것을 잘 아는 까닭에, 부처님이 주시고 하나님이 주시는 것이 아니라는 것을 잘 알기 때문에 노력은 하되 기대는 하지 않습니다. 다시 말해서 콩을 심고 고구마를 캐는 생각은 아예 하지 않습니다.

한 생각을 내는데 악惡한 생각을 하면 악의 결과가 오고 선善한생각을 하면 선한 결과가 나오는데, 이것은 행을 하지 않아도 미수未收가 언제인가 다가오니 선善한 생각도 망상妄相인지라 아예 두 가닥 마음을 동시에 내지 말라는 것 이것이 선법禪法입니다.

한 생각이 일어나지 않으면(不起心) 이것이 부처의 자리라고 말하고 말 나오기 전 소식 무념無念 무상無相 무심無心 이라고 말하고 있으나, 이것은 글이요 말일 뿐이지 나와 있는 것은 제자리로 가기 위해서 변變해야 되니 영원한 불변의 법칙은 될 수가 없다는 것입니다.

5. 부처와 신神에 대하여

내 마음이 비어서 부처와 신이 따로 작용을 하지 못하니 저는 도반道伴들에게 부처와 신은 없는 것이니 저의 말을 그렇게 믿고 경배심敬拜心을 따로 내지 말 것이며 여기에서 벗어날 수만 있어도 50%는 깨달음을 얻고 들어간다고 말합니다.

도반들 중에서 제 말을 믿고 부처와 신에게 자유로운 것을 믿을 수가 있다면, 다음 단계로 "부모님께 효도孝道하고 조상님을 지극히 섬기기 위해서 제사祭祀를 잘 지내십시오"라고 말합니다. 부처의 마음이 곧 중생의 마음이요, 영혼의 마음과 중생의 마음이 둘이 아니기 때문입니다.

영혼이란 몸이 없는데, 악령惡靈은 욕심이 많은지라 무거워서 상공으로 올라가지 못하고 지상에서 머물게 되어 중생심衆生心에 깃 들어서는 망상妄相을 자극하게 되어 여기에 잡힌 사람을 신神들린 사람이라고 말하는데, 그러나 선사禪師에는 무서워서 맥을 못 춥니다.

기독교의 어느 종단宗團에서는 부모님의 제사를 지내지 않는 것으로 아는데,

그런 가정에는 환란患亂이 많은 것을 이 나이 먹도록 지켜본 이 사람이 산 증인입니다. 조상祖上님들이 자손子孫을 위해서 희생犧牲하는 것을 알면 그렇게 못합니다. 옛 성현聖賢님들도 말씀하시기를 부모에게 소홀하고 불효하며 조상을 섬기지 못하는 사람은 자식子息에게 기대하지 말라고 하셨습니다.

6. 반성하고 뉘우치고 참회懺悔 합시다.

앞에서도 말했듯이 중생심이란 양면성인지라 극대극極對極의 선악善惡을 분별할 사이도 없이 마음속에서 망상으로 머리 속에 입력되어 끊임없이 우글대고 있으니 가슴이 답답하고 머리가 아프며 심한 사람은 잠을 이루지 못하니 이런 현상을 철창 없는 감옥이라고 말하며 죽어서 지옥을 가는 것이 아니라 살아있는 현재심에서 지옥을 살고 있는 것이 중생심 이라고 말을 해야 되니 얼마나 안타까운 일이겠습니까? 미친 사람이 자기 미친 것(狂氣)을 모르고 미친 데서 벗어나야 미친 것을 알듯이, 중생이 의식意識의 혼란混亂 속에서 지옥을 만들고 지고至苦에 갇혀서 살고 있는 이 안타까운 현실을 중생이 알리가 없습니다. 중생심衆生心을 깨달아야 중생을 바로 압니다.

석가께서 말씀하신 8만 대장경이란 중생심을 깨고 부처가 될 수 있는 길을 설說하신 것 뿐입니다. 부처 공부에 두 가지가 있는데 ① 부처님 말씀을 배우는 길 이것을 소승불교小乘佛敎라고 말하고 ② 부처님 마음을 꽤 뚫어서 공부하는 길 이것을 대승불교大乘佛敎라고 말하고 선법禪法이라고도 말하는데, 이 두 가지의 초심자들은 우선 계戒를 지켜야 되는데, 잘하고 있는지 못하고 있는지 하루에 두 번씩 반성하고 뉘우치고 참회懺悔할 줄 알면 공부가 급진적으로 잘 되는 것으로 압니다.

결론적으로 말해, 참된 믿음이란 "마음을 갈고 닦아서 진공眞空이 되어 깨달은 내 마음"을 믿는 것을 말하며 이것은 천지만물에 통通하지 않는 곳이 없기에 진리眞理에 가까운 것이라고 말하는데 그 이유는 아상我相이 완전히 무너진 후에 발發하는 에너지이기 때문입니다. 그러나 글이나 말이란 나오면 변해서 진실眞實이 될 수가 없다고 말하니 참고는 하시되 믿지는 마십시오.